中文社会科学引文索引（CSSCI）来源集刊

主办：中南大学法学院

ECONOMIC

经济法论丛

LAW

2023年第1卷（总第41卷）

REVIEW

名誉主编·漆多俊
执行主编·王红霞

法律出版社
LAW PRESS·CHINA
北京

图书在版编目(CIP)数据

经济法论丛. 2023 年. 第 1 卷：总第 41 卷 / 王红霞执行主编. -- 北京：法律出版社, 2023
ISBN 978 - 7 - 5197 - 8591 - 8

Ⅰ. ①经… Ⅱ. ①王… Ⅲ. ①经济法 - 中国 - 文集 Ⅳ. ①D922.290.4 - 53

中国国家版本馆 CIP 数据核字(2023)第 228536 号

经济法论丛　2023 年第 1 卷(总第 41 卷)
JINGJIFA LUNCONG　2023 NIAN DI-1 JUAN (ZONG DI-41 JUAN)

漆多俊　名誉主编
王红霞　执行主编

策划编辑 沈小英
责任编辑 毛镜澄
装帧设计 李　瞻

出版发行 法律出版社
编辑统筹 法治与经济出版分社
责任校对 王　丰　李景美
责任印制 吕亚莉
经　　销 新华书店

开本 710 毫米 × 1000 毫米　1/16
印张 18　　**字数** 340 千
版本 2023 年 10 月第 1 版
印次 2023 年 10 月第 1 次印刷
印刷 北京虎彩文化传播有限公司

地址:北京市丰台区莲花池西里 7 号(100073)
网址:www.lawpress.com.cn
投稿邮箱:info@lawpress.com.cn
举报盗版邮箱:jbwq@lawpress.com.cn
销售电话:010 - 83938349
客服电话:010 - 83938350
咨询电话:010 - 63939796

书号:ISBN 978 - 7 - 5197 - 8591 - 8
定价:110.00 元
凡购买本社图书,如有印装错误,我社负责退换。电话:010 - 83938349

经济法论丛

投稿官网：jjfc. cbpt. cnki. net
联系邮箱：elr1998@163. com
微信公众号：经济法论丛（Economic Law Review）
联系电话：0731-88660273
通信地址：湖南省长沙市麓山南路605号中南大学南校区法学院302室
邮政编码：410012

卷 首 语

2023年是我国砥砺奋进应变局开新局之年，也是《经济法论丛》创办25周年。以推动法治中国建设和经济法学术繁荣发展为己任，25年来，《经济法论丛》持续致力为广大读者奉上紧扣时代主题、回应现实需要的经济法学术佳作。本卷《经济法论丛》设“宏观调控法”、“市场规制法”和“国家投资经营法”3个板块，共收录15篇佳作。

“宏观调控法”板块收录6篇佳作。完备的人大预算监督机制是国家预算权走向民主化、法治化的必经之路。许聪博士《全国人大预算监督机制研究——基于1983～2023年全国人大常委会公报的分析》一文从实践出发，回顾、总结了30年来全国人大预算监督的发展脉络，就如何处理好财政领域人大与政府“监督与支持”的关系，践行全过程人民民主作了扎实的阐释与分析。财税工具在法治框架下发挥其功用亟待开展精细化研究。杨皖宁博士《地方政府债券发行权力配置的检视与优化》一文剖析了当前我国地方政府证券发债与用债主体脱节引发的风险；褚睿刚博士《产业财税软法治理的优化逻辑》一文系统提炼了产业财税工具选择的考量因素与建模原理。数字货币的发行对金融监管提出了重大挑战。陈志峰博士《货币竞争背景下我国数字货币的法律规制研究》一文着重探索法定数字货币和自发数字货币的分层治理；巫文勇教授等《货币数字化背景下反洗钱监管立法逻辑与制度建构》一文呼吁反洗钱监管立法和监管模式回应时代挑战。此外，唐士亚教授《论金融科技治理的公私合作模式构建：一种功能主义的视角》一文从功能主义视角出发，阐释了金融科技治理从政府管控迈向公私合作治理的深层原因及其逻辑，并就如何有效实施提出了系统化思考。

近年来，技术的发展和商业模式的革新对法律制度造成了重大挑战，引发广泛关注。在“市场规制法”板块，方翔博士《动态创新市场企业支配地位认定的困与解》一文剖析了动态创新市场同传统市场存在显著差异，并就此提出了反垄断法制度改良方案。黎业明博士《互联网平台搭售行为违法判断标准的嬗变：从“杠杆”到“竞争对手成本”》一文指出了互联网平台搭售行为规制坚持“杠杆”标准易产生“假阳性”和“假阴性”错误，并建议采纳“竞争对手成本”标准。王俊教授等《利益衡量视角下平台数据的法律规范路径》一文主张运用反不正当竞争法来规范平台数据权益，参考“转换性使用”并添加价值增量进行功能改进。翟巍教授《德国竞争法视野下健康数据的权属厘定与治理模式》一文详细介评了德国竞争法与数据保护法跨部门保护健康数据权益的积极经验,对国内该领域研究有重要参考价值。此外,丁朋超教授《论我国消费公益诉讼惩罚性赔偿制度的构建》一文揭示了我国消费公益诉讼惩罚性赔偿立法与实践探索的“悖反”现象。张继恒教授《食品安全治理法治化:理论重释与路径完善》一文提炼并详细剖析和运用了“食品安全权”这一范畴。本板块还收录了张浩然博士与刘孔中教授力作《标准组织自治的法律规制:标准必要专利许可的全球一致路径》,该文立足全球竞争视野,强调以反垄断执法强化标准化组织的自我监管义务,在 WTO/TBT 协议下对标准化组织予以监管,进而推动标准必要专利实施范式的全球转型和协同。

“国家投资经营法”板块持续关注国有企业内部治理与外部监督等重大现实问题。杨狄教授《共同富裕视域下国有资本多层次股权控制的法治化路径》一文探索如何实现“国有资本增值”与“民营资本盈利”的“双赢”局面。漆思剑、漆丹两位教授《国有财产行政公益诉讼诉前程序之探究》一文强调,既要增强诉前检察建议之权威性,也要防止检察监督权对行政权的侵犯。

2023 年,《经济法论丛》再度入选 CSSCI(2023 - 2024)来源集刊。这离不开海内外作者和广大读者的信任与厚爱,离不开经济法学界同仁的关爱帮扶。《经济法论丛》将继续致力以高品质的编辑出版和高效质的推广传播,为中国经济法理论研究与实践发展搭好学术平台,为优秀作者和广大读者建好沟通桥梁。

王红霞

2023 年 4 月

目　　录

【宏观调控法】

【市场规制法】

CONTENTS

Macro-control Law

Market Regulation Law

State Investment and Management Law

【宏观调控法】

全国人大预算监督机制研究

——基于1983~2023年全国人大常委会公报的分析*

许　聪**

摘　要:人大对政府的预算监督是实现国家财政监督及其治理规范化的重要制度安排。经验表明,形式监督和实质监督共同构成人大预算监督机制的合宪性证成。形式方面,全国人大依据宪法中央地职权划分条款和财政基本国策条款审查国务院预算报告,通过专门立法评价预算草案可行性、评估预算执行情况、督促财政管理法治化。实质方面,全国人大依靠"预算法定""预算权力制约""预算公开"等宪法和预算法精神推进预算监督工作。但这种监督机制存在制度局限。程序上,全国人大的预算草案审查情况形成对全国人大财经委初审结果的依赖;内容上,宪法文本对预算监督内容规定有限,全国人大对涉及宪法基本国策条款内容不作违宪判断;效果上,问责强制力不足以削弱审查结果效力。经济社会转型时期须重新审视立法机关和行政机关的预算权配置关系,明确其监督与支持关系,完成国家建设任务并实现财政民主目标。

关键词:预算监督;全国人大;财政民主;宪法实施

一、问题的提出

预算监督是宪法赋予人大的重要职权,是全过程人民民主在实践中得到有效落实的重要体现。"财政预算是以授权的方式实现限权,代议机关通过预算授权行政机关完成年度财政任务,而对未经授权的任务,行政机关不得为之。"①质言之,人大通过履

* 陕西省教育厅专项科研计划项目"预算监督过程中的宪法控制"(项目编号:20JK0400)和西北政法大学义乌研究院"金融反恐工作机制研究"(编号:YW2021-1-03)的研究成果,并受中国博士后基金第67批面上资助(编号:2020M673634XB)支持。

** 法学博士,西北政法大学行政法学院(纪检监察学院)讲师,博士后流动站研究人员。

① 陈征:《国家权力与公民权利的宪法界限》,清华大学出版社2015年版,第209页。

行预算审查监督职权,形成对政府财政行为的约束,实现合理配置国家财政资金的目标,彰显财政民主在全过程人民民主中的具体价值。

然而,就提升人大监督工作的质量和水平来说,有学者认为,当前人大预算监督权力距实质制约仍有距离。① 从权力配置看,预算权在立法机关和行政机关之间的配置及在权力之间是否具备“制约机制”和“协调机制”是区分不同国家预算制度发展的重要因素。② 而我国部分地方财政预算过程仍以行政为主导,人大在预算的编制和执行过程中只能“协商性参与”和“在事后确认”,预算权受到预算核心部门的技术性消解,导致人大地位较为被动。③ 从实践情况看,许多地方反映出目前我国人大审查计划、预算还主要停留在一般程序性审查,远没有达到实质性监督的要求。④ 如何巩固、强化人大对政府预算的监督,实现由预算权合宪性控制向预算草案编制前的“事前”环节延伸,建立预算执行“事中”环节的监督方案,加强对政府提交的预算草案、预算执行结果报告的“事后”监督,平衡人大和政府之间“批准监督—执行”的宪法关系始终是预算权合宪性控制最主要的目标。⑤ 回归到预算权本质及其运行实效,确保预算权的合宪性是推进国家治理体系和治理能力现代化的内在要求,是全过程人民民主在财政领域的重要实践。

现有部分研究关于人大预算监督权能实效性的分析与判断尚缺乏对人大预算监督权力运作逻辑的认知。有别于西方国家权力制衡的运行架构,在人民代表大会制度这一根本政治制度下,人大基于现有经济工作的监督机制究竟遵循着何种逻辑采用何种判断方式监督政府的预算活动？又应如何客观评价人大审查政府预算草案报告对

---

① 学界的相关讨论,如任喜荣:《论宪法解释的必要性、可能性和实用性——以人大预算监督权力界限的确定为例》,载《法商研究》2021年第1期;王桦宇:《论人大预决算审查监督权的实质回归》,载《法学评论》2017年第2期;朱大旗:《完善人大对政府预算全方位的审查监督制度》,载《法学杂志》2014年第2期;陈治:《财政可持续视野下预算控制机制的失效与应对》,载《法商研究》2017年第3期。

② 参见孟庆瑜、张永志、谢兰军编著:《人大代表审查预算教程》,中国民主法制出版社2015年版,第34～35页。

③ 参见任晓兰:《财政预算的使命》,天津社会科学院出版社2014年版,第61页。

④ 参见全国人民代表大会财政经济委员会、全国人民代表大会常务委员会预算工作委员会:《全国人民代表大会常务委员会专题调研组关于全国人大常委会关于加强经济工作监督的决定和关于加强中央预算审查监督的决定实施情况的调研报告》,载郭振华主编:《全国人民代表大会年鉴》(2016年卷)(内部工作版),中国民主法制出版社2017年版。另有学者于2020年以S省6个市级人大预算监督为样本,研究表明预算监督的程序性规范效能显著,但财政资金使用绩效的实质性进展尚有提升空间。参见樊丽明、史晓琴、石绍宾:《我国地方人大预算监督评价:理论、指标及应用》,载《管理世界》2022年第2期。

⑤ 参见邢斌文:《全国人大财政经济委员会预算监督功能的实证考察》,载《财经法学》2019年第5期。

政府财政行为可能带来的影响？结合新形势新情况，在加强和改进人大预算决算审查监督过程中，如何处理好财政领域人大与政府"监督与支持"的关系？即使权力运用得到有效监督又能否通过监督体现人大与政府工作目标的一致性？笔者拟通过全国人民代表大会常务委员会公报上披露的有关全国人大对预算执行情况和预算草案的审查实践，描述全国人大预算监督的审查方式，提炼对预算行为合宪性控制的标准，为进一步增强人大监督的刚性和实效，践行全过程人民民主提供可能的借鉴。①

二、全国人大预算监督的规范根据

（一）宪法在预算监督中的指引功能

我国宪法赋予人大对政府财政行为的监督权。预算监督过程包括预算审查批准、预算执行监督以及审查预算执行调整和变更等环节。其中全国人大财政经济委员会（以下简称全国人大财经委）作为全国人大专门委员会在全国人大预算工作委员会（以下简称全国人大预算工委）的协助下负责起草预算及其执行情况的审查结果报告。审查结果报告既包括对上一年度预算执行情况、本年度预算草案与决算草案的评价和分析意见，还包括对预算执行、预算安排和决算问题的意见建议。"最近几年，预算审查结果报告已经成为人大推动财税体制改革、加快部门预算管理的重要工具。国务院有关部门和地方对有关意见和建议高度重视。"②

从全国人大财经委的预算审查结果报告可知，直接引用宪法（包括宪法性文件和《宪法》）对国务院预算草案审查的情况，仅在1993年国家预算草案的审查结果报告里出现过一次。在审查1993年国家预算草案报告时，全国人大财经委表示国务院应强化预算管理，国家预算在经全国人大批准后，必须被严格执行，如果在执行中需要作部分调整，调整的草案"必须按照《宪法》规定，报经全国人大常委会审查和批准"。③ 此外，全国人大财经委直接援引宪法的情况便再未出现。在多数情况下，全国人大财经委都

---

① 全国人民代表大会常务委员会公报披露的预决算审查报告和预算执行情况报告，既具有权威性，又有助于回答本部分的研究问题。其集中反映了在预算监督领域立法机关与行政机关的宪法关系。根据全国人民代表大会常务委员会公报披露的信息，围绕全国人大专门委员会的具体审查工作，本部分选择了两类报告：一是全国人大财经委关于上一年度中央和地方预算执行情况与本年度中央和地方预算草案的审查结果报告；二是全国人大财经委关于上一年度中央决算草案审查结果的报告。

② 孟庆瑜、张永志、谢兰军编著：《人大代表审查预算教程》，中国民主法制出版社2015年版，第127页。

③ 柳随年：《第八届全国人民代表大会财政经济委员会关于1992年国家预算执行情况和1993年国家预算草案的审查报告》，载全国人民代表大会常务委员会办公厅编：《中华人民共和国全国人民代表大会常务委员会公报》(1993年卷)，中国法制出版社2004年版。

是通过间接引用宪法文本审查国务院预算。根据宪法内容,全国人大财经委将宪法文本作为审查国务院预算行为的实践主要有:

1."在中央的统一领导下,充分发挥地方的主动性、积极性"为加强转移支付管理提供根据

我国《宪法》第3条第4款确立了中央和地方国家机构职权划分遵循"在中央的统一领导下,充分发挥地方的主动性、积极性"原则。全国人大财经委审查预算草案时,多次根据此款规定对我国预算草案提出理顺央地收入划分的建议,为加强转移支付管理提供宪法依据。如对1995年中央及地方预算草案的审查,面对财政收入占国内生产总值比重逐年下降,中央财政债务依存度升高的情况,全国人大财经委指出:"在继续完善分税制的同时,要抓紧中央和地方的事权划分,明确中央和地方各级的收支范围,并逐步建立、完善转移支付制度,充分调动中央和地方理财治税、增收节支的积极性。"①

随着我国现代化建设的深入,现行财税体制的制度和实践问题逐渐暴露,中央和地方政府间存在的事权和支出责任划分法律依据不足、规范化程度不高等问题亟待加以重视,亟须通过改革加以解决。地方政府财政收入小于支出,财政较困难。与中央本级财政收支相比,地方政府收支差始终呈现负值,且差值逐年增大(见图1)。中央和地方财政收入的"倒挂"局面,使"分税制"改革重点更多集中在如何争取到更多财政收入,而非真正意义上的事权划分,重经济效果轻法律效果。显然,事权和财权关系仍然没有科学划分清楚。目前,我国还没有一部专门对政府事权范围予以明确的法律。对事权的具体划分,在实践中仍是以"一事一议"的方式依靠部分部门出台的"办法"、"条例"和"通知"等形式来确定。这类文件的立法层级较低、法律权威性不足,已制约财税制度的改革发展。在推进新一轮财税改革过程中,全国人大财经委于2016年的中央和地方预算草案审议意见里要求:"进一步理顺中央和地方收入划分,加快建立事权和支出责任相适应的制度,适度加强中央事权和支出责任,调动中央和地方两个积极性。"②在2016年和2017年中央决算审议建议中,全国人大财经委也建议抓紧制定中

① 李灏:《第八届全国人民代表大会财政经济委员会关于1994年国家预算执行情况和1995年中央及地方预算草案的审查报告》,载《中华人民共和国全国人民代表大会常务委员会公报》1995年第2期。

② 《第十二届全国人民代表大会财政经济委员会关于2015年中央和地方预算执行情况与2016年中央和地方预算草案的审查结果报告》,载《中华人民共和国全国人民代表大会常务委员会公报》2016年第2期。

央和地方收入划分改革方案，充分调动中央和地方两个积极性。① 可见，在事权和支出责任划分规范化不足的情况下，宪法作为国家根本大法，在涉及中央和地方关系原则性安排的内容方面，依然具有指引作用。

图 1　2011～2022 年中央和地方收支差额

数据来源：国家统计局“国家数据”网站，载 https://data.stats.gov.cn/index.htm，最后访问日期：2023 年 6 月 6 日。本图以 2011 年以来的中央和地方收支差额为例。

2.“国家厉行节约，反对浪费”是预算管理应遵循的基本原则

宪法规范主要是指涉国家权力和公民基本权利，但尚有宪法规范的“第三领域”，即所谓“国家目标规定”或者“基本国策条款”。②《宪法》第 14 条有关于社会主义的生产目的及其实现途径涉及“财政基本国策”的内容。③ 全国人大以“国家厉行节约，反

① 参见刘昆：《全国人民代表大会财政经济委员会关于 2016 年中央决算草案审查结果的报告——2017 年 6 月 23 日在第十二届全国人民代表大会常务委员会第二十八次会议上》，载《中华人民共和国全国人民代表大会常务委员会公报》2017 年第 4 期；徐绍史：《全国人民代表大会财政经济委员会关于 2017 年中央决算草案审查结果的报告——2018 年 6 月 20 日在第十三届全国人民代表大会常务委员会第三次会议上》，载《中华人民共和国全国人民代表大会常务委员会公报》2018 年第 4 期。

② 参见周刚志：《财政转型的宪法原理》，中国人民大学出版社 2014 年版，第 65 页。

③ 参见周刚志、冯理：《论中国财政宪法的实施：条款、机制及评估》，载《江苏行政学院学报》2015 年第 5 期。

对浪费”作为预算管理应遵循的基本原则,监督政府实现经济建设目标。通过承载财政基本国策的宪法文本提出如何实现生产目的的建议,成为全国人大预算监督的重要依据。《宪法》第14条第2款“国家厉行节约,反对浪费”的内容是判断政府预算行为是否合理配置国家资源,使改革成果更多惠及全体人民的根本;是国务院开展预算活动和全国人大实施预算监督的重要依据和准则。遵守宪法文本关于“厉行节约,反对浪费”的规定,既是规范和监督政府预算行为的要求,也是在当时我国人口多、底子薄,财力物力极为有限的情况下加速现代化建设进程的关键。① 预算草案审查报告中多次援引该条文审查国务院财政工作,并据此作出相关建议。

第一,为解决预算执行的铺张浪费现象,全国人大财经委以“厉行节约、反对浪费”的中华民族传统美德,号召全国上下在预算开支中注意节约,压缩开支。在预算草案和决算草案的审查报告中全国人大财经委多次要求国务院及其各部门要厉行节约,发扬艰苦奋斗、勤俭建国和勤俭办一切事业的优良传统,坚决反对铺张浪费的现象。如在审查1988年和1989年国家预算时,全国人大财经委将“发扬艰苦奋斗,勤俭建国的优良传统”单独作为一项预算建议,要求国家采取严格的行政措施和必要的经济手段遏制奢侈浪费之风。②

不仅如此,全国人大财经委还将宪法这一财政基本国策条款由在道德层面需鼓励发扬的传统上升为一条严格的财经纪律,要求国家机关及其工作人员加强财政财务管理,严格遵守执行。如对2019年中央和地方预算草案审查时,全国人大财经委强调:“要牢固树立艰苦奋斗、勤俭节约的思想,各级政府带头过紧日子,开源节流,大力压减一般性支出,取消低效无效支出,优化支出结构,盘活各类资金和资产。”③为做好2023

---

① 参见吴杰、廉希圣、魏定仁编著:《中华人民共和国宪法释义》,法律出版社1984年版,第35页。

② 参见陈慕华:《第七届全国人民代表大会财政经济委员会关于1987年国家预算执行情况和1988年国家预算草案的审查报告》,载全国人民代表大会常务委员会办公厅编:《中华人民共和国全国人民代表大会常务委员会公报》(1988~1989年卷),中国法制出版社2004年版;陈慕华:《第七届全国人民代表大会财政经济委员会关于1988年国家预算执行情况和1989年国家预算草案的审查报告》,载全国人民代表大会常务委员会办公厅编:《中华人民共和国全国人民代表大会常务委员会公报》(1988~1989年卷),中国法制出版社2004年版。

③ 《第十三届全国人民代表大会财政经济委员会关于2018年中央和地方预算执行情况与2019年中央和地方预算草案的审查结果报告》,载《中华人民共和国全国人民代表大会常务委员会公报》2019年第2期。类似的表述,参见《第十三届全国人民代表大会财政经济委员会关于2017年中央和地方预算执行情况与2018年中央和地方预算草案的审查结果报告》,载《中华人民共和国全国人民代表大会常务委员会公报》2018年第2期;《第十二届全国人民代表大会财政经济委员会关于2016年中央和地方预算执行情况与2017年中央和地方预算草案的审查结果报告》,载《中华人民共和国全国人民代表大会常务委员会公报》2017年第2期;刘积斌:《第十届全国人民代表大会财政经济委员会关于2004年中央和地方预算执行情况及2005年中央和地方预算草案的审查结果报告》,载《中华人民共和国全国人民代表大会常务委员会公报》2005年第3期。

年预算执行和财政工作，全国人大财经委建议“严肃财经纪律”，聚焦“党政机关‘过紧日子’等重点任务”。[①] 可见，在预决算草案审查结果报告中，全国人大财经委依据宪法中的财政基本国策条款对开展财经工作提出建议，已由一项倡导性的道德传统调整为须严格遵守的财经纪律。

第二，为有效从严控制财政支出，提高财政资金使用效益，全国人大财经委多次要求政府在财政支出方面贯彻勤俭节约的方针。“增产、节约、多留后备力量，是巩固国家预算的可靠的三道防线。”[②]这也是财政工作上的重要方针。财政收支是国家进行宏观调控的重要手段。“九五”计划之前，国民收入分配长期明显向个人倾斜，国家财政收入占国内生产总值的比重大幅下降。为提升财政收入占国内生产总值的比重和中央财政收入占全国财政收入的比重，确保政府有效履行职能，在审查 1996 年中央及地方预算草案时，全国人大财经委建议，除努力增加财政收入外，各行各业都要采取可行的节支措施，“厉行节约，反对铺张浪费和各种腐败行为”。[③] 为从严控制财政支出，控制支出过快增长，全国人大财经委特别要求“严格控制行政性支出”[④]“严格控制公务性支出”[⑤]“严守支出标准”[⑥]“压缩一般性支出”，[⑦]从而降低行政成本。

第三，面对特定历史时期和经济发展的特殊阶段，全国人大将“厉行节约，反对浪费”作为国家机关必须遵守的准则。在 2020 年统筹推进新冠疫情防控和经济社会发展工作中，全国人大财经委要求政府始终坚持艰苦奋斗、勤俭节约，把“政府带头过紧

---

① 参见《第十四届全国人民代表大会财政经济委员会关于2022年中央和地方预算执行情况与2023年中央和地方预算草案的审查结果报告》，载《中华人民共和国全国人民代表大会常务委员会公报》2023年第3期。

② 这是邓小平同志在中央人民政府委员会第三十一次会议上报告《一九五四年国家预算草案的报告摘要》中提到的毛泽东同志的相关指示。参见邓小平：《一九五四年国家预算草案的报告摘要》，载中共中央文献研究室编：《邓小平文集：一九四九——一九七四年》（中卷），人民出版社 2014 年版。

③ 李灏：《第八届全国人民代表大会财政经济委员会——关于 1995 年中央及地方预算执行情况和 1996 年中央及地方预算草案的审查报告》，载《财政》1996 年第 5 期。

④ 《第十届全国人民代表大会财政经济委员会关于2006年中央和地方预算执行情况与2007年中央和地方预算草案的审查结果报告》，载《中华人民共和国全国人民代表大会常务委员会公报》2007年第2期。

⑤ 《第十一届全国人民代表大会财政经济委员会关于2009年中央和地方预算执行情况与2010年中央和地方预算草案的审查结果报告》，载《中华人民共和国全国人民代表大会常务委员会公报》2010年第3期。

⑥ 《第十二届全国人民代表大会财政经济委员会关于2012年中央和地方预算执行情况与2013年中央和地方预算草案的审查结果报告》，载《中华人民共和国全国人民代表大会常务委员会公报》2013年第2期。

⑦ 《第十三届全国人民代表大会财政经济委员会关于2017年中央和地方预算执行情况与2018年中央和地方预算草案的审查结果报告》，载《中华人民共和国全国人民代表大会常务委员会公报》2018年第2期。

日子”作为财政工作长期坚持的方针。“严肃财经纪律,用严格规范的制度,将艰苦奋斗、勤俭节约的要求落实落地。”①而2002~2003年正值全国应对“非典”疫情的关键时期,国务院及其财政等部门为应对疫情带来的不利影响,也在财政上加大了对受疫情影响较大行业的扶持。全国人大财经委在审查2002年中央决算时特别指出:“面对今年的特殊情况,要注意分析财政收支形势,充分估计可能出现的困难……”要求国务院及其财政等部门在调整支出结构,确保重点支出需要的同时,“厉行节约”,从而努力完成当年的预算任务。② 此外,在审查1992年国家预算时,全国人大财经委发现国家预算中支出大于收入的差额,尚需向银行借款来弥补,反映出当时国家财政的困难局面。因此全国人大财经委在建议国务院实现1992年的国家预算时指出:“目前国家的财政困难,应当引起各级政府、企业、事业单位领导干部的高度重视。”③而解决国家财政困难的方法之一,就是“要发扬艰苦奋斗、勤俭节约的优良传统,反对铺张浪费,节省一切可以节省的开支”。④

(二)预算法作为预算监督的合法性标准

全国人大将宪法作为审查国务院预算的具体依据是有效开展预算监督最理想和最直接的体现。但在实践中,全国人大财经委运用预算法等法律规范审查预决算草案和预算执行情况的做法则更普遍。

1.评价预算草案可行性

国务院提交的上一年预算执行情况和本年度预算草案以及决算草案的报告能否在全国人大及其常委会上获得通过,在很大程度上依赖全国人大财经委对预算报告进

---

① 《第十三届全国人民代表大会财政经济委员会关于2019年中央和地方预算执行情况与2020年中央和地方预算草案的审查结果报告》,载《中华人民共和国全国人民代表大会常务委员会公报》2020年第2期。

② 参见《全国人民代表大会财政经济委员会关于2002年中央决算的书面审查报告——2003年6月27日在第十届全国人民代表大会常务委员会第三次会议上》,载《中华人民共和国全国人民代表大会常务委员会公报》2003年第4期。

③ 陈慕华:《第七届全国人民代表大会财政经济委员会关于1991年国家预算执行情况和1992年国家预算草案的审查报告》,载全国人民代表大会常务委员会办公厅编:《中华人民共和国全国人民代表大会常务委员会公报》(1992年卷),中国法制出版社2004年版。

④ 陈慕华:《第七届全国人民代表大会财政经济委员会关于1991年国家预算执行情况和1992年国家预算草案的审查报告》,载全国人民代表大会常务委员会办公厅编:《中华人民共和国全国人民代表大会常务委员会公报》(1992年卷),中国法制出版社2004年版。

行的初步审查。初审机关全国人大财经委结合《预算法》第48条①关于人大重点审查内容的要求,作出预算报告"是否符合本法的规定"的评价。此前,全国人大财经委以预算草案是否体现党中央的方针政策、实行何种财政政策和针对重点领域对预算收支作出的部分调整等因素作为判定预算草案是否可行的主要依据。② 在2015年的全国人大会议上,全国人大财经委对本年度中央和地方预算草案的审查结果报告以本年度预算草案是否符合预算法的规定为标准作出评价,为人大预算审查提供了规范基础。如在2015年的预算草案审查结果报告中,除了预算草案是否体现党中央的方针政策、实行何种财政政策和针对重点领域对预算收支作出的部分调整等合理性因素外,全国人大财经委还通过预算编制的完整性和细化程度、预算转移支付支出的情况等重点审查内容对预算草案作实质性审查,进而表明预算草案"体现了预算法的要求。预算草案是可行的"。③

近年来,随着预算管理法治化的持续推进,预算法治观念也渗透到预算监督的方方面面。在2016~2018年连续3年的中央和地方预算执行情况审查结果报告中,全国人大财经委明确提到国务院和地方各级人民政府在"贯彻实施预算法"方面

---

① 《预算法》第48条规定:"全国人民代表大会和地方各级人民代表大会对预算草案及其报告、预算执行情况的报告重点审查下列内容:(一)上一年预算执行情况是否符合本级人民代表大会预算决议的要求;(二)预算安排是否符合本法的规定;(三)预算安排是否贯彻国民经济和社会发展的方针政策,收支政策是否切实可行;(四)重点支出和重大投资项目的预算安排是否适当;(五)预算的编制是否完整,是否符合本法第四十六条的规定;(六)对下级政府的转移性支出预算是否规范、适当;(七)预算安排举借的债务是否合法、合理,是否有偿还计划和稳定的偿还资金来源;(八)与预算有关重要事项的说明是否清晰。"

② 如对2004年中央和地方预算草案的审查中,全国人大财经委认为,2004年的预算草案"体现了党中央确定的方针,按照全面、协调、可持续的发展要求,继续实施积极财政政策,加大财政宏观调控力度,优化财政支出结构,增加支持'三农'、就业和再就业、社会保障、公共卫生、科技教育等重点支出,增加了对地方的补助支出"。因此,在审查结果报告中全国人大财经委表示"国务院提出的预算草案是可行的",建议全国人大批准国务院提出的2004年中央预算草案。参见刘积斌:《第十届全国人民代表大会财政经济委员会关于2003年中央和地方预算执行情况及2004年中央和地方预算草案的审查结果报告》,载《中华人民共和国全国人民代表大会常务委员会公报》2004年第3期。

③ 《第十二届全国人民代表大会财政经济委员会关于2014年中央和地方预算执行情况与2015年中央和地方预算草案的审查结果报告》,载《中华人民共和国全国人民代表大会常务委员会公报》2015年第2期。类似的表述,参见全国人大财经委关于2016~2023年中央和地方预算草案的审查结果报告。

发挥的作用。[①] 对决算草案的审查意见,也是如此。[②] 根据《预算法》第 79 条第 11 项规定,决算草案审查的重点内容包括人大批准的预算决议落实情况。人大批准的预算决议是预算生效的依据,决议理应成为国务院及其财政部门在预算执行中应当贯彻的重要内容。[③] 故全国人大财经委通过审查决算草案中预算决议的落实情况等内容向全国人大常委会提供审查决算的意见和结论。

2. 评估预算执行情况

全国人大财经委根据预算法对国务院预算收支科目与预算安排的合法性,以及预算与法律的协调情况进行审查。[④] 预算法规定了预决算的编制、审查、批准、监督,以及预算执行和调整等问题。预算法的修改,丰富了全国人大财经委审查预算草案及中央和地方预算执行情况的审查结果报告的具体内容。在报告内容中,全国人大财经委从财政收支、预算编制、预算执行、转移支付管理、地方隐性债务风险等方面对预算编制、执行、调整,以及决算是否符合预算法、审计法、监督法等规定作全面审查。

在人大预算审查及监督范围的规定方面,按照预算管理制度改革的要求,我国预算法要求实行全口径预算,取消预算外资金,将政府所有财政收支全部纳入政府预算,接受人大的审查监督。[⑤] 预算法规定政府全部收入和支出都应纳入预算,具体包括一般公共预算、政府性基金预算、国有资本经营预算和社会保险基金预算。这一变化既符合现代预算管理中对预算完整性的要求,更强化了财政预算管理和人大对政府的预

---

① 参见《第十二届全国人民代表大会财政经济委员会关于 2015 年中央和地方预算执行情况与 2016 年中央和地方预算草案的审查结果报告》,载《中华人民共和国全国人民代表大会常务委员会公报》2016 年第 2 期;《第十二届全国人民代表大会财政经济委员会关于 2016 年中央和地方预算执行情况与 2017 年中央和地方预算草案的审查结果报告》,载《中华人民共和国全国人民代表大会常务委员会公报》2017 年第 2 期;《第十三届全国人民代表大会财政经济委员会关于 2018 年中央和地方预算执行情况与 2019 年中央和地方预算草案的审查结果报告》,载《中华人民共和国全国人民代表大会常务委员会公报》2019 年第 2 期。

② 如对 2015 ~ 2019 年的决算审查中,全国人大财经委认为,中央决算草案反映的中央预算执行情况总体是好的。国务院及其财政等部门认真贯彻落实党中央确定的方针政策和有关决议要求,"认真贯彻实施预算法",较好地完成了全国人大批准的中央预算。参见全国人大财经委关于 2015 ~ 2019 年中央决算草案审查结果的报告。

③ 参见全国人大常委会法制工作委员会、全国人大常委会预算工作委员会、中华人民共和国财政部编:《中华人民共和国预算法释义》,中国财政经济出版社 2015 年版,第 147 页。

④ 参见王永礼:《预算法律制度论》,中国民主法制出版社 2005 年版,第 102 页。

⑤ 党的十八大报告提出,加强对政府全口径预算决算的审查和监督。参见胡锦涛:《坚定不移沿着中国特色社会主义道路前进,为全面建成小康社会而奋斗》,载《十八大以来重要文献选编》(上),中央文献出版社 2014 年版。

算监督职能。修法后,国务院落实全口径预算的实践得到改善。与实践中省级地方政府存在政府财政收支尚未完全纳入预算管理范围的情况相比,[①]国务院落实"全口径预算"的实践效果也更为理想。

全国人大财经委围绕国务院及其各部门在预算完整性、科学性和透明度,财政管理体制,财政转移支付制度,政府债务管理,预算执行规范性,预算审查监督规定,预算调整等部分对预决算审查报告展开审查。当然,在预算管理活动过程中仍存在以下问题。其一,在预算编制的细化程度方面,具体编制项目不完整、编制时间不科学,甚至存在预算编制不准确的问题。2009 年全国人大财经委建议强化预算管理和监督,"依法规范预算编制与执行,努力提高政府预算和部门的科学性、准确性和透明度"。[②] 2019 年全国人大财经委指出,2018 年中央和地方预算执行情况存在部分收支项目执行结果与预算相差较大的问题,建议预算编制的准确性和约束力需要进一步增强。[③] 同时,建议 2019 年预算执行不断提高预算管理的法治化水平,包括细化预算内容,把年初预算中还没有细化到地方的财政转移支付依法尽早细化到地方,并尽快下达。[④] 其二,预算执行严肃性不足。全国人大财经委 1995 年要求各级政府和部门"要认真贯彻执行《预算法》,不得擅自开减收增支的口子"。[⑤] 2019 年和 2020 年全国人大财经委直接指出在预算执行中存在部分项目预算执行与预算相比变动较大、预算执行不够严肃的情况,要求国务院强化预算约束,严格执行预算,"坚持先有预算后有支出,严格控制预算追加事项"。[⑥] 其三,专项转移支付、财政结转结余资金管理不严格、不规范。1996 年全国人大财经委明确要求国务院及其各部门"要按照预算法的要求,抓紧中央和地

① 参见许聪:《省级人大预算监督权力考察——以 30 个地方预算监督条例(决定)为基础》,载《财政研究》2018 年第 10 期。

② 《第十一届全国人民代表大会财政经济委员会关于 2008 年中央和地方预算执行情况与 2009 年中央和地方预算草案的审查结果报告》,载《中华人民共和国全国人民代表大会常务委员会公报》2009 年第 3 期。

③ 参见《第十三届全国人民代表大会财政经济委员会关于 2018 年中央和地方预算执行情况与 2019 年中央和地方预算草案的审查结果报告》,载《中华人民共和国全国人民代表大会常务委员会公报》2019 年第 2 期。

④ 参见《第十三届全国人民代表大会财政经济委员会关于 2018 年中央和地方预算执行情况与 2019 年中央和地方预算草案的审查结果报告》,载《中华人民共和国全国人民代表大会常务委员会公报》2019 年第 2 期。

⑤ 李灏:《第八届全国人民代表大会财政经济委员会关于 1994 年国家预算执行情况和 1995 年中央及地方预算草案的审查报告》,载《中华人民共和国全国人民代表大会常务委员会公报》1995 年第 2 期。

⑥ 《第十三届全国人民代表大会财政经济委员会关于 2018 年中央和地方预算执行情况与 2019 年中央和地方预算草案的审查结果报告》,载《中华人民共和国全国人民代表大会常务委员会公报》2019 年第 2 期;《第十三届全国人民代表大会财政经济委员会关于 2019 年中央和地方预算执行情况与 2020 年中央和地方预算草案的审查结果报告》,载《中华人民共和国全国人民代表大会常务委员会公报》2020 年第 2 期。

方各级事权和财权的划分,明确中央和地方各级的收支范围,建立和完善规范的财政转移支付制度"①。其四,地方政府性债务负担重,隐性风险仍然存在。2017年全国人大财经委建议"严格按照预算法、担保法等有关法律规定,规范地方政府性债务管理,不允许以任何形式或者变通办法突破人大批准的债务限额"。②

3. 督促财政管理法治化

全国人大财经委着重以完备的预算、税收等财政法律规范体系作为加强财政管理工作规范化、制度化的重要保障。为进一步与市场经济相适应,我国预算法律体系也加紧形成。预算法作为国民经济健康发展的法治保障之一,1993年全国人大财经委就当年预算草案提出建议,"要加快财税法制建设,加快预算法、税法等法律的起草与立法进程",③敦促国务院在年内提交预算法草案到全国人大常委会审议。在税收立法方面,全国人大财经委也在积极推进我国财税法治建设,通过预算审查结果报告持续督促国务院加快税收法治监督工作的规范化和制度化进程。2005年全国人大财经委建议"抓紧个人所得税法(修订)的起草工作",④2008年建议"研究和改革税收制度,健全税收法律制度。尽快出台新的资源税",⑤2010年建议"推进增值税立法和预算法修订工作",⑥2014年建议"加快房地产税、环境保护税立法"。⑦ 2021年全国人大财经委指出要"进一步落实税收法定原则,提高立法质量,加快立法进程",⑧2022年提出要"推

---

① 李灏:《第八届全国人民代表大会财政经济委员会——关于1995年中央及地方预算执行情况和1996年中央及地方预算草案的审查报告》,载《财政》1996年第5期。

② 《第十二届全国人民代表大会财政经济委员会关于2016年中央和地方预算执行情况与2017年中央和地方预算草案的审查结果报告》,载《中华人民共和国全国人民代表大会常务委员会公报》2017年第2期。

③ 柳随年:《第八届全国人民代表大会财政经济委员会关于1992年国家预算执行情况和1993年国家预算草案的审查报告》,载全国人民代表大会常务委员会办公厅编:《中华人民共和国全国人民代表大会常务委员会公报》(1993年卷),中国法制出版社2004年版。

④ 刘积斌:《第十届全国人民代表大会财政经济委员会关于2004年中央和地方预算执行情况及2005年中央和地方预算草案的审查结果报告》,载《中华人民共和国全国人民代表大会常务委员会公报》2005年第3期。

⑤ 《第十一届全国人民代表大会财政经济委员会关于2007年中央和地方预算执行情况与2008年中央和地方预算草案的审查结果报告》,载《中华人民共和国全国人民代表大会常务委员会公报》2008年第3期。

⑥ 《第十一届全国人民代表大会财政经济委员会关于2009年中央和地方预算执行情况与2010年中央和地方预算草案的审查结果报告》,载《中华人民共和国全国人民代表大会常务委员会公报》2010年第3期。

⑦ 《第十二届全国人民代表大会财政经济委员会关于2013年中央和地方预算执行情况与2014年中央和地方预算草案的审查结果报告》,载《中华人民共和国全国人民代表大会常务委员会公报》2014年第2期。

⑧ 《第十三届全国人民代表大会财政经济委员会关于2020年中央和地方预算执行情况与2021年中央和地方预算草案的审查结果报告》,载《中华人民共和国全国人民代表大会常务委员会公报》2021年第3期。

进预算法、税收征管法修改和增值税、消费税、关税等立法，提高非税收入规范化、法治化水平”。[①] 此外，2019～2021年全国人大财经委还连续3年建议推进政府债务管理立法工作，提高政府债务法治化水平。[②]

在一定程度上，这也反映出我国在财政法治建设方面财经立法进度滞后的问题。《预算法》先后于2014年和2018年两次修正，作为具体实施《预算法》的《预算法实施条例》也应尽快完成修订。但自2015年以来，预算草案审查报告中4次要求国务院等相关部门抓紧完成《预算法实施条例》修订稿的起草工作，但始终未得到有效落实。例如，在2015年预算草案审查结果报告中，全国人大财经委指出："抓紧修改出台预算法实施条例，预算法中授权国务院及其财政部门制定的制度办法也应尽快出台。"[③]2016年预算草案建议中，全国人大财经委以同样的建议要求国务院加快完成《预算法实施条例》修订工作。[④] 在2017年预算草案的审查结果报告中，全国人大财经委甚至明确了国务院应完成改进建议的时间，要求"抓紧修订预算法实施条例，在年内颁布实施"。[⑤] 可直到2020年8月《预算法实施条例》才得以修订。此时距2018年《预算法》修正已过两年，距2014年《预算法》全面修正已过六年。

综上，在全国人大审议国务院预算草案的实践中，依据宪法和法律进行形式审查是重要工作内容。中央和地方职权划分条款和财政基本国策条款成为预算审查的宪法指引。我国财政转移支付存在的问题较多，在缺乏明确的转移支付法律依据情况下，全国人大财经委以《宪法》第3条第4款这一总则性的宪法条文为处理央地关系的

---

① 《第十四届全国人民代表大会财政经济委员会关于2022年中央和地方预算执行情况与2023年中央和地方预算草案的审查结果报告》，载《中华人民共和国全国人民代表大会常务委员会公报》2023年第3期。

② 参见《第十三届全国人民代表大会财政经济委员会关于2018年中央和地方预算执行情况与2019年中央和地方预算草案的审查结果报告》，载《中华人民共和国全国人民代表大会常务委员会公报》2019年第2期；《第十三届全国人民代表大会财政经济委员会关于2019年中央和地方预算执行情况与2020年中央和地方预算草案的审查结果报告》，载《中华人民共和国全国人民代表大会常务委员会公报》2020年第2期；《第十三届全国人民代表大会财政经济委员会关于2020年中央和地方预算执行情况与2021年中央和地方预算草案的审查结果报告》，载《中华人民共和国全国人民代表大会常务委员会公报》2021年第3期。

③ 《第十二届全国人民代表大会财政经济委员会关于2014年中央和地方预算执行情况与2015年中央和地方预算草案的审查结果报告》，载《中华人民共和国全国人民代表大会常务委员会公报》2015年第2期。

④ 参见《第十二届全国人民代表大会财政经济委员会关于2015年中央和地方预算执行情况与2016年中央和地方预算草案的审查结果报告》，载《中华人民共和国全国人民代表大会常务委员会公报》2016年第2期。

⑤ 《第十二届全国人民代表大会财政经济委员会关于2016年中央和地方预算执行情况与2017年中央和地方预算草案的审查结果报告》，载《中华人民共和国全国人民代表大会常务委员会公报》2017年第2期。

依据。[①] 此外,全国人大财经委以《宪法》第14条财政基本国策条款为预算审查的主要宪法依据。在通常情况下,除直接以宪法文本为审查政府预算报告的根据外,全国人大财经委还发挥专门立法的审查作用,通过预算法开展有关评价预算草案、评估预算执行情况、保障国家财政管理规范化法律化工作。

三、全国人大预算监督的价值判断

全国人大通过财经委对政府预算活动进行审查中的形式监督多为广义上的合宪性监督,既包括合宪法又包括合预算法的规定。但形式监督受限于审查结果报告文本,合宪性控制的效果相对有限。经验材料表明,全国人大还通过实质监督的方式开展对政府预算活动的控制。实质监督与基于规范的形式监督目的相同,但监督根据和方法存在差异。实质监督是侧重人大审查政府财政行为是否符合宪法中关乎财政本质、目标和精神等所作的价值判断。通过分析可知,人大依靠"预算法定""预算权力制约""预算公开"等宪法和预算法精神推进预算监督工作。通过预算审查报告监督政府行为所反映的普遍性功能和目标,为民主财政的发展提供了实践支撑,也为从宪法层面理解人大和政府"监督与被监督"关系贡献了内在逻辑。具体而言,全国人大对国务院预算活动开展实质审查的实践主要包括:

(一)强调预算法定提高预算执行刚性

预算法定主义中的"定"意味着经人大批准的预算,须严格遵照执行,在预算之外不得进行任何开支,也不得随意变更预算用途。未经法定程序,不得改编预算。预算法定主义对树立预算的权威性和严肃性有重要意义。在实践中,各级政府、部门和单位随意变更、调整预算的情况时有发生。为强化预算管理,全国人大财经委多次在审查报告中建议严格按照人大批准的预算执行,未经批准不能在预算科目之间进行资金调剂,不允许任何部门和单位在预算确定之后任意减收增支,以防国家资财的流失和浪费。如在2015年,全国人大财经委建议"各级政府、各部门、各单位的支出必须以批准的预算为依据,未列入预算的不得支出";[②]2019年,全国人大财经委建议通过严格执行预算,减少预算执行中的追加追减变动。[③]

---

① 参见郑毅:《宪法文本中的中央与地方关系》,载《东方法学》2011年第6期。

② 《第十二届全国人民代表大会财政经济委员会关于2014年中央和地方预算执行情况与2015年中央和地方预算草案的审查结果报告》,载《中华人民共和国全国人民代表大会常务委员会公报》2015年第2期。

③ 参见《第十三届全国人民代表大会财政经济委员会关于2018年中央和地方预算执行情况与2019年中央和地方预算草案的审查结果报告》,载《中华人民共和国全国人民代表大会常务委员会公报》2019年第2期。

遵守预算法定主义不仅要严格执行预算周期内人大批准的预算，对超收收入的使用安排和地方债务限额的问题，也要符合预算法定要求。如对1999年的决算审查中，全国人大财经委在要求加强超收收入的使用管理和监督方面表示："超收收入使用应坚持先有预算、后有支出的原则。"①为进一步防范和化解地方债务风险，全国人大财经委始终要求按照全国人大批准的赤字限额，严控预算赤字。1993年全国人大财经委建议国务院"要采取强有力的措施，把1993年的预算赤字严格控制在全国人大批准的数额之内，并力争减少"。② 2017年全国人大财经委在预算草案的建议中明确要求严格按照预算法、担保法等有关法律规定，规范地方政府性债务管理，"不允许以任何形式或者变通办法突破人大批准的债务限额"。③

即使是某些年份面对财政形势严峻的情况，预算法定主义的要求依然须被严格遵守，并不因财政形势和国内外环境的变化而有所减弱。如2008年四川汶川地震的发生和国际金融危机带来的严重冲击，导致我国在经济上面临前所未有的困难。但即便如此，对2008年的中央决算审查，全国人大财经委仍明确表示："针对今年严峻的财政形势，财政支出要严格按照人大批准的预算执行。"④我国历来奉行"量力而行"的原则。在经济建设过程中，"有多少钱办多少事，决不能没有收入来源就安排支出，必须采取切实措施，防止某些失控现象的发生"，⑤人大始终要求贯彻预算法定的原则，保证财政的稳定与平衡。

（二）加强审计监督规范预算行为

除负责重大财政事项的审查决定外，全国人大财经委还积极建议全国人大常委会

---

① 郭振乾：《全国人民代表大会财政经济委员会关于1999年中央决算的审查报告——2000年7月8日在第九届全国人民代表大会常务委员会第十六次会议上》，载《中华人民共和国全国人民代表大会常务委员会公报》2000年第4期。

② 柳随年：《第八届全国人民代表大会财政经济委员会关于1992年国家预算执行情况和1993年国家预算草案的审查报告》，载全国人民代表大会常务委员会办公厅编：《中华人民共和国全国人民代表大会常务委员会公报》(1993年卷)，中国法制出版社2004年版。

③ 《第十二届全国人民代表大会财政经济委员会关于2016年中央和地方预算执行情况与2017年中央和地方预算草案的审查结果报告》，载《中华人民共和国全国人民代表大会常务委员会公报》2017年第2期。

④ 高强：《全国人民代表大会财政经济委员会关于2008年中央决算的审查报告——2009年6月24日在第十一届全国人民代表大会常务委员会第九次会议上》，载《中华人民共和国全国人民代表大会常务委员会公报》2009年第5期。

⑤ 吴波：《全国人大财经委员会关于1985年国家决算的审查报告——1986年6月24日在第六届全国人民代表大会常务委员会第十六次会议联组会上》，载全国人民代表大会常务委员会办公厅编：《中华人民共和国全国人民代表大会常务委员会公报》(1986~1987年卷)，中国法制出版社2004年版。

敦促国务院总理直接领导下的中央审计机关对特定时期国家财政收支中涉及国家预算管理、国有资产管理使用、政府性基金缴纳使用、纳税人和扣缴义务人缴纳税款等特定事项进行专项审计调查。①

全国人大财经委建议全国人大常委会要求审计署对调整后的预算执行情况进行专项审计的实践共有两次。一次是在1998年,面对亚洲金融危机不断加剧的国际经济环境、国内市场销售不旺的经济形势和我国部分地区遭受特大洪涝灾害的实际影响,第九届全国人大常委会批准了增发用于加快基础设施建设的1000亿元国债专项投资,用于刺激国内需求、拉动经济增长。这次批准增发国债和中央财政预算调整方案虽然促进了国民经济的快速增长,但也突破了早先第九届全国人大会议批准的债务规模和赤字规模。为此,在次年的人大会议上,全国人大财经委在1998年中央决算的审查中建议全国人大常委会要求国务院对1998年增发1000亿元国债的预算执行情况进行专项审计,同时提交专项审计调查报告,并向全国人大常委会报告。② 另一次是在1999年,国际国内经济形势发生新的变化,我国外贸出口和外商直接投资下降、国内消费需求持续不振。为此,全国人大常委会批准再增发600亿元长期国债用于增加固定资产投入。此次预算调整增发国债对促进经济发展和保持社会稳定起到了预期的积极效果。但为切实加强国债资金管理,在对1999年中央决算审查时,全国人大财经委建议"对1999年国债专项资金重点项目进行审计",③以确保资金的有效使用。

此外,人大监督还注重与审计监督在内的其他监督方式贯通协调,形成监督合力。④ 独立、主动的审计监督既是人大掌握和控制政府财政的重要手段,也是民众了解政府财务信息的重要途径。⑤ 通过审计查出突出问题整改情况向全国人大常委会报告

---

① 参见张丽主编:《政府审计学》,中国财政经济出版社2017年版,第101~102页。

② 参见郭振乾:《全国人民代表大会财政经济委员会关于1998年中央决算的审查报告——1999年6月28日在第九届全国人民代表大会常务委员会第十次会议上》,载《中华人民共和国全国人民代表大会常务委员会公报》1999年第4期。

③ 郭振乾:《全国人民代表大会财政经济委员会关于1999年中央决算的审查报告——2000年7月8日在第九届全国人民代表大会常务委员会第十六次会议上》,载《中华人民共和国全国人民代表大会常务委员会公报》2000年第4期。

④ 参见史耀斌:《第十三届全国人民代表大会财政经济委员会关于2021年中央决算草案审查结果的报告——2022年6月21日在第十三届全国人民代表大会常务委员会第三十五次会议上》,载《中华人民共和国全国人民代表大会常务委员会公报》2022年第4期。

⑤ 参见刘剑文:《财政监督制度变革的法治进路——基于财政绩效的观察》,载《中国法律评论》2021年第3期。

机制,各级人大常委会发挥了监督作用,提高了监督效能。[①]

（三）推进预算公开实现预算民主

预算信息公开是实现预算民主之所需,构成了民主政治的核心价值要素。预算公开对落实人民主权理念;维护宪法权威性,保障公民知情权和监督权;实现预算分配中的公平正义原则,维护公众切身利益;拓宽公众参政议政的途径,增进政府与公众的共识;监督行政机关行为,遏制权力腐败的发生等方面有积极作用。[②] 在实践中,特别是在2000年以后,全国人大财经委通过在预算资金管理监督、财政转移支付制度、预算支出绩效管理、地方政府债务风险防范等方面积极落实预算信息公开原则。

第一,在预算资金管理监督方面,全国人大财经委"积极推进政府预算及部门预算的公开透明"。[③] 2010年预算草案建议中,全国人大财经委建议通过完善预算编制,"细化政府预算科目,提高预算透明度"。[④] 2013年预算草案,全国人大财经委建议通过"进一步推动预算公开,细化公开内容,提高各项财政收支的透明度",[⑤]接受人民群众的监督,以此严肃财经纪律,减少财政资金浪费的现象。第二,在财政转移支付制度方面,除提高一般性转移支付比重外,清理、整合、减少专项转移支付项目以及规范专项转移支付的预算编制外,为加强对专项转移支付资金的监督管理,全国人大财经委多次建议国务院提高专项转移支付的透明度,以此督促项目资金的分配规范。[⑥] 第三,在预算支出绩效管理方面,全国人大财经委建议国务院逐步将中央部门重点支出项目的绩效目标及其评价结果随部门预算、决算向全国人大报告,并向社会公开,"建立预

① 2015年,中共中央办公厅转发实施中共全国人大常委会党组《关于改进审计查出突出问题整改情况向全国人大常委会报告机制的意见》;2020年,全国人大常委会办公厅印发实施《关于进一步加强各级人大常委会对审计查出突出问题整改情况监督的意见》。全国人大常委会听取和审议国务院关于年度预算执行和其他财政收支的审计工作报告、审计查出问题整改情况报告,对审计查出突出问题整改情况开展跟踪监督。

② 参见吕侠:《中国预算公开制度研究》,湖南师范大学出版社2015年版,第46~50页。

③ 《第十一届全国人民代表大会财政经济委员会关于2007年中央和地方预算执行情况与2008年中央和地方预算草案的审查结果报告》,载《中华人民共和国全国人民代表大会常务委员会公报》2008年第3期。

④ 《第十一届全国人民代表大会财政经济委员会关于2009年中央和地方预算执行情况与2010年中央和地方预算草案的审查结果报告》,载《中华人民共和国全国人民代表大会常务委员会公报》2010年第3期。

⑤ 《第十二届全国人民代表大会财政经济委员会关于2012年中央和地方预算执行情况与2013年中央和地方预算草案的审查结果报告》,载《中华人民共和国全国人民代表大会常务委员会公报》2013年第2期。

⑥ 参见全国人大财经委2006年、2007年和2010年的中央和地方预算草案的审查结果报告以及2006年和2013年的中央决算的审查结果报告。

算绩效评价结果向社会公开、接受社会监督的机制”,①以此检验和评价政府工作是否取得实效。第四,在地方政府债务风险防范方面,全国人大财经委认为应当积极推进债务信息公开,使社会公众了解政府筹集资金与偿还债务的能力。一方面,向社会公开地方政府存量债务,接受社会监督。② 如2021年全国人大财经委建议要充分发挥全国统一的地方政府债务信息公开平台作用,督促地方公开债券相关信息。③ 另一方面,对公开违规举债主体的行为加强监督和问责。如在2016年中央决算的审查中,全国人大财经委指出“对一些地方政府及所属机关事业单位通过不规范的政府和社会资本合作(PPP)、政府投资基金、政府购买服务等形式违法违规融资的行为,要继续加强监管、依法问责并公开曝光”,④从而使地方债务置于公众监督之下,有效遏制地方政府违法违规举债行为发生。

四、全国人大预算监督的实效反思

从中国实践语境出发,全国人大预算监督机制的运行实践更接近预算权的合宪性控制情形。全国人大以宪法赋予的监督权力审查国务院预算报告,从形式监督和实质监督两个层面控制政府预算行为。但全国人大作为行政系统外部的监督机关,具体实施《宪法》第62条第10项职能的实际效果还有待进一步检视,如在行政主导预算的现实情况下,全国人大审查国务院预算报告的有效性、人大对政府的预算审查缺乏必要的法律约束力等。需要进一步反思的是:是什么缘由导致了上述情况的出现?现有监督权力和执行权力的关系能否在宪法框架下得到矫正?目前的法学研究提出了众多

---

① 徐绍史:《全国人民代表大会财政经济委员会关于2017年中央决算草案审查结果的报告——2018年6月20日在第十三届全国人民代表大会常务委员会第三次会议上》,载《中华人民共和国全国人民代表大会常务委员会公报》2018年第4期。

② 参见廖晓军:《全国人民代表大会财政经济委员会关于2014年中央决算审查结果的报告——2015年6月28日在第十二届全国人民代表大会常务委员会第十五次会议上》,载《中华人民共和国全国人民代表大会常务委员会公报》2015年第4期。

③ 参见《第十三届全国人民代表大会财政经济委员会关于2020年中央和地方预算执行情况与2021年中央和地方预算草案的审查结果报告》,载《中华人民共和国全国人民代表大会常务委员会公报》2021年第3期。

④ 刘昆:《全国人民代表大会财政经济委员会关于2016年中央决算草案审查结果的报告——2017年6月23日在第十二届全国人民代表大会常务委员会第二十八次会议上》,载《中华人民共和国全国人民代表大会常务委员会公报》2017年第4期。

对我国预算权配置的完善方向和对人大预算监督的改革方案,[①]但能为权力有效运行提供制度供给的前提条件仍应是从预算权配置的功能和目标出发,重新审视当前预算过程中立法机关和行政机关的宪法关系。

（一）预算监督机制的制度局限性

预算活动中人大与政府的相互关系主要通过权力有效运行得以实现。全国人大的预算审查监督是为避免行政机关编制权和执行权的肆意扩张,确保有效约束行政机关在合宪的范围内行使权力。宪法上如何加强对预算行为的约束,进一步提升人大对政府的监督能力和效果,成为实现预算权合宪性控制的关键。正如时任第六届全国人大常委会委员长彭真所言:"关于人大、人大常委会的监督,也有广义的、狭义的。从广义的监督来说,审查国民经济和社会发展计划,审查预算、决算,要决定、要批准,就包括监督。审议工作报告,有肯定的地方,有批评的意见,也是监督。"[②]因此,充分发挥人大预算监督制度的功能,符合制度设计的初衷。然而,制度设计本身可能并不完美,其自身存在的弱点或者功能局限必然导致不能完全解决预算审查存在的所有合宪性争议。故应对这一机制进行功能界定,这既是对机制发挥功能的确定,更是对机制现存问题的化解。

1. 初审程序功能溢出

人大和政府的预算权力配置在《宪法》中已明确规定。[③] 二者通过全国人大及其常委会对预决算报告的审查实现现有预算过程的监督与被监督关系。人大的预决算审查决议,主要通过全国人大财经委审查监督国务院的预算内容作出。全国人大财经委提交的预决算审查结果报告是初审活动的延伸。全国人大财经委的预算初审是全国人大会议举行前依法对预算开展的初步审查活动。但这也是人大对预决算审查的程序局限所在。全国人大对预算的审议越发依赖于专门委员会的审查结果报告。"中国人大预算监督过程中立法机关与行政机关的权力关系主要发生在初审环节,而不是

---

① 参见陈治:《国家治理视阈下预算权配置的反思与转型》,载《中国法律评论》2018 年第 6 期;魏陆:《人大预算监督效力评价和改革路径选择》,载《上海交通大学学报(哲学社会科学版)》2015 年第 1 期。

② 彭真:《关于全国人大常委会的工作》,载全国人大常委会办公厅、中共中央文献研究室编:《人民代表大会制度重要文献选编》(二),中国民主法制出版社、中央文献出版社 2015 年版。

③ 《宪法》第 62 条规定,全国人大行使审查和批准国家的预算和预算执行情况的报告的职权。第 67 条规定,全国人大常委会在全国人大闭会期间,有审查和批准国家预算在执行过程中所必须作的部分调整方案的职权。第 89 条规定,国务院有编制和执行国家预算的职权。第 99 条规定,县级以上地方各级人大审查和批准本行政区域内的预算和它们的执行情况的报告。

全体会议审批环节。"[①]根据预算法的规定,大会召开前,全国人大财经委会同其他各专门委员会,听取预算草案的汇报,参考全国人大常委会预算工委的初步分析意见。实践中人大在预算相关决议中一般不直接对预算草案提出要求,仅强调同意全国人大财经委提出的审查结果报告。[②] 在某种程度上,全国人大作出决议主要依靠全国人大财经委的预算审查结果报告,全国人大对预算草案的审查情况取决于全国人大财经委的初审效果。全国人大专门委员会的初步审查代行了全体会议的监督审查。实际上造成预算监督对专门委员会的依赖主要基于两方面因素:一是人大的会期较短。全国人大会期一般是15天。[③] 各代表团全体会议除审议上一年度中央和地方预算执行情况与本年度中央和地方预算草案的报告、中央和地方预算草案,还要审议政府工作报告、上一年度国民经济和社会发展执行情况及本年度国民经济和社会发展计划草案报告、国民经济和社会发展计划草案、最高人民法院工作报告、最高人民检察院工作报告。在有限时间内,人大代表审议预算的时间并不充分。而按照立法机关在预算过程中的作用大小,无论是辩论型模式、工作型模式,还是自主型模式的议会审查预算模式,[④]议会审议本国政府预算的时间都相对较长。[⑤] 二是人大代表的兼职身份。代表们有自己

---

① 刘元贺、孟威:《省级人大预算草案初审权的制度供给与创新路径——基于30部省级预算法规的考察》,载《四川理工学院学报(社会科学版)》2016年第2期。

② 参见全国人大常委会法制工作委员会、全国人大常委会预算工作委员会、中华人民共和国财政部编:《中华人民共和国预算法释义》,中国财政经济出版社2015年版,第100页。

③ 根据部分学者在2009年的观察,全国人大会期为15天左右,省人大是7天左右,市人大是4天左右,县人大是3天左右,乡镇人大是1天左右。参见丁静:《我国立法机构预算审批存在的问题及改进建议》,载《西部财会》2009年第10期。据笔者观察,自2015年以来全国人大的会期平均不到10天。其中,2022年的会期为6.5天,2018年的会期最长,为16天。

④ 廷斯坦(Tingsten Herbert)首次区分了工作型议会(working parliament)和辩论型议会(debating parliament),全国人大常委会预算工委的实务工作者卢凌波又提出了关于辩论型模式、工作型模式和自主型模式3种议会审查监督预算的基本分类。See Tingsten Herbert, Nordisk Demokrati, Nordens Kalender, Vol. 9, p. 41 – 50 (1938), cited in Christopher Lord, *The European Parliament: A Working Parliament without a Public*?, The Journal of Legislative Studies, Vol. 24:1, p. 34 – 50 (2018);参见卢凌波:《中国全国人大预算审查监督与预算制度创新》,中国社会科学院研究生院2013年博士学位论文,第31~41页。

⑤ 如以英国为代表的辩论型审查模式,预算的审批过程历时4个月,从预算颁布到预算法案的生效耗时较长。以德国为代表的工作型模式,联邦预算案的审议从9月初的第一个会期开始,结束于次年元月新预算年度开始前。以美国为代表的自主型工作模式,从美国联邦政府由总统提交国会进行审查和批准持续9个月的时间。参见王淑杰编著:《英国政府预算制度》,经济科学出版社2014年版,第146页;王永礼:《预算法律制度论》,中国民主法制出版社2005年版,第36页;肖鹏编著:《美国政府预算制度》,经济科学出版社2014年版,第80~84页、第138~140页。

的工作,因此时间和精力更多地集中在自身工作岗位上,而非用于熟悉和研究人大的重要议案上,很难将注意力集中在专业性极强的预算报告审查中。种种因素决定了这种监督是不尽如人意的。而发挥专门委员会的审查功能虽然可以弥补上述困境,提高审查实效,但仍不能以会期短、代表不专业为由替代各代表团审议环节和大会全体会议里人大代表作为监督主体的审查作用。

2. 审查监督内容有限

人大主要依据预算法的规定对预算管理和财政收支进行监督。但预算草案审查报告对部分内容并不能予以有效回应。如对涉及宪法财政基本国策条款内容人大并不直接作违宪判断。对政府预算行为的审查实现与否、效果如何还取决于宪法文本中对预算相关内容的规定。而我国宪法文本对预算内容的规定较为有限。以全国人大财经委围绕《宪法》第 14 条第 2 款财政“基本国策条款”审查的实践为例,改革开放以后宪法以现代化发展为目标,经济建设取得瞩目成就,然而也造成了自然资源和经济资源的严重浪费。但即便预算执行过程中存在行政机关违反宪法文本的行为,人大在实践中也难以明确认定此类行为违宪。如几乎在历年预决算审查结果的报告里都提到中央和地方存在财政资源浪费的问题。全国人大财经委在建议中多次要求各地、各部门、各单位“厉行勤俭节约,反对铺张浪费”,但因缺少对执行部门违反要求的法律责任规定,预算监督的法律效力难以彰显,全国人大财经委也难以直接处理浪费行为,监督实效发挥有限。

3. 审查结果效力式微

如果把人大对预算报告的审查视为一种对预算行为的合宪性控制机制,那么这种控制机制在效力上还存在局限性。第一,国务院预决算草案和预算执行情况的报告在拟定和执行中无论存在何种问题,全国人大财经委在审查结果报告中对建议全国人大及其常委会是否批准预决算报告和预算执行情况大多是“总体可行”或“建议批准”的评价态度。当然,我国的国家机构关系决定了立法机关和行政机关只是分工不同,但目标一致。第二,从惩罚机制上说,目前法律尚未规定国家机关和个人违法责任的条款。问责追责力度不强也导致了行政机关的预算违法行为发生。

为此,对预算草案报告的合宪性控制机制能够发挥的效果应当持审慎态度。相关的审查主体对政府预算行为的监督仍存在滞后性,对审查出的部分问题也难以解决。审查的效果如何也与行政机关的态度有关。正是由于控制机制存在局限性,因此,需要在现有制度局限中重新思考人大和政府在预算权行使中的宪法关系,确保人大审议通过的政府预算活动符合宪法法律的规定和精神。

(二)预算监督机制的宪法目标澄清

预算监督机制是财政民主的必然要求。财政民主原则是预算权力配置关系的大前提,客观评估这种财政民主主义之下要达到怎样的预算权力配置目标,对实现我国实践中所要求的财政民主极为必要。财政民主对政府财政收支的限制,应当在什么样的标准和情形下,或者说我国宪法上所追求的是一种什么层次的财政民主,从而使人大和政府能够履行好各自的宪法职权,维护二者的宪法关系。在思考完善我国预算监督机制的路径时,要充分考虑当前我国的财政民主实践和国家权力配置中人大和政府的权力关系,以确保我国人大预算监督机制有效发挥作用。

其一,统合财政民主宪法追求与我国经济建设目标。预算制度与政治结构关系紧密,但是"预算制度有时根据财政政策的状态而有变化"。① 财政民主对预算制度的要求也会随着国家宏观经济发展的变化而变化。我国宪法规定当前国家根本任务是集中力量进行社会主义现代化建设。为适应国民经济形势变化,能动开展国家收支活动,财政民主对预算管理的要求会适时调整,有关预算执行的约束性制度也会发生变化。如2008年,为保证积极的财政政策顺利实施,全国人大常委会建议国务院2008年的新增投资从当年中央预算超收收入中列支;同意在次年中央预算审批前,预拨给国务院一定比例的资金,保证重点建设项目投资的需要。②

我国正处于社会主义初级阶段,促进经济发展不单是国家当前的经济任务,还是国家重要的政治任务。财政民主在追求民主目标的同时,还要兼顾国家经济发展的根本任务,从而实现发展目的。一方面,依循人大监督政府财政收支的制度设计以发挥其控制效能。通过预算监督过程,发掘现有人大制度潜力,提升人大代表预算监督水平和能力,提高政府预算过程的透明度,发挥政府自我监督的优势,克服预算监督机制中的工作缺陷。另一方面,在追求财政民主的宪治目标时,也不能忽视我国现阶段的经济社会发展任务。如果说在追求经济增长和社会发展的同时,我国也在财政预算中努力达成财政民主的目标,那么这种层次的民主则是兼顾当前经济建设发展任务的财政民主。

其二,协调人大对政府的监督制约与促进经济发展的关系。随着国家权力结构发生变化,不同的权力配置模式下,财政民主对预算监督的功能和目标也会产生不同影响。虽然我国经济实力较以往已迈上新台阶,但无论是在产业结构还是城乡区域发展协调性方面,经济发展问题仍较突出,我国社会主义初级阶段的基本国情并未改变。因此"以经济建设为中心"仍然是我国政府当前的重要任务。宪法规定国务院是最高

---

① [日]井手文雄:《日本现代财政学》,陈秉良译,中国财政经济出版社1990年版,第172页。

② 参见吴邦国:《全国人民代表大会常务委员会工作报告——2009年3月9日在第十一届全国人民代表大会第二次会议上》,载《中华人民共和国全国人民代表大会常务委员会公报》2009年第3期。

国家行政机关,领导和管理经济工作和城乡建设。国务院通过公共事务的组织管理,对社会公共利益和公民个人权利予以保护。虽然政府正在从直接管理向社会保障和公共服务职能转变,但"我国的政府目前很大程度上是一个经济型政府,政府很大量的工作在从事经济工作,政府也设立了相应部门"。[①] 在这种情况下,政府及各部门实际上需要充分的预算自由实现经济建设,也更需要人大在秉持财政民主的价值目标、明确划分人大与政府职权的基础上支持经济高质量发展。在"促进经济社会平稳健康发展"的基础上,人大既要坚持法定性,反对随意性,做到敢于监督和善于监督,[②] 还要为政府履行经济建设职能提供相对自由的"预算裁量权"。监督的目的在于保证预算执行的有效性,保证行政机关更好地贯彻国家政策方针,更好地创造社会经济效益。

其三,经济建设目标对预算监督机制提出新要求。"高质量发展是全面建设社会主义现代化国家的首要任务。"[③]坚实的经济基础更需要政府发挥财政调配力。通过巩固已有的预算监督成果,政府进一步提升预算执行自我监督功能,人大在现有监督的基础上加强预算监督能力,寓支持于监督中。一方面,人大要坚持在宪法和法律规定的范围内进行预算监督;另一方面,政府也要自觉接受人大监督。

我国的民主政治制度更适合目前中国的国情。[④] 当下,政府应当加快建设现代化经济体系,保持经济持续健康发展和社会大局稳定。人大加强对政府全口径预算决算的审查和监督也是确保国家经济健康平稳的保障。在政府大力发展经济的同时,极有可能因为片面追求经济增长而出现大规模举债或增加赤字。一方面,全国人大及其常委会须严格监督政府执行预算;另一方面,为了扩大国内需求,拉动经济增长,人大也应当在合法前提下支持政府的预算调整计划。从实践来看,对国务院关于促成预算目标的实现而采取的措施,全国人大多次表示支持和赞同。在目标一致的前提下,全国人大财经委维护国务院在领导社会经济建设中的权威地位,并从审查监督的角色出发对预算报告进一步提出建议。例如,全国人大财经委在审查1992年国家预算草案中指

---

① 蔡定剑:《宪法精解》,法律出版社2006年版,第386页。

② 参见习近平:《干在实处 走在前列——推进浙江新发展的思考与实践》,中共中央党校出版社2006年版,第376页。

③ 习近平:《高举中国特色社会主义伟大旗帜 为全面建设社会主义现代化国家而团结奋斗——在中国共产党第二十次全国代表大会上的报告(2022年10月16日)》,人民出版社2022年版,第28页。

④ 参见李鹏:《立法与监督——李鹏人大日记》,新华出版社、中国民主法制出版社2006年版,第853页。

出,“财经委员会赞同国务院为实现1992年的国家预算而提出的几项措施;”①同时,对当年国务院财政经济工作和组织实施预算进一步提出建议。全国人大财经委审查1993年国家预算草案时也有类似的表现。② 又如,1984年第六届全国人大二次会议上,全国人大财经委明确表示同意财政部部长对1983年国家决算和赤字有所扩大所作的分析,赞同各级政府为实现1983年国家预算所作的努力。③

五、余论

完备的人大预算监督机制是国家预算权走向民主化、法治化的必经之路,如何优化全国人大对政府预算的监督成为亟待解决的问题。预算监督机制的完善根本还是应当回到立法机关和行政机关的宪法关系当中来。因此,重新理顺立法机关和行政机关的关系,完善权力监督与制约的关系十分必要。我国立法机关和行政机关的关系,是在党的领导下,紧密分工与合作的权力关系状态。而如何通过正当且完备的预算审查监督程序确保国家权力运行符合宪法和法律的要求,是实现立法机关和行政机关在预算领域权力关系合理配置的核心。

对于正处于经济转型时期的中国来说,加强预算审查监督的法治保障,应从以下两方面予以关切:其一,在宪法中增加关于预算法定的规定是优先选择。预算法定的要求没有上升到宪法层面,导致存在不少与预算法定不相符合的行为。提供公共产品、公平分配社会资源当然是政府的法定职责,但始终不应忘记纳税人以税收的方式提供了公共产品的成本和资金,因此提供何种公共产品、如何提供公共产品都应当由代议机关决定,这是宪治国家的内在原理。④ 明确预算法定的宪法规范,将财政民主的要求上升到宪法的认识高度,是人大审查政府预算的正当性体现,更是减少政府预算随意性的上策。其二,严格执行预算法关于预算审查监督的各项制度安排。预算法是

---

① 陈慕华:《第七届全国人民代表大会财政经济委员会关于1991年国家预算执行情况和1992年国家预算草案的审查报告》,载全国人民代表大会常务委员会办公厅编:《中华人民共和国全国人民代表大会常务委员会公报》(1992年卷),中国法制出版社2004年版。

② 参见柳随年:《第八届全国人民代表大会财政经济委员会关于1992年国家预算执行情况和1993年国家预算草案的审查报告》,载全国人民代表大会常务委员会办公厅编:《中华人民共和国全国人民代表大会常务委员会公报》(1993年卷),中国法制出版社2004年版。

③ 参见王任重:《中华人民共和国第六届全国人民代表大会财政经济委员会关于1983年国家决算和1984年国家预算草案的审查报告》,载全国人民代表大会常务委员会办公厅编:《中华人民共和国全国人民代表大会常务委员会公报》(1983~1985年卷),中国法制出版社2004年版。

④ 参见周刚志:《论公共财政与宪政国家——作为财政宪法学的一种理论前言》,北京大学出版社2005年版,第207页。

预算权行使的重要基本法律,其相当于预算权行使主体自己的内控装置。在总结实践经验的基础上,预算法对预算内容的完整性、预算编制的科学性、预算执行的规范性、预算监督的严肃性和预算活动的公开性等方面作了明确规定。应当严格执行预算法,保证预算权行使,避免违宪违法情况的出现,克服审查中可能存在的瑕疵和缺陷。

论金融科技治理的公私合作模式构建：一种功能主义的视角*

唐士亚**

摘　要：在防范金融风险的法理念指引下，金融科技治理呈现行政主导与控制取向的政府管控型治理模式。面对日趋复杂的金融科技市场，政府管控型金融科技治理面临过于依赖严格管控而缺乏市场激励、监管主体与监管对象缺乏基本互信、金融科技企业“私权力”膨胀而架空行政监管等问题。而基于功能主义的金融科技公私合作治理发挥了公私部门各自优势，以解决实际治理问题为导向，具有较好的灵活性与回应性。金融科技公私合作治理的成立需要满足主体、实质、行为与责任四大要件，并承认多元规范的调整作用。金融科技公私合作治理并不意味着不再重视政府管控逻辑，而是应实现管控逻辑与合作逻辑的协调，从而在合作治理法制结构、多元主导型合作治理、试验型合作治理以及比例原则审查等方面推进金融科技公私合作治理的深化。

关键词：金融科技；公私合作；合作治理；政府管控；功能主义

金融科技是技术驱动的金融创新，旨在运用现代科技成果实现对金融产品、金融模式和金融服务的创新，推动金融发展提质增效。① 2007 年我国首家 P2P 网贷平台“拍拍贷”在上海成立，标志金融科技在中国的正式起步。在 2007 年至今的 10 余年内，我国金融科技治理既有初期的包容性治理模式，亦有 2016 年正式开启的“互联网金融风险专项整治行动”这一深度管控型治理行动。随着监管沙盒（Regulatory

* 教育部人文社会科学研究规划基金“金融科技的软法治理及其协同问题研究”（编号：23YJA820026）、第 73 批中国博士后科学基金“金融科技企业的数据治理法律机制研究”（编号：2023M732934）的阶段性研究成果。

** 法学博士，厦门大学法学博士后科研流动站在站博士后，福州大学法学院副教授。

① 参见中国人民银行发布的《金融科技（FinTech）发展规划（2019—2021 年）》。

Sandbox)这一试验性治理模式在金融科技治理中的广泛应用,我国金融科技治理出现了"权力多元化和社会化的趋向"。①

金融科技作为一种广泛采用人工智能、区块链、云计算等新兴数字科技的新型金融业态,带来了一种"分散化+原子化"的金融组织逻辑,改造了传统的"中介—客户"关系,形成了金融交易网络上无数点对点的直接金融交易。② 由于主体多元化和交易关系多样化,以行政主导为核心的政府管控型金融科技治理难以独立回应错综复杂的金融科技治理难题,金融科技治理越来越需要公私主体的协力参与,金融消费者自决、金融科技企业主体责任、行业自律越来越成为影响金融科技治理成效的重要"自变量"。因此,如何理解政府管控型金融科技治理向金融科技公私合作治理转型的深层次原因及其逻辑?如何理解金融科技公私合作治理对金融科技规制权力分散化与社会化趋势的适应性?针对上述问题,本文力图跳出传统金融监管内部规则的分析思路,利用功能主义分析范式解释金融科技公私合作治理的原理及其构建。

一、金融科技治理的政府管控模式及其现实问题

(一)金融科技治理的政府管控模式释义

一国金融监管架构和监管重心既深受该国法律环境、社会传统等因素的影响,又直接与国家金融结构紧密相关。③ 金融科技是一种基于"二次脱媒"后的新金融业态,④相较银行业金融机构和资本市场金融机构,金融科技企业对技术风险更加敏感,透明度风险也因其所具有的高科技属性而急剧攀升。金融科技治理的政府管控模式是受压力型体制的影响,在金融科技治理中表现出的政府主导与金融科技企业被动接受。在该模式中,政府管控逻辑主要包括治理指标考核、政府政策供给和金融行政规制三个方面。

第一,治理指标考核。在中央金融监管部门确立金融科技行业治理目标和考核方案后,将治理任务以数量分解的形式下达各省市金融监管机构,附之以量化的考核指标,考核结果成为对各省市金融监管机构评价的重要依据。

---

① 唐士亚:《中国金融科技治理模式变迁及其逻辑》,载《经济社会体制比较》2022 年第 5 期。

② Douglas Arner, Ross Buckley, Kuzi Charamba, Artem Sergeev & Dirk Zetzsche, *Governing FinTech 4.0: BigTech, Platform Finance, and Sustainable Development*, Fordham Journal of Corporate and Financial Law, Vol. 27:1, p. 1-72(2022).

③ 参见吴晓求:《中国金融监管改革:逻辑与选择》,载《财贸经济》2017 年第 7 期。

④ 参见沈伟:《金融科技的去中心化和中心化的金融监管——金融创新的规制逻辑及分析维度》,载《现代法学》2018 年第 3 期。

第二,政府政策供给。管控型金融科技治理中的治理内容、治理目标、治理行动以政府政策为主要依据,直接体现政府的治理意志和利益,对金融科技企业权益、投资者权益保障不足,难以获得金融科技市场主体的自愿性认可,容易产生"策略性参与"的应对。

第三,金融行政规制。政府管控型金融科技治理有强烈的行政规制路径依赖,通过市场准入许可、行政处罚、行政强制等行政手段深度管控金融科技企业。金融行政规制直接决定市场主体的行为预期和发展预期。

(二)金融科技治理的政府管控模式面临的现实困境

政府管控型金融科技治理模式所仰仗的金融科技"专项行动""专项整治"等深度管控型治理工具,在飞速发展的金融科技业态面前,难以摆脱金融创新监管的三元悖论,即监管机构最多只能在提供明确规则、维护市场诚信以及鼓励金融创新这三个目标中实现两个。① 因此,政府管控型金融科技治理在实践中面临着以下现实困境:

第一,管控型治理与激励型治理之间的配比失衡。我国金融科技监管多运用禁止性、限制性规则对金融科技企业的业务范围进行严格限定,导致政府在监管中忽视了激励型规则的适用。以业已清零的P2P网贷行业为例,在P2P网贷专项整治行动中,监管部门在短时间内不断提升对网贷信息披露、平台注册资本金、平台风控措施等方面的要求,导致即便是拥有较强实力的大型P2P网贷平台也因急速攀升的运营成本、合规成本而选择退出网贷市场。基于信息中介的定位,P2P网贷平台本不应承担与借贷交易相关的风险,但在实践中P2P网贷平台及其实控人在监管维稳压力下,实际上承担了为投资者借款进行兜底的责任。P2P网贷行业监管有余而激励不足的治理格局,一方面抑制了网贷行业市场化治理机制的形成,另一方面又影响了市场对政府管控型治理模式的信心。

第二,行政监管权力缺乏有效的社会合作治理。从中国人民银行、原中国银行保险监督管理委员会(以下简称原银保监会)等中央金融监管部门,再到地方各级金融监管办(局),行政权力主导了金融科技治理的进程和方向,而中国互联网金融协会和各地互联网金融协会等行业自律组织则无法充分为本行业利益发声。

第三,依赖准入监管而缺乏以数据监管为中心的技术治理体系。金融科技通过大

---

① 若监管者优先考虑市场安全和制定明确规则,则必然通过严格监管来实现,而这可能会抑制金融创新;若监管者希望鼓励金融创新并制定明确规则,则会使用简单、宽松的监管模式,而这会增加市场诚信的风险;若监管者希望促进金融创新和市场诚信,则其会通过复杂规则和豁免条件来实现目标,从而增加了企业合规和执法协调的难度。See Chris Brummer, Yesha Yadav, *FinTech and the Innovation Trilemma*, Georgetown Law Journal, Vol. 107:2, p. 235 – 308(2019).

数据、人工智能等现代技术,在提升了金融交易范围与频率的同时,又增加了评估新技术给市场稳定和金融消费者保护带来影响的难度。金融科技的去中心化特征带来了明显的数据可靠性缺失问题,来自不同金融科技企业的金融数据有可能不准确或被操纵,而机器学习和算法“黑箱”更加剧了数据可信度风险,使监管者难以准确识别和判断风险源。①

第四,金融科技企业“私权力”膨胀而弱化金融科技行政监管。大型金融科技企业凭借其“数据垄断”地位以及技术架构优势,对于金融科技发展有着强大的话语影响力,私主体之间抽象意义上的平等关系被打破,导致一种新型的不均衡现象——金融科技企业“私权力”发生。② 金融科技企业“私权力”产生的特殊性在于,平台架构和数据垄断替代了传统的政治与经济资源,成为打破这种既有均衡的突破口。大型金融科技企业在事实上成为与传统金融行政监管相分立的私权力主体,并形成了针对金融科技的自我治理体系。③ 大型金融科技企业的自我治理体系如果缺乏适当、及时的外部规制,很可能在数据垄断优势和技术优势的庇护下,不断形成外界难以观测的“私权力黑箱”,最终威胁金融科技市场的数据安全、金融安全与个人隐私。

综上所述,政府管控型金融科技治理模式在解决应急式市场危机、防范重大金融风险方面具有积极效果。故此,政府管控型金融科技治理模式需要作出调整,从而更好地适应金融科技市场。

二、金融科技治理的公私合作模式及其功能主义解释

基于上文对政府管控型治理模式的分析,面对日新月异的金融科技市场,我们需要认识到监管机构与金融科技企业之间并非截然对立的关系,而是具有共同的治理目标,即在防范金融风险和促进金融发展之间取得最佳平衡。我们需要一种可以激发金融科技企业主观能动性的治理模式,促使金融科技企业从“被动监管”走向“主动合规”。④ 这意味着,金融科技治理需要全面整合市场、政府、企业的共同目标和利益,通过制度安排来激发市场主体参与治理的内在动力。因此,笔者认为,金融科技治理要像其他诸多领域一样,以解决实际治理问题为导向,逐步转向更具灵活性与回应性的

---

① 参见谭九生、范晓韵:《算法“黑箱”的成因、风险及其治理》,载《湖南科技大学学报(社会科学版)》2020 年第 6 期。

② 参见周辉:《平台责任与私权力》,载《电子知识产权》2015 年第 6 期。

③ 参见许多奇:《论网络平台数据治理的私权逻辑与公权干预》,载《人民论坛 · 学术前沿》2021 年第 21 期。

④ 参见吴烨:《金融科技监管范式:一个合作主义新视角》,载《社会科学》2019 年第 11 期。

公私合作治理模式。

(一)金融科技治理的公私合作转向及其优势

从功能主义视角来看,私主体以公私合作形式参与金融科技治理,其正当性来源于公私合作治理能够充分调动公私两端治理积极性,通过工具理性方式更直接地解决现实问题。公私合作治理有效回应了金融科技治理应用场景丰富、技术智能化与参与主体多样化的特点,不再局限于法释义学意义上公私主体的身份限定,而更注重治理功能的发挥。

公私合作治理强调从传统的政府单向管控向公私伙伴关系和治理网络的转变。① 在金融科技治理中,不同的市场参与主体有着不同的资源、信息和能力,有自身的资源禀赋优势和不足,很难由监管部门单独完成市场治理任务,也很难由金融科技企业或行业协会依靠自我规制完成市场治理。因此,金融科技公私合作治理的重心从科层制结构转向多中心治理网络,强调多元主体的合作与参与,通过不同主体来共享、动员和聚合分散的市场治理资源,协调不同主体的行动和利益,进而实现金融科技治理目标。②

金融科技公私合作治理是对政府管控型治理模式的有益补充,而非替代。金融科技公私合作可以扩大治理范围,调动私人资源,使不同主体基于共同利益形成和执行政策,有效改善政府规制能力,具有如下优势:

第一,金融科技企业、金融消费者、行业协会等以创新性、灵活性为特征的金融科技私主体,可以通过内在激励性手段强化自我合规管理,促使公私合作治理发挥风险分散、资源优配的独特功能。

第二,通过监管者、监管对象以及社会组织之间的多元主体合作,提升了市场整合程度和市场运转效率,在更频繁的多元主体互动中降低了金融科技治理的信息成本和治理风险。

第三,通过公共部门和私人部门的合作,以及政府与市场双轨制运作,促使监管者与监管对象达成监管互信,建立维护金融科技市场整体利益的信任关系。

(二)金融科技公私合作治理的成立要件

金融科技公私合作治理以功能主义为治理哲学,以合作利益为治理基础,注重在一种公私主体相对平等、共同参与、共担责任的合作框架中开展金融科技治理,摆脱了政府管控型治理的形式桎梏和身份限制,更加注重追求对市场问题的有效解决。因

① 参见章志远:《迈向公私合作型行政法》,载《法学研究》2019年第2期。

② 参见李玫:《西方政策网络理论研究》,人民出版社2013年版,第111页。

此,基于功能主义治理哲学的金融科技公私合作治理在主体要件、实质要件、行为要件和责任要件等方面具有灵活性与回应性特点。

1. 主体要件:公私双方主体合作

金融科技公私合作治理必须存在公权力主体与私权利主体,构成一种双方法律行为,且公私双方的合作治理行为应出于各自的真实意愿。监管机构在实施金融科技合作治理时,需要金融科技企业等私主体行为的配合,并在合作过程中对其进行激励、影响或约束,但不是完全的控制,否则会违背公权力主体推动实施公私合作的初衷。与此同时,私主体不能为了实现逃避监管等不法目的,掩盖真实意图签订公私合作协议而获取非法利益。金融科技公私合作治理应是通过监管机构与金融科技市场主体的行为整合,达成一种双赢的相互关系,实现合作行为的法治化。

2. 实质要件:高度契合的合作利益

在金融科技公私合作治理中,监管机构支持金融科技企业、金融消费者等参与金融科技治理的关键是各方利益是否相互契合一致。在金融科技治理中,监管机构对于私主体参与合作治理,既非完全控制,也非完全支持,监管机构选择控制还是支持行为,取决于公私主体的利益契合程度。这种利益契合,是指监管机构对于金融安全、金融稳定等社会公共利益的追求与金融科技企业对于商业利益、金融消费者对于财产与身份利益的追求,能否在特定范围内达到彼此可以接受的利益平衡与妥协。当这种公私利益交汇达至平衡,则金融科技市场的私主体能够得到监管机构更多的支持,且能深度介入治理政策的形成过程;反之,当公私利益发生冲突时,金融科技市场的私主体会受到监管机构的抑制。

3. 行为要件:公私双方行为的对等性

在金融科技公私合作治理中,无论是合作抑或协力,必须明确公私双方主体行为的对等性,从而确保双方的沟通、谈判等协商性活动的顺利进行。易言之,金融科技公私合作治理应是居于对等地位的两方或两方以上公私主体,为了达成共同的金融治理任务,互相协力合作与配合,完成既定的治理目标。在对等性行为的语境下,公私合作行为维持着一种"紧张的包容关系":一方面,私权利主体会在合作治理中尽可能地维护自身权利,必然加剧私权与公权的碰撞;另一方面,监管机构应对整体合作行为予以更多的容忍和监督,提升私主体对公权力的信任感。①

4. 责任要件:金融风险分担与国家担保

金融风险责任分担主要包含两个层面的含义:一是监管机构、金融科技企业和社

---

① 参见邹焕聪:《公私合作主体的兴起与行政组织法的新发展》,载《政治与法律》2017年第11期。

会组织之间在执行金融科技治理时的分工;二是为实现这种分工所建构的合作性金融科技治理组织架构。金融风险的责任分担并非仅着眼治理任务的一次性分配,相反,这种风险责任的分担应是基于动态协调金融科技治理过程中的各种行为所做出的责任划分。

对于监管机构来说,金融科技公私合作治理并不导致监管机构从治理任务中抽身,而应该是一种公权力行使形式的改变,也就是转而以合作、企业自我规制及政策调控相结合的方式实现金融法律秩序。根据责任承担方式的不同,可以将监管机构的责任区分为履行责任、担保责任和承接责任3个责任层级。[①] 金融科技公私合作治理强调了监管机构虽然可以不再自己或者至少不再独自履行金融科技治理义务,但是应通过监督措施担保金融科技治理任务符合金融法律秩序。在金融科技企业或者行业组织无法达成预期治理目标时,监管机构需要履行承接责任,弥补私主体治理能力的不足。

(三)金融科技公私合作治理的多元规范

金融科技公私合作治理承认多元规范的个体与整体作用。就规范类型而言,具体包括了法律规范、技术规范与伦理规范。

第一,法律规范。法律规范所具有的强制性、稳定性和拘束力,可以为金融科技公私合作治理提供一个可靠的规则框架。此处的法律规范应作广义理解,即包括了金融科技治理领域的法律、行政法规、地方性法规、部门规章、地方政府规章、司法解释在内的广义法律规范。以金融科技治理中的数据治理为例,截至2022年年底,我国已构建了以"核心三法"——《网络安全法》《数据安全法》《个人信息保护法》为主干,以《民法典》《消费者权益保护法》《电子商务法》为外围,辅之以《关键信息基础设施安全保护条例》、《网络安全审查办法》、最高人民法院《关于审理利用信息网络侵害人身权益民事纠纷案件适用法律若干问题的规定》、最高人民法院和最高人民检察院《关于办理侵犯公民个人信息刑事案件适用法律若干问题的解释》等行政法规、规章和司法解释在内的金融科技数据治理法律规范体系。

第二,技术规范。技术规范是建立在自然科学定律之上关于技术活动的具体说明。[②] 一方面,技术规范通过具体的、明确的、统一的技术要求来推动金融科技活动的流程化;另一方面,技术规范通过数量指标使金融科技公私合作治理的目标明确化,进

① 参见[德]扬·齐科:《从德国宪法与行政法观点论公私协力——挑战与发展》,詹镇荣译,载《月旦法学杂志》2010年第180期。

② 参见潘天群:《论技术规则》,载《科学技术与辩证法》1995年第4期。

而使合作治理效果可以得到有效衡量。技术规范所具有的规范、调节、约束、控制功能预设了金融科技公私合作治理的有效运转，建构了一个规范化的行为规训空间，确保合作治理满足工具理性与价值理性的要求。金融科技公私合作治理中的技术规范以技术标准最为典型，如《金融科技创新应用测试规范》（JR/T 0198—2020）、《金融科技创新安全通用规范》（JR/T 0199—2020）、《金融科技创新风险监控规范》（JR/T 0120—2020）等。

第三，伦理规范。伦理是人们进行社会活动时所应遵循的行为准则，是评价是非善恶的规范和标准。① 金融科技伦理，是指金融科技活动参与主体在金融科技产品的研发、交易、监管过程中处理相关利益者利益的、符合金融与科技伦理道德标准并被市场主体普遍认同的行为规范。金融科技伦理规范涉及经济、金融、伦理学、哲学、计算机、人工智能等文理工交叉领域，主要包括平台交易伦理规范、算法伦理规范和数据伦理规范。金融科技伦理规范以倡导性、评价性内容为主，而非偏向惩罚性、追责性的设定。② 因此，与法律规范所具有的强制执行力不同，伦理规范的约束力更依赖相关主体的内心认同和自觉行为配合。2022 年 10 月，中国人民银行发布《金融领域科技伦理指引》（JR/T 0258—2022），提供了在金融领域开展科技活动需要遵循的守正创新、数据安全、包容普惠、公开透明、公平竞争、风险防范和绿色低碳 7 项伦理规范（见表 1）。

表 1 金融科技公私合作治理中的多元规范对比分析

规范	作用范围	作用力度	作用原理
法律规范	作用范围有限，须以法律法规的明文规定为前提	作用力度最强，具有强制执行力	通过法律上的权利义务配置来影响合作治理
技术规范	作用范围较广，主要应用于金融科技企业和平台	作用力度一般，但技术规范上升为技术标准后，作用力度将会增强	通过技术指标、技术程序等方式引导合作治理
伦理规范	作用范围最广，覆盖金融科技合作治理全过程	作用力度较弱，依赖于相关主体的内心认同与行为配合	通过伦理评价、声誉评价、道德榜样等方式影响合作治理

① 参见魏英敏主编：《新伦理学教程》（第 3 版），北京大学出版社 2012 年版，第 78 页。

② 参见车宁：《金融科技伦理治理体系的构建》，载《中国银行业》2021 年第 11 期。

三、金融科技公私合作治理的理念依据与实施机制

金融科技治理由管控逻辑向合作逻辑的转型是一个“解释法律系统如何在一个本身并不听命于法律规则的环境下管理自己的再生产过程”。[①] 金融科技公私合作治理除以鲜明的目的导向去解决治理问题外,也需要与法规范系统相互配合,法律规则与法律原则仍旧是功能主义治理所遵循的重要规范,防范功能主义自由裁量逾越合理边界,从而更好地发挥金融科技公私合作治理的作用。

(一)金融科技公私合作治理的理念依据

在金融科技公私合作治理法律关系中,金融科技企业、金融消费者、行业协会的多元参与既实现了治理主体的多样化,又对主体间的利益分配、权利义务设置等提出了更精细的制度设计要求。故对金融科技公私合作治理法律关系的规范和调整需要将包容性与多元化的价值理念融入金融科技治理的各个环节,摆脱政府管控型金融科技治理的单一路径,在对话与合作中丰富金融科技的治理“工具箱”。

1. 公共利益优位与利益协调

金融科技公私合作治理以维护金融市场稳定和促进金融科技发展之平衡为治理目标,通过合作治理实现在社会效益和经济效益平衡之上的社会公益追求,以促进金融科技的整体可持续发展和正外部性效应为归依。当公共利益与合作治理主体的私益发生冲突时,维护公共利益具有更优先的顺位。

金融科技公私合作治理法律关系涉及多元主体的利益协调和平衡问题。一方面,应将市场效果反馈作为金融科技治理的重要考量,确保公私合作治理法制在消除金融风险、技术风险方面的实效;另一方面,在保证公共利益得以实现的前提下,给予多元主体足够的利益激励,特别是充分调动金融科技企业利用自身的技术架构优势、数据积累优势参与金融科技公私合作治理机制,鼓励金融消费者、社会媒体切实有效行使监督权,实现多元主体利益的整体平衡。

2. 政府主导与平等合作

公私合作治理在外观上表现为国家与私主体的紧密互动,但本质上仍然是国家的良性治理,需要政府公权力作为合作治理机制的塔基。因此在合作治理网络中,政府仍然是合作主导者。[②] 金融科技公私合作治理在本质上是管控、自治和合作背景下提

---

① [英]马丁·洛克林:《公法与政治理论》,郑戈译,商务印书馆2013年版,第352~361页。

② 参见李有星、王琳:《金融科技监管的合作治理路径》,载《浙江大学学报(人文社会科学版)》2019年第1期。

升政府金融治理效率的制度安排。政府在其中扮演“监管者”和“合作者”的复合角色，一方面，政府仍须充分履行金融监管职能和促进金融发展职能；另一方面，需要与私人部门合作，充分发挥各自的禀赋优势。例如，政府应当通过制定金融科技发展规划，加强金融科技的顶层设计，引导金融科技企业以技术研发、数据共享等方式积极参与到金融科技治理过程中，赋能金融服务提质增效。与此同时，将具备强大技术研发能力和海量用户数据沉淀的金融科技企业引入金融科技合作治理中，需要明确其在合作治理中的平等法律地位，在合作治理程序和权利救济方式上明确私主体的权益，防止公共部门以合作之名对私人部门商业利益进行不法侵蚀。

3. 风险防控与契约规范

由于金融科技公私合作治理具有高度政策性和公益性的特点，公权力在合作治理中天然地具有地位上的优势，政策变动风险与政府违约风险成为私人部门参与合作治理难以摆脱的顾虑。因此，为解决金融科技合作治理所附随的风险与冲突，合作主体基于意思自治而形成的合作法律关系（契约关系）相继衍生出合作治理的监督、管理与救济法律关系。具体而言，一方面，需要明确公私部门间“权力—权利”的法律界限，在行政程序上对政府履约行为进行控制，防范政府通过政策调整、规划变更等方式侵犯私人部门的合法权益；另一方面，鉴于金融科技公私合作的法律表现形式主要为战略合作协议等契约，应在契约中明确合作治理主体的权利义务，在赋予金融科技企业等参与金融科技治理的实体性权利的同时，保障其相应的请求权、救济权等程序性权利，充分发挥契约对公权力的制约作用。

（二）金融科技公私合作治理的实施机制

1. 金融科技公私合作治理中的法制结构

基于我国金融科技治理所呈现的复杂面貌和“金融—技术”双重风险结构，金融科技公私合作治理需要明确公私合作主体间的权利义务和利益关系，考量不同业态治理的不同需求和治理困境，对金融科技公私合作治理法律关系中监管机构与金融科技企业、金融消费者、行业协会之间的利益关系加以类型化。依据金融科技公私合作治理实践中权利义务指向的不同，可以划分为外部法律关系和内部法律关系。其中，外部法律关系是因金融科技治理公私合作行为而派生出的监管法律关系和救济法律关系，以公法规范为主要依据；内部法律关系是指公私合作治理主体之间的平等法律关系，以合同法等私法规范为主要依据（见表2）。

表 2　金融科技公私合作治理法律关系类型

法律关系类型	依据规范	具体实践
外部法律关系	公法规范为主	金融科技监管、金融司法救济
内部法律关系	私法规范为主	金融科技信息公开、金融科技数据交易与传输、监管机构与金融科技企业的技术合作

金融科技公私合作治理法制涵盖契约(协议)规范、监督规范和救济规范。其中,契约(协议)规范作为一种私法规范,约束公私部门作为平等法律主体,在数据交易与传输、技术合作等方面展开平等合作;监督规范和救济规范属于公法规范,体现了较明显的法权介入特征,对金融科技监管的限度和边界进行限定,划定了公私利益的界限,并赋予了金融科技私主体在遭受权利侵害后的救济渠道。

公法规范为主的金融科技公私合作法制,更多聚焦于规范和限制金融监管权力的扩张;私法规范为主的金融科技公私合作法制,着重调控和规范合作契约。在实际运行中,公法规范为主的金融科技公私合作法制需要通过监督规范来明确金融科技监管的范围和方式,并以行政责任的约束机制强化监管机构的自我规制。私法规范为主的金融科技公私合作法制需要确立"激励为主、制约为辅"的契约激励机制,在契约利益分配上给予金融科技企业、行业协会更多利益倾斜,强化私主体参与合作治理的动力。

2. 多元主导型金融科技公私合作治理

多元主导型金融科技公私合作治理是基于多元化治理主体的背景,突破既往单向度的政府管控型治理范式,凸显各类主体功能化、灵活化合作,因所干预金融科技业务属性不同而确立的差异化治理类型。① 在这一合作治理范式中,应根据多元化治理主体在所涉金融科技业务中主导方式的不同,展开更进一步的具体模式划分,并探究其中的差异化适用原理。

第一,金融监管主导模式。该模式以中国人民银行、原银保监会、互联网金融风险专项整治工作领导小组等行政机关为合作治理的主导,更为凸显金融监管权力在公私合作治理中的预设权威,强调金融科技企业、行业协会等应在金融监管强制力保障下达至合作治理秩序的稳固、高效和持续运行。金融监管主导型公私合作治理依托科层制结构,将私主体纳入行政主导的合作治理框架之中,强调合作治理的短期性、动员性和强制性,更多适用于应对突发金融科技风险、金融科技行业性危机等治理领域。

第二,契约合意主导模式。该模式更为凸显金融科技企业之间、金融监管部门与

① 参见赵谦:《合作规制范式的释义学解读》,载《行政法论丛》2020 年第 1 期。

金融科技企业之间的契约合意,旨在将共识性的激励手段引入金融监管过程之中,在契约框架中赋予公私主体平等合作的法律地位,强调市场机制下的公私主体间意思自治与合同交易。该模式主要适用于高度依赖规则引导的领域,如监管机构与金融科技企业之间的技术合作、数据处理等治理领域。

第三,多中心主导模式。该模式更为凸显多元主体之间通过信任与协调所形成的公共化治理,包含了在"政府—市场—企业"框架下对金融科技公私合作治理的认可,强调参与合作治理的各类主体皆为合作主导,并发展出金融科技公私合作治理的公共理性原则。该模式更多适用于较强调共同参与下多中心治理的金融科技营商环境优化等领域。

3. 试验型金融科技公私合作治理

试验型金融科技公私合作治理要求赋予金融科技一个相对稳定、安全的"测试空间",在风险可控的前提下给予金融科技企业足够的信任,鼓励其进行各类金融创新业务和服务。英国金融行为监管局(Financial Conduct Authority)于2015年率先推出监管沙盒概念,通过设置一个内嵌于真实市场的"安全空间",在申请测试主体的要求、测试项目的要求、测试流程等方面作出特殊规定,对那些具有发展潜力但风险不定、无法完全满足监管要求的金融创新进行试验,进而根据测试结果决定是否将测试项目推向市场。① 当前,监管沙盒在全球范围内得到了金融监管机构的重视,包括英国、新加坡、澳大利亚、中国香港特别行政区、中国台湾地区等国家和地区都已开展实践。中国内地(大陆)于2019年12月开始在北京进行监管沙盒试点,截至2020年年底,监管沙盒试点范围已扩大到上海、广州、深圳、重庆、杭州、苏州等9个试点城市,合计达70个创新应用。②

在本质上,监管沙盒是为金融科技创新在特定时空范围内降低准入门槛和放宽监管限制的制度设计,不仅不会对现有金融法制造成冲击,还可以作为克服法律滞后性的相机决策制度安排。③ 监管沙盒的有限范围测试可以为监管机构准确把握金融科技创新实质提供一个风险可控的观测窗口;公示测试项目和内容有利于引导金融科技企业向符合监管原则的技术应用和产品设计方向靠拢;监管机构与金融科技公司在测试前后各环节的交流有利于金融科技企业增进对监管法律与政策的理解。

---

① See Financial Conduct Authority, *Regulatory Sandbox*, FCA Documents (Nov. 10, 2015), https://www.fca.org.uk/publication/research/regulatory-sandbox.pdf.

② 参见澎湃新闻:《监管沙盒元年:从9个试点城市70个项目中能发现什么线索》,载澎湃新闻2021年1月1日,https://www.thepaper.cn/newsDetail_forward_10600373。

③ 参见张景智:《"监管沙盒"制度设计和实施特点:经验及启示》,载《国际金融研究》2018年第1期。

监管沙盒作为试验型金融科技公私合作治理的具体体现,搭建起了监管机构、金融科技企业、行业协会、金融消费者之间平等交流的平台。监管沙盒所采取的对沙盒测试项目具体参数、结果测量、实施范围等内容进行协商,在沙盒测试中进行充分的信息交流测量的措施,不仅提升了金融消费者对于金融创新的前期参与度,还缓释了长期以来金融市场中的政府管控型治理造成的金融监管机构与金融机构之间的矛盾,展现了平等协商的良性互动,①有助于治理规则的适应性变迁和金融科技的稳健发展。

4. 金融科技公私合作治理的比例原则审查

金融科技公私合作治理的基础在于合作利益诱导,而合作利益诱导天然地排斥公权力的约束,其合法性与正当性在于所承载的特定价值追求。因此,金融科技公私合作治理的公共利益目标是否可以获得社会本位与合理正当性基础的确认,在其目的与手段之间、成本与收益之间,还应接受严格的比例原则的审视。

第一,"目的—手段"相关的适当性原则。适当性原则要求所采取的措施必须能实现目的或至少有助于目标的达成,强调手段与目的之间的相关性,即目的和手段之间要有一个合理的联结关系,且这种联结是正当、合理的。金融科技公私合作治理的适当性是从"目的取向"上来规范合作治理主体所采取措施之间的比例关系。金融科技公私合作治理必须适合达成国家金融治理对于金融稳定、金融发展等目标的追求,即合作治理所采取的监管沙盒、信息共享等手段,对于达成国家治理金融科技市场的目的来说是有效率的。

第二,"公共利益损害最小—不可替代性"兼顾的必要性原则。在现阶段金融科技治理"工具箱"中,专项整治行动、金融科技发展规划等都有助于实现金融科技治理目的,公私合作治理仅是其中的一种治理工具。实施公私合作治理所付出的金融创新风险上升和金融治理效率降低的代价虽是不可避免的,却是可以容忍的,但必须满足两个前提条件:一是目的正当且合理,对公共利益的损害最小;二是确实无其他可替代的治理工具。如果有其他治理工具可以实现同等目标而不会导致金融创新风险上升和金融治理效率降低,则金融科技公私合作治理就会丧失其合理性与正当性基础。

第三,"成本—收益"合比例的均衡性原则。均衡性原则要求金融科技公私合作治理不得为了微小的公共利益而给金融市场和投资者造成明显损失,即合作治理手段导致的经济损失与其所欲达成的目标不得明显失衡。在适用均衡性原则时,法益间的位阶顺序是需要明确的重要前提。② 金融科技公私合作治理对于金融科技的干预,必然

---

① 参见刘盛:《监管沙盒的法理逻辑与制度展开》,载《现代法学》2021年第1期。

② 参见姜昕:《比例原则释义学结构构建及反思》,载《法律科学(西北政法大学学报)》2008年第5期。

对交易主体的权利,如财产权、隐私权、经营自由权等造成影响。因此,在评价合作治理的效果时,应同时将其所侵害的金融科技交易主体基本权和金融科技市场自由竞争权进行法益的位阶比较,从而获得合理正当性基础。

四、结语

在公私合作治理理念的冲击下,对金融科技行政组织结构进行优化,建构金融科技公私合作治理主体成为时代转型发展的必然趋势。作为一种具有软法性质的治理范式,金融科技公私合作治理通过一种妥协方式,采取诱导性的利益激励手段,促使不同的金融科技治理思路在相互对抗中达到一种反思性平衡;通过协商对话机制,使参与主体之间取得信任与合作。金融科技公私合作治理改变了政府管控型金融科技治理的"高压"姿态,有效限缩了单方金融监管权力行为的恣意性,实现了金融科技治理由"秩序行政"向"合作行政"的转型与整合。

金融科技公私合作治理的功能主义发展趋向是适应金融科技技术导向、多中心化经营特征的产物,它表明传统的管控型治理逻辑不足以诠释实践运作中的金融科技治理全貌。但同时,金融监管机构亦须高度关注功能主义治理模式所存在的限度,将管控逻辑与合作逻辑合理结合,既确保金融科技公私合作治理在法制框架内进行,又提升金融科技公私合作治理的灵活性与包容性,重新构建金融安全与金融效率之间的良好平衡。

货币竞争背景下我国数字货币的法律规制研究*

陈志峰**

摘　要：第二次世界大战后的世界货币竞争格局几经改变，但以国家信用竞争为本质的货币竞争长期持续，各类货币在分层货币体系中竭力争取优势地位。数字货币对分层货币体系造成了冲击，为了实现对数字货币的有效规制，必须准确界定法定数字货币和自发数字货币在分层货币体系中的定位，明晰两者既竞争又合作的互动关系。就我国而言，以国家信用为基础的法定数字货币属于第二层货币，对法定数字货币的规制应以稳定币值和维护国家信用为目标，通过包含科技监管规范、宏观调控规范和权益保障规范的规制框架抑制风险，力争在国际货币竞争中更进一步，占据分层货币体系的顶端；以私人信用为基础的自发数字货币属于第三层货币，必须坚持风险控制与创新激励并存的包容审慎监管理念，调整监管体制以匹配监管需求，利用科技监管和沙箱监管规范，实现效益与风险的平衡，并助力法定货币国际化进程。

关键词：货币竞争；分层货币体系；法定数字货币；自发数字货币

数字货币是当今在国内外均备受热议的焦点话题。一方面，当前世界各国央行大多在探索和落实数字货币试点，2022 年 5 月的一项调查表明，在全球参与调查的 81 家央行中，已有 90% 的央行正在对数字货币进行研究，有 62% 的央行正在推进相关试点或概念验证工作，由国家信用背书的法定数字货币正在登上历史舞台；①另一方面，民间自行研发形成的自发数字货币也从“比特币 1.0”形态经历“以太币 2.0”形态后，发

---

*　上海市哲学社会科学规划课题“建设全国统一大市场背景下碳金融市场监管法律制度研究”（课题编号：2022ZFX002）、上海财经大学“互联网与大数据法治问题研究”科研创新团队的研究成果。

**　法学博士，上海财经大学法学院讲师。

①　参见俞懿春等：《全球央行数字货币发展提速》，载《人民日报》2022 年 7 月 29 日，第 17 版。

展到当前以天秤币(Libra)等为代表的“稳定币 3.0”形态,得到了进一步深入发展。数字货币被持续开发、推广和应用使世界各国在货币金融领域面临重要的发展机遇,但同时也受到诸多新兴风险的威胁。

数字货币在全世界范围内掀起了新一轮的货币竞争热潮。原本各国基于国家信用所发行的法定货币之间的竞争格局演变成了传统法定货币与数字货币、法定数字货币与自发数字货币、自发数字货币相互之间的多元化竞争格局。数字货币的出现颠覆了原本的中心化发行结构,多场景大范围的应用具备提高国民经济效率、促进国际贸易发展的显著优势,但也威胁着各国货币主权,改变了国际储备货币的竞争格局,给货币金融系统造成了冲击。如何看待和规制不同类型的数字货币,并通过金融法律制度平衡金融安全与金融效率双重价值,成为制度设计者所必须考量的问题。

结合货币竞争理论,以明晰货币本质、保障货币功能实现为目标对数字货币进行分析,厘清不同类型数字货币的制度定位,并对症下药确定相应的金融法律规制路径将是可行的路径。货币实质上是一种被人们普遍接受的交易媒介,承载着交易对手方的承诺,民众对这种承诺的信任是货币发挥功能的前提。事实上,当今不同类型的货币有着不同的交易风险,这让不同类型的货币受到民众信任的程度不同,也让货币出现了分层。[①] 这种分层货币结构也被称为“货币金字塔”,实际上是货币竞争的结果,要准确界定不同类型数字货币的地位,并形成相应的治理逻辑和规制模式,就必须先确认各类数字货币在“货币金字塔”中的层级,并施以与各类数字货币层级相匹配的规制思路。

一、数字货币的发展进路与规制现状

(一)货币演进进程中数字货币的生成与发展

作为人类社会摆脱以物易物时代互惠主义的一种工具,货币的存在已经有数万年时间。从货币演进层面看,人类社会的货币经历了商品货币—金属货币—纸质货币的演进脉络,人类对货币的信任基础从特定商品演变为金银等贵金属,再进一步演化为国家信用,形成了传统的法定货币体系。然而,随着数字经济的迅猛发展,人类社会生活逐渐演变为一种高度依赖信息技术的“数字化生存”形态。[②] 这种社会生活形态的变化让作为数字化社会基础制度结构的数字货币应运而生。

---

① 参见[美]尼克·巴蒂亚:《货币金字塔:从黄金、美元到比特币和央行数字货币》,孟庆江译,社会科学文献出版社 2021 年版,第 20~21 页。

② 参见[美]尼古拉·尼葛洛庞帝:《数字化生存》(20 周年纪念版),胡泳、范海燕译,电子工业出版社 2017 年版,第 4 页。

理论上,数字货币是以区块链作为底层技术的,拥有具备去中心化特点的分布式支付系统的电子支付货币,所谓区块链其实是一个共享公共账簿系统,该账簿在位于世界各地的计算机所共同组成的网络中共享,每个用户作为区块链中的一个节点都记载了账簿所涉及的全部交易记录。① 正是通过这种去中心化的系统,数字货币可以有效避免传统法定货币依靠银行中心系统造成的费用偏高、受到使用权限限制以及个人数据安全易受损害等缺陷。

数字货币伴随数字经济的成熟与发展不断演化,目前已经形成了自发数字货币和法定数字货币两条发展进路。自发数字货币是区块链技术应用的产物,从与区块链紧密关联的比特币到立足于智能合约、力图将区块链应用到支付以外领域的以太币,无论是依据工作量证明机制(PoW)、权益证明机制(PoS)抑或其他机制,数字货币都是对区块链账簿信息进行验证的奖励机制的产物。至于最新的Libra等稳定币,即便其已经开始与单一或者“一揽子”法定货币相互锚定,但区块链技术依然是稳定币的基础,也是稳定币可以在建立全球支付系统方面大显身手的原因。② 正因如此,自发数字货币事实上不受中央政府的控制,也不与央行发生直接的调控和监督关系,去中心化的架构让自发数字货币有潜力成为央行之外的一套独立支付系统,甚至在部分国家和地区已经实现了对国家控制的法定货币的替代,但是自发数字货币缺乏国家信用加持,天生的规避监管属性也引起了世界各国的警惕。③

相比之下,法定数字货币主要是因各国政府有感于自发数字货币对国家货币发行垄断的威胁,通过公权力将传统法定货币与数字技术相互融合的产物,是国家信用加持的主权货币。④ 法定数字货币与自发数字货币的最大区别在于前者的发行主体具有垄断性。根据国际清算银行支付和市场基础设施委员会(Committee on Payments and Market Infrastructures,CPMI)所提出的定义,法定数字货币具备以央行为发行人、数字

① 参见[美]尼尔·梅塔、[美]阿迪蒂亚·阿加什、[美]帕斯·底特律:《数字货币:货币革命进行时》,AI人工智能翻译组译,电子工业出版社2020年版,第8页。

② 参见姚前:《姚前:Libra2.0与数字美元1.0》,载《第一财经日报》2020年5月12日,A03版。

③ 参见许多奇:《从监管走向治理——数字货币规制的全球格局与实践共识》,载《法律科学(西北政法大学学报)》2021年第2期。

④ 大多数法定数字货币由国家基于本国货币主权发行,部分法定数字货币如数字欧元则由于区域经济一体化的原因,由欧盟等超国家组织发行,但其基础仍为各成员国所让渡货币主权的集合,属于“区域主权货币”,但仍归属于主权货币范畴。相关研究,参见宋鹭、李欣洁、蔡彤娟:《数字欧元的典型特征、深层机制与前景分析》,载《国际贸易》2022年第4期;李刚、赵柯:《欧盟数字欧元的实践进度及前景》,载《现代国际关系》2022年第11期。

化货币形态、广泛的应用性以及以代币或者账户技术为基础 4 项关键属性。[①] 从技术角度看,法定数字货币与自发数字货币并无差异,区块链技术去中心化架构下点对点服务的效率优势和信息保护优势均为两类数字货币所共享。

(二)数字货币实践应用的优势与风险

无论是何种类型,数字货币在应用方面的优势十分明显。一方面,作为分布式账簿的区块链技术让数字货币的支付和流通无须经过中心机构,特别是在跨国流通的情况下,数字货币可以降低交易费用、简化交易手续,使得支付和流通效率大大提高,也不会受到使用权限方面的限制。此外,由于数字货币的产生基于交易验证奖励,相比传统法定货币也可以在一定程度上避免通货膨胀影响,民众可以通过持有数字货币维护和保障自身财富。另一方面,数字货币与数字经济密切结合,应用场景正变得日益多元化,且与人工智能逐渐融为一体。在未来数字经济进一步深化的时代,相比传统法定货币,数字货币更容易通过智能合约与数字经济应用程序相连接,具备天然的使用优势。[②] 而在数字货币体系内部,对比自发数字货币可以发现,法定数字货币甚至更胜一筹。这主要是由于法定数字货币不仅吸收借鉴了先进的数字技术,同时又继承了传统法定货币的合理内涵,具备国家信用背书以保证法偿性,币值相对稳定等优势。[③]

然而,无论是法定数字货币还是自发数字货币,两者在实践运行中所面临的一系列风险不容忽视。特别是自发数字货币,其所具备的实践风险始终都是制度设计者进行规制的重点。

自发数字货币面临的风险与挑战既来自数字货币本身具备的技术缺陷,也来自数字货币应用过程中制度规制的不足。具体而言,自发数字货币具备技术风险、信用风险、市场风险和权益保障风险四个方面的风险。首先是技术风险。自发数字货币以区块链技术为基础,但区块链技术虽然理论上具有高度的稳定性,却也并非安全无虞。去中心化的技术架构存在被量子算法攻破的可能,交易平台更是面临被黑客盗取数字货币的风险。此外,自发数字货币的运行依然缺乏成熟的相匹配的监管技术,而在具体应用中,目前也尚未形成交易主体普遍达成共识的智能合约,没有备份的数字货币一旦被盗取、损坏和丢失,也将是不可修复的。[④] 其次是信用风险。自发数字货币和传统法定货币一样,之所以可以用于支付和流通主要得益于民众对自发数字货币的信

---

① 参见姚前、陈华:《数字货币经济分析》,中国金融出版社 2018 年版,第 182 ~ 183 页。

② 参见李苍舒、黄卓:《超主权数字货币的发展趋势及潜在风险》,载《社会科学辑刊》2021 年第 6 期。

③ 参见姚前:《数字货币的发展与监管》,载《中国金融》2017 年第 14 期。

④ 参见庄雷、郭宗薇、郭嘉仁:《数字货币的发行模式与风险控制研究》,载《武汉金融》2019 年第 3 期。

任,而这种信任来自不可篡改、货币数字代码独一无二的区块链技术。由于自发数字货币所依托的区块链技术不为公权力所掌握,因此民众对该技术的信任其实很薄弱。在市场发生变化时,发行者只会从自利角度出发决定自发数字货币的发行量,这让自发数字货币价值处于不确定性和剧烈波动之中,难以形成稳定的信任基础。① 再次是市场风险。从宏观上看,自发数字货币独立于各国央行货币系统以外,央行无法调控自发数字货币的发行量,这意味着央行法定货币的发行量将无法与社会经济需求准确匹配,存在引发系统性危机的风险;而自发数字货币应用场景的日益多元化也让相关业务常游走于金融监管体制的空隙,容易引发监管套利现象。② 在微观层面,自发数字货币的匿名性和价值波动性也极易催生交易欺诈等违规行为,甚至会诱发金融犯罪行为,成为偷税漏税、金融诈骗、洗钱等行为的多发领域。最后是权益保障风险。虽然区块链技术具有匿名性的优势,但是自发数字货币的供应商可能会出于商业目的集中收集用户个人信息,而这将让用户的个人信息权益面临被泄漏和被侵害的风险。同时,由于自发数字货币法律属性不明,相匹配监管机制的不完整也造成自发数字货币用户在财产权益受到侵害时,难以得到有效的法律保护和救济。③

法定数字货币通过垄断发行主体和国家信用背书,可以相对有效地解决自发数字货币存在的信用风险,但在技术风险、市场风险以及权益保障风险方面,法定数字货币同样存在亟须应对的障碍。具体而言,在技术风险层面,虽然法定数字货币的发行主体仅限于各国央行,但所应用的底层技术依然是区块链技术,无论是对市场进行监管还是对货币发行量进行调控,世界各国目前都还没有足够成熟的技术来保证其安全性,如何运用金融科技来作出相应的分析决策也是央行所必须解决的问题。④ 在市场风险层面,虽然法定数字货币与传统法定货币可以互换,货币信用有着充分保障,但是法定数字货币在市场中的应用和流通将促使民众将银行存款转变为数字货币,从长远来看,对活期存款和准备金、基础货币、货币供给机制、货币流通速度和货币乘数都将产生重大影响,整个货币金融市场将面临流动性和稳定性方面的考验。⑤ 在权益保障

---

① 参见于伟、王玉荣、易宪容:《数字加密货币的金融风险:特征、机制及其防范》,载《江海学刊》2022年第1期。

② 参见程雪军:《区块链技术驱动下私人数字货币的发展风险与系统治理》,载《深圳大学学报(人文社会科学版)》2022年第3期。

③ 参见欧阳本祺、童云峰:《区块链时代数字货币法律治理的逻辑与限度》,载《学术论坛》2021年第1期。

④ 参见陈华、巩孝康:《我国央行数字货币问题研究》,载《学术交流》2021年第2期。

⑤ 参见袁曾:《法定数字货币的法律地位、作用与监管》,载《东方法学》2021年第3期。

风险方面，虽然法定数字货币同样采用去中心化的技术架构，但是法定数字货币的匿名性是有限制的，用户个人信息通常会由央行所设置的认证中心进行收集和储存，加之用户本身用于储存法定数字货币的数字钱包相较央行的中心系统更容易遭到入侵。因此，法定数字货币同样面临个人信息泄露风险，甚至有可能直接损害用户的法定数字货币权益。①

（三）我国数字货币规制的现状与不足

虽然我国一度是挖掘比特币最多的国家，但是由于自发数字货币价格的剧烈波动性特征，我国对自发数字货币的规制采取的是坚决禁止立场，并通过相应制度规范加以严厉打击。而在法定数字货币领域，我国却早早在理论与技术方面做了大量投入，开展了一系列试点实践工作并制定了相应运行规则，这让我国处于世界法定数字货币实践应用与规范制定的领先位置。

在自发数字货币领域，尽管我国曾是世界上规模最大的比特币交易市场之一，但是在金融法治层面对自发数字货币却采取了强硬的规制模式，严格禁止比特币等自发数字货币交易，而且随着市场变化，规制力度在不断加强。2013 年，由于比特币价格飙升，中国人民银行等五部委发布《关于防范比特币风险的通知》，否定了比特币的货币性质，禁止金融和支付机构从事比特币业务。2017 年，首次代币发行（ICO）在全球风行，中国人民银行再次联合其他部门发布《关于防范代币发行融资风险的公告》，将代币发行定性为非法融资行为，严格禁止 ICO 等行为，并关闭了国内所有数字货币交易平台。2018 年以来，我国则进一步加强了对自发数字货币相关违法犯罪行为的打击力度，原中国银行保险监督管理委员会等部门发布《关于防范以“虚拟货币”“区块链”名义进行非法集资的风险提示》《关于进一步防范和处置虚拟货币交易炒作风险的通知》，一方面，在继续明文禁止金融机构不得开展数字货币相关业务的基础上，开始全面关停“挖矿”活动，要求金融和支付机构对从事自发数字货币业务的市场主体进行“断卡”，以切断相关业务资金流转链条；另一方面，重申自发数字货币相关业务均为非法金融活动，并严厉打击自发数字货币炒作过程中所涉金融诈骗、非法经营、洗钱、赌博和集资诈骗等犯罪行为。② 究其原因，我国对自发数字货币的严厉禁止主要基于对自发数字货币融资活动可能导致大量资本流出我国的担忧，而当前的规制模式也确实

---

① 参见陈燕红、于建忠、李真：《中国央行数字货币：系统架构、影响机制与治理路径》，载《浙江社会科学》2020 年第 10 期。

② 参见陈伟光、明元鹏：《数字货币：从国家监管到全球治理》，载《社会科学》2021 年第 9 期。

阻止了大量资本外流。[①] 但也应注意的是,严格规制也让我国的自发数字货币业务呈现由国内向国外,线上向线下,场内向场外转移的态势,监管难度逐步上升的同时,自发数字货币的风险正在放大。且由于区块链技术的匿名性特征,监管部门往往只能追踪到交易数额和钱包地址,在用户识别、行为监控和数据分析方面都面临着困难。[②]

与自发数字货币形成鲜明对比的是,我国对法定数字货币大力支持并由中国人民银行身体力行加以推广,现有的金融法律规制模式也主要是以为法定数字货币提供制度支撑为主要目标。中国人民银行的法定数字货币研究项目在2014年实际就已启动,并于2017年获得了国务院开展数字人民币研发工作的正式批准。至2018年,中国人民银行已经就数字人民币获得了63项专利,这些前期的准备工作让我国2020年4月在深圳、苏州、雄安和成都4个城市启动的法定数字货币实验十分顺利。随后,法定数字货币试点不断扩围增量,逐步拓展到全国15个省份23个地区。到2022年5月31日,15个省份的试点地区累计数字人民币交易金额达到约830亿元,交易数量达到约2.64亿笔,已有多达456.7万个商户门店支持数字人民币支付。[③] 在规制规范层面,我国法定数字货币的规制体系具体可以用"一币、两库、三中心"来加以概括。"一币"即数字人民币,我国明确数字人民币具有法定货币地位,可以替代现金使用,尽管数字人民币因为需依靠智能设备不具备条件时可能无法被强制使用。"两库"即是指作为发行库的中国人民银行和作为银行库的商业银行。中国人民银行作为最终贷款人,若由其直接发行法定数字货币可能会造成我国金融系统抗风险能力降低和商业银行的金融脱媒,因此我国建立了由中国人民银行发行数字人民币批发给商业银行,再由商业银行零售给消费者的二元制货币形式。另外我国还明确数字人民币的存款准备金率为100%,每一元数字人民币都必须有一元的实体人民币进行担保,以抑制风险。"三中心"即中国人民银行建立的认证中心、登记中心和大数据分析中心。数字人民币采用可控匿名方式,由中国人民银行控制用户身份和交易信息,但不会向用户外的其他主体开放。就职能划分而言,认证中心主要负责根据用户信息创建数字钱包私钥,登记中心负责记录用户数字钱包资产和交易情况,大数据分析中心则负责风险控制、反洗钱和反欺诈等行为的监控,并对脱敏数据进行分析。[④]

统而观之,我国对法定数字货币的规制倾向制度框架的搭建,目的在于保障法定

---

① 参见[美]布莱恩·凯利:《数字货币时代:区块链技术的应用与未来》,廖翔译,中国人民大学出版社2017年版,第157~158页。

② 参见穆杰:《央行推行法定数字货币DCEP的机遇、挑战及展望》,载《经济学家》2020年第3期。

③ 参见吴秋余:《数字人民币,为高质量发展添动力》,载《人民日报》2022年7月20日,第6版。

④ 参见侯利阳:《数字人民币的竞争减损与规制补充》,载《南大法学》2021年第1期。

数字货币的顺利落地和运行。但对数字人民币的发行和监管规则、央行及其他部门的权力职责范围、商业银行和消费者等主体的权利义务边界等问题,目前的规制体系并未涉及,也尚无法有效防治法定数字货币的现存风险。

二、货币竞争视角下数字货币的应然定位和规制思路

(一)当代货币竞争格局与数字货币的冲击

1. 国家信用竞争基础上的当代货币竞争格局

从功能角度看,货币主要具备交易媒介、价值尺度和价值储藏手段三大功能。① 一如前文所述,货币功能之所以能够得到发挥,主要是因为民众对交易对手方承诺的信任,因而从本质上讲,货币是一种信用,这种信用构成了货币功能的基础。出于维持这种信用的目的,保持币值稳定最关键,这也是民众对货币进行选择的核心考量因素。这是因为尽管不同的货币功能对货币有不同的要求,但价值尺度的作用是决定性的。

在市场经济条件下,市场上各类商品的价格虽然随供求关系时有波动,也存在个别商品的价格会偶尔出现不同于市场趋势的剧烈波动,但是一组最关键的商品,如原材料、粮食和工业半制成品等商品,其价格波动是相对稳定的。如果能够发现这样一组商品价格的中位数,那么民众就可以相对准确预测商品价格变动情况,从而作出符合成本收益原则的选择。正因如此,货币必须要承担起发现这一中位数的责任,唯有使以该货币为记账单位的原材料等"一揽子"商品价格保持稳定,才有利于社会经济的稳定,与民众的利益相符合。事实上,这一规则适用很广,既适用于统一的多民族国家内部市场,也适用于国际商品市场。②

由于保持币值稳定与维持货币信用相互挂钩,货币发行人必须通过合理控制货币的发行量,保证相关商品的价值维持在可取的水平。基于此,货币发行人必须保证民众的货币需求能够得到兑付,这也是在传统法定货币体系下,央行通常担任最终贷款人,在商业银行无法兑付时向民众完成兑付的原因。在货币演进过程中,不同信用的货币都需要发行人对货币发行量进行动态调控,以便维持货币信用。这背后表现出的是,经过长期演化不断发展的货币竞争逻辑,货币发行人努力维持货币信用的行为都是为了让所发行货币在货币竞争中占据优势地位。前文已述及,人类进入工商业社会以来,百年间货币所代表的信用逐渐从贵金属信用过渡到国家信用,从金本位制逐渐

---

① 参见[美]约翰·希尔:《金融科技16讲:从发明数字货币到重塑金融机构》,曾子轩、吴海峰译,机械工业出版社2021年版,第32~33页。

② 参见[英]弗里德里希·冯·哈耶克:《货币的非国家化》,姚中秋译,海南出版社2019年版,第67~72页。

过渡到以美元作为世界储备货币的货币金融体系。在这一过程中,货币通过竞争获得其地位,又通过法律和监管进一步强化其地位。① 在货币竞争的背后,是国家信用的竞争,而当代货币竞争格局的变化也体现出国家实力的此消彼长。

第二次世界大战后,美元取代英镑赢得了世界储备货币的地位。而在最初的布雷顿森林体系下,金本位制还尚未完全被国家信用本位所取代,美元主要是依靠与黄金保持固定汇率来代行世界货币职能的,其他国家的货币只能兑换美元,而不与黄金直接挂钩。而随着20世纪70年代美国海外资产超过美国国内的黄金储备,世界范围内普遍形成了对美元兑换黄金的忧虑,这最终促使布雷顿森林体系崩溃,美元终于与黄金脱钩。但美元凭借打破固定汇率所获得的货币政策空间,最终依靠稳定的货币政策和20世纪90年代的强劲经济增长,维持住了世界储备货币的地位。② 就目前而言,由于世界各国国家实力的进一步变化,美元虽然依然是世界上最重要的世界储备货币,但欧元、人民币等其他国家或一体化区域的货币已经开始对美元的世界储备货币地位形成挑战。这种挑战充分体现出全球"一超多强"格局下,世界各主要大国之间在国家信用方面的激烈竞争。

货币竞争几乎存在于每一个时代,但自工商业社会以来的货币竞争都是以分层货币体系为基础的。一如前述,分层货币体系以民众对交易对手方的信任为基础,其中,第一层货币是信用的直接代表和最终结算的形式,金本位时期的黄金即是如此。在当前的货币竞争格局下,鉴于美元已经与黄金脱钩,处于第一层货币位置的实际上是美国信用的直接代表——美国国债。在货币体系中,第一层货币可以天然对下层货币形成约束,并控制下层货币的发行量。而沿着不同的分层货币体系继续向下,政府所发行的纸币位于第二层,因为这些货币代表的是交易对手方支付第一层货币的承诺,属于交易对手方资产负债表上的负债。值得注意的是,目前世界分层货币体系在第二层货币内部仍有分层,美元依然处于优先位置,是唯一与美国国债挂钩的货币,这也是美元依然作为最主要的国际储备货币存在的原因。至于第三层货币层面,则是由商业银行、金融机构和企业等创造出来的各种票据、证券和银行存单等支付凭证,这些货币只能兑换成第二层货币,其信用水平也低于政府发行的货币,第三层货币其实就是今天的各类金融资产凭证。③ 面对当前的分层货币体系,其他国家要争取更高的国际储备货币地位,就必须设法让本国货币在分层货币体系中向上攀登。

---

① 参见钟伟等:《数字货币:金融科技与货币重构》,中信出版集团2018年版,第1页。

② 参见[美]詹姆斯·里卡兹:《货币战争》,凌复华译,上海译文出版社2018年版,第77~90页。

③ 参见[美]尼克·巴蒂亚:《货币金字塔:从黄金、美元到比特币和央行数字货币》,孟庆江译,社会科学文献出版社2021年版,第89~98页。

2. 数字货币对货币竞争格局的冲击

数字货币的出现对当代货币竞争格局造成了极大冲击，这种冲击可能会对货币竞争格局产生颠覆性的影响。具体而言，数字货币对货币竞争格局的冲击主要体现在三个方面：打破分层货币体系、弱化法定货币功能以及给货币金融市场带来新的模式和风险。

第一，数字货币以不同于国家信用的算法信用为基础，全新的信用基础与黄金等贵金属作为人们普遍接受的、不易大量生产和伪造的一般等价物的信用类似却又不相同，其具备打破现有分层货币体系的可能性。基于算法信用产生的比特币等数字货币，因为本身即为算法信用的直接产物，理论上具备成为处在分层货币顶端的第一层货币的可能性。在目前各国正在传统法定货币领域展开激烈货币竞争的背景下，数字货币作为一套新的货币体系，可以成为货币竞争的新力量，让货币竞争从主权货币之间的竞争，变成主权货币之间、数字货币与传统货币之间、法定货币与自发货币之间更为复杂的竞争。① 特别是大型科技公司凭借其技术成熟的数字平台和规模巨大的用户数据，可以有力推动数字货币在金融领域的全面运用，使数字货币在货币竞争中的作用被进一步放大。②

第二，数字货币在价值储备、交易媒介两大功能方面，都将对法定货币产生影响，弱化法定货币功能。首先，数字货币的发展将让民众拥有新的投资方向，即便目前我国对数字货币相关业务严格禁止，但是海外的数字货币业务依然在继续发展，当民众资产大多投资于数字货币领域时，其所有的法定货币将相应减少，从而影响法定货币的储备货币地位。其次，随着数字货币在以跨境支付为代表的支付领域大量应用，法定货币的支付功能也将被弱化。最后，如果法定货币的功能被持续弱化，那么在商业体系中，法定货币的流通量也将不断下降，最终导致法定货币的地位边缘化。③

第三，数字货币所依据的底层技术明显区别于传统货币，这将在数字货币基础上形成新的第三层货币市场，给整个货币金融体系带来新的模式的同时，也将产生新的风险。数字货币以点对点交易为主要形式，这使以数字货币为基础所发行的第三层货币也将具备同样的点对点交易为主、系统保持去中心化的特点。诚然，这样的模式将给市场带来创新收益，但由于该模式与现有金融监管体制不相契合，并且考虑第三层货币经常出现超发情况，一旦出现类似次贷危机的系统性风险爆发情形，整个货币金

① 参见李苍舒、黄卓：《超主权数字货币的发展趋势及潜在风险》，载《社会科学辑刊》2021 年第 6 期。

② 参见王信、骆雄武：《数字时代货币竞争的研判及应对》，载《国际经济评论》2020 年第 2 期。

③ 参见郭晓敏、陈建奇：《数字货币如何影响国家安全：逻辑、机制及应对》，载《财经问题研究》2020 年第 8 期。

融市场都将面临新的危机。

(二)分层货币体系中数字货币的应然定位

由于不同的技术基础,新兴的数字货币系统与分层货币体系相互分离,从特征和运行模式来看,似乎不同类型的数字货币可以在第一到第三层货币之间自由配置,理论上都具备可能性。但若从制度绩效角度考虑,法定数字货币和自发数字货币应当根据各自的实践效果,综合考量不同定位模式的收益与风险,最终确定其在分层货币体系中的应然定位。

首先可以明确的是,尽管理论上算法信用加持下的比特币等数字货币存在成为第一层货币的可能性,但从现实影响来看,目前无论是法定数字货币还是自发数字货币,被定位为第一层货币都不可行。其原因在于,货币信用来自民众的共识,一如黄金之所以可以成为第一层货币,关键在于人类社会对货币形态经过长期比较和选择后,对黄金作为一种货币达成了共识。此外,每种货币在发行中,发行者都可以获得被称为铸币税的发行收益,黄金极为稀少且价值高昂,因此铸币税极低,因而可以在世界范围内流通。但是就数字货币而言,一旦将其设置为第一层货币,一方面,数字货币以算法作为基础,民众依然持怀疑态度,并未达成数字货币可以作为一种货币的共识;另一方面,新的数字货币类型层出不穷,数字货币的铸币税始终在增长,也难以形成对下层货币的约束。[①] 这些因素的综合作用让数字货币价格长期处于剧烈波动状态,也使数字货币既无法用于对冲风险,也很难成为好的投资选择。

1. 法定数字货币:作为人民币国际化基石的第二层货币

法定数字货币是借鉴自发数字货币技术优势,有国家信用背书的数字化法定货币。就信用基础而言,法定数字货币与传统法定货币都以国家信用作为信用支撑,因此与传统法定货币一样,法定数字货币也应当属于货币分层体系中的第二层货币。法定数字货币的优势在于,利用数字货币在支付效率和成本手续方面的优势,我国可以在由发达国家所主导的,以环球同业银行金融电讯协会(Society for Worldwide Interbank Financial Telecommunication, SWIFT)和纽约清算所银行同业支付系统(Clearing House Interbank Payment System, CHIPS)为核心的全球跨境支付体系之外"另起炉灶",并有望通过成熟运用数字货币技术实现金融实力的增强和金融基础设施的建构,最终实现对跨境支付体系的主导。[②] 从这个角度看,发展法定数字货币是我国实现人民币国际化的必由之路,将来凭借具备实践优势的法定数字货币,我国可以力

① 参见姚前、陈华:《数字货币经济分析》,中国金融出版社2018年版,第103~105页。

② 参见马更新:《我国数字货币法定化的构想及展望》,载《社会科学辑刊》2021年第3期。

推人民币走向世界储备货币,并逐步在第一层货币层面以我国国家信用取代美国国家信用。

2. 自发数字货币:创新与风险并存的第三层货币

相比法定数字货币,确定自发数字货币的应然定位相对困难一些。但反向推理或许可以更易于得出结论:从整体来看,自发数字货币在承担交易媒介、价值尺度抑或是价值储藏三大功能时,相比法定数字货币都有不同程度的削弱,这也就意味着,民众对自发数字货币发行方的信任水平要低于法定数字货币,因而在分层货币体系中应当将自发数字货币放在法定数字货币的下层。具体而言,一是在作为交易媒介时,由于自发数字货币由私人机构发行,需要相匹配的网络设备以及专业知识,如果某类自发数字货币消费者人数过少,发行自发数字货币对私人机构来说成本较高,会给许多用户带来潜在阻碍,同时企业也将丧失投资的动力;二是在承担价值尺度职能时,由于自发数字货币价格具有持续波动性,削弱了自发数字货币作为记账单位的能力;三是在发挥价值储藏功能时,自发数字货币投机风行的市场环境和安全隐患,也让其在与法定货币的竞争中处于劣势。①

综合上述,对于自发数字货币的认可依然仅能局限于特定的群体,这意味着自发数字货币的信用基础应当属于私人信用,而非公共信用,更非国家信用。考虑到在进行兑换时,自发数字货币通常也都是转化为法定货币,比如,比特币、以太币等数字货币均以美元等货币计价,因此将自发数字货币认定为第三层货币,应当是符合实际情况的选择。即便有诸如萨尔瓦多将比特币确定为法定货币,暂时实现了自发数字货币跨越货币金字塔层级的案例出现,但这并不能成为自发数字货币发展的主流。因为自发数字货币的固有缺陷,使其在使用过程中无法充分且稳定地发挥货币职能,这就注定无法得到公众普遍认同,其作为法定货币的合法性也就难以长久保证。②

3. 两类数字货币的互动:分层货币间的竞争与合作

值得注意的是,虽然目前法定数字货币与自发数字货币总体上可以分别认定为第二层货币和第三层货币,但在货币竞争潜在效益的激励下,两类数字货币之间的竞争依然在继续。而从另一个层面来看,立足国家信用的法定数字货币与基于金融创新的自发数字货币存在互补关系,在竞争之余,两类货币有着合作共赢的空间。

从竞争层面来看,拥有主权信用加持的法定数字货币整合了自发数字货币的技术

---

① 参见王谨:《数字货币的商法性研究》,载《法学杂志》2020年第12期。

② 参见姜雪晴、李婧:《数字货币的政治经济学思考:效率、公平与合法性》,载《太平洋学报》2022年第11期。

创新,成为一种以国家记账单位记账的支付工具,是中央银行的直接负债。[①] 可以说,法定数字货币本身就是为了应对自发数字货币冲击,捍卫国家货币主权而产生的,其目标就是使我国货币在货币竞争中能够占据优势,站在货币金字塔的上一层。而面对法定数字货币的横空出世,自发数字货币也相对进行了调整。新兴的 Libra 等稳定币,通常是与单一或者“一揽子”法定货币直接挂钩。现实资产担保让稳定币克服了自发数字货币币值易大幅波动的难题,使其可以更加贴近货币支付手段、价值尺度和储藏手段的职能。[②] 加之,稳定币多由商业机构创设,由非营利机构运行,这让稳定币的应用超越了国界,对各国法定货币的国内应用和跨境支付都带来了挑战。

从合作层面来看,尽管法定数字货币与自发数字货币的竞争日益激烈,但两者的互补特征却让两类数字货币存在合作可能性,特别是在国际货币竞争领域。一方面,国际清算银行(Bank for International Settlement,BIS)的研究表明,跨境支付效率已经成为法定数字货币可以在国际市场推广的重要因素。[③] 自发数字货币的持续技术创新可以为法定数字货币的使用提供更加高效、普惠的支付技术和支付设施,有望降低跨境汇款成本,并让使用法定数字货币的主体拥有更丰富的应用场景,从而助力法定数字货币国际化。[④] 另一方面,法定数字货币可以成为稳定币的担保资产,且同属于数字货币的法定数字货币可以更高效地转化为稳定币,可以为稳定币参与国际货币竞争提供有力支持。

(三)锚定分层角色基础上数字货币的规制思路

1. 法定数字货币:维护国家信用与风险控制

法定数字货币为我国在美元主导的国际货币金融体系中提供了一条推进人民币国际化,提升我国在国际支付领域话语权的新道路,从长远来看,借助法定数字货币的推广,提升我国凭借国家信用占领分层货币体系顶端的潜力。为了实现这一目标,在法定数字货币的发行和推广过程中,相关制度规范必须着力维护我国的国家信用。特别是美元和黄金脱钩后,美国政府大量印发美元,无节制攫取铸币税造成国家信用下降,导致美元国际储备地位受到挑战的前车之鉴必须要引起制度设计者的注意。[⑤]

---

① BIS, *Central Bank Digital Currencies: Foundational Principles and Core Features*, 2020, p. 3.

② 参见刘旭、尚昕昕:《稳定币跨境交易发展与国际监管经验研究》,载《南方金融》2022 年第 2 期。

③ BIS, *Gaining Momentum-Results of the* 2021 *BIS Survey on Central Bank Digital Currencies*, 2021, p. 6.

④ Bains, Parma, Arif Ismail et al., *Regulating the Crypto Ecosystem: The Case of Stablecoins and Arrangements*, IMF (Sept. 26, 2022), https://www.imf.org/en/Publications/fintech-notes/Issues/2022/09/26/Regulating-the-Crypto-Ecosystem-The-Case-of-Stablecoins-and-Arrangements-523724.

⑤ 参见钟伟等:《数字货币:金融科技与货币重构》,中信出版集团 2018 年版,第 5 页。

以维持国家信用为目标,对法定数字货币的规制应当从国内国外两个层面展开。在国内层面,中国人民银行作为数字人民币的发行主体,相关制度规范应当在赋予中国人民银行以发行权、管理权和规章制定权的同时,明确中国人民银行负有稳定币值、系统维护、费用支付、市场损害赔偿和用户隐私保护等义务。而商业银行和社会公众也应当被赋予明确的货币权利和义务,以便厘清中国人民银行和其他主体权利义务的边界,为中国人民银行维持国家信用的行为提供规范支持。① 而在国际层面,实践表明,依靠单一货币并不足以应对国际支付领域的风险,对此,周小川就曾在2021年博鳌亚洲论坛上表示“发展央行数字货币应尊重各国货币主权”。我国应致力打造新的更公平、稳定和可持续的货币金融体系,摆脱单一霸权货币作为连接第一层货币桥梁的货币兑换方式,代之以国家间直接报价或者公平兑换机制建设,从而形成惠及各国的公平货币体系。② 具体而言,应当着力以建设更开放的货币制度为目标,通过国家或者央行间协议推进法定数字货币国际合作规则制度建设。

法定数字货币规制的另一个维度是对于法定数字货币依然存在的风险的控制,这既是维持国家信用的必然要求,反过来也可通过风险控制来为法定数字货币所代表的国家信用提供保障。针对法定数字货币现存的技术风险、市场风险和权益损失风险,法定数字货币规制规则应该分别从监管科技与技术风险的匹配,注意统筹法定数字货币和传统法定货币总量防止超发,用户财产利益和信息权益兼顾保护3个层次展开。③

2. 自发数字货币:平衡创新激励与风险防范

至于自发数字货币,必须明确几点:一是避免导致区块链金融领域币链分离严重,我国目前对于自发数字货币相关业务严格禁止,但却制定各类法规规章和规范性文件促进区块链技术的发展,但自发数字货币与区块链技术密切结合,币链分离其实阻碍了区块链技术的发展。二是不要造成经济损失,自发数字货币应用虽然存在诸多风险,但其本身具有一定财产价值,我国对于自发数字货币的全面禁止实际上损害了一些正常投资者和企业的利益。三是在数字货币领域不要压制创新,严厉的禁止态势会让数字货币领域出现信息不对称现象,压制金融创新的同时,也有可能造成监管失灵。④ 基于上述弊端,自发数字货币必须改变原有的规制思路,结合各国经验和监管理论,平衡创新激励和风险防范的包容审慎监管模式应当成为自发数字货币规制的核心

---

① 参见刘少军:《法定数字货币的法理与权义分配研究》,载《中国政法大学学报》2018年第3期。

② 参见卜学民:《论法定数字货币跨境流动的挑战与制度构建》,载《太平洋学报》2021年第6期。

③ 参见李晶:《法定数字货币发行权的运行风险及其法律规制》,载《学术交流》2022年第7期。

④ 参见欧阳本祺、童云峰:《区块链时代数字货币法律治理的逻辑与限度》,载《学术论坛》2021年第1期。

思路。

所谓包容审慎监管,主要是强调针对具有重大创新效益的数字货币领域,政府在监管时应当注意妥善处理政府与市场的关系,以包容之心对待新兴的数字货币相关金融活动,给予相关金融创新必要的发展和试错空间,以公共风险的大小为依据进行适度干预,从而有效克服传统金融监管的固有问题,实现金融创新与风险治理的平衡。①以这一理念为指引,我国对于自发数字货币的规制应当从以法经济学"卡—梅框架"中的"禁易规则"为主转变为以"管制规则"为主。两种规则中,"禁易规则"禁止法益的自由转移,而"管制规则"则是在施加了法律限制的前提下允许私人进行交易,显然后者更适应新的自发数字货币规制思路。②

三、法定数字货币的规制目标与规制模式

按照维护国家信用和控制货币风险两个维度展开规制思路,可以将法定数字货币的规制目标明确化,而具体规制模式也将在规制目标的指引下设计和展开。基于货币币值的稳定对于货币信用的重要意义,我国法定数字货币必须坚持以稳定币值作为核心的规制目标。稳定的币值既是维持国家信用的坚实基础,同时也是法定数字货币风险控制规范的目标。

(一)法定数字货币以稳定币值为核心的规制目标

从稳定币值这一核心规制目标出发,法定数字货币需要制定和细化一系列制度规范。而其中要解决的首要问题,应该是法定数字货币的法偿性问题。所谓法偿性即为货币的法偿效力,意味着以法定货币支付一切公私债务时,对方必须接受,不得拒绝。法偿性有两重含义:一是国家保障货币的强制使用;二是国家将为这种强制使用提供保障,对拒绝使用者进行制裁。从本质上讲,制定货币法偿性规范是国家保障货币信用以支撑社会经济发展的重要手段,其目的是让法定货币在国内或国际货币竞争中能够脱颖而出,并降低交易成本和提高交易效率。③ 对于我国法定数字货币的数字人民币来说,国家设置货币法偿性规范来维护其信用是应有之义,从更高层次来看,也可以为我国推进人民币国际化,在国际储备货币竞争中占得先机提供基础性制度支持。

但我国法定数字货币的法偿性规范设置必须考虑两个问题:第一,数字人民币是否应该设置为无限法偿性。不同于实体人民币,数字人民币的适用必须依托相应的技

---

① 参见刘权:《数字经济视域下包容审慎监管的法治逻辑》,载《法学研究》2022年第4期。

② 参见凌斌:《法律救济的规则选择:财产规则、责任规则与卡梅框架的法律经济学重构》,载《中国法学》2012年第6期。

③ 参见郭泽鹏:《我国法定数字货币法偿性问题探析》,载《经济问题》2021年第6期。

术和设备,公众接受数字人民币以及形成相应的支付习惯也需要时间,加之目前数字人民币技术尚未完全成熟,在缺乏技术设备条件的情况下,数字人民币的无限法偿性无法得到保障。因此,我国对于法定数字货币的法偿性规定应当进行相应调整,将数字人民币的法偿性界定为一种有限法偿性,允许公众不具备技术设备条件时拒收数字人民币且免于处罚,并考虑在一定数额以下,给予用户在数字人民币和实体人民币之间的选择权。①

第二,数字人民币的存款准备金率和基准利率如何设置,这一问题主要是要实现保证数字人民币法偿性以推广其适用与保障银行金融机构放贷能力之间的一种平衡。当前我国对于数字人民币的存款准备金率设置为100%,这虽然避免了金融脱媒现象,从根本上保障了数字人民币的法偿性,但却可能削弱银行金融机构的放贷能力,造成商业银行创造的信用货币量下降。而且,100%的数字人民币存款准备金率也与中国人民银行一直以来所规定的低于10%的人民币存款准备金率差距甚远。为了进一步促进数字人民币的使用,存款准备金率应该予以调整,出于安全考虑可以高于实体人民币,但未必一定要100%。而就基本利率而言,数字人民币从技术基础角度看更适合作为支付工具而非价值储藏手段,因此两项主要基准利率——存款准备金利率和存款利率都应当激励公众将数字人民币用于交易而非储蓄。一方面,数字人民币存款准备金利率应当相对高于实体人民币,以促使商业银行提高所持有的数字人民币比例,同时对商业银行所损失的放贷能力进行弥补;另一方面,数字人民币的存款利率则应当低于实体人民币,以激励公众在日常交易和消费活动中使用数字人民币。②

(二)法定数字货币的规制框架

围绕稳定币值这一核心目标,法定数字货币的金融法规制框架随之构建起来,这一框架应立足法定数字货币所面临的技术风险、市场风险和权益损失风险,形成有针对性的制度设计。

1. 应对技术风险的科技监管规范

法定数字货币的技术风险和创新效益都来自区块链这一底层技术,要对法定数字货币的技术风险进行规制,必须明确的一点是:由于法定数字货币靠算法支持运作,属于自动化运行体系,目前的政策和立法仅能对人类作出决策的行为进行约束,这就意

---

① 参见陈燕红、于建忠、李真:《中国央行数字货币:系统架构、影响机制与治理路径》,载《浙江社会科学》2020年第10期。

② 参见侯利阳:《数字人民币的竞争减损与规制补充》,载《南大法学》2021年第1期。

味着现有的监管框架和规范并不能解决算法所造成的错误、不公平和不公正问题。①正因如此,要对法定数字货币的技术风险进行规制,必须发展监管科技并形成相应监管规范,以科技监管科技。

按照通常思路,针对金融科技的监管规范应当侧重三个方面:第一,建立全面完善的数据收集系统,以保证监管机构可以准确评估市场风险和金融机构运行情况;第二,形成大数据和风险预警机制,以利于监管机构提前预防风险,并作为事中事后监管的依据;第三,完善配套保障措施,促使金融机构完善技术基础设施,完善自我监管规则。② 具体到法定数字货币领域,科技监管规范也相应从三个方面加以构建:一是明确监管部门有权利用央行大数据分析中心的数据,对数字人民币的流通情况进行监测,以便及时发现风险。二是建立基于大数据的风险预测模型,及时识别发行数字货币风险并加以预警,同时还应形成监管机构与数字人民币发行机构、商业银行和企业之间的沟通机制,以便实施风险预防和化解措施。③ 三是通过现场调研指导、引导行业自律规范等方式,要求建立商业银行和企业网络安全社会和管理制度。

与上述监管措施相匹配,在监管体制层面,也应做好相应的准备。由于法定数字货币监管主要是对数据的监管,因此监管体制应立足于数据共享,形成以跨部门数据共享机制为基础的协同监管体制,大力促进监管主体多元化,并落实监管主体责任。在此基础上,还应注意政府监管部门与非政府组织、企业和公民个人的监管互动,形成合作监管体制框架,由监管科技公司、数字货币行业协会等辅助政府进行监管。④ 此外,由于法定数字货币需要吸收自发数字货币的最新技术成果以实现自身发展,因此二者的规制框架和发行规范经常处于同步发展状态。为保护良性货币竞争,有必要将监管部门的发行和监管职能相互隔离,以保证货币金融市场的公平、高效。⑤

2. 维持市场稳定的宏观调控规范

为了维护货币市场的稳定性,保证货币市场流动性,应当建立以中国人民银行为主体的货币市场宏观调控规范,通过统筹数字人民币和实体人民币的发行总量,精确

---

① See Joshua A. Kroll et al., *Accountable Algorithms*, 165 University of Pennsylvania Law Review 633 - 705(2017).

② 参见杨东:《监管科技:金融科技的监管挑战与维度建构》,载《中国社会科学》2018年第5期。

③ 参见何德旭、姚博:《人民币数字货币法定化的实践、影响及对策建议》,载《金融评论》2019年第5期。

④ 参见赵莹:《我国法定数字货币的金融监管制度构建》,载《重庆社会科学》2020年第5期。

⑤ 参见向坤、郭全中:《从货币竞争视角看央行数字货币形态的发展》,载《行政管理改革》2021年第8期。

调节货币发行量,实现对货币市场的有效调控。

为了避免法定数字货币大量发行造成的通货膨胀问题,作为发行主体的中国人民银行应当被赋予相应职责,借助大数据和算法对流通中的数字人民币和实体人民币发行总量进行测算,并根据市场货币需求和中短期货币投放量预测情况,通过诸如规定数字人民币消费券发放数量及比例、调整数字钱包保管费率等区块链技术与传统货币政策结合后生成的新型宏观调控手段,控制数字人民币的宏观发行总量,实现数字人民币的动态发行。在这一过程中,中国人民银行应当充分考虑保证市场流动性和与整体货币政策调整目标相适应等因素,考虑由存款向现金范畴的数字人民币转化的高便捷性,保证数字人民币的平稳流通,避免金融恐慌和金融风险的迅速传播,维护金融稳定和金融安全。而对于洗钱、集资诈骗等违法犯罪行为,中国人民银行也可以成为协同监管体制的重要一环,通过与其他监管机构共享数据,为法定数字货币监管提供数据支持。①

数字人民币以移动网络设备为端口,包括购物券、购物红包和消费券等多样化的形态,容易出现隐匿发行现象,进而造成数字人民币超发问题。为了解决这一问题,应当建立中国人民银行和商业银行等金融机构的信息公开和信息披露常态化机制,通过消除信息不对称现象,实现中国人民银行对数字人民币发行量的有效控制,避免数字人民币的隐匿发行。② 而随着人民币国际化进程的推进,数字人民币的宏观调控规范也必须与跨境支付规则连接起来。中国人民银行作为数字人民币的发行主体,自然也对数字人民币跨境支付业务负有管理和调控职责,将来应当明确以中国人民银行为核心的各监管机构作为数字人民币跨境支付监管主体的职责划分,并通过监管客体法定和监管程序法定来规范数字人民币跨境支付行为,以便将数字人民币跨境支付对发行总量和货币市场的影响纳入宏观调控决策考量。③

3. 兼顾用户财产和信息权益的权益保障规范

如前所述,我国法定数字货币主要采用有限匿名模式,中国人民银行掌握大量用户数据,加之底层技术不成熟所存在的潜在财产损失风险,因此有必要构建兼顾用户财产和信息权益的法定数字货币权益保障规范。

在信息权益保障规范层面,首先,应当明确用户针对数字人民币数据的隐私权的信息权益,并以《网络安全法》《个人信息保护法》为依据,通过立法手段为用户的信息

---

① 参见袁曾:《数字人民币创新的合规监管研究》,载《江淮论坛》2021 年第 6 期。

② 参见李晶:《法定数字货币发行权的运行风险及其法律规制》,载《学术交流》2022 年第 7 期。

③ 参见张乐、王淑敏:《法定数字货币:重构跨境支付体系及中国因应》,载《财经问题研究》2021 年第 7 期。

权益提供支持,界定用户所享有的具体权利内容以及对侵害用户信息权益的责任承担方式。其次,与用户权益相对应,对数字人民币数据的处理和监管主体的权力与职责也应当予以确认,禁止其他主体获取用户信息,并建立相匹配的用户信息泄露责任规则,对交易节点堆积的数据及时疏通和删除,严厉打击非法获取、恶意篡改和泄露用户信息的侵权行为。[①] 最后,对于在打击洗钱、赌博、集资诈骗等犯罪过程中所使用的用户数据,也应当进行脱敏处理,明确使用范围,限制使用主体,并在使用后及时删除。

在财产权益保障规范层面,对于由于技术原因或信息泄露造成的用户财产权益损失,包括但不限于数字人民币的损失,都应建立相应的权利救济规范。对于用户因个人信息被窃或其他原因可能造成财产损失的情形,应当赋予用户缴纳部分保证金后,得以申请冻结其账户的权利。同时,对于用户出现的财产损失,还应设置由国家财政拨款的权利救济准备金账户,在用户出现财产损失时进行补偿,而中国人民银行将代表国家获得事后追偿权。[②]

四、自发数字货币的属性界定与规制路径

法定数字货币作为我国法定货币的地位是毫无疑问的,但自发数字货币的属性目前依然不明。在对自发数字货币进行规制时,有必要先对其属性进行分析和界定,方能以明确的法律属性为出发点,以包容审慎监管为核心规制理念,厘清自发数字货币的金融法规制路径。

(一)自发数字货币区分情形的属性界定

自发数字货币类型多样,关于其法律属性也是众说纷纭。然而,由于自发数字货币的应用横跨支付、投资、金融和储蓄诸多领域,应用于不同领域时自发数字货币所面临的风险也各不相同,这实际上使以自发数字货币认定为单一法律属性的思路成为一条"死胡同"。为了与所需要规制的风险相适应,不妨换一种思路:根据自发数字货币的应用场景,分情况将自发数字货币认定为不同的法律属性,进而构成不同的法律规制基础。

当然,区分情形的属性界定思路也需要大致的属性定位作为理论分析的基础。综合目前研究情况,自发数字货币以区块链技术为底层技术所具备的分布式特征和以计算机代码形式存在所具备的虚拟化特征是毫无争议的。此外,学界也大多认可自发数

---

① 参见陈华、申时、陈子凡:《国家安全战略下法定数字货币安全问题研究》,载《财经科学》2021年第8期。

② 参见张莉莉:《法定数字货币应用的金融风险及其防范——基于金融消费者权益保护的视角》,载《广西社会科学》2022年第5期。

字货币可以充当交易媒介的通货性特征，以及用户对自发数字货币基于密码学原理的公钥和私钥所具备的支配性特征。① 结合这些特征加以分析，虽然自发数字货币被认定为物权、新型权利乃至货币存在争议，但自发数字货币具备一定的财产性的特征，其被市场广泛认可的财产性价值是不可否认的，认可这一点，在法律实践中对合同法、税法、继承法、破产法乃至证券法都有重要意义。② 而考虑自发数字货币本身只是一串代码，因此从根本上说，自发数字货币应当属于一种虚拟财产权。同时也应当注意的是，由于自发数字货币的价值来自区块链使用者的共识，去中心化的区块链技术也不要求发行者履行义务，因此自发数字货币更接近于一种绝对性的财产权利。③ 诚然，也有观点认为，我国对自发数字货币相关业务的严厉禁止证明自发数字货币非法，但实际上，中国人民银行等监管部门所发布的一些政策性文件只是将自发数字货币相关金融活动的属性界定为非法活动，强调自发数字货币不具有货币地位，但并未确认自发数字货币本身具有违法性。

以虚拟财产权这一属性定位为基础，对于自发数字货币的具体法律属性，可以根据自发数字货币相关活动的实质来加以确定。通常，自发数字货币涉及日常生活领域财产纠纷时，适用民事领域关于网络虚拟财产的规定即可解决问题，甚至在特定交易双方形成了“货币认同”，坚持认为自发数字货币属于货币时，也可以对自发数字货币比照货币来进行处理。④ 自发数字货币属性界定的重点领域主要在于金融投资领域，因为以自发数字货币为基础已经形成了多样化金融业务，故必须采用穿透式监管方式，根据“实质重于形式”原则对金融产品和金融业务进行甄别，再反向确定自发数字货币法律性质和相应的规制模式。⑤ 对于比特币等自发数字货币的持有、支付、买卖交易等业务，由于比特币等数量有上限，具备稀缺性，因此可以考虑在该类业务中将自发数字货币认定为类似黄金等贵金属商品，采用黄金期货相关规则对其加以规制。⑥ 而对于以公开募集资金为目的的 ICO 活动，则应当将所涉及的自发数字货币认定为证

---

① 参见杨延超：《论数字货币的法律属性》，载《中国社会科学》2020 年第 1 期；齐爱民、张哲：《论数字货币的概念与法律性质》，载《法律科学（西北政法大学学报）》2021 年第 2 期；李敏：《数字货币的属性界定：法律和会计交叉研究的视角》，载《法学评论》2021 年第 2 期；吕睿智：《数字货币的交易功能及法律属性》，载《法律科学（西北政法大学学报）》2022 年第 5 期。

② 参见于程远：《论民法典中区块链虚拟代币交易的性质》，载《东方法学》2021 年第 4 期。

③ 参见冯洁语：《论私法中数字货币的规范体系》，载《政治与法律》2021 年第 7 期。

④ 参见赵磊：《论比特币的法律属性——从 HashFast 管理人诉 Marc Lowe 案谈起》，载《法学》2018 年第 4 期。

⑤ 参见赵莹：《数字货币激励性法律规制的逻辑与路径》，载《法商研究》2021 年第 5 期。

⑥ 参见李帅、屈茂辉：《数字货币国际监管的法律秩序构建》，载《法学评论》2022 年第 4 期。

券,将ICO行为认定为证券发行行为,纳入《证券法》的规制轨道。至于以自发数字货币为投资对象的基金业务,则应当将自发数字货币认定为基金产品,按照信托、基金相关规范来加以规制。

对于目前风头正劲的稳定币,对其法律性质的认定有必要单独予以明确。就当前而言,由于大多数稳定币依然与单一或者"一揽子"法定货币相互挂钩,脱离法定货币的信用背书,稳定币的货币信用无法长久维持,因此稳定币仍然属于依附于现行货币体系的第三层货币。① 基于与法定货币相互挂钩的属性,可以将稳定币视为一种外汇代币或者外汇基金。针对稳定币的使用行为,应根据外汇管理和基金市场监管的相关规范来加以规制。②

(二)自发数字货币的规制路径

1. 自发数字货币监管体制的调整

与自发数字货币跨界且多样化的业务形态相匹配,监管体制需要作出相应调整,以回应自发数字货币业务的监管需求。从治理理念角度看,由于自发数字货币跨越多种金融业务的特征,我国应当对自发数字货币采取与中国人民银行等《关于规范金融机构资产管理业务的指导意见》类似的规制思路,对自发数字货币坚持以机构监管与功能监管相结合,强化综合治理。条件成熟时,也可以对金融监管机构进行整合,实现金融业务一体化监管。③ 当下正在进行的,以成立国家金融监督管理总局为主要标志的新一轮国务院机构改革已经提供了契机。但无论机构如何设置,对于自发数字货币,特别是稳定币,坚持"相同活动,相同风险,相同监管"原则极为重要。④

从体制框架角度看,对法定数字货币监管时所倡导的协同监管和合作监管体制同样也适用于自发数字货币领域。一方面,应当对各有关监管部门的监管职能和运行模式加以明确,划定各监管部门人员的内部分工和权限,在此基础上形成以区块链为基础的跨链协同监管方案,并制定链上链下的监管协同流程,也可以考虑形成统一的一体化监管机构。⑤ 另一方面,为了消除信息不对称现象,自发数字货币领域也应着力形成监管部门、监管科技公司和数字货币行业协会多元化共治网络,通过合作监管共同

---

① 参见袁辉:《私人数字货币的后凯恩斯主义分析与启示》,载《学习与探索》2022年第12期。

② 参见邓建鹏、张夏明:《稳定币的内涵、风险与监管应对》,载《陕西师范大学学报(哲学社会科学版)》2021年第5期。

③ 参见程雪军:《区块链技术驱动下私人数字货币的发展风险与系统治理》,载《深圳大学学报(人文社会科学版)》2022年第3期。

④ FSB, *FSB Statement on International Regulation and Supervision of Crypto-asset Activities*, 2022, p. 1.

⑤ 参见张焞:《加密数字货币风险及规制》,载《证券市场导报》2021年第2期。

保证社会公共利益。[①] 与协同监管和合作监管体制相适应,自发数字货币监管手段也应当多元化,实现软法规制和硬法规制的相互结合。前者包括监管机构现场调研,发布调查报告,组织监管谈话,提出高风险交易平台、项目和发起人名单等手段,后者则以全面完善的法规框架所规定的企业和相关机构的行为规范,以及监管机构的调控规则和法律责任为主要内容。[②]

2. 自发数字货币的沙箱监管架构

自发数字货币以兼顾创新激励与风险控制的包容审慎监管理念为核心规制思路,沙箱监管制度框架是践行这一理念最有力的制度工具。自发数字货币风险高于法定数字货币,监管部门通过建立沙箱监管,允许经营自发数字货币业务的相关企业组织在豁免部分义务的监管下开展金融创新,可谓平衡创新与风险的最优方案。沙箱监管的核心理念是要为金融创新者提供风险产品测试的真实市场环境,而这一环境已经配备好基本到位的安全保障措施。[③] 而对于创新者来说,监管者的监管活动又是可能的、可预见的、可参与的和可集成的,方便双方进行沟通和交流。[④] 本质上,沙箱监管是一种实验性监管,这种监管既可以有效避免金融法规的滞后性对于金融创新的压制,又可以避免某种金融创新业务的野蛮生长。从特征角度看,第一,沙箱监管是一种试错性监管,允许监管者不断试错探寻有效监管方式;第二,沙箱监管可以豁免某些金融规则,以便企业组织可以放开手脚进行创新;第三,沙箱监管的目的是对金融创新活动是否合规进行评估;第四,沙箱监管是一种参与式治理,相关规则不断被制定出来并不断被修正;第五,沙箱监管效果由第三方机构进行评估,以保证监管的科学性。[⑤] 这些特点让沙箱监管在监管高风险高收益并存的金融创新活动时具有天然优势,而自发数字货币就是这样的一种金融创新活动。

鉴于沙箱监管的突出优势,我国应当落实沙箱监管机制,在特定地区、行业,可以考虑将沙箱监管机制与我国的改革试点相互融合,建立沙箱监管产业园、沙箱监管试

① 参见赵莹:《我国虚拟货币监管制度改革的反思与重构》,载《河南社会科学》2020 年第 4 期。

② 参见邓建鹏:《区块链的规范监管:困境和出路》,载《财经法学》2019 年第 3 期。

③ 参见顾功耘、邱燕飞:《区块链技术下金融监管的困境及法制进路》,载《南昌大学学报(人文社会科学版)》2020 年第 2 期。

④ See David H. Guston, *Understanding "Anticipatory Governance"*, 44 Social Studies of Science 218 - 242(2014).

⑤ 参见周仲飞、李敬伟:《金融科技背景下金融监管范式的转变》,载《法学研究》2018 年第 5 期。

点中心等沙箱监管区。[①] 在这些区域里,允许相关企业组织发行自发数字货币,包括稳定币和其他类型的自发数字货币,由监管机构测试监管措施,并对风险进行评估。总体上,在监管沙箱内应当注意把握监管限度,平衡监管与保护,维护企业、投资者和消费者的利益。[②] 另外,考虑稳定币在人民币国际化中的重要作用,我国应当以沙箱监管试点为平台,鼓励与数字人民币挂钩的稳定币项目的国际合作,打造稳定币监管的国际试验区。在测试过程中,积极探索稳定币的行业标准,推进与其他国家的合作,形成稳定币的国际合作机制,以争取在稳定币国际行业标准和监管框架制定方面占据主导地位。[③]

为了落实沙箱监管机制,我国还需在监管体制和监管规则方面做好准备。监管体制层面,应当注意发挥地方金融监管机构作用,给予地方金融监管机构开展沙箱监管的法律授权,并明确中央与地方监管机构的权力与责任,形成与沙箱监管相适应的中央与地方双层监管协调体制。[④] 而在监管规则层面,第一,应当完善监管沙箱准入机制,确认测试企业组织所开展自发数字货币业务的真实性,并以相关业务是否具有创新效益、是否有利于消费者作为准入标准;第二,应当形成监管机构的监管行为规范,包括监管工具应当多样化,对市场风险保持监测,以及出现监管失灵时的后备监管预案等内容;第三,应当设置消费者权益保障机制,包括实施投资者适当性规则,对自发数字货币的交易量和交易金额的限制规则,以及消费者利益损失补偿规则。[⑤]

3. 自发数字货币的科技监管机制

自发数字货币同样需要科技监管机制来对技术风险进行控制,法定数字货币所需要匹配的数据收集和处理系统和基于大数据的风险预警系统也应适用于自发数字货币系统。与法定数字货币不同的是,自发数字货币不由中国人民银行等监管部门发行,因此有必要在发行端即开始规制,并形成全流程规制机制。而在建立监管规则之前,为了提高监管效率,应当先对数据收集、信息统计和风险监测的标准进行统一。[⑥]

① 参见黄震、张夏明:《监管沙盒的国际探索进展与中国引进优化研究》,载《金融监管研究》2018年第4期。

② 参见欧阳本祺、童云峰:《区块链时代数字货币法律治理的逻辑与限度》,载《学术论坛》2021年第1期。

③ 参见赵炳昊:《应对加密数字货币监管挑战的域外经验与中国方案——以稳定币为切入点》,载《政法论坛》2022年第2期。

④ 参见李有星、王琳:《金融科技监管的合作治理路径》,载《浙江大学学报(人文社会科学版)》2019年第1期。

⑤ 参见李晶:《"监管沙盒"视角下数字货币规制研究》,载《电子政务》2020年第11期。

⑥ 参见申嫦娥、魏荣桓:《基于国际经验的金融科技监管分析》,载《中国行政管理》2018年第5期。

具体而言,其一,可以考虑建立自发数字货币发行之前的事先风险防范机制,通过智能合约预先将监管标准和要求写入代码,使自发数字货币在发行时自动匹配合规要求,并在区块链上达成共识;其二,由于自发数字货币用户信息大多集中于交易平台,应当制定数据加密及脱敏规则,以保护用户隐私;①其三,应在行为监测层面加强大数据应用,利用提前建立的风险预警模型,对自发数字货币交易行为相关数据进行获取和分析,提升监管部门反应速度;②其四,应建立合规区块链,将政府监管部门转移至链上,在合规区块链上开展协同监管,通过合规区块链介入自发数字货币业务经营机构,并要求这些机构上传交易和运营信息,由监管部门在区块链上进行审核确认。③

五、结语

货币诞生于商品交易活动,并不断随着社会经济的发展而演化。从商品货币到金属货币再到信用货币,直至数字货币兴起,货币竞争一直相伴相随。今时今日,在国家信用支撑起分层货币体系,美元在其中处于超然地位的现实之下,哈耶克所主张关于推进货币非国家化,通过废除国家的货币垄断发行权,允许私人与国家共同进行货币竞争,实现"良币驱逐劣币"的观点不具备现实可能性。④ 因为无论如何操作,当今世界的各类货币在分层货币体系中并不处于平等的地位,这让公平的货币竞争不可能出现。我国不得不接受这一现实,但也应看到,美元滥发已经让其在全球分层货币体系中的地位出现松动,唯有通过制度安排努力维持人民币货币信用和国家信用,让货币价值稳定在购买力恒定的水平上,才能在国际货币竞争中占得先机,最终重塑分层货币体系。

在数字货币时代,法定数字货币与自发数字货币都面临收益与风险并存的局面,我国应当积极拥抱技术革新,主动抑制风险。对于法定数字货币,应当努力维持币值稳定,通过法律规制积极防范风险,以争取在国际货币竞争中取得优势,在分层货币体系中向上攀登;对于自发数字货币,兼顾风险控制和创新激励的包容审慎监管理念,凭借与数字金融相适应的监管体制,借助科技监管、监管沙箱等新兴监管手段,促使自发

---

① 参见巴曙松等:《Libra 的监管挑战——基于金融创新视角的研究》,载《金融论坛》2020 年第 5 期。

② 参见张凯:《金融科技风险治理:监管挑战与治理路径》,载漆多俊主编:《经济法论丛》2021 年第 1 卷(总第 37 卷),法律出版社 2021 年版。

③ 参见黄震:《区块链在监管科技领域的实践与探索改进》,载《人民论坛·学术前沿》2018 年第 12 期。

④ 参见[英]弗里德里希·冯·哈耶克:《货币的非国家化》,姚中秋译,海南出版社 2019 年版,第 149 ~ 150 页。

数字货币成为新的经济增长点。我国在“十四五”发展规划纲要中提出,建立现代金融体制要构建“金融支持实体经济”的机制体制,提升金融科技水平和普惠性,但也同时提出要完善现代金融监管体系,提高金融监管透明度和法治化水平。金融法治层面对于数字货币兼顾风险管控与创新效益的规制模式,正是我国将国家金融战略落到实处的必由之路。

货币数字化背景下反洗钱监管立法逻辑与制度建构*

巫文勇** 杨雨淋***

摘 要:货币数字化的电磁符号、数据信息表现形态,以及数字货币账户、电子钱包存储、底层智能科技载体对传统反洗钱监管理论和法律制度带来颠覆性影响,导致诸多技术与法律难题。面对货币数字化这一挑战传统货币形态的反思性概念与批判性实践,我们应该对建立在传统货币基础上的反洗钱监管立法进行结构性反思,针对货币数字化过程中的"电磁符号、密匙代码、计算技术和信息科技"特征,秉持"国家金融安全""金融秩序稳定""金融消费与投资者利益保障"的反洗钱监管价值目标进行法律重构与制度实践。反洗钱监管机构应该直面货币数字化带来的反洗钱压力,探索数字货币智能科技运行规律,更新监管理念、丰富监管手段,建立以"云计算、区块链、人工智能、大数据"为基础的科技化反洗钱监管工具,提升监管效果,改革传统单一的规则式监管,建构规则监管与"数据、代码和信息链"监管并重的监管新范式。

关键词:数字货币;洗钱变异;金融安全;代码控制;法律重构

一、引言

"数字化不仅仅是一种信息技术方式的进步,更构成了经济社会的一种结构性变

---

* 国家社会科学基金项目"法定数字货币发行与运行制度规则构建"(项目编号:21BFX123)、江西省研究生创新专项资金项目"我国反洗钱监管有效性之证成与实现"(项目编号:YC2021 - B133)、国家社会科学基金重大项目"数字社会的法律治理体系与立法变革研究"(项目编号:20&ZD178)、国家法治与法学理论研究项目"互联网金融行为规则和法律责任研究"(项目编号:18SFB2044)的研究成果。

** 经济学博士,江西财经大学法学院教授、博士研究生导师。

*** 江西财经大学法学院经济法专业博士研究生。

迁。"[①]货币数字化是一种在"开放、平等、协作、分享"的互联网精神指导下,依托云计算、大数据、密码算法、信息科技和社交网络,利用分布于社会网络中的无数电子终端设备节点进行数据化传送的新货币范式。数字化变迁推动了货币数字化的诞生与演进,而货币数字化又为数字经济发展提供了货币基础和创新驱动。货币数字化作为货币发展的高级形态,外在表现为货币的电磁化、数据化和传送模式信息化,而其内涵表达和本质特征则是"智人主体、算法规则、代码、互联网、大数据、区块链、时空矩阵、信息黑洞、决策困境等"。[②] 货币数字化不仅改变了货币的表达形式、产品模式和服务功能,而且也创新了与此相关的概念、运行模式以及建立在其上的法律规范。与此相对应,货币数字化也在逐步摧毁传统现钞计算体系基石上的反洗钱技术安全和监管立法,使得建立在该计算体系上的反洗钱监管法律和监管体系面临严峻挑战。因此,需要"对曾经达成的责任、安全、控制、危害限制和损害后果的分配标准重新定义"。[③]

二、货币数字化背景下洗钱行为的发展变化及影响因素

货币数字化的动态解释是,在区块链、人工智能、加密技术等智能科技基础上发行数字货币,或将传统现钞转化为电磁符号、数据代码表现形态,并存储于数字货币账户或电子钱包中,然后借助于互联网和其他智能科技实行账户支付或进行"点对点"支付的数字化过程。货币数字化既包括法定数字货币的发行与流通、法定现钞和法定数字货币转化为银行存款数字货币,也包括虚拟数字货币和私人数字货币的发行和使用,以及各类数字货币的相互转换与兑付。货币数字化的静态解释则是指各种具体的"数字货币"。[④] 由于数字货币采取数据网络传递或"点对点"的"双离线"支付方式,能够跨区域便捷流通,以及货币的电磁数据形态不可能为持有人直接占有和控制,且普遍存在较强的匿名性等特征,所以货币数字化在提高支付与清算效率的同时,也经常能够避开货币监管机构监管,因此增加了国家反洗钱监管难度。[⑤]

---

① 许多奇:《从监管走向治理——数字货币规制的全球格局与实践共识》,载《法律科学(西北政法大学学报)》2021年第2期。

② 高全喜:《虚拟世界的法律化问题》,载《现代法学》2019年第1期。

③ [德]乌尔里希·贝克:《世界风险社会》,吴英姿、孙淑敏译,南京大学出版社2004年版,第97~98页。

④ 数字货币在我国包括数字人民币、存款数字货币和在特定范围内使用的私人数字货币。虽然在我国虚拟数字货币如比特币等被禁止使用和交易,但在讨论数字货币反洗钱时,将其作为实现洗钱目标的金融工具加以讨论,可视为广义的数字货币。

⑤ 参见刘蔚:《基于国际经验的数字货币发行机制探索与风险防范》,载《西南金融》2017年第11期。

（一）货币数字化对洗钱行为的影响与科技基础

“洗钱与上游犯罪存在紧密的相伴而生的关系，是上游犯罪分子掩饰或者隐瞒犯罪所得和犯罪所得收益的必备途径。”①国际反洗钱金融行动特别工作组（The Financial Action Task Force，FATF）2003年制定的《40条建议》，将洗钱解释为“处理犯罪收益以掩饰其非法来源，为了使不法分子的收益合法化”，并列举了20类与经济犯罪、毒品交易、恐怖活动及黑社会行为相关联的上游犯罪。洗钱作为金融市场中最常见的违法犯罪行为，最早是依附于毒品交易、有组织犯罪以及腐败犯罪。在早期，由于受制于经济模式、社会环境和货币形态底层科技的发展，洗钱主要通过金融机构进行或通过实体交易来实现。因此，总体而言手段比较单一，多体现为为上游违法犯罪所得提供已有资金账户、协助开设新账户进行资金转移，或通过“地下钱庄”或其他金融机构进行资金融合和划转，或通过金融或非金融交易实现资金转移或漂白。当然，行为人为了切断资金交易的追溯链条，也可能“交叉组合地使用银行、证券、保险、非银行支付、房地产、珠宝和贵金属交易等多种行业和业务”。②

货币数字化底层科技改变了货币形态和流通方式，使货币发行与存储、支付结算和金融交易更加信息化、快速化，与此相对应的是洗钱方式与洗钱路径多元化，产生诸多传统现钞形态下不具有的洗钱新模式。因为在货币数字化场景下，无论是通过银行数字货币账户进行“中心化”价值转移支付，还是通过电子钱包进行“非中心化”“点对点”形态的“双离线”接触式转移支付，都体现为一种网格化、多节点环境下的电磁数据转移和算法控制。洗钱行为人能够在任何一个网络节点通过数字货币的传送，在约定场所或节点进行线下或线上的各类货币或金融资产互换，以转移和漂白违法犯罪所得。此外，货币数字化过程实际上是一个各种货币生产和转化的过程，多样化货币形态使个人和机构可自由选择持有何种货币或采取何种货币结算。但是，多种货币的相互持有以及不同货币的支付结算与兑换，客观上也会为洗钱提供新的方法和途径。特别是货币数字化带来的泛金融化潮流，不仅模糊了数字货币与其他数字证券、票据和衍生金融产品的外延与内涵，而且在丰富金融投资工具、实现支付结算方式多样化的同时，也由于其边界模糊而增加了洗钱渠道和方式。

（二）货币数字化对洗钱行为目标实现的影响与理论解释

互联网数据流传送或“双离线”接触式转移支付，使数字货币转账支付能够在极短的时间内完成，基本上不存在传统货币支付结算的在途时间花费。导致这一结果的根

---

① 王新：《总体国家安全观下我国反洗钱的刑事法律规制》，载《法学家》2021年第3期。

② 刘少军：《法定数字货币的法理与权义分配研究》，载《中国政法大学学报》2018年第3期。

本原因是数字货币支付结算无须进行现金交付,传统纸质账务处理成为支付结算的非必要环节或选择。大批量账务处理和巨量资金支付结算能够通过计算机软件在后台瞬间完成,“会计智能化”避免了钱账的人工核算、运输、清点和实物交付。换言之,信息科技使得货币从一个账户或钱包以电磁符号形式快速转移至另一个账户或钱包,账务处理也通过数据信息实时完成。但是,与此相对应的不利后果是,数字货币支付转移的瞬间完成提高了洗钱既遂的概率,并且极大地增加了违法犯罪资金追缴的难度。

第一,货币数字化底层技术提高了洗钱融合能力和查证难度。数字货币底层技术、电磁数据形态形成的货币流通无形性和快速性等特征,极大地提高了洗钱过程的融合能力,客观上增加了监管机构对合法资金与违法资金判断和分离的难度,为洗钱既遂提供了技术支持。此外,在货币数字化场景下,数字货币账号和电子钱包与使用人不存在严格的对应关系,也即任何知道相应公钥和私钥的用户都可以对这些账户或电子钱包中的货币进行交易和兑换,使数字货币账户和现实中的使用人无法有效对应,客观上也会增添反洗钱监管机构查证和追踪难度,从而增加洗钱既遂的概率。

第二,金融科技化数据式身份查证提升了洗钱目标实现的可能性。远距离数据传送式金融科技改变了金融消费和投资者身份的查证规则,纸质身份证明和现实场景的实体人脸识别被数据传输、信息披露所取代。但是基于不同的心理激励,金融假名化和匿名化会成为科技金融中的普遍现象。换言之,互联网远距离数据传送查证无法完全保证开户资料的真实性,电子设施终端的 App 模块下载与填报也无法确保电子钱包持有人或实际进行“点击链接”的操作人的真实身份。虽然各国法律普遍要求数字货币账户和电子钱包采取实名制,货币数字化技术也是一个“留痕”的过程,理论上是能够通过电子数据记载、查证和追溯资金流向的,但在反洗钱监管实践中并非总是能够完全如此。

第三,数字货币本身形态特征提升了洗钱违法目标既遂的概率。货币数字化发展本身就是一个货币支付结算“去中心化”过程。数字货币存储于数字货币账户或电子钱包中,在多数情况下货币的支付是通过区块链技术自动实现的,①中央银行或商业银行只是支付结算体系的维护者,并未能有效控制这些货币,无论是中央银行还是商业银行均无法及时、完整且有效地实施反洗钱监管。然而,在国际数字货币的支付结算中,除技术上的监管困难外,还因为数字货币在“点击链接”完成后瞬间到达国外指定账户或钱包,并脱离货币划出账户所在地国家监管机构的控制,各个国家或货币区基于自身利益、政治考量和法律差异无法实现理论上的货币逆转,造成洗钱行为目标的

---

① 参见刘少军:《法定数字货币的法理与权义分配研究》,载《中国政法大学学报》2018 年第 3 期。

实现的概率增加。

（三）货币数字化对国际化洗钱行为的影响与制度逻辑

法定数字货币的底层科技、电磁化和信息流特征具有天然的“货币国际化功能”，既能加速大国或货币区法定货币如人民币的国际化进程，也能够在相当程度上促进其他非主流货币在国际市场中的应用。因为主权国家或货币区在为法定数字货币的全球流通使用提供技术基础的同时，也为国家（地区）之间货币以及法定货币与虚拟货币兑换建立了更简便的路径和制度衔接。在法定数字货币模式下，理论普遍认为，货币使用者无须在国外另行开设存款账户，货币持有人可将数字货币存储于电子设备中的钱包中，随即自由进出国边境。换言之，拥有法定数字货币钱包的使用权限就可以进行跨境交易。同时，互联网支付为央行数字货币大规模跨境支付铺设了基础性框架，①以数字货币为载体的分布式跨境支付网络将呈现更加扁平化的结构，增加了支付场景的便捷性和随意性，货币持有人可以直接利用位于境内外的电子终端设备进行流通支付，实现货币的无障碍跨境流通和支付结算。“分布式记账技术与其他技术相结合，能够促进信息共享，有效降低跨境支付的合规成本。由此使得跨境支付变得更便宜、更便捷，提升跨境支付的经济效率。”②

数字货币在国际支付转移中具有上述优势的同时，也会突破传统现钞体制下货币跨境流动的诸多制度规则和监管措施，如货币进出国边境数量管制、货币载体识别标准、货币识别手段和措施，并因此而产生新的洗钱方式与途径，形成货币数字化场景下反洗钱监管困境：一是传统现钞体制下的货币进出国边境数量控制制度将受到冲击，数字货币进出国边境监管难度增加，货币的传统边境口岸申报和检查逐渐消失，转而更可能需要采取智能科技进行控制与监测；二是数字货币进出国边境与持有人本身进出国边境不存在必然关联，更多的是货币所有人或代理人利用位于世界各地的电子终端设施进行转账或通过电子钱包进行“点对点”支付结算；三是虚拟货币、区块链等新技术对货币数字化场景下的国际化洗钱发挥至关重要的作用，并形成新的国际化洗钱通道；四是洗钱行为人可以利用各国或货币区现钞与数字货币、外币、虚拟数字货币和金融产品监管技术、法律制度的差异，在货币兑换、支付结算和金融交易环节进行国际化洗钱。货币数字化场景下的国际化洗钱可能会成为“重灾区”。虽然理论上可以建立反洗钱金融科技监管机制进行控制，并加强国家与货币区之间的监管立法协调，但洗钱行为人反科技和反法律激励，会成为国际化洗钱博弈新焦点。

---

① 参见白津夫、葛红玲：《央行数字货币：理论、实践与影响》，中信出版集团2021年版，第442页。

② 白津夫、葛红玲：《央行数字货币：理论、实践与影响》，中信出版集团2021年版，第442页。

三、货币数字化背景下反洗钱行为监管立法价值导向与原则

传统金融背景和现钞体制下的我国反洗钱监管立法,通常是以“命令和检查”为特征,难以应对货币数字化形态形成的洗钱新模式和洗钱法律责任追究,反洗钱监管范式与制度建设转变势在必行。因此,货币数字化在为经济发展和国际经济贸易提供货币基础的同时,也要求我们修正反洗钱监管逻辑、创新监管体制,以智能科技为底层技术,建立数据驱动和人为控制并举的反洗钱监管模式,重构货币数字化场景下洗钱概念、构成要素、反洗钱行为规则和技术控制领域。

(一)货币数字化背景下的反洗钱行为监管立法价值导向

我国现行《反洗钱法》规定,反洗钱行为监管是“为了预防洗钱活动,维护金融秩序,遏制洗钱犯罪及相关犯罪”,①以实现“国家对金融市场的管理,以及司法机关的正常司法”秩序。传统反洗钱法律理论和实践认为,国家实行反洗钱监管,是因为洗钱行为具有行政违法性,扰乱了国家对金融的管理和司法秩序,损害了国家利益,因而需要对其施加管控并对行为人进行法律制裁。在以监管和秩序为价值导向的金融体制下,这一反洗钱监管立法目标具有合理性与法经济学逻辑基础。但在货币数字化场景下,由于底层智能科技、网络节点分布与数据流高速运动的多重作用,洗钱不仅严重危害了国家对金融市场的监管,还会损害金融消费和投资者利益,产生较传统货币形态下更加广泛而深远的社会与经济危害。因此,在进行反洗钱监管立法时,对价值导向的设定不应局限于对金融市场的管理和国家正常司法,而应该以更宽阔的视野考量洗钱行为对国家金融安全的影响,以及对金融消费和投资者财产权益的保护。

“信息科技、电磁符号、密匙代码和计算技术”改变了货币形态和金融运行模式,并因此形成新的洗钱行为模式和洗钱路径。因此客观上要求对奠定在货币数字化之上的反洗钱行为和监管立法进行改革,从单一的“管理和秩序”向“国家金融安全”“金融秩序稳定”“金融消费与投资者利益保障”三重价值目标转变。三重价值目标的选择既是洗钱相关概念解释、构成要件修正的基础,也是反洗钱监管规则制定、监管实践必须遵守的指导思想与行为逻辑。我国现行立法对反洗钱规制的货币与金融基础是现钞体制和纸质票据支付。作为一种单纯的反洗钱应对性管理立法,计算机和互联网无论是在洗钱行为还是在反洗钱监管中,均被作为一种辅助性工具对待,体现的是“被动性、从属性、工具性和中立性”特征,因此对反洗钱监管立法的影响有限。但是,当下洗

---

① 《反洗钱法》(2021年修订草案)将反洗钱立法和监管的目的定位于“预防和遏制洗钱、恐怖主义融资及相关违法犯罪活动,维护国家安全和金融秩序”。

钱行为进入网络、信息和智能化的货币数字化时期,立法不能固守传统的反洗钱监管理念和价值目标,应该充分认识到反洗钱监管法律制度的非纯社会法特征,以此制定能够充分"维护国家金融安全、实现金融秩序稳定、保障金融消费和投资者利益"的反洗钱监管制度规范。

(二)货币数字化背景下反洗钱行为监管立法基本原则

反洗钱行为监管是通过对金融市场、金融行为的事前审查、事中检查和事后处罚遏制洗钱行为,没收犯罪所得和收益,切断洗钱渠道和路径,对洗钱行为人施加法律责任、震慑潜在洗钱行为,保护金融系统免遭新的毁损,以实现维护金融市场秩序和保障国家金融安全的目的。① 为了实现上述反洗钱监管目的,理论上一般认为,反洗钱监管立法应该坚持"预防为主、惩治为辅""疏堵结合、软硬兼施""损失补偿、利益共享""重点监控、与时俱进"等基本原则。但是,原则是为法治建设服务的,应该因时、因景的变化而进行调整。任何法律规范不仅应该满足形式上的原则要求,还要实质上适应法治国家所具备的时代背景、法律内容公正性原则要求,并与时俱进地进行修正。②

第一,反洗钱监管与金融发展相结合原则。数字货币的"大数据、自动信息提供系统、人工智能和自动学习系统为精细和专业金融交易提供了技术支持"。③ 但是,电磁化形态、密码信息和算法特征以及互联网络传送的货币数字化也会产生新的洗钱形式,因此也需要建立与此相适应的反洗钱监管范式。虽然理论上能够通过在货币数字化底层科技中嵌入反洗钱监管模块,以实现对数字货币洗钱行为进行智能跟踪、分辨与阻截,但是监管科技并不总能区分合法用户与非法用户,人工智能也并非始终能自动而精准地反映出洗钱用户的数据信息,并加以恰当处置。④ 所以,除在货币数字化发展过程中同步构建反洗钱技术外,还必须建立一整套与之相适应的行为与监管规范。关键在于,货币数字化还处在一个认识、试错、发展和完善的过程,立法应该对金融创新保持足够的宽容,要在维护"国家金融安全"和实现"金融秩序稳定"时,给予金融业充分的发展空间。

第二,前瞻性立法与适应性规制相结合原则。货币数字化发展与创新引发了货币

① 参见高增安:《宏观审慎监管视角的国家系统性洗钱风险与反洗钱研究》,科学出版社2017年版,第176页。

② 参见[德]汉斯·海因里希·耶赛克、[德]托马斯·魏根特:《德国刑法教科书》,徐久生译,中国法制出版社2001年版,第166页。

③ 沈伟:《金融科技的去中心化和中心化的金融监管——金融创新的规制逻辑及分析维度》,载《现代法学》2018年第3期。

④ 参见廖凡:《论金融科技的包容审慎监管》,载《中外法学》2019年第3期。

行为规则和金融法律制度的频繁变化。但是,金融法律制度和行为规则的频繁变化也会对社会经济发展产生负面影响,使金融市场主体无所适从,加大制度适用成本甚至引发金融法律风险。所以,为了解决货币数字化过程中的创新与立法步速协调问题,法律应该对货币数字化核心制度和操作规范区别对待。换言之,我国《反洗钱法》应当重点规定反洗钱普遍性规则,而有关管理规范、操作措施或技术标准则应该通过"管理办法"和"指导意见"等由反洗钱监管机构适时制定与调整。反洗钱监管立法应该保持立法视野的前瞻性和立法技术的适应性,把握货币发展和金融创新未来的发展态势,以一个平稳高远的视角看待货币数字化的发展进程。立法不仅要把当前应当监管的洗钱主体、行为纳入监管范围,还应该在对洗钱形态、判断标准、监管方式和法律后果的理解上留有空间和预案。

第三,规则监管与数据代码控制相结合原则。传统的反洗钱监管规则仅限于作为价值转移手段时的外部活动,但在面对货币数字化洗钱时,外部制度规范尚不足以确保监管的有效性,还必须结合科技代码建立内部技术治理。对此,菲利皮(Filippi,2016年)和洛夫拉克(Loveluck,2016年)提出了"代码即法律"的两层社群治理模式:"'以基础设施进行治理'和'对基础设施进行治理',两者是相互作用的,最终体现在于'对基础设施进行治理',也即对代码的修改。"①这一理论对货币数字化场景下反洗钱行为立法和监管制度建设具有较强的实践意义。因为,货币数字化场景下的反洗钱监管有效性实现已经超越了以人体感官与肢体能直接控制的行为能力范畴,而需要借助数据科技进行控制。为了适应货币数字化给洗钱带来的变化,需要改变传统的看守式、规则式监管模式,需要运用和借助大数据、数字计算、量化模型、云服务、分布计算、人工智能、机器学习、生物识别、区块链等技术进行反洗钱监测、查证、控制和识别。反洗钱立法不能简单地设立行为规范,监管机构也不应该拘泥于单纯的合规性评价,而应该"更新基础设施、更新监管理念、丰富监管手段、提升监管效果",②建立新科技监管体系,实现反洗钱行为目标。

四、货币数字化背景下洗钱行为构成要件以及判断标准重述

货币数字化发展在对业已形成的金融体系、市场运行、监管模式和违法犯罪形态带来颠覆性影响的同时,也对传统的洗钱行为模式、构成要件、附加条件和判断标准形

---

① De Filippi P. & Loveluck B., *The Invisible Politics of Bitcoin: Governance Crisis of a Decentralised Infrastructure*, Internet Policy Review, Vol. 5:3, p. 1-28(2016).

② 沈伟:《金融科技的去中心化和中心化的金融监管——金融创新的规制逻辑及分析维度》,载《现代法学》2018年第3期。

成冲击。数字货币的电磁符号形态、数据信息特征以及底层智能科技支撑，决定了其洗钱概念界定和判断标准应该更多地关注其“公开源代码、算法审核、程序普遍性、数据主体的算法解释权、伦理嵌入等”。[①] 应该从实体和形态两方面审视货币数字化带来的货币市场结构、功能、运行和责任变异，以此梳理出数据化、远距离、点击与链接背景下可能遭遇的各种法律问题，然后对勘现实世界的法律理论和规则，以获得对于新货币世界洗钱构成要件的某种可资借鉴的认知。[②]

（一）货币数字化背景下洗钱违法构成行为主体外延

特定的金融科技基础和金融发展环境，决定了洗钱行为主体和反洗钱监管机构的内涵和外延。由于我国现行《反洗钱法》立法基础是以现钞、纸质票据作为流通与支付结算的主要工具或手段，计算机和互联网仅是肢体延伸和行为能力辅助型工具，信息科技还未能对洗钱行为判断和反洗钱立法起决定性作用。所以，立法将反洗钱监管对象限定在金融机构、特定的非金融机构，以及实施了《刑法》第 191 条规定行为的自然人和机构。相应地，特定且有限的反洗钱监管对象决定其监管机构仅外延至“国务院反洗钱行政主管部门”和“国务院有关部门、机构”，如中国人民银行（中国反洗钱监测分析中心）、国家金融监督管理总局、中国证券监督管理委员会等，以及其他公安机关、海关缉私部门、监察部门、检察部门和审判机关、各类金融行业协会等。

货币数字化是一个“货币脱媒和去中心化”过程，具体表现为法定数字货币的发行与流通、法定现钞转化为银行存款数字货币、虚拟货币和私人货币的流通与使用，以及各类货币相互之间、货币和数字金融产品之间的交易与兑付等。在此过程中，将会衍生出诸多新的货币发行与运行、新金融产品交易和货币服务主体，以及与此相关的监管机构和监管人员。包括但不限于：（1）提供数字货币底层科技服务、实施货币云控制、进行身份鉴证、货币认证、货币登记、货币兑付的机构和相关行为人；（2）控制数字货币网络节点电子设施，为货币数字化基础设施提供技术服务如系统维护、设施检修的机构或相关行为人。他们均有可能成为货币数字化场景中的洗钱行为主体，直接或间接地参与洗钱。金融科技化与数字金融泛化使货币与金融产品、金融与非金融产品内涵与外延，以及行为主体业务边界日渐模糊，客观上造成了洗钱行为主体向外周延。

（二）货币数字化背景下洗钱违法构成主观要件改革

我国《刑法》和相关司法解释将洗钱犯罪的主观心态限定为“故意”，并要求具有“明知是毒品犯罪、黑社会性质的组织犯罪、恐怖活动犯罪、走私犯罪等犯罪行为的违

---

① 周仲飞、李敬伟：《金融科技背景下金融监管范式的转变》，载《法学研究》2018 年第 5 期。

② 参见高全喜：《虚拟世界的法律化问题》，载《现代法学》2019 年第 1 期。

法所得及其产生的收益,为掩饰、隐瞒其来源和性质”的意识认知。[①] 但是,我国的金融形态、支付结算体系正在从现钞和纸质票据转向网络状态下的电子终端设备操作。“人机结合、智能机器人性化特征”模糊了行为人内心状态。建立在节点和网格基础上的数字货币流动、支付结算和金融交易,因其形态隐蔽、非直面接触,彻底改变了传统线下“故意、明知”的洗钱主观构成要件判断方式,使金融实践中的意识形态认定和主观评价变得更加复杂。依靠人机交流的“结果主义”远距离货币支付客观上模糊了法律主观意识中的故意和过失界限,并造成反洗钱监管和洗钱违法犯罪司法认定的困难,在实体上不当地缩小了成立洗钱违法犯罪的范围。[②]

法律只是特定历史时期党和国家社会经济政策的凝固化、具体化和条文化。法律应因社会、经济和法治环境的变化而适时被修正,而非固化不前,与社会、经济与科技发展脱节。因此,在货币数字化发展过程中,洗钱行为技术性、复杂性、专业性日益突出,考量洗钱行为的故意或过失更艰难时,立法应该及时对其作出回应:一是将过失纳入洗钱违法犯罪的主观考评标准;二是将故意的认定设定为推定故意。但是,如果符合下列条件,也许行为主体可免于承担法律责任:(1)根据法律规定谨慎地履行了对财产来源和性质的审查义务,而且这种谨慎的程度与其职业能力相一致,但仍然未能发现和辨别财产的非法性,并实施了财产转移或性质变更行为;(2)根据法律实施财产转移或资产融合行为,或者其行为得到了正当的允许或同意,或者变更财产性质或处置财产,有利于依照反洗钱法或其他相关法律规定顺利完成对违法行为执法或司法。[③] 对于推定故意立法的依据是,因为各类数字货币账户和电子钱包的开立、财产与数字

---

① 2009年9月21日最高人民法院审判委员会第1474次会议通过的《关于审理洗钱等刑事案件具体应用法律若干问题的解释》认为,具有下列情形之一的,可以认定被告人明知系犯罪所得及其收益,但有证据证明确实不知道的除外:“(一)知道他人从事犯罪活动,协助转换或者转移财物的;(二)没有正当理由,通过非法途径协助转换或者转移财物的;(三)没有正当理由,以明显低于市场的价格收购财物的;(四)没有正当理由,协助转换或者转移财物,收取明显高于市场的‘手续费’的;(五)没有正当理由,协助他人将巨额现金散存于多个银行账户或者在不同银行账户之间频繁划转的;(六)协助近亲属或者其他关系密切的人转换或者转移与其职业或者财产状况明显不符的财物的;(七)其他可以认定行为人明知的情形。”

② 参见康怀宁:《刑事主观事实证明问题研究》,法律出版社2010年版,第148页。

③ 2002年英国《犯罪收益法》规定,只要发生隐瞒或掩饰非法财产性质、来源、地点,处置、转移所有权或任何与之相关的权利,均应该以洗钱犯罪论处。2005年欧洲理事会制定的《反洗钱和恐怖融资公约》也将过失洗钱纳入刑法规制范围,提出在行为人“怀疑”或者“应当知道”财产是犯罪收益的情形时,发生的洗钱应该确定为刑事犯罪。西班牙和德国也作了类似规定,如西班牙《刑法典》第301条第2项规定:“因严重过失违反本条的,处6个月以上2年以下徒刑,并处犯罪所得价值3倍罚金。”德国《刑法典》第261条第5款规定:“因过失而不悉知第1款所述物品来源的,处2年以下自由刑或罚金。”

货币的转化、金融票据和有价证券的数字化，以及货币支付结算从线下、纸质形态，转化为线上或“双离线”形态等，行为人的“明知”“故意”等心态已经被人工智能、远距离操作而逐渐模糊。因此，“故意”的考量标准是行为人是否违反了反洗钱前置法所确定的义务，而非心里猜测。当然，行为人有足够的证据实现反向证明则可认定为“非故意”心态。

（三）货币数字化背景下洗钱违法构成客观形态发展

现钞体制下的洗钱行为模式表现为：一是我国《刑法》第 191 条规定的“提供资金账户、协助将财产转换为现金或者金融票据、通过转账或者其他结算方式协助资金转移、协助将资金汇往境外、以其他方法掩饰、隐瞒犯罪的违法所得及其收益的性质和来源”；二是我国《反洗钱法》《非金融机构支付服务管理办法》《支付机构反洗钱和反恐怖融资管理办法》规定的反洗钱义务机构、反洗钱监管机构和责任人，故意违反法律规定不履行或不正确履行反洗钱、反洗钱监管义务。例如，不按照法律规定对客户身份进行审查，为客户开立匿名账户、假名账户，不按照规定进行实名制交易；违反保密规定、泄露有关信息，直接或间接为洗钱提供信息等；不建立反洗钱内部控制制度，不设立反洗钱专门机构或不指定内设机构负责反洗钱工作，不尽责履行反洗钱义务；不按照规定报送大额交易报告和可疑交易报告，不按照规定提供调查材料，接受反洗钱检查、调查，违反规定泄露因反洗钱知悉的国家秘密、商业秘密或者个人隐私等。然而，在货币数字化背景下，相关机构和责任人的洗钱行为模式更加多样化。

第一，中央银行可能存在的洗钱行为方式。数字货币的加密磁符、数据化存管和网络支付结算特征，赋予中央银行职能机构和相关人员对法定数字货币持有者身份审核、货币认证、权属登记，以及对各种数字货币交易与兑换、支付与结算的监管权力和责任。在此过程中，他们可能存在的洗钱行为和表现形态有：（1）故意或过失损害货币运行系统或利用系统故障和缺陷自己实施洗钱，或协助他人洗钱，或者在法定数字货币发行和运行过程中采取虚假货币认证、身份审核和权属登记等方式单独或合谋进行洗钱；（2）故意或过失为洗钱行为人开立数字货币账户或下载电子钱包，故意或过失泄露数字货币持有人账号、电子钱包和密码信息，以直接或间接方式帮助他人进行洗钱；（3）故意或过失为洗钱行为人提供货币清结算服务，不履行或不正确履行有关涉及数字货币反洗钱监督和检查职能，客观上产生了协助洗钱实施的法律后果。

第二，银行和支付结算机构可能存在的洗钱行为方式。货币数字化场景下，银行和支付机构享有自己独特的法律权利，如代理经营权、身份审核权、存贷款权、兑换经营权、货币审查权和支付结算权。因此，他们可能存在的洗钱行为和表现形态有：（1）故意或过失利用数字货币经营系统和程序漏洞自己洗钱或协助他人洗钱，或者对洗钱行为人开设数字货币账户或电子钱包进行虚假身份审查,或为洗钱提供数字货币账户或电子钱包服务;(2)故意或过失利用货币兑换经营权利为自己或他人进行现钞、铸币、数字货币以及外汇之间的相互兑换,以实现自己洗钱或协助他人实现违法所得的融合和洗白;(3)故意或过失利用本身的支付结算业务功能和渠道,为自己或他人洗钱进行支付结算、资金划拨、汇兑,或实行资金、票据、金融证券和投资账户之间的相互转换;(4)故意或过失利用客户账户或电子钱包为自己或协助他人洗钱,故意或过失向洗钱行为人泄露客户账户或电子钱包信息、数据密码,并协助其利用客户账户或电子钱包进行洗钱;(5)故意或过失不履行,或不正确履行反洗钱义务,客观上产生了协助洗钱实施的法律后果。

第三,普通民众和机构可能存在的洗钱行为。货币数字化构成了普通民众和机构的特殊货币存管和支付结算方式,并因此形成普通民众和机构与中央银行、银行、支付机构等若干新货币法律关系,从而衍生出诸多现钞和铸币体制下不具有的货币权责义务。因此,他们也可能在传统洗钱模式之外利用数字货币账户和电子钱包,以及货币认证、权属登记、互联网支付结算和货币兑换等进行新的洗钱行为。例如,(1)故意或过失利用货币的自由选择权,进行线上流通和线下支付,或利用不同货币之间的相互兑付进行洗钱或协助他人实施洗钱;(2)故意或过失为洗钱人提供数字账户和电子钱包,或进行信息数据、程序篡改,或攻击数字货币体系进行洗钱或协助他人实施洗钱,或违反法律规定或利用法律漏洞进行洗钱或协助他人实施洗钱;(3)故意或过失利用身份鉴证、货币认证、货币登记和支付系统的技术漏洞或采取其他技术攻击进行洗钱或协助他人实施洗钱。此外,数字货币体系中还存在诸多为货币数字化提供技术支撑、服务的机构或人员,他们也可能利用其设备控制、专业技能单独或合谋进行技术性洗钱行为。

五、货币数字化背景下反洗钱行为与监管法律制度建设

反洗钱监管是“建设中国特色社会主义法治体系和现代金融监管体系的重要内容,是推进国家治理体系和治理能力现代化、维护经济社会安全稳定的重要保障,是参与全球治理、扩大金融业双向开放的重要手段”。[①] 金融科技发展和货币数字化过程是一把“双刃剑”,在促进经济发展和社会进步的同时,也对我国的金融体系稳定产生破坏性,甚至造成国家金融安全隐患。因此,我们除了要求加强相关理论研究,实现理论

---

① 国务院办公厅2017年9月13日发布的《关于完善反洗钱、反恐怖融资、反逃税监管体制机制的意见》(国办函〔2017〕84号)。

上的更新迭代外,还应该在立法上及时作出反应,以弥补新货币技术和金融创新所产生的法律空白和制度缺陷。

（一）货币数字化背景下反洗钱行为与监管制度范式

“科技的每一次进步都为人类社会的生产生活甚至思维方式带来全新的变化,法律作为受经济基础决定的上层建筑,也应该时刻根据社会生产方式的变革作出相应修改和完善。”①货币数字化发展作为挑战传统现钞的反思性概念与批判性实践,在保留若干传统洗钱方式的同时,也在产生诸多新的洗钱形态和行为表现,使传统的规则式反洗钱监管模式和制度体系产生适应性悖论,因此要求对反洗钱监管立法作出相应改变,以适应货币数字化过程带来的洗钱行为模式和反洗钱监管范式转变。

第一,建立纵向控制与市场横向合作的协商式新监管机制。货币数字化过程就是为经济社会提供新货币基础,其目的是方便支付结算,提高社会的金融获得感。然而,反洗钱监管虽然是保障国家金融安全、维护金融秩序所必需的措施,但过度监管也会抑制其创新,削弱货币数字化的经济发展功能。因此,我们应该在监管与发展之间寻求平衡,改变长期以来形成的纵向控制监管模式,建立纵向控制与横向合作的协商式新监管机制与制度规范。因此在建立反洗钱行为规范和监管立法时:一是要将金融科技创新作为推动我国金融业开放与发展的驱动力,在此基础上正确把握监管与发展、协作与控制的辩证关系,在反洗钱监管与金融发展之间实现平衡;二是要鼓励货币市场主体“利用已有的金融消费者利益保护制度、信息披露制度和风险防范制度,引导金融科技业的参与者对合规的投入”;②三是要建立良好的货币数字化协作机制,使货币市场主体能够一起鉴别和缓和货币数字化发展过程中的洗钱风险,“通过风险管理和功能监管上新技术的运用,防范和化解跨市场和交叉性的金融风险,维护金融稳定”。③

第二,建立基础规范稳定与市场动态调整相结合的监管制度。货币数字化是一个创新、试错、修正和发展的过程,因此反洗钱行为规范和监管立法也是一个动态变化的过程。法律应该许可反洗钱监管机构“依据随时获得的信息在制定和实施金融监管规则方面享有更大的自主权,以及赋予被监管机构通过制定内部规则实现合规的自

---

① 郭哲:《反思算法权力》,载《法学评论》2020 年第 6 期。

② 沈伟:《金融科技的去中心化和中心化的金融监管——金融创新的规制逻辑及分析维度》,载《现代法学》2018 年第 3 期。

③ 沈伟:《金融科技的去中心化和中心化的金融监管——金融创新的规制逻辑及分析维度》,载《现代法学》2018 年第 3 期。

主权”,[①]以此增强反洗钱监管机构和相关义务机构的信息获取能力并对洗钱行为作出及时反应。对此,法律应该恰当分配规则制定权并制订具有不同稳定程度的制度规则:一是立法机构制定相对稳定的反洗钱基本法,反洗钱监管机构根据监管需要进行“反洗钱监管——信息反馈——制度规范适应性‘立改废’”;二是反洗钱监管机构制定反洗钱最低监管要求,从而鼓励反洗钱义务机构制订更高的自律性行为标准,赋予其自律激励。“对金融规则制定权作出上述分配,就是在各个规则制定者所掌握的信息不完全和有限理性的刚性约束条件下,通过规则的激励相容,解决金融规则与金融创新之间的‘步速问题’。”[②]

第三,建立规则与数据和代码监管相结合的新制度规范。“为了适应金融科技给金融业带来的巨变,金融监管当局也应该与时俱进,改变业已形成路径依赖的看守式监管模式,采取回应性监管方式,对金融市场动态和不稳定的变化予以监管回应。”[③]反洗钱行为规范和监管立法应该直面货币数字化形成的洗钱压力,积极探索新型货币形态下洗钱规律和反洗钱监管应对,建立以云计算、区块链、人工智能、大数据等技术为基础的数字化监管工具,从合规性监管向技术治理转变。在合规、报告和监控的规则性审查基础上,向数据标准制定、技术阀门设置和智能计算控制转化。“监管机构可以通过数据基础、数据跟踪和推论,构建金融监管科技(RegTech),推动自动化监管,通过监管技术(而不是监管体制)实现金融监管现代化。”[④]但是在实现智能化监管的同时,还应该与人工识别、规则遵守相结合,对一些非数值型的异常交易信息,发挥人工识别的积极性、主动性和行为规范的控制功能。[⑤]

(二)货币数字化背景下反洗钱行为与监管规则诠释

在理论上,货币数字化的一个重要特征就是让货币“留痕”。原因在于“留痕”能够方便反洗钱监管机构的查证与追踪,“中央银行或者中央银行组建的联盟中心可以实时监测和获取数字货币流体数据,包括流通节点、流通路线、周转速度等”。[⑥] 但是理论

① [德]汉斯·海因里希·耶赛克、[德]托马斯·魏根特:《德国刑法教科书》,徐久生译,中国法制出版社 2001 年版,第 166 页。

② 周仲飞、李敬伟:《金融科技背景下金融监管范式的转变》,载《法学研究》2018 年第 5 期。

③ 沈伟:《金融科技的去中心化和中心化的金融监管——金融创新的规制逻辑及分析维度》,载《现代法学》2018 年第 3 期。

④ 沈伟:《金融科技的去中心化和中心化的金融监管——金融创新的规制逻辑及分析维度》,载《现代法学》2018 年第 3 期。

⑤ 参见郑家庆:《金融机构持续客户尽职调查问题探析》,载《武汉金融》2017 年第 1 期。

⑥ 姚前:《数字资产与数字金融——数字新时代的货币金融变革》,人民日报出版社 2019 年版,第 237 页。

并不是永远能够与实践一致:一是中央银行或联盟的监管并不能完全覆盖所有的数字货币行为,特别是虚拟数字货币行为和私人数字货币行为;二是金融机构互联网化与商事机构金融化使资金运动随货币链条延伸和网格扩张而失控;三是货币数字化模糊了数字货币和金融产品的界限,电子终端设施上的远距离"点击与链接"形成的非接触性操作模糊了正常金融交易和洗钱的界限。因此,客观上需要对反洗钱监管机构和义务机构进行新的行为规范和法律责任分配。

1. 货币数字化背景下市场主体的反洗钱行为规则。货币数字化场景下的反洗钱行为主体主要为货币持有者如个人和普通机构,以及为货币数字化过程提供技术支持和服务的科技机构和实际操作人。因此,反洗钱行为规则也是围绕这些主体进行的。

第一,普通个人和机构的反洗钱行为规范与权责义务。普通个人和机构作为数字货币持有者,他们的反洗钱基本义务是"配合金融机构和特定非金融机构为履行反洗钱义务开展的客户尽职调查、配合反洗钱调查、依法履行巨额现金收付申报义务以及不得为洗钱等违法犯罪活动提供便利等"。① 此外,他们还应该遵守以下货币数字化反洗钱行为规则:一是不得故意或过失为洗钱行为人提供或协助其开设数字货币账户或设置电子钱包,单独或者合谋实施洗钱活动;二是不得故意或过失利用自己的数字货币账户或电子钱包为自己或他人违法所得进行转账划款,或以货币兑换、货币与金融产品互换方式实现资金融合和漂白;三是不得故意或过失利用身份鉴证、货币认证、登记和支付系统的技术漏洞或采取其他技术攻击手段,为自己或他人洗钱进行数字货币支付结算。

第二,货币市场新型主体的反洗钱行为规范与权责义务。货币数字化底层技术提供机构和管理人员、网络节点电子设备拥有者、电子钱包下载者、区块链的开发者和其他拥有某一货币支付链接单元的机构或个人,在为数字货币保管、支付结算和其他金融交易提供技术或服务,以及"利用数据挖掘、机器学习等工具对全息数据进行转换、挖掘、分类、预测,构建主体洗钱行为监测模型,预测主体洗钱行为活动周期"②的过程中,需遵守以下反洗钱行为规范:一是不得故意或过失利用自己或他人的设备、技术、计算能力等,为自己和他人洗钱提供服务或技术支持;二是不得故意或过失利用自己或他人的设备、技术、计算能力等,绕开监管机构监管为自己或他人违法所得进行转账划款,或进行货币兑换、货币与金融产品互换实现资金融合和漂白;三是不得故意或过失利用自己或他人的设备、技术、计算能力等,为自己或协助他人攻击或绕开身份鉴

① 包明友:《我国反洗钱法律制度的创新与发展》,载《清华金融评论》2021年第10期。

② 覃盈盈:《我国反洗钱领域监管科技应用研究》,载《金融经济》2021年第2期。

证、货币认证、登记和支付系统,进行洗钱活动。

2. 货币数字化背景下监管机构的反洗钱监管规则。货币数字化场景下的反洗钱主要监管机构有中央银行、商业银行与支付结算机构。但是,商业银行与支付结算机构既是反洗钱监管机构,也是反洗钱义务机构,它们与中央银行的职责有所不同,所以其行为规范也有一定的差别。

第一,中央银行的反洗钱监管规则与权责义务。我国《中国人民银行法》规定,中国人民银行作为我国具体负责反洗钱的行政主管部门,“指导、部署金融业反洗钱工作,负责反洗钱的资金监测”。中国人民银行反洗钱主要监管职责是:“基于风险程度开展客户尽职调查并采取相应措施,通过优化内控制度、系统建设、风险指标设计、调查手段运用等,进一步强化洗钱风险管控。”①中国人民银行在履行常规反洗钱监管权责义务的基础上,还负有对货币数字化过程中货币持有人身份审核、货币认证、权属登记、货币兑换监管,以及数字货币系统建设和维护的权责义务。因此,中国人民银行在履行这些权责义务时,必须严格遵守其行为规范,承担与此相联系的反洗钱监管责任。

第二,银行和支付结算机构的反洗钱监管规则与权责义务。货币数字化场景下,银行和支付结算机构依法或根据中央银行授权行使以下权责义务:一是代理法定数字货币的发行和流通运行,维护法定数字货币运行系统;二是对客户开立的数字货币账户或设置的电子钱包进行实名制审查,并在数字货币持有人进行存取款和转账支付时对其进行身份审核;三是经营现钞、铸币、外币和各类数字货币的相互兑换业务,为客户进行现钞、铸币和法定数字货币之间的选择性兑换和支付结算;四是根据法律规定或金融监管机构的委托,对个人和机构包括数字货币在内的货币业务合法性实施审查。相应地,银行和支付结算机构在从事前述数字货币业务时,必须严格遵守其行为规则,履行其反洗钱义务和监管责任,并承担相应的法律后果。

六、结语

货币数字化“面临的法律问题都是技术发展给传统法律秩序带来的挑战。在发展中遇到的问题必须在发展中解决,现代技术带来的一系列法律问题也必须采取技术手段予以回应与化解”。② 我们应该积极面对货币数字化带来的洗钱新范式、新路径和由此形成的概念变化、理论发展和行为规则改革,在延承传统洗钱法律理论和立法精神基础上,创新发展反洗钱监管立法和监管模式。反洗钱监管立法和监管实践在关注货

① 包明友:《我国反洗钱法律制度的创新与发展》,载《清华金融评论》2021年第10期。

② 赵自轩:《美国的数字资产继承与立法:争议与启示》,载《政治与法律》2018年第7期。

币数字化过程、数字货币形态与内涵的同时,更要重视其网络节点、算法趋同、密码计算和其他黑客攻击的内生性风险。货币数字化背景下的反洗钱,不仅要解决数字货币发展和金融科技化带来的反洗钱监管立法的“步速问题”,更要思考由此带来的洗钱概念、洗钱范式、洗钱路径、洗钱行为要素和主观因素、因果关系的变化,并在反洗钱监管立法和监管实践中作出适应性改变。

地方政府债券发行权力配置的检视与优化*

杨皖宁**

摘　要:当前我国地方政府债券发行权集中在省级政府,市县级政府发行债券融资须由省级政府代为举借,省级政府代理发行债券的权力配置是基于实践产生的一项特色制度,与民事代理有本质区别。在我国地方政府债券市场初步建立时期代理发行制度具有合理性,然而发债权是地方政府财政体制的必要组成部分,代理发行造成发债与用债主体脱离容易引发偿债风险,而且影响信用评级等相关程序发挥应有作用。地方政府自主发债既有学理依据,又有实践基础,应当通过渐进方式逐步赋予市县级政府发债权,强化市场约束机制并促进地方政府实现依法治债。

关键词:地方政府债券;发行;权力配置;渐进改革

一、引言

2014年《预算法》修订将发行债券确立为地方政府唯一的合法融资方式,我国地方政府债券发行管理产生了重大变革,地方政府债券发行不仅成为财政筹资的重要手段和规范公共债务管理的关键举措,而且是国家宏观调控和地方经济调节的有效工具,对于规范地方政府融资行为、促进基础设施建设、防范化解金融风险和抗击新冠疫情都发挥出重要作用。截至2022年6月,地方政府债券总体规模345,880.58亿元,①是

---

* 国家社科基金重大研究专项项目"社会主义核心价值观融入行业规章体系建设的法治路径研究"(项目编号:20VHJ007)、中共江苏省委党校重点委托课题"发挥仲裁优化法治营商环境作用研究"(课题编号:2023XZD008)的研究成果。

** 法学博士,中共江苏省委党校(江苏行政学院)法政教研部讲师,江苏省习近平新时代中国特色社会主义思想研究中心省委党校基地研究员。

① 政府债务研究和评估中心:《地方政府债券市场报告(2022年6月)》,载财政部政府债务研究和评估中心官网,http://kjhx.mof.gov.cn/yjbg/202207/t20220729_3830822.htm。

我国债券市场中规模最大的债券品种。基于地方政府债券发行制度初步确立的现实情况,当前国务院仅赋予省级政府(含计划单列市)实际发行权,一般的市县级政府发债融资须由省级政府代为举借。[①] 代理发行模式是一项具有我国特色的公债管理制度,由此,省级政府和市县级政府之间既形成了紧密的互动关系,同时也存在明显的权力配置冲突,集中体现在"借、用、管、还"主体不一致引发债券发行权责脱节,可能形成一系列风险隐患。从长远来看,宏观经济增长处于中高速的新常态下财政支出刚性增加,发债融资已经成为一项长期财政政策,地方政府债券制度发展进程也体现出以行政管控为主导逐步向市场化发展的治理导向,需要强化法治建设水平,发挥固根本、稳预期、利长远的作用。总体而言,当前地方政府债券发行权力配置模式既具有现实性与合理性,也需要在法治轨道上逐步完善与优化。

二、代理发行的源流演进和性质辨析

省级政府代理市县级政府发债融资源于2009～2014年财政部代理发行地方政府债券的实践演进。1994年《预算法》正式出台,曾对地方政府发行债券予以法律上的明确限制。2009年国务院为应对国际金融危机实施积极的财政政策,受全球经济下行影响我国地方财政收入大幅度下降、支出压力增加,适当发行政府债券无疑是调动各方面积极性、扩大内需并促进经济平稳较快发展的有效手段。尽管我国当时已经具有规模巨大的债券市场,但是地方政府债券发行的渠道和制度还是空白,建立起管理制度架构亦非一日之功。在4万亿元投资经济刺激政策主导下,为统筹发行节奏、提高发行效率并确保债券市场稳定,国务院决定由财政部按照国债发行渠道代理省级政府发行2000亿元债券并代办还本付息,主要用于中央投资地方配套的公益性建设项目。基于财政部发行国债已经具备丰富经验和成熟技术,代理发行有效地降低了地方政府融资成本,提高了发行效率。自此至2014年,历经财政部"代发代还"、财政部"代发"省级政府"自还"、省级政府"自发自还"3个阶段。从局部试点到全面推开的历程成为一场具有中国特色的改革实践,体现出自上而下的顶层设计、自下而上的探索实践与自外而内的倒逼机制高度融合,为地方政府债券发行走上规范化、市场化道路进行了实质性探索。

从客观而言,省级政府控制资源能力更强,金融治理经验也更加丰富,尤其是在吸引金融机构投资者组建债券承销团方面具有市县级政府无法相比的巨大优势。省级政府代理市县级政府发债可以充分利用资源、技术以及与投资者之间形成的关系,更

---

① 国务院《关于加强地方政府性债务管理的意见》(国发〔2014〕43号)规定,经国务院批准,省、自治区、直辖市政府可以适度举借债务,市县级政府确需举借债务的由省、自治区、直辖市政府代为举借。

好地降低融资成本并提高债券发行效率,在地方政府债券市场建立初期对提升债券信用等级和防范债务风险具有积极作用。作为我国公债制度的一项特色举措,就其性质而言,上级政府代理下级政府发行债券虽然是一种委托代理关系,但是与民法意义中的代理制度并不相同。一方面,两种“代理”分别属于不同法域,地方政府债券发行属于公法行为,以实现公共利益为最终目的,与民事主体以追求个人利益为主的私法代理行为有着明显性质差异;另一方面,我国《民法典》将代理制度规定为代理人在获得被代理人授予的权限内,以被代理人名义实施民事法律行为的一种方式,区别于本人亲自实施。然而,省级政府代理市县级政府发行债券源自行政授权,一般的市县级政府根本没有发行债券的权力,授权于省级政府更是无从论及。因此,被代理人授权于代理人的民事代理制度架构并不实际存在,所以省级政府自然也不会成为《民法典》规定意义的代理人,这也是地方政府债券“代理发行”与民法制度中“代理”的根本区别。

三、地方政府债券发行权力配置存在的主要问题

我国现行省级政府代理市县级政府发行债券的权力配置模式主要出发点在于防控债务风险,中央政府监管好省级政府的发债行为,就可以宏观调控全国地方政府发债总体规模,也能强化省级政府审慎发债和对下级政府的监管力度。由于市县级政府的公共管理和资源掌控水平相对薄弱,对发行债券进入市场融资也需要一个逐渐熟悉和适应的过程,此种模式在当下还具有相对合理性,然而从长远来看,当前地方政府债券发行、使用、偿还主体不能完全统一的问题已经逐渐暴露,应当采取措施逐步改善并予以解决。

(一)发债与用债主体脱节影响地方政府财政体制的完整性

市场经济运行所依托的分级分税财政体制中,内在地蕴含地方政府具有适度发债权的必要性和合理性。从世界范围来看,大多数市场经济国家央地政府之间都实行分级“分税制”,中央与地方各自独立编制预算,“分税制”必然要对应分级财政体制,每一级政权对应相应的事权、财权、税基、预算、产权和发债权,是分税分级财政体制得以确立并环环相扣的基础要素,这些要素在国家整体财政体制运行过程中都各有效用,相互之间又具有极其紧密的逻辑关系。由此,发债权从法理而言是规范化“分税制”中地方政府的应有财权,也是实行“分税制”财政体制的国家在历史发展中得出的制度经验。[①] 当前,我国地方政府债券发行权实际授予并运行于省级政府,而最迫切需要发债融资和实际使用资金的主体却是市县级政府,其实质相当于延续国债转贷思路变为省级政府转贷地方,由省级政府代理发行必然会造成发债主体和发债资金使用主体脱

---

① 参见贾康、刘薇、孙维:《深化财税体制改革的战略取向与要领》,广东经济出版社2017年版,第119页。

节。我国致力于建立现代财政制度在全面深化改革的大局中发展演进,立足匹配国家治理体系与治理能力现代化的目标,而地方政府债券自发、自还、自用还没有完全实现。相对而言,这与国际通行的财权与事权相匹配规则,以及一级政府、一级财政、一级预算、一级税收、一级发债权的财政管理体系相比还有差距。

(二)发债与用债主体脱节容易引发偿债风险

我国地方政府债券的发行经历过“代发代还”“代发自还”“自发自还”的渐进式改革,国务院制定的《关于加强地方政府性债务管理的意见》(国发〔2014〕43 号)明确提出,地方政府应当对发债形成的债务承担偿还责任,中央政府实行“不救助原则”。中央政府宣示“不救助原则”,体现了强化地方政府治理能力,以推动债券发行管理实现规范化、市场化、法治化的价值追求。当前《预算法》从国家宏观角度赋予了地方政府发债权,在地方政府“自发自还”改革上取得了极大进步,然而,就一个省域内部而言,微观角度还是省级政府在为市县级政府“代发”。如果实际使用债务资金的市县级政府出现无法偿债的情况,那么省级政府是否应当承担偿还救助责任?从法理而言是必然的。由于债权债务具有相对性,即便是代理市县级政府发债,省级政府作为发行人也成为债务人,自然应当承担还本付息的法律责任。然而,现实中已有诸多省份在本省制定政府债务管理的规范性文件中提出,省级政府对市县级政府举借的政府性债务在偿还和救助方面同样实行“不救助原则”,①即省级政府只是“代发”而需要市县级政

① 从当前一些省级政府公开的文件来看,各省政府基本上仿照国务院《关于加强地方政府性债务管理的意见》(国发〔2014〕43 号)中“地方政府对其举借的债务负有偿还责任,中央政府实行不救助原则”的提法,明确省级政府对市、县政府债务不承担救助责任。例如,辽宁省人民政府《关于加强政府性债务管理的实施意见》(辽政发〔2015〕9 号)规定,省政府对市县级政府债务实行不救助原则。市县级政府难以自行偿还债务时,要及时上报,本级和上级政府要启动应急处置预案和责任追究机制,切实化解债务风险。广东省人民政府《关于加强政府性债务管理的实施意见》(粤府〔2015〕43 号)规定,建立债务风险应急处置机制。市县政府对其举借的政府性债务负有偿还责任,省级政府实行不救助原则。各级政府要制定债务风险应急处置预案,建立债务违约责任追究机制。各级政府出现偿债困难时,要通过动用偿债准备金、压缩一般性支出、处置可变现资产等方式,多渠道筹集资金确保债务偿还。市县政府确实无法偿还政府性债务的,要及时报告上级政府并抄送省财政厅,本级政府和上级政府应逐级启动债务风险应急处置预案、明确责任追究机制,切实化解风险,并追究相关人员责任。山东省人民政府《关于贯彻国发〔2014〕43 号文件加强政府性债务管理的实施意见》(鲁政发〔2014〕23 号)规定,建立债务风险应急处置机制。要硬化预算约束,防范道德风险。省政府对市县级政府债务实行不救助原则。市县级政府要按照分级负责和“谁举借、谁使用、谁偿还”原则,落实偿债责任和风险防控责任,制定应急处置预案,建立责任追究机制。各级政府出现偿债困难时,要通过控制项目规模、压缩公用经费、处置存量资产等方式,多渠道筹集资金偿还债务。市县级政府确实难以自行偿还债务时,要及时启动债务风险应急处置预案和责任追究机制,积极化解债务风险,并严肃追究相关人员责任。

府"自还"。

这种规定其实隐含很大矛盾。2014年《预算法》已经明确将发行债券规定为地方政府唯一的合法融资方式,市县级政府的法定融资方式除由省级政府代为举债之外别无他途。省级政府落实国务院《关于加强地方政府性债务管理的意见》(国发〔2014〕43号)精神不应当简单地照抄照搬,一旦市县级政府出现无力偿债情况时,作为发行人的省级政府如果仅仅以文件宣示过"不救助原则"为由推卸责任,恐怕债权人和市场投资主体也不能认可。省级政府"不救助原则"的规定难合法理却符合政策导向,其本意在于抑制市县级政府发债冲动,促进审慎发债,从而切实做到谁借谁还,真正实现风险自担,这是建立现代财政制度、推进治理体系和治理能力现代化的客观要求。法理和政策产生如此冲突,其根源在于代理发行的权力配置模式导致的权责主体错位。如果无法实现真正意义上的"自发自还",市县级政府发行债券融资不一定要自行承担清偿责任,那么长此以往自然会助推下级政府试图把债务转移给上级政府,地方政府试图把债务转移给中央政府,最终可能仍然导致地方通过盲目举债、持续负债的方式拉动经济发展,而更少考虑如何偿还、何时偿还的问题。而且,当地方政府出现债务危机时,出于外部性维护政府信誉等考量,中央政府往往不得不对地方政府提供救济,这种预算软约束的倾向也会越发强烈,①长期如此将会助推形成"借贷有人、偿还无主"的问题,这显然与新时代经济发展进入新常态追求高效益、高质量、可持续发展的要求背道而驰。②

(三)发债与用债主体脱节影响发债程序发挥规制作用

地方政府债券发行和使用主体不能统一,也会影响债券发行过程中信息披露和信用评级等程序发挥应有作用。从客观而言,省级政府法治化建设水平更高,在信息披露的全面性和及时性程度上相对于市县级政府更好。如果实际使用发债资金的市县级政府不能及时充分向市场披露本地财政、资金投向、对应项目等信息,信息披露的价值就会减损,无助于建立成熟的地方政府债券市场。尤其是在信用评级程序进行过程中,已经出现评级对象是省级政府、用债主体是市县级政府的现象,而省级政府声明不承担对市县级政府债务的救助责任,评级机构又无法"穿透"到市县级政府进行资信考察,这显然存在一定的关系扭曲。至今全部地方政府债券评级均为AAA级,根本原因也在于评级对象只是省级政府,省级政府资信均获AAA级的评级结果其实不足为奇,同质化的评级结果导致风险提示的应有作用大为减弱。基于当前的发债机制,市场上

---

① 参见楼继伟:《中国政府间财政关系再思考》,中国财政经济出版社2013年版,第317页。

② 参见李霁友:《新常态下地方政府债务问题研究》,科学出版社2018年版,第60~61页。

各家评级机构只能反复对各省级政府进行信用评级,实质上也造成了资源重复浪费,加之由于地方政府每年发债额度由财政部核定分配而来,在一定意义上也相当于中央主管部门为地方确定了年度发行任务,在此基础上再来寻找有资质机构进行地方政府信用评级,这样的正当性前提也已经使评级效果大打折扣了。无论评级结果高低,地方政府也无权改变发债的总体限额,如此一来,不但引起市场上长期对地方政府债券信用评级区分度不高的诟病,也限制了相关程序规制应有作用的有效发挥。

综上所述,市县级政府实际用债额度最为庞大而又没有相应的发债权,由省级政府代为举借造成下级政府权责脱节,债务"借、用、管、还"法律规定不明确、主体不一致,存在较大的风险隐患。现行相关法律制度尚不健全,导致无法清晰界定地方政府债务的责任和偿还主体。该问题还有待于通过法治方式进行优化和解决。

四、推进地方政府债券发行权力配置实现法治化

政府发债蕴含市场与政府之间的关系,关涉财政和金融风险,尤其在治理能力不同、经济基础与知识迥异的不同场域,具体运作会面临千丝万缕的复杂因素,地方政府债券发行的理论与实践渗透着以统一规范政府融资的方式防范化解重大风险,最终实现社会公正增进的法治精义。我国地方政府债券发展历经由财政部代发到当前省级政府代理发行,如果市县级政府在债券发行和债务管理等方面缺乏应有自主权而一直处于被动状态,制度改革实际上会把发债风险由中央政府转移到省级政府。根据审计署专门针对全国地方政府性债务的审计结果,地方政府违法发债的原因包括部分地区领导干部的政绩观不正确、项目实施责任没有充分落实、个别金融机构推波助澜以及对违法违规融资行为问责不到位等,然而这些表象之下的风险根源是自律主体缺失。① 因此,防范化解地方政府债务风险需要标本兼治,促进地方政府成为真正的自律主体,从长远来看,应当通过开展渐进式改革,逐步赋予市县级政府自主独立发债融资的权力,推动建立"借、用、管、还"相统一的地方政府债务法治治理机制,促进地方政府合法理财和依法治债。

(一)地方政府应当具有自主发债的权力

按照公共产品理论,地方政府如果要充分有效地提供公共产品,决策者就应当为其制定决策产生的后果承担责任,如果决策责任与后果承担不一致,就很容易造成盲目决策。因此,如果公共产品由基层政府负责供应,为了保证权责一致,决策与实施联

---

① 参见乔宝云、吴卓瑾、刘乐峥:《财政演化论及其制度设计:一个多元社会的视角》,人民出版社 2018 年版,第 130 ~ 154 页。

系在一起有助于提供公共产品更加合理有效,决策责任与融资责任应当同时归于该级地方政府。① 美国经济学家弗里德曼认为,花自己的钱办自己的事最为经济,花别人的钱为自己办事会更有冲动意愿。② 由于省级政府作为发行人代理市县级政府发债与民事代理制度有本质区别,现实中也尚未出现代理发行违约不能清偿的先例,因此还没有引起理论和实务研究对相关问题的关注。在某种程度上,发行债券获得融资对市县级政府而言究竟是"自己的钱"还是"别人的钱"尚处于一种模糊地带,或者说,从形式而言是"别人的钱",从实质而言如果省级政府不承担救助责任就是"自己的钱"。如果出现市县级政府不能偿债的情况,省级政府作为实际债务人完全不承担还本付息的清偿责任则有违法理。地方政府债务风险治理要从根本上促进地方政府实现严格自律,既需要中央政府的严格监管,更需要在体制机制上消除地方政府决策者期待上级救助和向今后继任者转移责任的动机。

地方政府债券发行流程较长、环节亦多,发债与用债主体不能实现完全统一,发债决策与融资实施主体分离的问题已经非常明显。地方政府在决定公共产品供应结构与规模的同时,也应当考虑自身实施和落实相关决策所需要的资源汲取能力。促进债券发行主体与使用主体相统一符合地方政府落实事权和财权相统一、事权与支出责任相一致的改革方向。由于公共政策决定所依据的信息具有分散性和地方性特征,中央确定的政策实施起来同样需要地方配合,达成合理决策的制度架构应当使地方政府获得分权,③这也是地方配合落实中央意图和实现因地制宜发展的需要。中央和省级政府为市县级政府配发债额度后再由省级政府代理发行,很难对市县级政府产生正向激励并形成自律机制,而且限制债务资金使用效益,容易造成债务风险跨期积累。客观而言,市县级政府的资源调动能力和公共治理水平总体上不如省级政府,从确保债券成功发行、防范发行风险而言省级政府可能更稳妥,但是发行债券进入市场融资时,金融债务引起的相关风险只能预防而事实上永远无法消灭。④ 省级政府为市县级政府"代发代还"的计划分配色彩比较浓厚,只能是地方政府债券发行制度确立初期的权宜之计,在市场化机制下实现发行主体和使用主体相统一是必然趋势,应当通过优化中

---

① 参见蔡红英:《中国地方政府间财政关系研究》,中国财政经济出版社2007年版,第194页。

② [美]米尔顿·弗里德曼、[美]罗斯·弗里德曼:《自由选择:个人声明》,胡骑等译,商务印书馆1982年版,第118～119页。

③ See Jennifer Nedelsky, *Private Property and the Limits of American Constitutionalism: the Madisonian Framework and Its Legacy*, University of Chicago Press, 1990, p. 39－40.

④ 参见[美]肯尼思·L. 格兰特:《交易风险管理:通过控制风险提高获利能力的技巧》,蒋少华、代玉簪译,万卷出版公司2010年版,第20页。

央与地方政府分权,在尊重地方财政运行规律的基础上建立更加合理的风险分散与职责分担机制。随着地方政府债券发行法治水平逐步提高,法律规制力度和效度都会越来越强,各级政府发债都将受到更加严格的法治约束,包括国家公债制度的制约、地方立法机关和相关监督部门的制约、市场主体投资形成的约束偏好和债券市场规则控制,形成权力配置、权力监督和市场力量结合的法治化治理体系。随着国家治理体系和治理能力走向现代化,地方政府应当在法治约束下具有更加充分和完整的发债权,以提高提供公共服务和改善民生的能力。

（二）完善中央政府与地方政府的财政分权

中央政府与地方政府关系的实质是国家整体利益与局部利益、对立统一与动态平衡的关系,关涉区域配置经济利益。财政关系是央地政府关系的核心。① 我国是单一制国家,国家权力和决策集中,各级地方财政对中央财政依赖程度较高而且关系更紧密。集权与分权比重如何达到最优状态,因地而异,其实并无统一的标准参照,但是绝对的集权与单纯的分权都是不足取的。在哪些方面、多大程度上以及如何集权和分权是治国理政的关键问题,其核心是以科学合理确定各级政府职责为基础相应调整事权和财政支出责任的划分,建立对政府行为的约束机制以及逐步完善公民政治诉求和意愿表达机制,②并持续进行动态优化。

1. 地方政府债券发行法治化建设依托于央地政府财政分权

地方政府发行债券不可能离开财政集权和分权而孤立存在,如果不能实现地方财政事权和支出责任相统一,就无法从根本上遏制地方政府过度举债乃至开辟其他手段隐性负债的问题,防范化解债务风险的各种举措和机制也只能是治标不治本。我国地方政府债券发展的历史过程体现出特定时期为补充资金短缺进行融资的内在需求,而且与国情国策和财政体制紧密相连,在某种程度上也可视为对财政体制发展中存在缺陷的一种补充和修正。③ 然而,只有以法律清晰界定各级政府职责才是真正着眼于现实和长远的财政发展策略,完善央地政府财政分权应当以清晰划分事权为前提,体现出事权和支出责任相统一,以充分调动各级政府提供公共服务的效果和积极性,减少地方政府间无序和低效率竞争。

改革开放以来,统筹推进是财政体制改革取得成功的宝贵经验,注重在同整体经济体制变化相适应的情况下推进财政体制改革,并主动做好与其他领域各项改革的配

① 参见刘剑文:《财税法专题研究》(第3版),北京大学出版社2015年版,第124页。

② 参见楼继伟:《中国政府间财政关系再思考》,中国财政经济出版社2013年版,第25~26页。

③ 参见姜长青:《建国以来三次发行地方债券的历史考察——以财政体制变迁为视角》,载《地方财政研究》2010年第4期。

套措施,从而真正提高改革的综合效应。建立现代财政制度是全面深化改革的关键环节,是党中央科学把握现代国家发展规律提出的重要战略思想,内在要求建立完整、规范、透明、高效的预算管理制度,健全中央和地方事权与支出责任相适应的财政体制。[①]地方政府债券发行管理同样依托地方财政事权与支出责任划分等方面进行更加科学与合理的制度安排,并在改革举措运行成熟的基础上为法律予以确认,避免事权和支出责任持续交叉重叠、边界模糊、权责不清,这是规范地方政府发债和推进严格依法治债的基础保障。与此同时,各级政府还应当注重以新发展理念为指导树立正确的政绩观,逐步纠正政绩考核和经济激励机制当中存在的一些片面化和不恰当指标,消除地方政府为了迎合政绩指标考核产生过度发债的动机倾向。

2. 央地政府合理分权是地方政府债券发行法治化的基础

政府依法行使权力,既能使公众预期到政府职责的范围并得到法律的保障,又能使政府权力在适当范围内得以规范控制。在地方政府债券发行法治化改革中,既要划分好中央政府与地方政府的权责界限,又要厘清其中的联系,使相关的改革举措建立起预算硬约束和有效的激励相容机制,促进地方政府行为符合中央的要求与预期。比如,中央与地方的财权与事权划分要比较合理、明确和规范,应当建立严格有效的法律规制与监督机制,地方政府要满足中央政府对债务透明度和信息披露要求,财务状况要比较健全,而且要相应建立明确的风险防范、偿还与救援机制,中央政府与地方政府建立充分的沟通机制以优化财政分权等,都属于基础性的制度安排。地方政府债券发行制度设计的本意和初衷是以规范统一的发债方式来防范化解债务风险,但是如果债务管理不慎也反而会造成金融和财政风险。法律治理应当立足于充分发挥地方政府债券融资的积极作用,将可能出现的负面作用降到最低,使风险控制在可承受范围内,把握好"稳增长、促改革、调结构、护生态、防风险、惠民生",注重供给管理,坚持底线思维,注重政策的协调搭配和统筹全局、突出重点、兼顾一般的全套政策要领。[②] 地方政府更接近于民众需求,在区域内配置资源容易实现有效性,而中央政府对于解决分配上的不平等和地方政府间竞争与摩擦等问题更具优势。

当前,中央政府依托强大的资源调配能力和行政管理权威,在地方政府发债制度上体现了较强的行政控制,导致地方政府在债券发行过程中相对被动,这体现在每年各级地方政府能够获得的发债额度完全由分配确定,地方政府尤其是市县级政府经层

---

① 参见楼继伟:《建立现代财政制度》,载财政部官网,http://www.mof.gov.cn/zhengwuxinxi/caizhengxinwen/201312/t20131216_1024900.htm。

② 参见贾康:《财政学通论》,东方出版中心2019年版,第163页。

层分配获得核定额度在时间上相对滞后,无法统筹安排谋划债券融资的使用和投向。此外,中央政府不再为地方政府信用进行兜底和背书,出发点在于打消地方政府依靠中央担保偿债预期以推动建立地方政府信用体系。对投资者来说,因中央政府不在地方债券信用体系之内,其投资倾向评级将会发生很大变化,以此实现以债券发行额度和用途上受到更大约束倒逼地方政府更加审慎的效果。[①] 然而,只有省级政府可以发行债券,市县级政府发债尚需省级政府代为举借,那么省级政府作为发行人是否要承担为下级政府兜底的责任还需探讨。此种借债、用债与偿债主体错位关系无法清晰界定地方政府债务的责任和偿还主体,显然与新时代经济发展进入新常态推动高质量发展、更高水平开放的要求不相符合,从而影响债券市场的良性运行。只有坚持在地方政府债务存量得以及时化解的基础上发行新债,才能防止因债务存量巨大而增量失控使债务不断积累,导致严重影响社会经济转型。[②] 从长期来看,市县级政府作为发债需求最大、实际用债最多的主体,应当独立承担债券发行、使用与偿还责任。实现地方政府债券"借、用、管、还"的主体统一,有待于运用法治手段通过中央政府的渐进改革和合理赋权加以解决。

(三)赋予市县级政府独立的发债权应当采取渐进方式

发债权是重要的财政权力,可谓"牵一发而动全身",地方政府发行债券权力配置改革必将对中央与地方之间的财政格局产生重大影响。在2014年之前即便预算法原则上禁止政府发行债券融资,也仍然出现了从中央到地方五级政府都在举债的现实状况。[③] 根据2010年全国性地方政府性债务审计结果,截至当年,全国只有54个县级政府没有举借过政府性债务,即便在曾经不规范的发债模式下,地方政府性债务资金用于弥补地方财力不足,也对改善民生和生态环境保护、应对危机和抗击自然灾害、拉动地方经济社会的持续发展等方面发挥了积极作用。[④] 地方债务资金投入加快了地方公路、铁路、机场及轨道交通道路桥梁等市政项目和基础设施建设,形成了大量优质资产,促进了地方经济社会发展和民生改善。所以,地方政府发债投资发展建设是有益的,关键是要以法律和政策的明确依据为前提厘清各级政府权力和责任的边界,实现法律规制严格有效,避免造成地方政府过度负债的混乱局面,使地方政府遵循依法发

---

① 参见吕炜、周佳音、陆毅:《理解央地财政博弈的新视角——来自地方债发还方式改革的证据》,载《中国社会科学》2019年第10期。

② 参见李霁友:《新常态下地方政府债务问题研究》,科学出版社2018年版,第60~61页。

③ 参见潘功胜主编:《市政债市场与地方政府预算约束》,中国金融出版社2014年版,第89页。

④ 参见审计署办公厅:《全国地方政府性债务审计结果(2011年第35号)》,载审计署官网2011年6月27日,http://www.audit.gov.cn/n5/n25/c63566/content.html。

行,做到规模适度、方式得当、管理有方。

1. 渐进式改革是我国地方政府债券发行制度发展的既定思路

历史和实践均已证明,渐进式改革可以减轻改革带来的震荡,减少改革带来的阻力,有助于统筹协调稳妥推进,既是我国改革的基本策略,也成为我国改革的一大特点。渐进式改革的逻辑机理在于改革发展实践中准确有效地协调局部性与整体性、能动性与规律性、增量性与存量性之间的关系,随着中国特色社会主义进入新时代,全面深化改革不断向纵深推进,渐进式改革方式所具有的辩证性、包容性、协调性、适应性依然具有重要的借鉴意义。① 当前,我国可以发行地方政府债券的主体只有31个省级政府和5个计划单列市政府,为了改进发债和用债主体不统一的问题,应当通过试点方式分类渐进地赋予市县级政府发债权,使基层政府发债逐步走向真正的"自发自还"。我国地域广阔,地区经济差异较大,如果仅就经济体量和财政收入指标而言,东部发达地区有的地级市超过西部地区个别省份,有的地区县域经济超过其他省会城市的现象已不鲜见。所以出于防控风险的考虑,即便将发债权统筹归于省级政府具有合理性,但是未必具有满足全国范围不同现实状况的适应性。

确定发债主体资格是地方政府债券发行的关键环节,确定合格发行人能从根本上降低信用风险,保证安全有效的运作。如果可以使具备条件的市县级政府实现债券自发自还,就有利于克服在地区基础设施建设与享用方面存在代际之间的"纵向不公"以及由于人口迁移引起的"横向不公",从而更加符合公平原则。再者,由于基层政府最熟悉实际情况,往往比上级政府掌握的信息更加具体和细致,因此地方政府自行发债融资用于公共投资,有助于提供更加符合当地实际需求的公共服务和基础设施,因而也更加符合效率原则。在经济转型的过程中,通过中央政府向地方分权可以使地方政府更好地履行职能,更有效率地提供公共产品,促使地方政府努力获得更多的民众信任。② 对于一些经济基础较好、财政收支运行比较健康的市县级政府,通过试点的方式赋予发债权,以渐进式改革稳步试点和推进,通过实践总结其中正反两方面经验教训,可以为今后法律政策的完善提供重要依据。

2. 宏观政策格局和市场机制对渐进式改革具有推动作用

通过试点逐步赋权给市县级政府自主发行债券,推动形成"借、用、管、还"主体相统一的地方政府债券治理模式,应当立足法治财政和建立现代财政制度宏观格局,这

---

① 参见郭威:《中国渐进式改革的实践演进、逻辑机理与借鉴意义》,载《科学社会主义》2019年第5期。

② See Qian Yingyi, Barry R. Weingast, *Federalism as a Commitment to Perserving Market Incentives*, Journal of Economic Perspect, Vol. 11:4, p. 83 - 92(1997).

是与党的十八大之前曾经出现的举债乱象的根本区别。只有使市县级政府获得独立自主的发债权,使之成为独立的财政主体,让地方政府在制度环境赋予空间内选择最有利于自身利益的竞争行为和竞争策略,才能培育地方政府自我责任意识,促进地方政府提高市场观念,遵循市场规则推进依法治债。

随着地方政府债券发行的规范化、市场化程度越来越高,买卖双方可以在平等稳定的市场机制下进行交易,市场机制会起到约束和防范风险的作用。在市场经济条件下,绝大多数投资者都是理性的,如果在地方政府在负债率已经很高的情况下继续扩张发债规模,发行人对发债用途和偿还方式不能提出基本保障的情况下,理性投资者也不会继续认购。如果认为在更广泛的程度上赋予地方政府发债权会引起无序失控,其实质是不信任资本市场作用,忽略了广大投资者的智慧和决策。① 实际上,构建市场化和法治化的地方政府债券发行制度,允许地方政府在资本市场上自主公开发债融资,从而形成来自金融中介组织、信用评级机构以及广大投资者共同监督的市场约束机制,可以起到督促地方政府通过改革预算管理、增加财政透明度等方式以获得更高的信用评级,借助市场力量控制地方债务盲目扩张的作用,赋予地方政府更加充分的发债自主权恰恰是内在推动改革的有效手段。

五、结语

党的二十大报告明确指出,高质量发展是全面建设社会主义现代化国家的首要任务。高质量发展依托于建立权责清晰、财力协调、区域均衡的中央和地方财政关系,省级及以下政府同时也需要更多自主权。当前,通过地方政府债券发行制度运行促进政府债务由暗转明,长期以来形成隐性发债显性化,利于中央政府从总体上对地方债务进行风险控制。随着我国地方政府债券发行制度的逐步完善,市县级政府对发行工作的理解会更加深刻,操作也更加熟练,能够更加充分地适应市场机制。在现实中,中央政府对地方政府债券在额度限制上继续控制,同时对发行期限和节奏的控制都已经逐步放松,监管导向更加偏向宏观,体现出深化改革中实质性的分权与放权,更加尊重市场在资源配置中的决定性作用。从长期而言,推进地方政府债券发行权力配置法治化,通过渐进式改革方式逐步赋予市县级政府自主发债权,从而提升地方政府债券发行的多元效益,对于锻炼提升政府公共治理能力、优化社会资源配置、建立规范有序制度环境、推动资本市场发展都有极大益处,有助于更好地防范和化解债务风险,促进制度优势转化为治理效能。

---

① 参见魏加宁:《地方政府债务:风险化解与新型城市化融资》,机械工业出版社2014年版,第127页。

产业财税软法治理的优化逻辑*

褚睿刚**

摘　要:以规划类政策为核心的指引性软法是我国产业法制体系的重要组成部分,财税工具以之为载体发挥引导和助力产业发展的规范作用。当前产业财税治理尚存在顶层设计不明、体系协调不畅和产业内部差异性匮乏等不足,很难满足产业发展的需要。为此,可基于财税各子工具的功能特性,运用工具选择模型优化财税工具的选择与组合。既要重视财税收入与支出两类工具的协同治理,还要在各类工具内部进行多种子工具的组合使用和结构优化,更要统筹兼顾财税工具与其他政策工具之间的组合配置。如此,可发挥"1 + 1 > 2"的工具组合效应,极大提升财税之于产业发展的功能价值,助力产业发展达致"良法善治"之态。

关键词:财税政策;产业发展;软法治理

一、问题

财税政策工具(以下简称财税工具)内含特有的收入分配、经济促进和财政行为规范等多样化调控功能,①是恢复和提升各产业发展速度与质量、中和疫情负面影响的重要手段。尽管财税法定原则要求财政领域的基本事项应由立法机关通过法定程序制定的法律加以规定,②但财税工具多样化调控功能使其广泛深入全社会全经济的各个产业之中,不同产业之间的差异性、产业内部的结构性使财税工具无法完全依赖财税法定原则所要求的"硬法"进行治理,不具强制性且更具灵活性的财税"软法"成为重要

---

* 首都经济贸易大学北京市属高校基本科研业务费专项资金基金项目"新中国成立70年增值税法制度演变和趋势"(项目编号:XRZ2021020)的研究成果。

** 法学博士,首都经济贸易大学法学院副教授。

① 参见褚睿刚:《出版行业税收优惠的财税法反思》,载《科技与出版》2018年第5期。

② 参见刘剑文、侯卓等:《财税法总论》,北京大学出版社2016年版,第190页。

的协同治理思路。[①] 作为保障产业发展的制度形式，政府出台的产业政策是当前促进我国各产业发展的、一种具有特殊结构的软法治理规范，[②]诸如产业发展规划、产业结构布局、产业组织政策等产业政策，切实发挥着宏观调控和市场规制的调制功能，是其他治理手段的“风向标”，“显经济法软法之形，展经济法硬法功效”。[③] 产业财税政策以产业政策为依托，具有弥补税收硬法失灵的适应力优势，是税收共同治理的重要组成部分。[④]

当前，全球经济衰退但逐渐复苏、我国财政吃紧但坚持减税，[⑤]此种情境使全国各产业都将“面对无法估量的困难、风险与挑战”。[⑥] 产业财税政策如何基于外在环境变化和产业内在发展需求调适基调定位，以更加精准的财税工具优化策略对冲疫情的影响，亟待学界回应。本文尝试回应上述议题，研究推进思路如下：首先，从财税软法文本实践的实证分析入手，描绘治理图景并探求可能存在的问题；其次，厘清财税工具的内部组成及各子工具的作用机理，为产业财税工具的选择与组合打造可供挑选的财税工具箱（库）；再次，运用政策工具选择理论，尝试构建促进产业发展的财税工具选择模型；最后，落脚于实践，以旅游产业为例展示财税工具选择模型的应用逻辑，指引产业财税工具的优化方向。应当说，“将政策意图转变为管理行为，将政策理想转变为政策现实”[⑦]是任何治理工具的元命题，这须仰赖“政策工具的正确选择和科学设计”。[⑧] 唯有构建更加科学的财税工具体系，以财税软法促进产业快速恢复与发展的美好愿景方可更好实现。

二、产业财税软法治理的图景描绘

产业政策是一种柔性的行为准则，作为一种软法表现为财税工具重要的载体形态，[⑨]并在各个行业中被广泛运用。不少学者从不同的行业角度展开了产业财税软法

---

① 参见邓晔、尹超：《我国区域产业结构调整的软法研究》，载《湖南社会科学》2013 年第 4 期。

② 参见黄茂钦：《论产业发展的软法之治》，载《法商研究》2016 年第 5 期。

③ 刘云亮：《经济法的软法形式、理性与治理》，载《南京社会科学》2018 年第 4 期。

④ 参见汪虎生：《税收共同治理法治化中的软法应对》，载《税务研究》2021 年第 5 期。

⑤ 参见胡怡建、熊惠君：《后疫情时代全球减税趋势分析》，载《国际税收》2021 年第 5 期。

⑥ 王文清、王晖：《后疫情时代我国税收政策支持对外贸易发展的思考与建议》，载《财政科学》2021 年第 7 期。

⑦ 陈振明、薛澜：《中国公共管理理论研究的重点领域和主题》，载《中国社会科学》2007 年第 3 期。

⑧ 叶金育：《体育产业发展中的财税政策工具：选择、组合与应用》，载《体育科学》2016 年第 6 期。

⑨ 参见张剑威、汤卫东：《软法视域下我国体育产业政策研究》，载《武汉体育学院学报》2017 年第 6 期。

治理研究,例如,体育产业[1]、出版产业[2]、旅游产业[3]、新兴产业[4]等。欲建构更加科学的产业促进财税工具体系,提升产业财税软法治理功效,应首先描绘当前的治理图景,总结提炼其运行模式,并发现其中不足,方能对症下药。

(一)产业财税软法治理的形成、模式与趋势

经济政策不仅是经济法制定和实施的重要源泉和指引,[5]有时甚至能够直接发挥法律调整的功能。[6] 政府是市场经济运行的"掌舵人"和"监督者",不同政府部门针对行业发展需求制定和出台指引性软法[7]引导各行业发展方向,如产业意见、产业方案、产业标准、产业目录等。在众多指引性软法中,"对产业发展具有重要推动作用的'产业政策'主要表现为'五年规划'",[8]以5年为周期的"规划"类产业政策,以其周期性、持续性和相对明确性成为各产业软法治理的核心手段。

基于对体育、出版、旅游等"规划"类产业政策的梳理可以发现,我国产业财税软法治理基本遵循"全国性软法→地方性软法"的双层治理模式(见表1)。详言之,国务院及其相应的行业部委发布的全国性产业规划引领相应期限内全国产业发展的侧重点和方向,其中的财税政策表述代表了中央层面运用财税工具促进产业发展的基本态度。与中央层面呼应,地方政府及其相应的行业部门发布地方性产业规划,是各省级地方政府对全国性产业政策的贯彻与落实,不同地方政府根据各地特质对全国性财税政策予以具体、细化乃至拓展。

---

① 参见叶金育:《体育产业税收优惠的财税法反思》,载《武汉体育学院学报》2016年第3期。

② 参见郝东杰:《后疫情时代出版产业发展的财税政策工具供给研究》,载《科技与出版》2022年第6期。

③ 参见胡抚生:《我国旅游产业基金发展的政策瓶颈与优化对策》,载《农村金融研究》2022年第8期。

④ 参见张婉苏:《依法治税视角下新兴产业税收政策的制度化调试——以新能源汽车产业为例》,载《江淮论坛》2022年第4期。

⑤ 参见张守文主编:《经济法学》,北京大学出版社2019年版,第17页。

⑥ 参见张守文:《经济法理论的重构》,人民出版社2004年版,第133页。

⑦ 参见邓小梅:《经济领域中的软法规律性初探》,载《武汉大学学报(哲学社会科学版)》2011年第6期。

⑧ 黄茂钦:《论产业发展的软法之治》,载《法商研究》2016年第5期。

表1 “全国性软法→地方性软法”双层治理模式的产业领域示例

产业领域	全国性软法	地方性软法	通用财税工具
体育产业	《体育产业发展“十三五”规划》 《“十四五”体育发展规划》	《山东省体育产业发展“十三五”规划》 《山东省“十四五”体育发展规划》	彩票公益金、体育捐赠等税收优惠、项目补贴、体育专项资金等
出版产业	《新闻出版广播影视“十三五”发展规划》 《出版业“十四五”时期发展规划》	《湖北省广播影视“十三五”发展规划》	中央财政转移支付、财政补助、财政专项资金和基金;税收优惠等
旅游产业	《“十三五”旅游业发展规划》 《“十四五”文化和旅游发展规划》	《海南省旅游业发展“十三五”规划》 《海南省旅游发展总体规划(2017—2030)》	小微企业增值税优惠; 旅游发展基金;旅游消费税收优惠;旅游消费券等

选取体育、出版和旅游3类产业作为分析样本纵然无法完全展现产业财税软法治理图景之全貌,且囿于文章篇幅及产业种类过多,完全展示亦存在相当之困难。既是如此,可采取样本分析法,分别提取并分析样本产业政策(包括全国性和地方性)中财税工具的运用情况,发掘其中的共通性特点与趋势,进而侧面推演产业整体的财税软法治理图景。系统梳理、比较和分析3个产业的政策文本可以概括和提炼以下共通性内容:其一,在工具类型上,产业财税政策工具逐渐由单一走向多元,由“重财政、轻税收”转向“财政为主、税收逐渐强化”的政策格局。例如,出版产业“十三五”规划中仅使用了中央财政转移支付、财政补助、财政专项资金和基金等财政工具,而到了“十四五”规划,除财政工具外新增了多环节税收优惠、增值税优惠;旅游产业“十三五”规划主要使用中央预算支持、地方财政投入、旅游项目专项资金等财政工具,“十四五”规划期间中央和地方都引入了旅游“营改增”、税收优惠等;体育产业也有类似情形。其二,在工具内容上,产业财税政策工具由概括性逐渐走向了精细化。以财政补助为例,由笼统的语句表达走向对旅游、体育、出版行业内不同的产品类型实施区别的项目支持力度,事前补助与事后补助相结合、直接投入与间接投入相配合。其三,对税收工具的重视程度虽然有所提升,但各个产业仍然以税收优惠为主要激励手段,涉及的税种也比较单一。

(二)产业财税软法治理中的问题

以规划类政策为核心的产业指引性软法覆盖面过广,几乎囊括了国民经济中全部大类行业,这导致财税政策较宏观,对工具内部的组合与配置缺乏精细化运用,具体表现为以下三个方面。

1. 财税工具选择和组合的顶层设计不够

政策的顶层设计是“对改革的总体目标、方向、步骤进行整体性设计和战略性安排”,①是改革的系统性指引和具体政策制定的根本遵循。顶层设计决定了产业软法的制度方向,需根据产业发展需求和财税工具特质精准匹配,保障政策的预期理性、创新要求和多元协调。但遗憾的是,产业样本共同暴露出财税政策顶层设计的模糊性,表现为财税工具配置杂乱、缺乏体系设计以及相互之间衔接不畅等问题。当然,上述共性问题在不同产业会表现出不同的具体问题。例如,旅游产业存在工具活力激发不足的问题,中央“十三五”规划将多类型财税工具广泛用于激励产业发展、鼓励旅游消费和财政扶持,工具活力看似“百花齐放”,但部分地方除简单使用免税购物外,财税工具的主体目标和功能仅在于“资金保障”,极大限缩了财税工具的功能发挥。再如,出版产业表现出运用财税工具类型和性能上的反复和游离,中央出版产业“十二五”规划综合运用财政与税收工具,到了“十三五”规划却刻意弱化税收工具使用,对“税”只字未提,“十四五”规划又再次引入了税收工具。为何“十三五”规划完全不运用税收工具?难道是“十二五”规划期间税收优惠等产业税收工具运行不佳?“十四五”规划为何又重新引入多环节税收优惠、增值税优惠等多种优惠形式?这种无序性极大弱化了政策的稳定性和产业促进功效。

2. 收入工具与支出工具不够协调

财税制度设计与问题应对需秉持收支联动思维,②分别对应财税收入工具和财税支出工具,前者乃财政“源头之水”,后者体现财政的“用水之向”,有必要协同运用。以此检视产业软法中对财税工具的运用,不难发现对收入型工具的运用普遍匮乏,不仅在整体上较少使用税收工具,在工具设计上也过度依赖单一的工具类型,即税收优惠。财税收入与支出工具均可促进产业发展,但作用方式与功能侧重迥异,以税收和财政补贴为例。税收是对满足法定构成要素的纳税人课征的无对价金钱给付义务,将纳税人财产权转换为国家财政权,具有侵害性。因此,税收产业激励作用发挥得较缓慢。政府利用市场主体趋利避害的天性,通过调整纳税人、课税对象、税率等税收要素间接、隐秘地引导公众旅游行为,尽可能遵循税收中立原则。财政补贴则是政府向企业或个人支付资金以促进产业发展或其他社会公益目标实现的政策工具,③具有明显授

① 万健琳、杜其君:《顶层设计与分层对接:对生态治理绩效实现机制的解释》,载《中国行政管理》2021年第11期。

② 参见施正文:《迈向繁荣成熟的财税法:四十年的回顾与前瞻》,载《税务研究》2018年第10期。

③ 参见叶卫平:《财政补贴、产业促进与公平竞争审查》,载《交大法学》2021年第4期。

益性。因此,财政补贴激励功效较直接、快速,且鲜有政策推行阻力,但存在扭曲市场竞争的不足。产业发展是一项长期工程,两类政策工具各有功能偏重,短期内纵然因不同情势和时期有所偏重,但不应局限于一类工具而导致另一工具的偏废。唯有妥当使用财税收支工具并保持二者协同配合,方能最大化激励功效。

3. 产业内部不同部门的差异性不足

国民经济某大类产业项下会包括不同的产业部门,供给不同的产品类型,例如,体育产业包括体育基础设施建设、体育装备研发、体育赛事活动、体育中介等,出版产业包括出版策划与设计、出版印刷、出版发行、数字出版与新媒体等。当前产业财税政策基本呈现“一锅烩”的无差别对待局面,对具体的产业部门缺乏差异化设计,产业内部不同产业部门究竟该选择何种财税工具基本没有清晰的规则导向。此种趋同化、笼统性政策不区分产业内部差异,有悖财税工具的公共性。公共性是公共政策的根本属性,是财税工具制定和实施的最基本要求。① 产业内部不同产业部门提供的产品存在公共性和私益性占比、惠及对象的范围、公共责任和公众认可、所承担的功能和角色等差异,这些差异均指向公共性程度的迥异。政府需根据不同产业具体部门的公共性差异,选择和应用不同的财税工具。例如,对公共性程度较高的产业部门,财政投入应在前期优先进入,并以公共财政为主、社会资本为辅,以突出政府的政策导向。因为公共性程度较高的产业通常惠及对象较广,但前期投入成本较高、收益速度较慢,如大型体育设施、旅游与体育交通、大型景区建设等。反之,公共性程度较低的产业部门则可使用激励性相对弱的财税工具,由社会资本主导的基金进入。如此结构性调整方能提升财税工具与不同产业、不同产品的适配度,实现产业内部不同业态的竞争公平。

三、产业财税工具的选择基准:基于工具功能的差异化阐释

宏观调控是财税工具的基础职能,通过财政与税收配合金融、价格等其他政策工具的综合运用,②引导市场形成,调节公众行为。我国财税工具在宏观调控职能逐渐强化的过程中呈现明显的泛化现象,对财税工具内不同工具类型的功能认识不足,③这正是产业软法中对财税工具选择与运用出现种种问题的重要原因。财税已为产业发展储备了类型丰富的政策工具,依照不同标准可作不同归类。虽然财税工具分类尚无定论,但综合前述政策文件可明显看出收入型和支出型财税工具的二元划分。无论是以

① 参见叶金育:《体育产业发展中的财税政策工具:选择、组合与应用》,载《体育科学》2016 年第 6 期。

② 参见漆多俊:《经济法基础理论》(第 4 版),法律出版社 2008 年版,第 252 页。

③ 参见刘剑文、侯卓等:《财税法总论》,北京大学出版社 2016 年版,第 174 页。

政府采购、财政补贴、财政奖励等为代表的支出型财税工具,还是以税收为主的收入型财税工具,都在各行各业发展和激励消费方面厥功至伟。厘清收入型财税工具与支出型财税工具各自的功能特性与差异,建立财税工具选择之基准,是产业财税工具科学供给的前置性议题。

(一)收入型财税工具的功能阐释

税收是收入型财税工具的主要代表,与国民经济各产业密切相关的既包括以企业所得税、个人所得税为核心的所得税,还包括以消费税、增值税(包括营改增)为重点的流转税,还有以城市维护建设税、土地增值税为核心的特定目的税,也有以房产税为代表的财产税。产业相关的税种如此繁多,无论何种税收,除筹集国家财政收入功能外,皆包含行为诱导、社会稳定、资源配置、经济发展等调控功能。① 产业发展过程中面临一些社会经济问题,政府将税收应用其中,繁多产业目标涌现,如产业可持续发展、产业的结构调整、产品消费的公平与公正等。② 税收作为技术性较强的政策工具,不同税种蕴含迥异的税制构造,调控机制与功效亦是霄壤之别。如何将各类税收与繁多产业对象和目标精准匹配,须明晰不同税种的作用机理和功能侧重。

税收引导产业发展主要是通过影响产业链上的各个市场主体以及产品的生产、分配和消费来实现的。此种影响具有双向可能,或是正向激励,或是反向减抑。税收可作用于产业发展中的劳动力、资源、投资、储蓄与消费等多种因素。详言之,消费税、增值税等流转税作为间接税,通常会作为成本转嫁至产品价格中,会直接影响消费者对产业产品的消费欲望和趋向;个人所得税、企业所得税等直接税会影响个人收入分配和投资回报率,从而直接影响劳动力、投资规模与倾向;特定目的税和财产税则会影响产业相关企业的经营成本。纳税人、课税对象、税率、税基、税收特别措施等构成要素联结组成税收工具,税收通过调整各个构成要素来影响行业投资、生产、消费以及背后的就业、物价等。③ 就课税对象而言,对不同的产业产品课税,会因其不同的需求弹性产生大小不同的消费波动;调整产品的征税范围,则会左右替代消费量的多寡。税收通常遵循量能课税,相同情况课征相同税收,不同情况课征不同税收。④ 但政府亦可通过税收特别措施实施差别待遇,进而诱导产品消费行为,例如,企业所得税的高税率与低税率,企业为享受低税率或避免高税率从事或不从事特定的经营领域。不同税种的

---

① 参见褚睿刚:《环境创新税收政策解构与重构:由单一工具转向组合工具》,载《科技进步与对策》2018年第10期。

② 参见岳树民、李建清等:《优化税制结构研究》,中国人民大学出版社2007年版,第25页。

③ 参见张守文:《税法原理》(第2版),北京大学出版社2001年版,第11~12页。

④ 参见熊伟:《法治视野下清理规范税收优惠政策研究》,载《中国法学》2014年第6期。

各个税收要素散落在产品从生产到消费的各个环节，并最终贯穿形成产业链条，进而左右产业整体发展的快慢和侧重，影响不同产品消费能力。

如此说来，综合运用各异的税收工具，妥当安排各税种内部税收要素，进而充分利用税收杠杆提升调控功能，是提升产业发展质量、促进产业产品消费的重要路径。需要注意，产业市场发展的多元性以及税收工具自身的局限性，决定了仅依赖税收工具难以达成导引产业健康发展的远景。税收作为产业发展的“助推剂”，本身至少存在内部功能冲突性、经济扭曲性和激励效应的间接性等工具短板。详言之，首先，税收暗含财政筹集和经济调节的双重职能，但这两种职能并非总是同向同行，在一定情形下存在功能冲突，如低税率的激励措施会降低税收收入。其次，税收自身的扭曲效应不可避免地带来工具效率损失，特别是在不完备的市场环境下，税收所产生的工具效应可能并不如想象中的那样明显。最后，税收的激励效应并不能为产业发展提供直接的资金助力，仅能在经济行为发生之后调整纳税额度，这种间接激励特别是在产业基础设施建设等前期需要大量资金投入的情况下，远不如由政府主导的财政支持政策效果显著。① 市场多元性乃市场经济下产业的固有业态，正因如此，才需要税收等政策工具的调控引导。政府构建收入型工具体系时，在看到税收工具积极作用的同时需要警惕其消极作用，统筹考虑多元工具组合，借助其他工具克服税收的局限性，优化并提升产业的激励功效。

（二）支出型财税工具的作用机理

支出型财税工具相比收入型财税工具，在类型和功能上更富多样化。狭义的支出型财税工具仅是指财政工具，通过政府直接的财政投入调节产业经济，不仅可以作为经济杠杆缓解经济周期的波动，更为重要的是财政资金的使用方向展现了政府政策意图，从而引导社会资金流向重点发展的部门。② 财政工具根据支出发生在经济活动的前后，可以分为事前激励和事后激励，前者可细分为财政补贴、财政拨款、政府风险投资、政府基金等，后者则以后期赎买、政府采购为代表。③ 广义的支出型财税工具还包括税式支出，即政府为了实现既定的政策目的，在既定的宏观税率和税负模式基础上给予纳税人或课税对象以税收减免，从而实现税收激励或扶持目的。尽管有的观点将税式支出视为税收工具，一体两面对应着税收优惠，但将其视为政府财政的一种间接

---

① 参见范柏乃：《面向自主创新的财税激励政策研究》，科学出版社2010年版，第197页。

② 参见聂颖：《中国支持科技创新的财政政策研究》，中国社会科学出版社2013年版，第53页。

③ 参见张同斌、高铁梅：《财税政策激励、高新技术产业发展与产业结构调整》，载《经济研究》2012年第5期。

支出成为当前主流观点。① 政府借助税式支出,以减少财政收入为代价补偿和激励旅游产业发展,具体可细分为补偿(救助)型税式支出和激励型税式支出。② 救助型税式支出的作用机理在于,政府通过税收的让渡来降低企业的经营成本,补偿企业的私人收益和社会收益的差距,是共担风险理念的体现。激励型税式支出则是以差别化的税制待遇为诱导信号,激励企业从高税负的产业经济行为转向低税负的经济行为。

无论是财政工具抑或税式支出,“相对人不仅不会受到利益侵害,反而能够从中得益”。③ 二者以直接或间接的财政投入带动社会资金的活力并引导其流向。财税支出工具为社会经济运行带来“活泉之水”的资金背后,塑造着经济产业结构并影响着其变革方向。④ 对于大多数想要进入市场的社会资本来说,社会资本的成长速度与商品和劳动力市场的滞后矛盾导致融资困难成为掣肘关键。⑤ “财政支出强制性无偿供给正好与作为财政收入的税收的强制性无偿征收相对应”,⑥财税支出工具直接或间接地减轻了社会资本压力,在一定程度上缓解了融资困难。正是无偿性财税支出明显的授益性,使得支出型工具相较于收入型工具,对产业的激励功效更具显性和直接性。当然,在支出工具内部,不同子工具的激励功效亦有差别。例如,财政工具以资金支持的方式直接给予相对人增益,是一种直接激励手段;而税式支出并不会带来资金的增加,只是减少相对人的税收负担,是一种间接激励手段。

国家在财税法律的框架之下调整与适配产业财税支出的结构与规模,导引各产业遵循既定的规划方向。加大财税支出工具的使用无疑能够提升上述功效,但这种无偿供给的模式可能诱发财政供给不足问题。根据工具的作用机理,财政支出的多寡影响财税支出工具助力产业发展的广度和深度,财政支出能力又与财税收入工具的财政筹措能力密切相关。矛盾点随之而现,若要提升并维持财政支出工具对旅游产业的激励功效,扩大财税收入是关键。但在结构性减税等背景之下,一边是降低政府收入,弱化财政支出能力,另一边是提升财政对各产业的支持力度,政府需要妥当平衡此两难抉

---

① 参见付大学:《激励科技创新税式支出制度的缺陷及立法完善——以组织理论为切入点》,载《法商研究》2019年第5期。

② 参见王霞:《税收优惠法律制度研究:以法律的规范性及正当性为视角》,法律出版社2012年版,第8页。

③ 刘剑文、熊伟:《财政税收法》(第6版),法律出版社2014年版,第50页。

④ 参见严成樑、吴应军、杨龙见:《财政支出与产业结构变迁》,载《经济科学》2016年第1期。

⑤ 参见汪伟、郭新强、艾春荣:《融资约束、劳动收入份额下降与中国低消费》,载《经济研究》2013年第11期。

⑥ [日]神野直彦:《财政学——财政现象的实体化分析》,彭曦等译,南京大学出版社2012年版,第226页。

择。为此,财税支出工具的内部组合优化和外部精准匹配尤为必要,以规范、精准和合理使用财政资金,提升资金使用效能。此外,财税支出工具的持续性值得关注,因为前期投资者一旦形成对财政支出的期待,后期减少乃至取消财政支出都可能潜在地释放消极信号,弱化投资者对产业的信心和热情,进而影响支出工具的整体激励效果。

四、产业财税工具选择的因素考量与模型搭建

"政策工具选择是多因素合力作用的结果",①而非单纯的技术过程,涉及利益表达与博弈、公权力配置与偏好等多个方面。依据修正工具论,政策工具的有效选择"只有在以政策工具特性为一方,以政策环境、目标和目标受众为另一方之间相匹配"②时才能达到最佳。为此,在产业发展财税工具选择过程中,既要考虑激励效果等客观标准,还要结合产业与产品特性,更要兼顾工具的可接受性、选择的惯例与经验等主观因素。综观学界在工具选择有效因素方面的既有研究,大抵可凝练和归纳为政策环境(外因)、政策目标(靶向)和产品类型(内因)3 个主要因素。只有深入观察上述因素并明晰因素体系内的运行逻辑,方能搭建更加科学的产业财税工具选择模型,建构高度契合产业发展需求的财税工具体系(见图 1)。

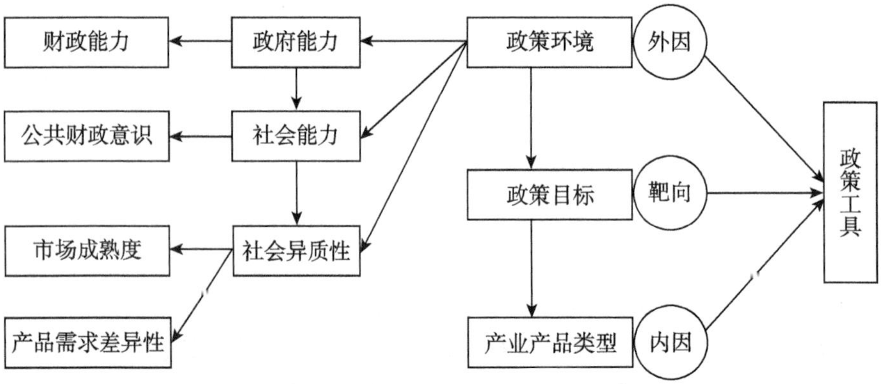

图 1 产业财税工具选择模型

① 韩永君、陈清:《社会体育政策工具有效选择及其影响因素——基于东中西部的案例研究》,载《武汉体育学院学报》2019 年第 2 期。

② [美]B. 盖伊·彼得斯、[美]弗兰斯·K. M. 冯尼斯潘:《公共政策工具:对公共管理工具的评价》,顾建光译,中国人民大学出版社 2007 年版,第 35~39 页。

（一）外在因素：工具选择的政策环境

能对政策工具选择产生影响和作用的外在因素皆属政策环境，[①]它既是工具选择时的考量因素，又是工具选定后赖以依存的实施环境。政策环境是财税工具选择的外在影响因素，主要包括政府能力、社会能力和社会异质性三个方面。

所谓政府能力，是指政府将其设置的政策目标在现实中付诸实践的能力，[②]在本文的语境中可被具化成财政能力，是政府通过财政收入工具与支出工具达成产业发展目标的能力。政府财政能力是决定财税工具如何选择的核心要素。当政府财政能力强时，在当前国家财政预算体制下会更加偏好支出型工具；当政府财政能力弱时，则会更加依赖收入型工具和混合型财税工具。社会能力是组织和个人参与到社会进步和发展过程中的自组织能力和参与能力。在财税工具语境下可具化为公共财政意识，“是涉及财政问题的主体意识，是社会主体对于财政问题的认知和反映”。[③] 当公共财政意识较强时，间接工具和引导性工具有较大的适用空间，反之，政府对基础性工具和直接工具（基础设施投入、制定法律等）有所偏好。社会异质性对应产业的市场成熟度和产品需求差异性。社会异质性意指社会分化程度，社会主体的类型和数量的多寡与利益诉求呈现正相关。对产业所形成的市场本身，成熟度较低的市场需要更直接的财税支出引导，同时重视公共产品和侧重基础设施建设；成熟度较高的市场更多运用财税收入工具的间接介入，聚焦产品的多元化诱导。而产品需求差异性不足时，更依赖财税支出工具用于前期基础建设，为市场养成和产品需求培养奠定基础；反之，政府更依赖财税收入工具，尊重市场自主性、弱化政府干预。

（二）靶向因素：工具选择的政策目标

工具的选择与应用是一个“关于如何以最有效的方式操作这些工具以实现目标”[④]的过程，政策目标作为靶向因素至关重要，不仅划定工具选择的方向，更提供了工具应用的评估标准。[⑤] 根据政策目标的实际情况和阶段性，政策工具需遵循对应原则和动态调整原则。详言之，在单一目标靶向下，需确定目标内容并选择与之匹配的政策工具；在目标束靶向下，则应首先明晰目标束内的结构，并要求每一个目标与所选择的工具间匹配；在目标存在阶段性的情形下，政策工具应随之作出动态调整。[⑥] 例如，

---

① 参见陈庆云主编：《公共政策分析》，北京大学出版社2006年版，第35～39页。

② 参见曾军荣：《政策工具选择与我国公共管理社会化》，载《理论与改革》2008年第2期。

③ 任际：《财政法理论研究》，法律出版社2016年版，第182页。

④ 卓越、李富贵：《政府工具新探》，载《中国行政管理》2018年第1期。

⑤ 参见叶金育：《体育产业发展中的财税政策工具：选择、组合与应用》，载《体育科学》2016年第6期。

⑥ 参见陈振明编著：《公共政策分析导论》，中国人民大学出版社2015年版，第84～92页。

出版产业的"十四五"规划目标是激发创新活力、提供优质出版内容供给和实现出版领域治理体系和治理能力现代化。① 为了实现上述目标,应重点考虑将财税工具运用到产品创新和优质出版物出版,同时重视现代技术的运用,在数字经济时代,重视数字出版和新媒体发展。当然,相同的产业在不同的政策环境下,会根据产品、地区等差异设置不同的政策目标。例如,旅游产业历次规划中将"加快旅游业发展"确定为主要发展目标,但"十四五"规划中就更加重视旅游业的水平提升和体系健全,以消费促进国内国际双循环格局,"旅游有效供给、优质供给、弹性供给更为丰富,大众旅游消费需求得到更好满足"。此种产业目标的微妙变化暗含对财税工具的不同需求。伴随中央政府产业政策目标的调整,地方政府产业政策目标亦会随之调整,进而影响各地财税工具的选择与适用。

（三）内在因素:产业产品类型

按照公共产品理论,产业产品依据消费的非排他性和非竞争性程度,可以分为公共产业产品、混合产业产品和私人产业产品（见表2）。② 并非所有产业产品都能与全部的财税工具完美契合和适配,需依照公共性程度判断政策工具与产业产品之间的契合度。

表2　产品分类及其差异

特征	类型		
	私人产业产品	混合产业产品	公共产业产品
消费效用	可分割	不可分割	不可分割
获益性	排他性	非排他性	非排他性
消费影响	竞争性	弱竞争性	非竞争性
产品目的	营利性	弱营利性	非营利性

公共产品在消费过程中不会使消费者之间分割,不排除他人无偿使用,亦不具有边际成本影响他人使用,③与财税工具之内核极为契合。财税法是以合理分配公共财产权为精髓的公共财产法,财税工具以财税法律为载体,将其运用至公共产品提供,恰

① 参见郝东杰:《后疫情时代出版产业发展的财税政策工具供给研究》,载《科技与出版》2022年第6期。

② 参见马梅:《公共产品悖论——国家公园旅游产品生产分析》,载《旅游学刊》2003年第4期。

③ 参见[美]保罗·萨缪尔森、[美]威廉·诺德豪斯:《经济学》,萧琛主译,人民邮电出版社2008年版,第13页。

能体现公共财产的合理配置。典型公共产业产品如旅游产业中的旅游交通、城市旅游基础设施,体育产业的公共运动设施、公共体育媒体等。同理,尽管混合产业产品的公共性弱于前者,例如,收费性大型公园、收费性体育设施等,亦可匹配多种财税工具。具言之,对于提供公共产品的政策项目,因其基础性、全民受益、高成本性等特点,政府多选择财政投资、财政补贴、财政贴息、转移支付等支出型工具,在发挥公共财政固有职能的情况下激励其他投资者的投资积极性;在财政有限的情况下,可考虑以政府基金、彩票公益金等收入型工具尽可能吸收社会资本进入。混合产业产品在适用上述财税工具的时候并无障碍,只是支出力度相对较弱。相比之下,私人产业产品具有排他性和竞争性,具有极强的营利性,此类产品在非正当理由下,应由市场自我调节而尽可能避免财税支持。若私人产业产品与公共、混合产业产品获得相同的财税支持,会导致财税工具的公益属性趋向私益,不仅与公共财政相背离,更会造成政府对市场的过度干预。当然,财税工具并非一概排除私人旅游产品,特别是在市场失灵领域,政府介入和引导就变为必要之策。[①] 例如,基于海南自贸港旅游产业的特殊性,游艇旅游成为重点发展对象,相比于其他旅游内容,游艇旅游因其小众性、私密性明显区别于大众旅游,更加趋近于私人旅游产品。考虑游艇购置成本高昂,海南给予游艇以零关税政策,可一定程度地降低游艇旅游运营成本,进而达到促进游艇旅游发展的政策目标。此例亦能体现出政策环境因素与政策目标因素对财税工具选择的影响。

五、财税工具选择模型的实践运用与产业优化路径:以旅游业为例

"政策工具的优化配置是选择和运用政策工具的基本原则",[②]将财税工具选择模型运用到产业发展之中,"需要对政策目标和政策环境进行仔细考量,并对工具进行理性选择和策略组合"。[③] 当前,"宏观经济下行压力较大,我国财政收入大幅度下滑,收支矛盾异常突出,地方财政运转困难",[④]更应优化各行各业财税工具箱的内部构造。况且,财税工具箱内部结构复杂,不同类型的工具、某一类型内部的子工具都具有各自的内涵、法律属性与适用边界,激励产业的作用机制和功能迥异。各产业之中,旅游业是受到新冠疫情冲击最直接的产业之一,同时又在国家"双循环"新发展战略格局中占据重要地位,旅游产业发展成为我国恢复经济发展的重要窗口。[⑤] 下文以旅游产业为

① 参见张守文:《政府与市场关系的法律调整》,载《中国法学》2014年第5期。

② 叶金育:《体育产业发展中的财税政策工具:选择、组合与应用》,载《体育科学》2016年第6期。

③ 陈振明、张敏:《国内政策工具研究新进展:1998—2016》,载《江苏行政学院学报》2017年第6期。

④ 余元鹑:《疫情冲击下我国财源建设对策思考》,载《地方财政研究》2021年第2期。

⑤ 参见刘娜:《旅游业融入"双循环"新格局的路径》,载《社会科学家》2022年第2期。

例,展示上述模型在产业财税政策优化中如何具体应用,尝试提出方向性的优化建议。

(一)财税收入与支出工具的协同治理

协同治理理论下政府介入社会公共问题需重视治理工具的协同性,“形成彼此啮合、相互依存、共同行动、共担风险的局面,产生有序的治理结构”。① 产业政策协同运用财税收入工具和支出工具,既有协同治理理论的外在支撑,又有两工具类型之间的功能耦合。详言之,基于旅游产业特性,给予其大量财政支持是世界各国的普遍做法。可以说,旅游产业的健康发展建立在财税支出工具的扶持之上,财政支出的深度和广度直接影响旅游产业发展和旅游产品供给的质量,而财税收入工具恰是财政资金的“源泉之水”。财税收入充足,则财政支出空间充分,进而旅游产业激励功效显著;而政府财政的捉襟见肘必将掣肘产业发展。可见,财税收入与支出工具是财税工具的一体两面,二者密切联动,若脱离收入工具,仅局限于利用支出工具促进旅游产业发展,无异于无源之水、无土之木。正因如此,方有将收入与支出工具联合开征旅游税的域内立法建议和域外立法实践。②

旅游税通过特定目的税的定位将收入与支出两端联动。一般目的税以财政筹措为主位立法目的,税收收入的用途不特定,政府应当编制一般开支预算。③ 相比之下,旅游税作为特定目的税,基于促进旅游产业发展、特定旅游产品激励等政策目的,在收入端通过纳税人、课税范围、税率等税制设计进行政策诱导,在支出端将税收用途特定化于旅游产业补贴、旅游设施维护、旅游投资等,带来财税支出的“打靶效应”。例如,2004 年韩国开征的观光税,菲律宾、泰国、新加坡等国开征的旅游税。尽管我国尚未开征旅游税,但至少可以从中验证财税收入与支出工具联动的必要性。中央与地方在一定时间内都难免面对财政能力不足的情况,但跨境旅游受挫的时期也恰是各地方旅游业发展的重要时期,扩大旅游财税支出、发展各地特色旅游实属必要。为缓解财政收入不足与旅游财政支出扩大的矛盾,在无法“节流”的情况下有必要从“开源”角度重视财税收入工具的使用。

当然,开征旅游税并专款用于旅游产业发展仅是其中一种方式,能否实现尚需进一步考究,尚有多种收入工具可供选用。例如,提高体育彩票对彩票公益金的分享比例,发行旅游彩票并用于旅游建设。又如,基于旅游产品类型,加速设立多类型的旅游

① 戚建刚、兰皓翔:《我国环境治理工具选择的困境及其克服——以协同治理为视角》,载《理论探讨》2021 年第 6 期。

② 参见刘焕庆、金彩玉:《少数民族地区开征旅游税探讨——以延边朝鲜族自治州为例》,载《西南民族大学学报(人文社科版)》2016 年第 12 期。

③ 参见刘剑文、熊伟:《财政税收法》(第 6 版),法律出版社 2014 年版,第 170 页。

投资基金,吸引更多社会资本进入。借助上述收入工具,可供旅游产业使用的财政资金定可增加,产业发展将逐渐步入良性轨道。旅游产业快速发展又反过来提升整体市场经济的活力,进一步扩大财政收入。如此,财税收入工具与财税支出工具便可相互驰援并形成良性循环,提升工具的组合效应,助力旅游产业发展。

(二)财税收入工具内的组合配置优化

以税收为主的财税收入工具除作为财政来源外,还会通过对税收构成要件的调整实现各异的产业政策目标。当前税制下,与旅游产业密切相关的包括流转税、所得税、财产税等多税种。旅游产业流转税的支柱体系主要包括增值税、关税与消费税,各有其功能侧重。增值税作为境内税,是调控旅游产业发展最为重要的收入工具,是对旅游产品提供的各环节按照价格的一定比例普遍征收,并最终由消费者承担的税种。关税的课税对象是进出口货物,影响跨境旅游消费。与之相配合,消费税体现特定征收,将高档旅游消费等与旅游发展密切相关的特定产品纳入征税范围。相比于流转税的易于转嫁,旅游产业相关的所得税、租赁与经营旅游用房相关的房产税等直接税不易被转嫁,调控功能明显。行为税亦会对旅游产生调控作用,例如,城市建设税的纳税人、课税范围与税基以增值税、消费税为准据,具有在增值税、消费税之上课征"附加税"的效果,可通过调整其税收构成要件发挥产业调控功能。

站在旅游产业发展角度,政府须根据不同税种的性能差异,统筹安排各税种的组合配置,在旅游产品的生产、分配、零售等多环节发挥调控职能,构建结构合理、体系完备、各司其职的旅游产业税收调节体系。流转税主要影响旅游产品的生产和零售,作用对象分别是旅游相关企业和游客,所得税、房产税等直接税主要调整旅游相关企业和从业个人的收入分配,土地增值税、城镇土地使用税、城建税等亦可驰援。由此,全方位覆盖旅游产业的财税收入工具箱逐渐形成。通过调整工具箱中的财税工具即可达成不同的旅游政策目标,例如,若要吸引旅游产业人才涌入,可通过降低所得税税率或提供税收优惠予以实现;若要吸引企业投资,则不仅仅需要依赖直接税,增值税等间接税亦应统合运用;若要降低旅游产业的整体成本,激活产业发展活力,增值税可担当重任。此外,欲重点发展特定地方的旅游产业,则需要根据政策环境、政策目标与产品类型作出有针对性的设计。以海南自贸港旅游产业发展为例,海南自贸港是我国加强国内循环的重要着力点,以吸引国内消费为重要目标,为此,则可以尽可能放宽关税的购物免税额和产品范围,同时尽可能将旅游产品从消费税税目中剥离。

(三)财税支出工具内部的组合运用

无论何种支出工具都会直接或间接地给予相对人以利益,因此常被贴上"补贴"

标签。[1] 这种补贴不仅没有财政预算上的规范和监督，而且其资金效力又不易被立法者和公众察觉，须对其保持必要的审慎态度。可以看到，无论是旅游、出版、体育还是其他产业，都十分依赖财税支出工具，这也一定程度折射了我国产业财税政策对财税支出工具过度依赖的总体态势。从总体来看，虽然频繁使用诸多不同类型的财税支出工具，如财政专项资金补贴、税式支出等，但“单一工具的割裂使用、轻视相互之间的组合运用”现象显著。在经济稳定期上述举措或许不会产生明显副作用，但在经济下行和财政吃紧的时代，若不妥当运用支出工具，不仅会破坏旅游市场中性，导致旅游产业的恶性发展，还可能导致财政资金浪费甚至紧缺，诱发地方政府财政能力恶化。

优化财税支出工具的组合配置，至少可从以下三个层面着力。其一，财税支出工具的整体扩容和细化。各产业政策中，除已经使用的支出工具外，还可以深入考察尚未使用的财政工具，例如，财政贴息、财政奖励、政府贷款等其他工具，旅游业中则可考虑以设置旅游灾害专项资金等方式强化行业抗风险韧性。[2] 其二，同一类型政策工具的组合配置，例如，财政奖励分为事前奖励与事后奖励、业绩奖励与公益奖励、投资奖励与绩效奖励等，可根据不同情况选择使用。参与主体过少时可选择事前奖励，较多时则事后奖励激励更加明显。相比公益奖励，业绩奖励对市场主体更有效。其三，不同类型工具的协作互动，例如，海南自贸港旅游产业发展政策目标具有阶段性，为此，财政补贴与税式支出的共振、直接（短期）激励与间接（长期）激励的结合更契合此种阶段式发展模式。各地旅游产业发展面临激励动力缺乏问题，具体表现为旅游产业发展不平衡、旅游投资性不高、旅游消费能力不足等。倘若财税支出工具内部协同机制能够建立，精心甄选激励项目和匹配工具，确保项目选取、实施与评估等程序正当，政府财政能力不足与旅游支出需求的矛盾可逐渐缓解，从而大幅提升旅游产业激励效应。

（四）财税工具与其他政策工具的组合配置

组合工具思维不仅应用于财税工具之内，更要重视财税工具与外部其他政策“不同规制程度和规制方式的工具的合并使用”，[3]以实现工具间的优势互补、劣势互抵。考虑旅游产业的发展需求和政策导向，能够与旅游财税工具组合使用的其他政策工具，包括产业内部如旅游产业结构与布局政策、旅游人才引进政策、旅游产业技术政策等，产业之外如跨境金融与企业融资政策、整体产业布局政策等。例如，财税工具可以

---

① 参见单一：《规则与博弈：补贴与反补贴法律制度与实务》，北京大学出版社2021年版，第11页。

② 参见李柏文、张文静：《构建与常态化疫情防控相适应的旅游“疫中运行”模式》，载《旅游学刊》2021年第2期。

③ 应飞虎、涂永前：《公共规制中的信息工具》，载《中国社会科学》2010年第4期。

与旅游产业结构与布局政策相结合,引导产业结构优化和产业布局调整,在保障财税资金去向合理的情况下,既能提升旅游各产业部门的协调性,又能兼顾旅游区域平衡发展。财税工具与旅游产业技术政策结合,则可促进旅游产品技术升级;与跨境金融与企业融资政策结合,既可拓宽资金渠道吸引境外资本进入,又可优化金融服务体系。应当看到,正因财税工具独具的财政资金支撑和引导功能,旅游产业发展愈加倚重财税政策,但它仅是繁多产业激励政策中的一种。为此,须以体系思维将财税工具统辖于旅游产业激励政策群组之中,注意以下3个逻辑层次:首先契合顶层设计,确保财税工具与全国和各地方旅游产业发展的目标与价值乃至整个经济发展的战略定位相契合;其次同位阶政策调和,厘清财税工具的职能分工,提升其与同位阶政策工具的协调性;最后是系统内部的协同,精细化财税工具内部的微观制度设计,尽可能消减不同财税工具的功能抵消现象。

六、结语

在全面依法治国形势下,以规划类政策为核心的指引性软法自2012年我国经济发展步入新常态发端并持续至今,其中暗含权责规则、目的性法律思维、结构规范自创性等"组织规则"特质,①逐渐成为产业法制体系的重要组成。财税工具以之为载体,逐步形成了产业财税软法治理格局,发挥产业规范和引导作用。与此同时,囿于政府理性局限、参与制定主体广泛性不足、政策运用泛化、地方政策自利等外因和财税政策的技术性、多元性、复杂性等内因,产业财税工具配置并未达到理想状态。针对产业发展需要和国家、地方财政税收实际情况来优化财税工具的选择与组合,是我国各产业快速恢复和发展的重要着力点。纵然不同行业有其各自的行业特性,不同地方亦有不同的发展需求和侧重,但本文所建构的产业财税工具选择模型是根据修正工具理论创设的通用性、包容性政策工具选择模板,可根据不同情形对政策环境、政策目标、产品类型进行针对性调整和适配,如有特殊产业需要,还可以引入其他的因素考量,进而指引不同行业的财税工具结构优化。若能提升财税工具运用的科学化、精细化,实现不同财税工具之间的功能协同与互补,发挥组合工具"1+1>2"的政策效应,方可使其更好适应不同产业的发展环境,进而整体提升财税治理功效。

财税工具箱内部构造复杂,包含收入型和支出型两类财税工具,它们各自内部又包含繁多子工具,在财税工具箱中如何精准挑选不同类型的子工具并进行恰当组合,

① 参见张剑威、汤卫东:《软法视域下我国体育产业政策研究》,载《武汉体育学院学报》2017年第6期。

既要深谙不同财税工具的作用机理和特点,也要搭建并适用一定的工具选择模型,综合考虑中央和地方的财政能力、市场主体的公共财政意识、地方市场的成熟度和产品需求差异等因素。希冀本文能够为各产业财税政策的制定带来方法论供给,助力财税软法治理趋向"良法善治"之态。

【市场规制法】

动态创新市场企业支配地位认定的困与解*

方　翔**

摘　要:数字经济、高新科技等动态创新市场通常呈现高度集中的市场结构和动态变化的竞争格局。反垄断法滥用市场支配地位制度在该市场适用的必要前提是认定企业具有支配地位,这需要充分考量创新与市场的动态竞争因素。既有的认定方法遵循结构性分析范式,其在动态创新市场的应用会产生诸多困难甚至误导性结果。对此,要正确认识创新作为企业市场支配地位认定因素的适用逻辑,包括其对市场力量的制衡和对竞争施加的压力。本文通过调整传统市场结构标准的分析模式,重点关注市场份额的时间持续性,充分评估潜在竞争限制和市场发展阶段,并辅以非结构因素的综合考量,以破解动态创新市场企业支配地位认定之困。

关键词:动态创新市场;支配地位认定;数字经济反垄断;创新驱动的竞争压力

反垄断法自诞生以来,便一直试图界定可接受的企业市场力量的行使限度。[①] 反垄断法禁止滥用市场支配地位制度适用的必要前提是认定企业具有市场支配地位,但在数字经济、高新科技、通信技术等动态创新市场,竞争往往围绕创新展开,市场结构常以高度集中的形态展现。受到创新因素的影响,企业的市场力量处于一种动态变化的过程中,这给传统市场支配地位认定方法带来挑战,尤其是在高度创新的数字经济与互联网领域,反垄断执法机构对企业支配地位的认定一直处于艰难境地。但需要明

---

* 2023 年度江苏高校哲学社会科学研究一般项目“互联网平台企业竞争合规体系构建研究”(项目批准号:2023SJYB1381)的阶段性成果。

** 法学博士,苏州大学王健法学院讲师。

① See Richard G. Price, *Market Power and Monopoly Power in Antitrust Analysis*, 75 Cornell Law Review 191(1989).

确的是,反垄断法决不能简单地指出这些市场的企业支配地位会受到创新力量的挑战,具有发生颠覆性变化的可能性,从而否认企业拥有强大市场支配地位甚至垄断地位。对此,需要全面分析动态创新市场有别于传统市场的特征及其对市场支配地位认定方法的挑战,把握创新因素在认定企业市场支配地位中的适用逻辑,从而完善动态创新市场的支配地位认定,进而推动反垄断法在动态创新市场的规范实施。

一、动态创新市场与传统市场的差异性特征

动态创新市场是相对静态竞争的传统市场而言的,即在这些市场中对技术和智力等创新要素的依赖远远超过对其他生产要素的依赖,并且整个市场以创新为主要竞争方式,呈现动态变化的过程。这些市场常以不同的方式定义或描述,包括“新经济市场”、“高科技市场”和“创新市场”等,涵盖诸如通信网络、数字技术和医疗制药等知识产权密集型产业以及研发和技术密集型产业。在当今数字经济时代,数字市场则是最典型的动态创新市场,越来越多的产品或服务以数字化的方式呈现或提供,数字技术更是催生了一批新产品、新服务、新工艺、新技术和新商业模式,成为助推社会经济创新发展的关键力量。因此,本文所讨论的动态创新市场主要是指数字市场,其与其他行业领域的动态创新市场在本质上并无区别,但相比传统市场则呈现以下诸多差异性特征。

其一,以创新为主要竞争方式。在传统市场中,技术创新通常缓慢而渐进,企业主要依赖基于成本优势的价格展开静态竞争,但动态创新市场则处于“不创新,便死亡”的竞争格局下,企业间的主要竞争方式是创新竞争,创造或保持竞争优势依赖的也是不断创新。① 因此企业需要对研发活动进行大量投资,这些研发创新往往导致快速和破坏性的技术变革。② 随着市场新进入者不断推出新的创新产品,以及在位企业的不断扩大和持续创新,产品的生命周期大幅缩短,产品更新迭代的速度随之加快,动态创新市场的竞争格局日新月异。正是在这种“不进则退”的竞争压力下,企业即使取得高市场份额也不敢放弃创新。③ 对于反垄断执法来说,这意味着市场支配地位分析需要考虑动态竞争以及可能出现的新产品和服务所带来的限制,因为在动态创新市场一旦

① 参见方翔:《数字平台滥用市场支配地位行为的创新损害分析——基于国内外典型案例的比较研究》,载《苏州大学学报(法学版)》2023 年第 2 期。

② See David S. Evans, Richard Schmalensee, *Some Economic Aspects of Antitrust Analysis in Dynamically Competitive Industries*, 2 Innovation Policy and the Economy 3 (2002).

③ 参见焦海涛:《论互联网行业反垄断执法的谦抑性——以市场支配地位滥用行为规制为中心》,载《交大法学》2013 年第 2 期。

竞争对手拥有更具创新力的产品或技术,在位企业的市场份额和支配地位就可能会迅速失去。在某种程度上,创新已成为衡量企业市场力量的关键要素。

其二,高固定成本与低边际成本。动态创新市场的成本结构具有固定成本高和边际成本低的特点。[①] 创新行业领域的企业通常需要对产品及其研发、用于产品交付的虚拟网络创建等进行大量投资,直至它们成功进入市场或是在市场上获得认可,并且创新型企业的员工通常是专业技能人才,相比传统产业将更密集地使用劳动力用于产品开发,因此这些企业往往需要为其成功的创新活动投资大量固定成本。[②] 企业为此投入高额固定成本,但一旦其在相关市场站稳脚跟,随之而来的边际生产成本通常很低,创建额外的网络、生产额外的产品就很便宜了。更重要的是,这些边际成本会随着时间的推移进一步降低,因为企业已经不需要维持高成本来生产更多成功的数字产品或服务,也已经获得大量用户基础而不需要为此再付出更多的投资。

其三,网络效应与“赢者通吃”。网络效应也称网络外部性或回馈效应,作为一项重要的经济理论兴起于20世纪80年代中期,是指某种产品对一般用户的价值取决于使用该产品的其他用户的数量。[③] 在动态创新市场及许多高科技行业,尤其是那些基于计算机软件、互联网或数字平台的行业,通常都有很强的网络效应,即网络对任何一个消费者的价值直接或间接取决于网络上其他消费者的数量。如果一个网络的价值随着网络用户数量的增加而增加,那么需求侧网络效应就存在;如果生产成本随着网络用户数量的增加而下降,那么供给侧网络效应就存在。本质上,网络效应是规模经济的一个重要来源,因此往往会产生只有少数明确领导者的市场,使拥有少量市场份额的企业很难生存。因此,动态创新市场的竞争往往涉及旨在获得或保持市场领先地位的激烈创新努力,[④]网络效应也成为创新和技术变革的主要驱动力。在依赖网络效应的市场中,不处于领先地位的企业不太可能成为市场领导者,除非它们能够实现颠覆性创新或取得技术突破,从而克服网络效应为相关市场中的主导企业提供的自然优势,而市场中的头部企业也努力通过不断创新使其产品和服务尽可能保持竞争优势。

---

① See Christian Ahlborn, David S. Evans & A. Jorge Padilla, *Competition Policy in the New Economy: Is European Competition Law Up to the Challenge?*, 22 European Competition Law Review 159 (2001).

② See David S. Evans, Richard Schmalensee, *Some Economic Aspects of Antitrust Analysis in Dynamically Competitive Industries*, 2 Innovation Policy and the Economy 9 (2002).

③ 参见[美]戴维·S.埃文斯:《平台经济学:多边平台产业论文集》,周勤、赵驰、侯赟慧译,经济科学出版社2016年版,第433页。

④ See David S. Evans, Richard Schmalensee, *Some Economic Aspects of Antitrust Analysis in Dynamically Competitive Industries*, 2 Innovation Policy and the Economy 12 (2002).

此外,在网络效应的影响下,动态创新市场很容易出现"赢者通吃"的局面。那些开发颠覆性创新产品或服务的企业不仅会创造一个新市场,通常还会享有持久的领先地位乃至垄断地位,并受益于新进入者无法享受到的规模经济,这也被称为一种"先发优势"。但值得注意的是,创新竞争和网络效应的特征也会使在位企业的市场力量呈现不稳定的状态,其是否能始终保持控制市场的能力尚不得知。在动态创新的市场中,市场力量领先地位的竞争是多重的、连续的,即使一个企业通过利用更先进的技术、发布更好满足消费者需求和愿望的新产品或开发独特的商业模式而获得了巨大的市场力量,也可能很快、很容易地失去市场地位。① 换言之,企业基于先发优势取得的竞争优势地位在面对反复创新的市场环境时可能处于不稳定状态。

从以上基本特征可以看出,动态创新市场与传统市场有很大不同,其由不断的快速技术创新驱动,导致市场中的企业频繁进入和退出,呈现动态变化的竞争格局,并与传统市场的静态竞争形成鲜明对比。

二、动态创新市场企业支配地位认定之困

(一)企业支配地位认定的一般标准与方法

不同国家和地区的反垄断法关于市场支配地位的概念表述有所区别,有的称为"市场力量",有的称为"控制市场",还有的称为"市场势力""实质性市场势力"等,但各国(地区)在具体内涵阐释上基本相同。一般认为,市场支配地位,是指企业在持续的一段时间内将价格维持在竞争水平之上或将产量或质量限制在竞争水平之下的能力,具体包含 3 个重要因素:一是市场力量的运用导致产量下降;二是价格的上涨必然导致利润的增长;三是支配地位的运用与有效竞争条件下的结果的标准有关。② 由于竞争性价格在实践中很难确定,反垄断法通常会选取其他标准或是采取一种间接的评估手段来辅助确定企业是否实际享有支配地位,关键是能判断足以对经营者利润水平或盈利能力形成约束的因素及其作用。③ 例如,我国《反垄断法》第 22 条第 3 款将"能

① See Diane Coyle, *Practical Competition Policy Implications of Digital Platforms*, 9 University of Cambridge Antitrust Law Journal 9 (2018).

② 参见[英]西蒙·毕晓普、[英]迈克·沃克:《欧盟竞争法的经济学:概念、应用和测量》,董红霞译,人民出版社 2016 年版,第 55 ~56 页。

③ 参见郝俊淇:《经营者竞争约束的来源与市场支配地位的认定》,载《中国市场监管研究》2019 年第 11 期。

够阻碍、影响其他经营者进入相关市场能力”也视为市场支配地位。[①] 欧盟认为，市场支配力是在一段时间内将价格有利地维持在竞争水平之上的能力，或者在一段时间内有利地将产品数量、产品质量和品种或创新方面的产出维持在竞争水平之下的能力，创造、维持或加强市场支配力可以源于企业卓越的技能、远见或创新，也可能是由于限制竞争行为所产生的结果。[②]

反垄断法的理论与实践确立了3种标准用以认定企业的市场支配地位，包括市场绩效标准、市场行为标准与市场结构标准。市场绩效标准也可称为市场结果标准，主要认定企业在市场上的利润和业绩状况是否具有支配地位。如果企业的利润率大大高于竞争市场条件下的利润率，则可以推断该市场缺乏竞争，企业在相关市场中具有市场支配地位。[③] 市场行为标准即根据企业的市场行为和市场决策是否会受到来自竞争者和消费者的约束进而判断其具备支配地位与否。例如企业在确定其销售政策时，可以不受其他竞争者销售政策的影响而独立决策，则可以推定其具有市场支配地位。[④] 此外，如果企业可以无视其他经营者的反应而永久性地实施价格歧视行为，亦可以认定其具有市场支配地位。[⑤] 市场结构标准则是根据企业在相关市场的市场份额（占有率）多寡判断其是否具有支配地位，常见的测算方法和指标有行业集中度、赫芬达尔指数、洛伦兹曲线以及基尼系数等。由于该标准简单明确、易于计算，相较前两种标准，市场结构标准被更多国家或地区的反垄断执法机构所接受并优先适用，但为了避免适用单一市场结构标准且过于依赖经营者市场份额的情况，不少国家的反垄断法同时还会考虑其他的相关因素作为补充。我国《反垄断法》第23条肯定了市场份额认定标准并在第24条进一步规定了可以利用“市场份额”推定经营者是否具有市场支配地位的情形，但第23条同时也明确规定认定市场支配地位还应当考虑“该经营者控制销售市场或者原材料采购市场的能力”“该经营者的财力和技术条件”“其他经营者对该经营者在交易上的依赖程度”“其他经营者进入相关市场的难易程度”等因素。但从总体来

---

① 根据《禁止滥用市场支配地位行为规定》第6条的进一步解释，“能够阻碍、影响其他经营者进入相关市场”包括排除其他经营者进入相关市场，或者延缓其他经营者在合理时间内进入相关市场，或者导致其他经营者虽能够进入该相关市场但进入成本大幅提高，无法与现有经营者开展有效竞争等情形。

② See Guidelines on the Applicability of Article 101 of the Treaty on the Functioning of the European Union to Horizontal Co-operation Agreements, paragraph 41.

③ 参见唐要家：《反垄断经济学：理论与政策》，中国社会科学出版社2008年版，第58～59页。

④ 参见叶明：《互联网经济对反垄断法的挑战及对策》，法律出版社2019年版，第65页。

⑤ 参见［美］赫伯特·霍温坎普：《联邦反托拉斯政策：竞争法律及其实践》，许光耀、江山、王晨译，法律出版社2009年版，第146页。

看,我国的市场支配地位大致存在两种情形:一是控制价格等交易条件的能力;二是影响竞争者进入市场的能力。[①] 从条款背后的理论逻辑看,学者普遍认为,其以静态的市场结构为出发点分析问题,并重视市场份额的作用。这实际上也与世界主要反垄断司法辖区的做法一致。

(二)传统方法应用于动态创新市场的困境

从各国反垄断法的实践中可以发现,其关于企业市场支配地位的认定主要以静态的市场结构为出发点分析问题,重视市场份额的作用。[②] 这种诞生于传统市场和工业经济时代的基于"结构—市场—绩效"(SCP)的标准和测量方法在动态创新市场面临重大挑战和诸多困境。

一方面,市场结构标准与市场份额测量方法所固有的局限性在创新的市场环境中可能会被进一步放大。即使在一个几乎没有创新的行业中,有效地利用市场份额来预测市场力量的存在也需要一个经验性支持的理论,即市场份额是竞争条件的信息。[③] 市场份额是市场结构的一个重要指标,高市场份额是决定支配地位的一个重要因素,有时是决定性因素,但并非在所有情况下都如此,有时市场份额大的企业几乎没有市场力量,如当进入壁垒较低时。[④] 在寡头垄断的市场中,企业可能以较小的市场份额拥有市场支配地位。市场份额表明当前的市场形势,如果现有的竞争对手很容易扩张,或者潜在的竞争对手很容易进入相关市场,企业可能就没有市场力量。因此,反垄断执法机构将重点考虑该市场是否存在发展障碍或进入障碍。与进入壁垒相关的另一个重要因素是特定市场上存在的创新水平,如果创新发展水平高,进入一个新的市场会相对容易。即使企业在相关市场拥有80%的市场份额,它仍然与在相关市场拥有20%市场份额的企业竞争。

另一方面,动态创新市场中的企业支配地位与市场份额的关联性尚存疑问。根据反垄断法的传统分析方法,所有在容易产生"赢家通吃"效应的市场上经营成功的企业,在动态竞争发生后均可能被视为具有支配地位的企业,甚至被归类为具有垄断地位的企业。尽管网络效应的确强化了这些企业的市场地位,但根据熊彼特的创新理

---

① 参见侯利阳:《市场地位的反垄断剖析》,中国书籍出版社2019年版,第46页。

② 参见郜庆:《优化数字经济营商环境背景下支配地位认定条款之重塑》,载《行政法学研究》2020年第5期。

③ See Michael L. Katz, Howard A. Shelanski, "*Schumpeterian*" *Competition and Antitrust Policy in High-Tech Markets*, Accessed 15 May, 2023, http://dmccartney.com/nn/files/ssrn-id925707-1.pdf.

④ See Daria Kostecka-Jurczyk, *Abuse of Dominant Position on Digital Market: Is the European Commission Going Back to the Old Paradigm?*, 24 European Research Studies Journal 123(2021).

论，可以合理地认为许多企业非常渴望达到市场的“顶峰”，这也正是它们与竞争对手进行激烈竞争的重要激励。[①] 而反垄断执法机构惯用的市场支配地位认定方法是 SCP 范式，关键要素包括市场份额和价格水平、利润率，其在动态创新市场中对支配地位的评估作用不大，甚至可能会产生误导。就目前的经验研究来看，动态创新市场中的企业市场份额具有脆弱性和临时性的特征，实际和潜在的新进入者在刺激技术进步方面发挥至关重要的作用，其既是创新的直接来源，也是对在位企业的竞争威胁。[②] 尤其是在当前的数字市场中，技术变化会以非常快的速度让其他企业夺取拥有支配地位企业的市场份额，那些看上去市场份额较低的企业亦有可能在短期内取得强劲的市场地位。即使一个企业似乎能够在市场中维持相当长一段时间的市场地位，但这一事实本身不足以证明该企业处于支配地位，因为其始终面临来自实际或潜在竞争对手永久创新的威胁。快速的技术变革导致企业通过创新竞争获取暂时的市场支配地位，它们可能会被下一波创新浪潮所取代。因此，动态创新市场中市场份额的脆弱性和临时性实际上并不意味着在这种市场中经营的企业所获得的市场份额的持久性或稳定性，相反，其市场份额被认为是“脆弱的”和“暂时的”，这是动态创新市场特殊结构特征产生的结果。[③]

与此同时，市场份额也可能在网络效应等因素的影响下呈现“虚高”的趋势，有学者认为，在这种动态创新市场影响市场份额作用增减的因素是同时存在的。[④] 市场份额标准还可能会削弱当前市场和未来市场之间的联系，其在前瞻性衡量企业未来竞争方面仍是一个不精准的指标。在涉及创新分析的垄断案件中，反垄断执法机构必须对受创新影响的未来市场作出预测，但传统的市场份额衡量标准是向“后”看的，这是高市场份额本身不足以建立市场支配地位的一个重要原因。大多数市场份额指标仅反映了企业当下的市场地位，却不能反映企业未来的发展方向。“今天的销售和市场份额往往是由今天产品的质量驱动的，也许是由网络效应放大的，而不是由生产能力和

---

① See Miguel Rato & Nicolas Petit, *Abuse of Dominance in Technology-Enabled Markets: Established Standards Reconsidered?*, 9 European Competition Journal 4 (2013).

② See Jennifer F. Reinganum, *Uncertain Innovation and the Persistence of Monopoly*, 73 The American Economic Review 741(1983).

③ See Gönenç Gürkaynak, Esq., Hazar Başar & Özlem Cansu Tekşen, *A New Approach Toward the Understanding of Dominance in the Digital Era: Assessing Dominant Position in Dynamic Markets*, in Gönenç GÜRKAYNAK, The Second Academic Gift Book of ELIG Gürkaynak Attorneys-at-Law on Selected Contemporary Competition Law Matters, 2019, p. 267.

④ 参见杨文明：《市场份额标准的理论反思与方法适用——以互联网企业市场支配地位认定为视角》，载《西北大学学报(哲学社会科学版)》2014 年第 3 期。

分销系统等耐用资产驱动的。今天的销售不一定说明智力资本的价值,明天产品的质量或受欢迎程度,或者它们将竞争的市场不断变化的性质。”①正因如此,即使在传统的静态市场环境下,目前达成的普遍共识是反垄断经济分析除需要对当前市场份额数据加以研判外,还需要综合考虑竞争对手进入和扩大市场的能力等更多的因素。

三、理解创新作为支配地位认定因素的适用逻辑

(一)作为市场力量制衡因素的创新

如前所述,在动态创新的市场环境中,企业通常面临激烈的竞争、网络效应和不断的创新,其市场支配地位以不可预测的方式和速度变化。其中,创新可能造成企业市场力量的不可持续性,成为市场力量的重要制衡因素。企业通过连续的“赢者通吃”竞赛为市场注入动态的熊彼特式竞争,以产生激烈的创新,其不断打破经济平衡,使旧技术、知识、技能和实践过时,只有通过“摧毁”在位企业的市场份额和利润,新的、更好的产品和服务以及伴随它们而来的固有知识才会产生。② 在这些创新行业领域中的大多数领先企业尽管拥有相当大的短期市场力量,但它们不能忽视自己在激烈创新面前的脆弱性。在这种情况下,市场支配地位被视为每个企业的真正目标,可以认为是一项为其产品或服务获得大部分可用市场并建立无与伦比的长期竞争地位的事业,而取得这一地位也将意味着通过开发新产品和服务来赢得新客户,从而推翻当前的市场领导者。③ 值得重点关注的是,创新的破坏性不仅会对竞争对手造成破坏,也有可能对创新者自身造成颠覆,从而构成一种“创新悖论”。传统市场中具有需求决定供给的特征,由此产生的市场力量相对比较稳定,但在创新浪潮叠加的动态市场,往往产生供给引领需求的特点,以此形成的市场力量会存在内在的不稳定性。企业面对的需求是自身创新能力的“函数”,如果企业不创新,需求将萎缩、市场地位将瓦解,如果持续创新,市场地位也可能被自己的创新所颠覆。④

因此,在界定此类市场中的企业支配地位时,不得不考虑其是否会受到预期的创新挑战,即创新能否构成企业市场力量的制衡因素,创新潜力或具有颠覆性变化潜力的其他因素能否挑战一个企业的强大市场地位。但在执法实践中,如何具体将创新作

---

① David S. Evans, Richard Schmalensee, *Some Economic Aspects of Antitrust Analysis in Dynamically Competitive Industries*, 2 Innovation Policy and the Economy 20 (2002).

② See Rafael Alves de Almeida, *Market Dominance in the New Economy*, 2 Revista Direito GV 76(2006).

③ See Rafael Alves de Almeida, *Market Dominance in the New Economy*, 2 Revista Direito GV 76(2006).

④ 参见谢超、彭文生、李瑾:《CGI 深度丨企业边界、萨伊定律与平台反垄断》,载微信公众号“中金研究院”2021 年 2 月 19 日,https://mp. weixin. qq. com/s/8Zb-N9f0BY6fXJL4pVfnRA。

为市场力量的制衡因素加以考虑，往往是通过进入壁垒理论搭建联系的，即重点考察创新产出和投入对其他竞争者进入市场形成的壁垒高度。① 创新投入主要是以研发投入作为考量因素，其关涉企业资源的配置问题，并对企业的创新产出产生至关重要的影响。② 来自大企业的研发投入规模、强度的绝对优势可能会构成小企业进入市场的壁垒，更高的研发投入能够表现更强的创新能力和市场力量，因此在认定企业市场支配地位时可以考虑研发投入对市场进入产生的壁垒作用。③ 此外，知识产权也会被视为一种构成进入壁垒的创新产出，但并不完全如此，需要执法实践进一步甄别。当知识产权不妨碍其他人在相关市场上与知识产权持有者竞争时，它通常不会成为进入的障碍。在知识产权构成进入壁垒的情况下，并不总是意味着竞争减少。尽管知识产权可能在短期内构成进入壁垒，但从长期来看，竞争对手能够通过自身的创新来克服这一壁垒，且知识产权能够提供短期利润激励创新，从而刺激创新竞争。④

（二）作为企业竞争压力的创新

德国在 2018 年第九次修订《反限制竞争法》时，针对数字经济背景下企业市场支配地位认定的困境和难点，其第 18 条第 3a 款规定，执法机构应当考虑网络效应、用户多归属情况、规模优势、数据获得情况以及创新驱动的竞争压力等因素。德国将创新作为一种竞争压力纳入支配地位的认定标准，在全球范围内首屈一指，受到广泛关注。

德国立法者对该条款作出了进一步的解释。⑤ “创新驱动的竞争压力”旨在涵盖（破坏性）创新的现象，这类现象可能导致那些即使已经取得优越市场地位的企业也会在短时间内被超越甚至颠覆。立法者希望将互联网和数字经济下的市场发展动态作为确定市场力量的一个相对因素加以考虑。除质量竞争外，创新维度的竞争在数字市场免费模式盛行的背景下发挥着特殊作用，甚至超过了传统的价格竞争。因为在具有网络效应的数字市场中，企业往往是为了市场而竞争，并非在市场中竞争，所以企业的市场支配地位很容易受到来自破坏性创新的影响。但问题是，这些特征需要反垄断执法作出必要的预测，因为它指向一个未来通过新产品、工艺或商业模式来超越当前在位企业的市场支配地位的可能性，但目前仍不清楚需要如何实现这种预测。这导致适用该法律标准会存在不确定性。一个过去以颠覆性创新为特征的市场，在未来不必以同样的方式发展。在任何情况下，笼统地提及互联网或数字经济的动态性，都不足以

① 参见杨文明：《论互联网企业市场支配地位认定的非结构因素》，载《河北法学》2014 年第 12 期。

② 参见任剑新：《技术创新与我国反垄断立法》，载《中南财经政法大学学报》2004 年第 3 期。

③ 参见杨文明：《论互联网企业市场支配地位认定的非结构因素》，载《河北法学》2014 年第 12 期。

④ See OFT, *Assessment of Market Power*, Article 5.15.

⑤ See beck-online, GWB § 18 Marktbeherrschung Innovationsgetriebener Wettbewerbsdruck (Nr. 5).

使数字市场中企业现有的支配地位相对化。相反,在个别情况下,须有具体的迹象表明企业的市场地位的脆弱性,即相应的市场过程将在预测期内以某种概率发生。这方面的迹象也可以从对以往发展的回顾中获得,如迄今为止的创新类型和数量或最近推出的产品的营业额。此外,诸如研发预算、当前市场阶段或当前上游市场的创新等,也可以加强预测的精确性。第 18 条第 3a 款第 5 项与潜在竞争标准的关系是存在问题的,这可能导致目前强大的市场地位相对化。批评者认为,证明创新驱动的竞争压力的要求不如证明存在潜在竞争的要求严格。但两者实际上存在区别:第 18 条第 3a 款第 5 项的审查主要是指目前活跃的企业之间的创新竞争;创新驱动的竞争压力也是潜在竞争的一部分。“创新驱动的竞争压力”可以有不同的含义,这取决于它所适用的垄断行为类型,其中固有的预测未来市场发展的因素似乎更适合于预防性合并控制制度,而在禁止滥用市场支配地位制度中,则是对潜在滥用行为发生时的当前市场地位的评估。

在此背景下,假设要通过创新驱动的竞争压力使目前的市场支配地位相对化时,最好采取一定的谨慎态度,以避免在预期的创新发生(不确定的发生)之前,让其他市场参与者受制于在位者的市场力量带来的风险。同时,对创新可能性的评估中的不确定性不应该被用来降低反垄断干预的门槛。在合并控制制度中,对(破坏性)创新的预测(结合其他市场力量标准)可以很容易地评估出,合并不会出现严重阻碍有效竞争或创造或强化支配地位的情况,合并可以被批准。反之,如果合并导致竞争者的创新压力被消除,该标准也可以支持相应的损害理论。在任何情况下,对合并和滥用案件中的创新压力的分析仍然是整体考虑的一部分。①

在德国《反限制竞争法》修订后,德国国内学者对该条也曾提出过批评,其认为如果今后在滥用支配地位的诉讼中,必须始终由专家收集证据,说明鉴于可能的创新一个市场地位还能维持多久,将削弱诉讼的效率。创新潜力限制市场力量的观点是有道理的,因为创新可以撼动在位企业的市场力量,但在反垄断实践中却没有什么帮助。因此,有观点建议,在第 18 条第 3a 款补充说明,由于考虑到通过系统地限制创新来确保市场力量的风险,特别是考虑企业运用技术或法律措施来阻止替代技术的发展,因此在认定企业市场支配地位时应考虑“创新的实际阻碍或法律障碍”。② 这种批评和建议是有益的,它提醒了立法者应当关注“创新驱动的竞争压力”如何在反垄断执法实践和司法诉讼中以可操作的方式被考虑,而“创新的实际阻碍或法律障碍”也将提醒反

---

① See beck-online, GWB § 18 Marktbeherrschung Innovationsgetriebener Wettbewerbsdruck (Nr. 5).

② See Rupprecht Podszun, *Stellungnahme als Sachverständiger im Wirtschaftsausschuss des Deutschen Bundestags zur Vorbereitung der Anhörung am* 23. 1. 2017, p. 49 – 50.

垄断执法机构进一步关注数字平台企业的技术路径依赖和锁定效应。

四、动态创新市场企业支配地位认定的破解之策

创新与动态竞争使对市场支配地位的分析变得复杂。既有的结构性分析范式尽管在动态创新市场的应用会产生诸多困境甚至误导性的结果,但总体上并没有被完全颠覆。正如德国联邦卡特尔局在其发布的《平台与网络的市场力量》报告①中强调的那样,评估市场支配地位的常用方法原则上适用于平台和网络,决定性标准是企业的行动范围是否仍然受到竞争的充分控制。动态创新不应被视为放弃反垄断干预的理由,执法机构仍然需要依法进行个案审查,并充分考虑创新与动态竞争对市场的实际影响。但需要强调的是,支配地位是市场动态的自然结果,其由创新、卓越的管理、技术进步或产品差异化等因素综合决定,市场支配地位本身不等于垄断行为,反垄断执法机构不能脱离限制竞争行为的分析而无端苛责企业所拥有的市场支配地位,这会削弱企业的创新动力。② 因此,执法机构在认定企业市场支配地位时,需要结合滥用行为的分析,以判断支配地位与所涉特定行为的竞争影响。在认定市场支配地位时,反垄断执法机构应当调整传统评估方法的适用条件,并引入新的思路和方法认定企业市场支配地位,不仅要考虑当前市场的竞争格局,还要考虑未来市场的动态发展和创新转变。具体而言,可从以下方面完善既有的分析框架,将创新因素与市场的动态竞争纳入考量。

(一)调整传统市场结构标准的分析模式

反垄断执法机构利用市场结构标准和市场份额方法往往能对传统市场的企业市场支配地位进行比较有效的认定。但近年来,各国反垄断执法机构开始质疑市场份额作为评估工具的可靠性,因为传统方法对揭示动态创新市场的竞争格局或反映这些市场的商业结构并不完全适合,其在界定相关产品市场和认定市场支配地位时面临各种困难。高市场份额和寡头垄断的市场结构成为动态创新市场的天然特征,市场份额数值对竞争的影响力减弱,市场结构处在剧烈的动态变化中。③ 例如,欧盟曾在"脸书收购 Whats App 案"中明确指出,尽管市场份额和集中度水平提供了市场结构和交易双方及其竞争对手的竞争重要性的有用指标,但"高市场份额不一定表明市场力量和对

---

① See Bundeskartellamt, *Working Paper-The Market Power of Platforms and Networks*, June 2016, https://www.bundeskartellamt.de/SharedDocs/Publikation/EN/Berichte/Think-Tank-Bericht-Langfassung.html.

② 参见方翔:《论数字经济时代反垄断法的创新价值目标》,载《法学》2021 年第 12 期。

③ 参见程贵孙:《互联网平台竞争定价与反垄断规制研究——基于双边市场理论的视角》,上海财经大学出版社 2016 年版,第 149 页。

消费通信服务市场竞争的持久损害”,因为“消费通信服务市场是一个快速增长的部门,其特点是频繁的市场进入和短暂的创新周期,在这些周期中,大市场份额可能是短暂的”。[①] 对此,尽管欧盟委员会评估了与交易各方有关的市场份额数据,但在这种动态背景下使用市场份额进行支配地位认定存在可靠性问题,欧盟委员会评估交易是否会导致形成或加强支配地位的核心要素主要集中在竞争的接近程度、消费者转换的能力、进入和扩张的一般障碍,以及网络效应等因素上也尚有疑问。欧盟在“微软收购Skype案”的审查决定中也曾断言,市场份额不是认定产品或服务提供商在动态市场中的市场力量的最佳指标,因为这些企业的市场份额可能变化很快,因此,市场份额只能初步显示这些动态市场的竞争格局。[②] 同样地,在我国,最高人民法院在曾受到广泛关注的首例互联网领域反垄断案件“奇虎诉腾讯滥用市场支配地位案”的终审判决中指出:“互联网环境下的竞争存在高度动态的特征,相关市场的边界远不如传统领域那样清晰,在此情况下更不能高估市场份额的指示作用,而应更多关注市场进入、经营者的市场行为、对竞争者的影响等有助于判断市场支配地位的具体事实和证据。”[③]在充分考量互联网高度动态竞争和创新竞争的主要特点后,尽管最高人民法院认定,腾讯无论是在个人电脑端还是在移动端即时通信服务市场,其市场份额均超过80%,但最终通过考量市场进入难易程度、腾讯公司的市场行为、互联网平台竞争所形成的竞争约束等因素认定腾讯不存在市场支配地位。[④]

上述的反垄断执法与司法实践表明,市场份额在动态创新市场认定企业市场支配地位的作用开始弱化,但并不表明这种结构标准和测试方法遭到完全否认和彻底摒弃。市场份额不仅是企业市场力量的表征,也是其整体效率的反映。[⑤] 在动态创新市场中,经济效率标准优先于静态市场结构中的有效竞争,这本身就是一个目标,这种竞争分析的动态模型有助于指导反垄断分析,而且更倾向支持创新产业的发展和总生产率的增长。[⑥] 国际竞争网络(ICN)单边行为工作组曾在2020年就数字市场企业支配

① Case No COMP/M.7217 - FACEBOOK/WHATSAPP, paras. 95 - 99.

② Case No COMP/M.6281 - MICROSOFT/SKYPE, paras. 78, 121.

③ 最高人民法院(2013)民三终字第4号民事判决书。

④ 参见黄伟、韩桂珍:《3Q大战反垄断终审判决中相关市场界定与市场支配地位认定的相关问题》,载《科技与法律》2015年第1期。

⑤ See Rafael Alves de Almeida, *Market Dominance in the New Economy*, 2 Revista Direito GV 77(2006).

⑥ See Stephane Ciriani, Marc Lebourges, *The Role of Market Power in Economic Growth: An Analysis of the Differences between EU and US Competition Policy Theory, Practice and Outcomes*, 5 European Journal of Government and Economics 5 (2016).

地位认定问题对其成员进行了调查研究。ICN 肯定了市场份额在大多数市场中仍是一个重要的因素,系企业是否具有实质性市场力量的关键指标,但在问及市场份额是否是数字市场中企业支配地位和强大市场力量的表征时,39 个成员机构中有 25 个认为,其依然是一个很好的测量指标,但更为广泛的共识是市场份额仅是评估的起点,反垄断执法机构仍然需要考虑其他因素。换言之,在反垄断执法实践中,似乎没有一个执法机构会忽视市场份额在评估数字市场企业支配地位中的相关性,但也没有一个执法机构会完全依赖市场份额。① 由此可见,市场份额仍被视为认定市场支配地位的一个重要起点,但必须要对市场结构标准的传统分析模式加以调整,以适应市场的动态竞争与创新特征。

首先,需要重点关注市场份额的时间持续性。前文强调,弱化市场份额分析方法的根本原因,是动态创新的市场环境会对市场结构进行自我调节,反垄断执法机构应充分认识到技术变革和快速创新会从根本上改变充满活力的市场,因而市场份额是脆弱和暂时的。但这种动态性变化并不能作为放弃认定具有高市场份额的企业具有市场支配地位的充分理由,因为在部分行业尤其是数字市场,动态创新很可能无法撼动大型数字平台的市场地位。相反,随着时间的推移,这些超级平台的市场支配地位往往会加强并持续下去。换言之,如果在一个相对稳定和持续的时间内(例如 5 年或是更长的时间),企业市场份额始终保持在较高水平,仍应将其认定为具有市场支配地位,并且长时间持有市场力量的企业是反垄断执法机构需要格外重视的,因为市场力量存在的时间越长,其社会成本越高,则对它予以禁止的社会收益就越高。② 诺贝尔经济学奖得主威廉姆森也曾指出,持久性应作为一个需要考量的重要因素,当主导企业的市场地位牢固到市场本身无法动摇它,而反垄断执法机构能够以有效的干预方式介入时,则应及时对此作出干预。③

全球主要反垄断司法辖区针对数字市场的垄断行为呈现监管常态化与执法严厉化的趋势。在全球数字市场,2010 ~ 2017 年,谷歌搜索引擎的全球市场份额仅从 91% 下降到 89%;谷歌旗下的安卓智能手机操作系统全球市场份额从 2009 年的 4% 增加到 2016 年的 82%,而苹果 iOS 操作系统的全球市场份额同期保持稳定在 18%;谷歌

---

① See ICN Unilateral Conduct Working Group, *Report on the Results of the Icn Survey on Dominance/substantial Market Power in Digital Markets*, July 2020.

② 参见[美]赫伯特·霍温坎普:《联邦反托拉斯政策:竞争法律及其实践》,许光耀、江山、王晨译,法律出版社 2009 年版,第 83 页。

③ See Oliver E. Williamson, *Dominant Firms and the Monopoly Problem: Market Failure Considerations*, 85 Harvard Law Review 1512 (1972).

Chrome是互联网浏览器市场的全球领先者,其市场份额从2012年的30%增长到2017年的52%;在社交网络市场,脸书已经将其市场份额从2008年的8%提高到2016年的42%,并且自2008年以来一直是世界领先者;第二大在线网络YouTube(2006年被谷歌收购)市场份额从2008年的7%增长到2016年的25%;此外,亚马逊在美国的电子零售服务受众在2015年就已经达到市场份额的70%。[①] 这些市场份额数据充分说明,上述企业在相关市场具有不可撼动的市场地位,反垄断执法机构完全有理由相信其具有市场支配地位。对此,美国、欧盟和其他国家和地区的反垄断执法机构接连对微软、谷歌、亚马逊、脸书、苹果等大型互联网平台启动反垄断调查,并就其滥用市场支配地位行为进行了处罚。

其次,反垄断执法机构还可以通过考察相关市场所处的发展阶段,进一步判断企业的支配地位情况。能够影响市场动态程度的一个关键因素是市场发展阶段,市场也有其发展周期,一般可以划分为探索期、成长期和成熟期3个阶段,在探索期和成长期,市场容量很小但不确定性很高,技术创新极易引起市场垄断但又很快将其打破。[②] 倘若该市场被视为处于正在迅速膨胀阶段,那么还会有新的进入者,较高的市场份额不能充分说明企业具备强势的支配地位。例如,在高速发展的技术市场,当下的市场份额可能不具有什么证明力,尤其是当有证据表明该市场份额在过去一直都非常不稳定的时候,[③]创新可以实现快速的市场进入或市场份额的快速转移。即是说,针对市场的不同发展阶段,对市场份额对支配地位认定和市场力量的评估所起到的作用应区分对待。

(二)充分评估潜在竞争限制和市场发展阶段

在动态创新市场,支配地位分析的重点应是评估企业面临的实际的和潜在的创新威胁,但要将这种源自创新竞争的约束力量或竞争压力纳入市场支配地位认定的分析框架,仅仅依靠市场份额标准是无法实现的,需要从基于市场份额的竞争强度的静态评估转向对创新竞争的动态评估,将企业面临的潜在竞争强度和创新者进入威胁作为竞争强度的衡量标准。因此,基于潜在竞争的市场力量将比基于市场份额水平的市场

---

① See Stéphane Ciriani, Marc Lebourges, *The Market Dominance of US Digital Platforms: Antitrust Implications for the European Union* (April 20, 2018), https://ssrn.com/abstract=2977933.

② 参见杨文明:《市场份额标准的理论反思与方法适用——以互联网企业市场支配地位认定为视角》,载《西北大学学报(哲学社会科学版)》2014年第3期。

③ 参见[德]乌尔里希·施瓦尔贝、[德]丹尼尔·齐默尔:《卡特尔法与经济学》,顾一泉、刘旭译,法律出版社2014年版,第218~219页。

力量更有效。[1] 一般而言,市场份额是当前市场力量的体现,而创新对竞争的影响往往是面向未来的,此时需要更加注重潜在竞争的分析,考虑潜在的竞争对手及其能力对未来市场的竞争会产生何种影响。相关研究已表明,新进入者对于行业创新起到推动作用,当前市场中的一个潜在竞争对手未来可能会在熊彼特式的创造性破坏中颠覆在位者,反垄断执法机构如果忽视这样一个潜在竞争者显然是错误的。[2] 因此,对潜在竞争的关注将有助于确保市场分析具有前瞻性,并能弥补市场份额分析的局限性。

欧盟委员会在评估“微软收购 Skype 案”中,主要通过分析潜在竞争进而认定相关企业的市场力量状况。欧盟指出,市场份额只能有限地表明消费者通信服务市场的竞争实力, 在一个新生和充满活力的行业,市场份额可以在短时间内迅速变化。由于这些通信服务主要是免费提供的,因此消费者更关注其他功能,包括质量和创新因素。委员会认为,传统模拟通信的数字化已成为一个重要的研发趋势,这导致了支持消费者通信服务的平台数量和类型的显著扩展。这些市场的创新周期很短,软件和平台不断被重新开发,创新者通常在市场上享有短暂的领先优势。消费者通信服务市场的竞争是由创新驱动的,过去引入创新的速度证明了这些市场的高度创新,例如,群组视频、移动视频和高清视频的发展。同时,该市场增长迅速(潜力巨大),进入壁垒低,因为必要的软件很容易下载和免费。因此,尽管当事方的市场份额达到了 90%,也仍然面临来自各方对其市场力量的限制。[3]

以谷歌搜索为例,尽管其在全球搜索引擎市场的份额始终处于领先地位,但仍面临一系列实际和潜在的竞争限制。微软和雅虎多年来一直是谷歌的直接竞争对手,此外,还有大量其他搜索竞争对手,包括俄罗斯的 Yandex 和中国的百度等。与此同时,谷歌还面临潜在竞争的压力,包括已进入市场的创新公司 Wolfram Alpha、Blekko 和 Duck Go,以及众多专业在线搜索平台,如亚马逊、易趣、Kayak 的飞行搜索和脸书的社交搜索。这些平台内的内容搜索类似谷歌,正逐渐由潜在竞争转为实际竞争对手。谷歌意识到,创新率或产品质量的任何下降都会直接导致用户流失给这些竞争对手,并

---

① See Inge Graef, *Stretching EU Competition Law Tools for Search Engines and Social Networks*, 4 Internet Policy Review 10(2015).

② See J. Gregory Sidak, David J. Teece, *Dynamic Competition in Antitrust Law*, 5 Journal of Competition Law & Economics 581(2009).

③ Case No COMP/M.6281 – MICROSOFT/SKYPE, paras. 78 – 95.

为此不断改进产品,每年都会改变 500 多次搜索算法。① 可以说,正是这种潜在竞争的威胁向谷歌施加了创新竞争压力,并对其市场力量构成限制。反垄断执法机构在分析支配地位时也必须考虑这些因素,更加重视潜在竞争的存在及其对动态创新市场的影响。

(三)辅之以非结构因素的综合考量

通过前文提出的弱化市场份额的作用、关注市场份额的时间持续性、强调潜在竞争分析等,可以完善市场结构标准在动态创新市场的固有局限,但与此同时,反垄断执法机构还必须辅之以其他方面的非结构因素作为综合考量。尤其是在市场份额很难反映市场力量时,反垄断执法机构更需要通过非结构因素的分析对企业市场支配地位的认定作出进一步说明。② 此处的"非结构因素"是相对于"市场份额"这一结构因素而言的,即在认定市场支配地位时除市场份额等结构因素以外的其他因素。有学者将这种综合考量的方法称为"综合标准方案",即将市场份额与市场进入壁垒等其他非结构因素作为综合衡量经营者市场支配地位的标准。③ 在实践中,德国卡特尔联邦局在评估数字市场企业支配地位时,已明确强调不将市场份额视为最相关的因素,还应考虑具有明显间接网络效应的平台市场和具有直接网络效应的网络所表现出的高度集中的总体趋势,而在这些市场中,高市场份额与认定市场支配力的相关性较小,原因可以从网络效应对竞争的正面、反面影响,市场过程相当开放的事实以及互联网的潜在动力中找到。④ 事实上,网络效应就是进入壁垒这一非结构因素的具体表现。笔者认为,在动态创新市场认定企业市场支配地位时,以下非结构因素应得到反垄断执法机构的重视。

其一,进入壁垒。进入壁垒的分析是从新企业进入市场的角度来考察市场关系的动态变化,考察在位企业和潜在进入企业间的竞争关系,反映的是市场中潜在的竞争强度。⑤ 在此意义上,前文重点分析的基于创新威胁的潜在竞争分析也是进入壁垒分析的一个方面,但由于创新因素在动态市场的重要性格外突出,因此本文将其作为一

① See Christian Kersting, Sebastian Dworschak, *Does Google Hold a Dominant Market Position? - Addressing the (minor) Significance of High Online User Shares* (September 12, 2014), Ifo Schnelldienst 16/2014, 7, https://ssrn.com/abstract=2495300.

② 参见杨文明:《论互联网企业市场支配地位认定的非结构因素》,载《河北法学》2014 年第 12 期。

③ 参见胡丽:《互联网企业市场支配地位认定的理论反思与制度重构》,载《现代法学》2013 年第 2 期。

④ See Bundeskartellamt, Marktmacht von Plattformen und Netzwerken, Juni 2016.

⑤ 参见程贵孙:《互联网平台竞争定价与反垄断规制研究——基于双边市场理论的视角》,上海财经大学出版社 2016 年版,第 152 页。

个独立的考察方面加以强调。相比市场份额,进入壁垒在动态创新市场更能体现企业排除和限制竞争的能力,成为企业获取和维持市场支配地位的核心要素。在许多情况下,进入动态创新市场的可能性比传统市场容易,例如,规模经济、绝对成本优势、必要资本量、政府干预等壁垒的限制性程度会降低。但是,尤其是在数字市场,某些其他因素可以充当进入壁垒,并降低新企业或者新业务进入市场的可能性。因此,在动态创新市场应更加重视市场进入壁垒的分析,不能总是假设这些市场的进入壁垒很低而忽视该因素对企业市场控制力的实际影响。具体来说,动态创新市场的进入壁垒分析需要重点考察网络效应、新企业进入市场所必需的营销成本、企业的技术条件与其他企业对其的依赖度、[①]知识产权壁垒等。此外,在数字市场,还需要充分考虑基于平台特殊商业模式造成的用户规模壁垒、转移成本壁垒,以及来自相邻平台或网络市场的潜在竞争[②](此时需要着重审查市场进入的有效性,即企业是否可以将其平台或网络的影响范围转移到新市场)。

其二,研发投入强度。动态创新市场的竞争最主要的维度即是创新竞争,考察研发投入强度对于决定市场在创新方面是否具有竞争力和控制力至关重要。当然,如果进入一个市场需要大量研发费用,这表明进入成本很高并可能构成进入障碍,研发投入可以作为进入壁垒进行分析。但在创新行业,研发投入是技术和产品进步的必要条件,需要给予特别关注。企业出于对创新的追求,往往需要大量的研发投入,例如,互联网企业的研发投入通常占其营业收入的5%以上,甚至个别企业高达20%。[③] 在认定市场支配地位时考虑研发投入强度的变化情况,还有助于解释企业已具有的垄断地位的合理性,因为研发投入不仅是企业内部创新的需要,更能产生重大的社会创新价值,如果某企业研发强度明显低于国外对标企业,或是在一个较长时期内呈现下降态势,则可以认为其垄断合理性正在减弱。[④]

其三,符合动态创新市场特征的其他关键因素。这需要结合企业所在市场的具体特征,考察一些专有性因素。例如,德国联邦卡特尔局2017年对"脸书滥用市场支配地位案"调查时,在认定市场支配地位中以其在相关市场上以用户为基础的市场份额

---

① 参见高重迎:《双边市场中市场支配地位的认定问题分析》,载《价格理论与实践》2016年第4期。

② See Bundeskartellamt, Marktmacht von Plattformen und Netzwerken, Juni 2016.

③ 参见杨文明:《论互联网企业市场支配地位认定的非结构因素》,载《河北法学》2014年第12期。

④ 参见谢超、彭文生、李瑾:《CGI深度丨企业边界、萨伊定律与平台反垄断》,载微信公众号"中金研究院"2021年2月19日,https://mp.weixin.qq.com/s/nxe2nTPBHDyTeZJdwjstNw。

进行评估,并指出集中使用网络的时间长度是衡量竞争者实际市场支配的一个重要指标。① 我国《禁止滥用市场支配地位行为规定》在对《反垄断法》中的相关条款进一步细化阐释时,也在多处纳入了对动态创新市场的考虑因素。例如,《禁止滥用市场支配地位行为规定》第 7 条第 2 款指出在分析相关市场竞争状况时,可以考虑创新和技术变化、销售和采购模式、潜在竞争者情况等因素;第 12 条回应了当前以创新为主要特征的互联网等新经济业态,指出在认定其市场支配地位时,“可以考虑相关行业竞争特点、经营模式、用户数量、网络效应、锁定效应、技术特性、市场创新、掌握和处理相关数据的能力及经营者在关联市场的市场力量等因素”。

① 参见张怀印:《数字经济时代企业市场支配地位认定:基于德国反垄断执法案例的评析》,载《德国研究》2019 年第 4 期。

其二,在德国健康数据产业化应用层面,数据、算法驱动型的反竞争行为(如医疗卫生机构之间擅自交换具备竞争敏感性健康数据的行为)受到德国反不正当竞争法与反垄断法的直接规制,这可以预防与遏制这类行为对广大患者个人数据自决权造成的间接性、普遍性侵害。

2. 德国竞争法为新型侵犯患者主权行为厘定构成要件与评判标准

在数字经济时代,医疗卫生机构在收集与使用患者健康数据时,应当确保不损害患者"在数字化领域的数据主权",也就是说,不得妨碍或损害患者的个人数据自决权。[①] 在核心意义上,作为患者个人数据自决权客体的健康数据是指"运用信息通信技术形成的、于网络空间中已被识别或可被识别的"含有患者人格利益因素的所有健康数据信息。[②] 基于德国竞争法规制视角,在数字经济领域侵犯患者主权的新型反竞争行为包括误导型不正当竞争行为与滥用市场力量型垄断行为,这两类行为均涉嫌侵蚀患者对自身健康数据享有的人格权益及财产利益。

(1)误导型不正当竞争行为的构成要件与评判标准

医疗卫生行业的误导型不正当竞争行为,是指医疗卫生机构为获取动态竞争利益,利用数据、算法手段向患者提供虚假、片面、变造、歧义信息,或者人为制造"信息过载"(information overload)局面,从而显著妨碍患者对于处置自身健康数据方式作出理性判断,最终使患者丧失应有的在市场竞争态势下决定医疗卫生服务优胜劣汰的"裁判功能"。[③] 就本质意义而言,误导型不正当竞争行为属于以"非人性的方式"损害患者的自由交易选择权益的行为。[④] 这类不正当竞争行为具有作为(aktives Tun)与不作为(Unterlassen)两种形态。

在数字经济时代制度重构进程中,德国立法机关不仅在《德国反不正当竞争法》(如第 5 条与第 5a 条第 2 款)中设置前置性信息告知义务,从而确立反向推定误导型不正当竞争行为的评判标准,而且在该部法律(如第5a 条第 2 款第 2 句及第 5 款)中厘定后续性透明化义务。[⑤]

基于信息告知义务设定视角,《德国反不正当竞争法》第 5 条与第 5a 条第 2 款厘定经营者的信息告知义务,该项义务标准同样适用于规制医疗卫生机构。若医疗卫生

---

① Vgl. BMWi, „Digitale Plattformen", https://www.bmwi.de/Redaktion/DE/Artikel/Digitale-Welt/digitale-plattformen.html, 最后访问日期:2021 年 2 月 18 日。

② 参见贺栩栩:《比较法上的个人数据信息自决权》,载《比较法研究》2013 年第 2 期。

③ Vgl. Jürgen Oechsler, „Skript zum UWG", Stand: Januar 2018, S. 4 ff.

④ Vgl. MüKoUWG/Sosnitza, 3. Aufl., München: Beck Verlag, 2020, UWG, § 3, Rn. 102.

⑤ Vgl. Meinrad Dreher/Michael Kulka, Wettbewerbs-und Kartellrecht, Heidelberg, 2016, S. 137.

机构由于作为或不作为而违反这一信息告知义务,则涉嫌构成误导型不正当竞争行为。依照《德国反不正当竞争法》第5a条第2款的规定,在考虑所有情形的前提下,医疗卫生机构不得向患者隐瞒重要信息,否则构成误导型不正当竞争行为。此处所述的"重要信息"涵盖以下两类:其一,患者根据相关情况作出明智商业决策所需要的信息;其二,如果信息被截留,那么可能会诱使患者作出本来不会做出的商业决策。① 在个案情形下,前述两类重要信息可能包括健康数据或与获取健康服务相关的信息。譬如,根据德国反不正当竞争司法判例,如果一家眼科医疗卫生服务比价网站仅仅展现与其运营商签订佣金协议的医生信息,那么这家比价网站必须依据《德国反不正当竞争法》第5a条第2款的要求,告知网站用户其选择性展现医生信息的情况。②

基于透明化义务设定视角,参照《德国反不正当竞争法》第5a条第2款第2句的规定,医疗卫生机构在3种不作为场景下收集与处理患者健康数据的行为违反透明化义务,从而构成侵犯患者主权的误导型不正当竞争行为。这3种不作为场景包括:其一,医疗卫生机构隐瞒重要信息;其二,医疗卫生机构以不明确、难以理解或模棱两可的方式提供重要信息;其三,医疗卫生机构未能及时提供重要信息。③

(2)滥用市场力量型垄断行为的构成要件与评判标准

医疗卫生行业的滥用市场力量型垄断行为,是指具有优势市场力量的医疗卫生机构违反患者主权原则,利用患者对其产品、服务、平台的依赖性与黏附性,设定收集与处置患者健康数据的强制性交易条件,并据此过度收集、违法滥用患者健康数据的行为。

在适用《德国反限制竞争法》第19条与第20条的情形下,受到医疗卫生机构滥用市场力量行为侵害的主体范畴通常局限于实施侵害行为的医疗卫生机构以外的其他经营者,而不包括患者(医疗消费者);但在适用《德国反限制竞争法》第19a条的情形下,受到医疗卫生机构滥用市场力量行为侵害的主体范畴涵盖其他经营者与患者(医疗消费者)。基于宗旨解释视角,德国立法机关希望通过设定《德国反限制竞争法》第19a条的方式,为规制具有"守门人"特征的经营者的滥用市场力量行为建章立制。在医疗卫生行业,由于具有"守门人"特征的医疗卫生机构经营触角横跨多元相关市场,呈现强大的中介与联结功能,因而它们可能滥用统合型支配力强制收集与处置患者健

---

① Vgl. Bundesamt für Justiz, „Gesetz gegen den unlauteren Wettbewerb", http://www.gesetze-im-internet.de/uwg_2004/index.html#BJNR141400004BJNE002303123,最后访问日期:2021年8月25日。

② Vgl. LG Berlin WRP 2018, 373 Rn. 27 ff; allg. BGH GRUR 2017, 1265 Rn. 20; vgl. Spickhoff/Fritzsche, 3. Aufl., München: Beck Verlag, 2018, UWG, § 5a, Rn. 2.

③ Vgl. Meinrad Dreher/Michael Kulka, Wettbewerbs-und Kartellrecht, Heidelberg, 2016, S. 137.

康数据。①

鉴于前述情况,《德国反限制竞争法》第19a条为规制具有"守门人"特征的医疗卫生机构侵犯患者健康数据权益的垄断行为设置"开放性端口",这夯实了患者个人数据信息自决权的实践保护机制,避免了这一权利的弱化与虚化。值得注意的是,在《德国反限制竞争法》的架构下,经营者集中事前审查机制也具备防范侵犯患者健康数据权益的滥用市场力量型垄断行为的预设功能。如果一项拟议经营者集中完成后,新组建的医疗卫生机构集团可能滥用市场力量,显著减损数据驱动型医疗卫生服务系统之间的互操作性或健康数据的可移植性,以致可能损害患者对自身健康数据的可携带权,那么德国反垄断执法机构将否决或附条件批准这项经营者集中。

三、健康数据产业化应用维度下竞争法与数据保护法的统合规制路径

在德国医疗卫生领域,发掘健康数据潜能有助于实现拯救生命的社会公共利益目标;而发掘健康数据潜能的法定前提是:依据《德国基本法》第2条第1款关于一般人格权的宪法性规定,在尊重相关权利主体数据自决权的基础上,健康数据获得体系化的收集与应用。② 由于健康数据属于具有高度敏感性的个人数据,因而在德国这类数据权益受到数据保护法的全面保护,此处所述的数据保护法取广义界定,它涵盖《通用数据保护条例》、《德国社会法典》(Sozialgesetzbücher)、《德国民法典》、《德国电子健康法》(E-Health-Gesetz)、州立医院法、医生与药剂师专业准则等法律文件及相关规定。③

(一)塑造"患者主权+患者福利"导向的健康数据治理模式

德国竞争法与数据保护法的根本价值导向均为社会公共利益,它们共同塑造"患者主权+患者福利"导向的健康数据治理范式。其中,基于私法角度与微观层面,德国数据保护法系通过确立患者个体数据自决权方式定分止争,从而直接保护患者个体的静态人格权益及财产权益;基于公法角度与宏观层面,德国竞争法系通过维护健康数据产业化应用领域公平、自由竞争秩序方式,间接保护患者群体的动态福利(竞争红利)。

由于健康数据属于"特别敏感的数据",因而德国数据保护法将健康数据视为"一

---

① 参见[英]马丁·摩尔、[英]达米安·坦比尼编著:《巨头:失控的互联网企业》,魏瑞莉、倪金丹译,浙江大学出版社2020年版,第120~122页。

② Vgl. BMG, „E-Health-Digitalisierung im Gesundheitswesen", https://www.bundesgesundheitsministerium.de/e-health-initiative.html, 最后访问日期:2022年1月20日。

③ 虽然《通用数据保护条例》属于欧盟法律文件,但由于该文件在德国境内具有普适效力,所以它被视为德国数据保护法的组成部分。

种特殊类别的个人数据”。① 在健康数据产业化应用领域,德国数据保护法的具体功能定位有二。其一,实施数据自决,确保患者对自身健康数据的“主权”(Hoheit);其二,实现“算法透明”,确保根基于健康数据的算法技术的可监管性与可查验性,以防范滥用算法技术行为侵蚀患者私法权益。②

在德国数据保护法框架下,关于健康数据产业化应用的适法性依据主要包括:其一,患者同意其健康数据被产业化应用;其二,医疗卫生机构及其他相关机构与拥有健康数据的患者签订协议,并依据协议处理该患者拥有的健康数据(本项法律依据仅仅适用于为了履行协议而需要处理健康数据的情形);其三,医疗卫生机构及其他相关机构承担法定义务,而基于履行法定义务的要求必须处理健康数据;其四,基于多元利益权衡视角,允许医疗卫生机构及其他相关机构处理健康数据更具合理性与正当性。③譬如,依据德国法兰克福高等法院的判决(案件编号:16 U 193/17),在现行数据保护法律框架下,如果在搜索引擎平台能够发现过往几年的涉及模糊健康数据信息的文章或存在此类文章链接,并且此类文章符合社会公众的信息获取利益,那么基于多元利益权衡视角,搜索引擎提供商无须为展现此类文章承担法律责任。④

在德国竞争法视角下,健康数据被赋予“价值创造因素”的属性。它不仅属于新兴市场要素之一,而且是具备显著效能的竞争性工具。具体来说,如果一家医疗卫生机构能够借助人工智能,有效发掘健康数据效能,那么它可以迅速获得创新驱动型的竞争优势;反之,如果一家医疗卫生机构不具有利用健康数据与人工智能的客观可能性,或者它在主观上不准备利用健康数据与人工智能,那么它将在市场竞争中处于明显劣势。⑤ 然而,医疗卫生机构与社会公众(患者群体)的利益光谱并不必然重合。医疗卫生机构有可能基于“经济人”与“理性人”的逐利本性,违反“宏观经济正义”原则,实施健康数据驱动型的反竞争行为(垄断行为、不正当竞争行为),以致损害健康数据市场的资源优化配置机制,最终间接损害社会公众(患者群体)应当享有的竞争红利。⑥ 由

---

① Vgl. BMWi, „Orientierungshilfe zum Gesundheitsdatenschutz“, Berlin, 2018, S. 15.

② Vgl. Thomas Hoeren, „KI und Recht“, S. 20, http://alt.goal-projekt.de/wp-content/uploads/2019/12/KI-und-Recht_mit-GOAL-Logo.pdf, 最后访问日期:2021 年 8 月 25 日。

③ Vgl. BMWi, „Orientierungshilfe zum Gesundheitsdatenschutz“, Stand: November 2018, S. 21 f.

④ Vgl. OLG Frankfurt, Urteil vom 06.09.2018 – Az.: 16 U 193/17.

⑤ Vgl. BMWi, „GWB-Digitalisierungsgesetz“, S. 1, https://www.bmwi.de/Redaktion/DE/Downloads/G/gwb-digitalisierungsgesetz-zuammenfassung.pdf? __blob = publicationFile&v = 4, 最后访问日期:2020 年 6 月 30 日。

⑥ Vgl. Meinrad Dreher/Michael Kulka, Wettbewerbs-und Kartellrecht, Heidelberg, 2016, S. 4.

于德国数据保护法侧重对患者个体私权自治权益的保障，因而它并不适用于规制扭曲宏观市场竞争机制的健康数据驱动型反竞争行为。唯有经由竞争法纵向的与相对宏观的规制路径，这类违反“宏观经济正义”原则的反竞争行为才可被有序纳入公权力机关的监管范畴。

（二）构建竞争法与数据保护法交融适用的“联结通道”

在健康数据产业化应用领域，德国数据保护法属于德国竞争法适用的前置性法律制度。其法理推导逻辑在于，德国竞争法以保障公平、自由的经济竞争为宗旨，而经营者围绕健康数据开展经济竞争的前提是：数据保护法及相关法律能够厘定附着于健康数据的物权、债权、人格权等权益。①

通常而言，德国竞争法与数据保护法处于相互独立适用态势，两者之间并不存在交融适用的“联结通道”。但是，依据德国汉堡高等法院在“制药公司处理患者数据案”（案件编号：3 U 66/17）中的判决，虽然并非每一项数据保护规则条款都具有《德国反不正当竞争法》第 3a 条所规定的监管市场行为规则属性，但法院有必要专门审查相关的各项数据保护规则条款，以确定其是否具有监管市场行为规则属性。② 依据德国瑙姆堡高等法院在“亚马逊药品销售案”（案件编号：9 U 6/19）中的判决，在线平台上客户购买药品的订单数据构成《通用数据保护条例》第 9 条第 1 款意义上的“健康数据”，而《通用数据保护条例》第 9 条属于监管市场行为的规则条款。③ 这一系列判决为促进竞争法与数据保护法的相互嵌合与融合提供新颖审判思路。

在“亚马逊药品销售案”（案件编号：9 U 6/19）中，原告与被告均为药店经营者。被告在互联网交易平台“亚马逊商城”销售仅限药店销售的非处方药。而依据亚马逊商城平台的经营模式，该平台经营者会对与被告销售药品关联的客户数据进行处理与评估，其目的是依据大数据分析结果进行精准广告推送。原告认为，亚马逊商城平台系基于传统空间之外的信息系统运营，它与实体药店缺乏空间上的联系；由于商城平台经营者而非药剂师控制商城平台的虚拟空间，因而在这一虚拟空间药剂师无法承担对于药品销售的法定管理职能。在此前提下，被告将亚马逊商城平台作为自身销售药品与医疗器械的平台，以获取由“亚马逊商城平台经营者评估客户数据进行精准推送”而带来的利益，这就导致被告获得不正当的竞争优势。④

原告主张，根据《德国反不正当竞争法》第 8 条第 1 款第 1 句与第 3a 条的规定，被

① Vgl. Meinrad Dreher/Michael Kulka, Wettbewerbs-und Kartellrecht, Heidelberg, 2016, S. 5.

② Vgl. OLG Hamburg, Urteil vom 25. 10. 2018 – Az. : 3 U 66/17, Rn. 71 f.

③ Vgl. OLG Naumburg, Urteil vom 07. 11. 2019 – Az. : 9 U 6/19, S. 14.

④ Vgl. OLG Naumburg, Urteil vom 07. 11. 2019 – Az. : 9 U 6/19, S. 3 f.

告构成不正当竞争行为,据此要求被告停止前述行为、履行告知义务并予以损害赔偿。依据《德国反不正当竞争法》第3a条的规定,如果经营者的经营行为"违反一项法律规定,该项法律规定也旨在规范市场行为,以维护市场参与者的利益,并且这一违反行为能够明显损害消费者、其他市场参与者或竞争对手的利益",那么经营者的这一违反行为属于被禁止的经营行为。基于这一规定,在"亚马逊药品销售案"中作为核心争议的一项法律问题是:客户订单数据是否构成健康数据?其内在法律逻辑是:如果购买药品的订单数据被定性为健康数据,那么依据《通用数据保护条例》第9条第1款与第2款的规定,经营者处理健康数据应当获得受影响者的明确同意,因而亚马逊商城平台经营者擅自处理"向被告购买药品的客户"的订单数据行为就违反《通用数据保护条例》第9条的规定;在此基础上,由于被告在亚马逊商城平台的经营行为违反《通用数据保护条例》,并且该经营行为明显损害消费者、竞争对手的利益,因此这一经营行为构成《德国反不正当竞争法》第3a条规定的禁止的不正当竞争行为。

在"亚马逊药品销售案"(案件编号:9 U 6/19)中,德国瑙姆堡高等法院颇具创新地通过宽泛界定"健康数据"方式,有效构建了《德国反不正当竞争法》与《通用数据保护条例》交融适用的"联结通道"。依据德国瑙姆堡高等法院的观点,亚马逊商城平台经营者在药品订购过程中收集的客户订单数据不属于狭义健康数据范畴,但属于广义的特定类别的健康数据。具言之,亚马逊商城平台经营者可以通过分析客户订单数据而得出客户的健康状况结论。虽然一部分客户也可能通过亚马逊商城平台为家庭成员或其他人下订单,而非为自身下订单,但这种情况只是降低平台经营者分析客户订单数据结论的准确性,其并不能完全消解客户健康数据权益受侵害的后果。①

综上所述,"亚马逊药品销售案"(案件编号:9 U 6/19)司法判决具有重要启示意义。由于在该案判决中《通用数据保护条例》被界定为《德国反不正当竞争法》第3a条所规定的"市场行为规则"("旨在规范市场行为"的法律规定),这使《通用数据保护条例》被赋予准经济法的属性。② 进言之,德国法院通过扩张性司法解释,将数据保护法适用厘定为竞争法适用的触发条件,从而在实质意义上提升、强化数据保护法的适用

① Vgl. OLG Naumburg, Urteil vom 07.11.2019 – Az.: 9 U 6/19, S. 14.

② 需要注意的是,德国法学理论界与实务界对于"《通用数据保护条例》是否属于监管市场行为的规则"问题尚存在严重分歧。一派观点认为,由于《通用数据保护条例》并不保护市场参与者的利益,因而这一条例不属于监管市场行为的规则;另一派观点则认为,应当详尽分析《通用数据保护条例》的每一条款,然后个别判定各项条款是否属于监管市场行为的规则。Vgl. Timo Schutt, „DSGVO-Abmahnbarkeit soll durch den EuGH geklärt werden", https://schutt-waetke.de/datenschutz-dsgvo/dsgvo-abmahnbarkeit-der-bgh-legt-die-frage-nun-dem-eugh-vor/, 最后访问日期:2022年2月12日。

效力,并显著拓展竞争法的适用范围。

(三)基于人工智能国家战略厘定健康数据的综合治理模式

基于人工智能国家战略要求,德国公权力机关已经创设以鼓励创新与遏制风险为特征的综合治理模式,以实现针对健康数据的产业化与聚合化应用,其最终目标是促进具有“德国制造”印记的人工智能医疗卫生技术达致世界领先水准。具言之,在德国医疗卫生行业,初获应用的人工智能算法被德国政府寄予厚望,它被认为是缓解医疗卫生工作人员压力与改善医疗卫生服务质量的最重要工具之一,而这一算法技术迭代演进的前提就是收集、整合、测试、评估具备敏感性的健康数据。①

1. 设定契合人工智能发展需求的健康数据应用模式

从“确权”维度而言,德国数据保护法不仅确保人工智能深度学习所需的健康数据在私权层面具备合法性与正当性,进而督促医疗卫生机构依据健康数据敏感程度进行分级存储与分类管理,而且通过保护患者健康数据可携带权的方式,促进作为市场要素的健康数据的自由流转、聚集与整合,从而实现为人工智能发展进行“数据赋能”的目标。值得注意的是,由于患者亦可借助人工智能的辅助,主动介入对自身疾病的诊疗,因而人工智能的发展反过来也有助于进一步强化患者主权。② 从“监管”维度而言,德国竞争法为健康数据的产业化应用建章立制,它禁止医疗卫生机构无端拒绝健康数据的有序流转与合理共享,其规制目标是促进以健康数据为“燃料”与“动力”的人工智能医疗卫生技术的迭代创新。譬如,依据《德国反限制竞争法》第19a条的规定,具有“守门人”特征的医疗卫生机构就不得无端拒绝或阻碍健康数据的可移植性。③

2. 在健康数据领域构筑人工智能施行风险的防范机制

在德国医疗卫生行业,人工智能施行的最大风险是缺乏健康数据安全性以及由此衍生的滥用健康数据及网络犯罪问题。④ 针对这一情形,适用机制相互嵌合的德国数据保护法与竞争法被分别定性为防范“健康数据安全风险”与“滥用健康数据风险”的

① Vgl. BMG, „E-Health-Digitalisierung im Gesundheitswesen“, https://www.bundesgesundheitsministerium.de/e-health-initiative.html, 最后访问日期:2022年1月29日。

② Vgl. Klemens Budde/Teresa Dasch/Elsa Kirchner/Ursula Ohliger/Matthieu Schapranow/Thomas Schmidt/Anne Schwerk/Jack Thoms/Thomas Zahn/Karsten Hiltawsky, „KünstlicheIntelligenz: Patienten im Fokus“, Dtsch Arztebl 2020; 117 (49): A 2407 – 14, hier 2412.

③ Vgl. Bundesamt für Justiz, „Gesetz gegen Wettbewerbsbeschränkungen (GWB)“, https://www.gesetze-im-internet.de/gwb/__19a.html, 最后访问日期:2022年2月15日。

④ Vgl. Klemens Budde/Teresa Dasch/Elsa Kirchner/Ursula Ohliger/Matthieu Schapranow/Thomas Schmidt/Anne Schwerk/Jack Thoms/Thomas Zahn/Karsten Hiltawsky, „KünstlicheIntelligenz: Patienten im Fokus“, Dtsch Arztebl 2020; 117 (49): A 2407 – 14, hier A 2412 ff.

基础性法律制度。依据以《通用数据保护条例》为核心的德国数据保护法的规定,医疗卫生机构为了防范"健康数据安全风险",不仅应当采取技术措施与组织措施,确保健康数据在获得人工智能处理之前受到脱敏化与匿名化处理,而且应当设置自动化处理健康数据的全链条记录与追溯机制,以动态评估人工智能系统架构下健康数据的受保护效果。

基于德国竞争法规制视角,医疗卫生机构为了防范"滥用健康数据风险",应当避免采取健康数据驱动型的滥用市场力量行为、扼杀式并购行为,从而确保人工智能的应用不会显著侵犯患者福利或他人动态竞争利益。不容忽视的是,由于具有"守门人"特征的医疗卫生机构可能基于排除、限制竞争目的,拒绝竞争对手访问由其掌控的关键性健康数据或人工智能系统,这势必会妨害人工智能医疗技术的全面普及与迭代创新,因而此类反竞争行为也应受到德国竞争法的规制与矫正。

如上所述,由于作为人工智能根基的算法技术具有高度复杂性、短促重新校准周期与高度自动化的特征,因而它在自我深度学习进程中有可能脱离创设者的控制,从而造成不可控的潜在道德风险。① 鉴于这一情况,德国医疗卫生机构应当遵循《德国反不正当竞争法》内置的正当性标准,将"公平对待""公平竞争"等正向价值观预设为人工智能深度学习的目标,以消弭人工智能自我演化所导致的道德失控风险。②

四、健康数据产业化应用领域社会公共利益的竞争法保障路径

在健康数据产业化应用领域,德国竞争法实施机关予以干预的法理基础为宪法性原则"社会国家原则"(Sozialstaatsprinzip)或"福利国家原则"(Wohlfahrtsstaatsprinzip)。③ 在这一领域适用"社会国家原则"所保护的法益类型为由社会公众(患者群体)的健康数据所承载的社会公共利益。

(一)健康数据产业化应用领域社会国家原则的落地实施机制

依据《德国基本法》内置的社会国家原则的衍生要求,德国国家主体负有法定义务在健康数据产业化应用领域实施社会保障措施,以确保每位公民都获得适度的医疗保

① Vgl. Pixabay/Gert Altmann, „Big Data und künstliche Intelligenz: Prinzipien für den Einsatz von Algorithmen in Entscheidungsprozessen“, Prinzipienpapier BDAI, 15.06.2021, S. 3 f.

② Vgl. Susanne Beck et al., whitepaper, „Künstliche Intelligenz und Diskriminierung-Herausforderungen und Lösungsansätze“, Stand: Juni 2019, S. 18.

③ 在德国竞争法视野下,"社会国家原则"与"福利国家原则"属于同义概念。

障,并享有体面的医疗待遇。[①] 由于德国竞争法具有以社会公共利益为导向的“经济型领域监管+公益型领域保障”的功能预设,因而它构成健康数据产业化应用领域社会国家原则的落地实施机制之一。

基于经济型领域监管维度,德国竞争法施行机关应当在经济型健康数据细分行业秉承谦抑性与审慎性原则,担负起“干涉型国家主体”(秩序型国家主体)角色,致力确保由市场竞争机制自发实现健康数据资源的合理化配置。在这一情形下,德国竞争法的适用目标包括:其一,确保医疗卫生机构享有平等竞争机会;其二,在有效增加健康数据产业经济效益的前提下,确保包括社会公众在内的各方主体能够合理分享该类产业经济效益。根据德国联邦卡特尔局的观点,在市场经济领域中国家介入型经济活动应当呈现附属性与补充性特征。也就是说,仅在市场自身无法有效供给健康数据驱动型社会公共服务的前提下,德国政府社会保障机关、国有企业实施的介入型经济活动才可能真正产生弥补市场机制缺失的正向效应。在这一情形下,如果由国家主体(如国有企业)供给健康数据驱动型社会公共服务能够产生比纯粹市场监管更优化的市场效果,那么国家主体亦可担当此类服务供给主体。[②]

(二)健康数据产业化应用领域社会公共利益豁免标准的适用场景

1947~1949年,路德维希·艾哈德(Ludwig Erhard)与阿尔弗雷德·穆勒-阿马克(Alfred Müller-Armack)共同规划与主导了德国社会市场经济模式的政治实施进程,使其最终成为联邦德国统治型的市场经济模式,而统一后的德国亦承袭这一经济模式。[③] 从宽泛意义上界定,德国社会市场经济模式下的社会公共利益(öffentliches Interesse),是指涉及社会公众诉求与社会福利的相关利益。[④] 依据德国法学界占据主导地位的利益衡量逻辑,在社会公共利益与个体利益以及其他类型利益不相契合的场景下,公权力机关应当遵循基于法治国原则(Rechtsstaatsprinzip)的比例原则(Verhältnismäßigkeitsprinzip),依据具体应用场景综合权衡两者的位阶序列。一般而

---

① Vgl. Horst Pötzsch, „Sozialstaat“, https://www.bpb.de/themen/politisches-system/deutsche-demokratie/39302/sozialstaat/,最后访问日期:2022年3月13日。

② Vgl. Bundeskartellamt, „Der Staat als Unternehmer-(Re-)Kommunalisierung im wettbewerbsrechtlichen Kontext-“, Tagung des Arbeitskreises Kartellrecht, Hintergrundpapier, 2. Oktober 2014, S. 9.

③ Vgl. BPB, kurz & knapp, „Soziale Marktwirtschaft“, https://www.bpb.de/kurz-knapp/lexika/lexikon-der-wirtschaft/20642/soziale-marktwirtschaft/,最后访问日期:2022年3月13日。

④ Vgl. Immoeinfach, „Öffentliches Interesse“, https://immoeinfach.de/immobilienlexikon/oeffentliches-interesse/,最后访问日期:2020年1月22日。

言,社会公共利益应当被置于优先价值位阶。① 举例来说,德国法兰克福高等法院明确阐明,即使相对于《通用数据保护条例》第 9 条第 1 款意义上的"特别敏感的个人数据"而言,社会公众的信息获取利益亦可能处于被优先考虑地位。②

在健康数据产业化应用领域,《德国反限制竞争法》的规制目标与豁免标准以保障整体性与长期性的社会公共利益为导向。在前端反垄断规制层面,《德国反限制竞争法》的目标为通过维护不受扭曲的竞争机制正常运作,确保健康数据资源的最优化流转与配置,最终维护经济层面的社会公共利益;在后端反垄断豁免层面,如果根据比例原则的利益权衡,一项形式上具有垄断行为特征的经营行为(譬如,医疗卫生机构相互交换敏感健康数据的垄断协议行为)彰显社会治理、宏观规划、社会文化等层面的社会公共利益,而且依据个案应用场景判断,这一经营行为所体现的社会公共利益相较经济层面社会公共利益具有更高权重,那么在此情形下《德国反限制竞争法》可得豁免适用。

五、结语

在全球数字经济迭代演进背景下,健康数据构成中德两国推进医疗卫生行业数据化与数字化的"基础性能源",而"发掘健康数据效能"与"增进社会公共福祉"成为两国监管健康数据产业化应用行为的二元化目标。唯有设定与施行契合安全、规范、有序目标的监管标准,健康数据的产业化应用才能切实提升医疗卫生行业整体经济效率与增进社会公众福祉,否则它可能侵蚀患者个体权益、行业竞争秩序与社会公共利益。③ 基于这一原因,中德两国的竞争法理论界与实务界希冀通过解构与重构现有竞争法制度方式,着力推动健康数据的权属厘定与动态治理。

德国健康数据的确权与治理模式具有以下特点:其一,在关涉健康数据的医疗卫生行业,确立与拓展竞争法对患者主权保护机制的补白与补强功能;其二,基于竞争法视野,为多元化场景下的健康数据产业化应用行为设置正面清单与负面清单,建构与优化相关的认定标准与评价指标体系;其三,通过诠释与增补法律条款方式,构建统合适用竞争法与数据保护法的健康数据治理范式;其四,基于人工智能国家战略要求,实

---

① 比例原则包括正当目的性(Legitimer Zweck)、适当性(Geeignetheit)、必要性(Erforderlichkeit)、衡量性(Angemessenheit)4 项子标准。Vgl. Immoeinfach, „Öffentliches Interesse"; von Braunmühl, in: Fezer/Büscher/Obergfell (Hrsg.), Lauterkeitsrecht: UWG, 3. Auflage, München: Beck Verlag, 2016, UWG § 10 Gewinnabschöpfung, Rn. 144.

② Vgl. OLG Frankfurt, Urteil vom 06.09.2018 – Az. 16 U 193/17, Rn. 64 ff.

③ 参见吴凌放:《刍议医疗健康大数据对外合作中的法律风险》,载《中国卫生法制》2022 年第 2 期。

现针对健康数据的产业化与聚合化应用,进而构筑以鼓励创新与遏制风险为特征的综合治理机制;其五,在健康数据产业化应用领域,精细化设定社会公共利益豁免标准的适用前提与场景。

互联网平台搭售行为违法判断标准的嬗变：从“杠杆”到“竞争对手成本”*

黎业明**

摘　要：互联网平台搭售行为违法判断标准的确定，宏观上折射出反垄断法在平台经济发展中的角色定位；中观上决定规制搭售行为应秉持的目标；微观上可依据其判定搭售行为违法。价值层面保护实质公平，社会层面经济权力集中是分散决策的威胁，经济层面搭售行为升高市场壁垒，规制搭售行为应坚持“杠杆”标准。但是，在平台经济领域，“杠杆”标准与消费者行为多栖性不匹配，难以契合平台跨界竞争的特性，不利于实现平台经济的动态性。坚持“杠杆”标准容易产生“假阳性”错误。基于互联网平台之间的竞争呈现高度动态性、互联网平台竞争的本质是为获取数据和流量、平台经济领域网络效应的特征，证成规制平台搭售行为应坚持“竞争对手成本”标准。在适用上须同时考量互联网平台获得用户的数量，竞争对手获取数据或者流量增加的成本和消费者利益的减损。

关键词：互联网平台；搭售行为；反垄断法；违法判断标准；商业模式

一、问题的提出

近年来，随着数字技术的快速发展，具有市场支配地位的互联网平台通过实施搭售行为实现垄断力量的跨市场传递，阻碍了平台经济健康有序发展。限制经营者竞争自由、损害消费者利益、扼杀创新等都是平台经济发展面临问题的现实写照。在欧盟，微软、谷歌等互联网巨头实施的搭售行为受到了反垄断执法机构的严厉处罚。但是，互联网平台搭售行为鲜有遭到中国反垄断执法机构的处罚。究其原因，各个国家秉持

---

* 国家社科基金青年项目“信息处理者的安全保障义务研究”（项目编号：21FCX008）的研究成果。

** 法学博士，广东财经大学法学院讲师。

不同违法判断标准是最为根本的因素。作为反垄断法实施的逻辑前提，违法判断标准成为弥合文本规范与市场垄断间隙的桥梁与纽带。① 可以说，互联网平台搭售行为违法判断标准的确定，宏观上折射出反垄断法在平台经济发展中扮演的角色，中观上决定反垄断法规制搭售行为秉持的价值目标，微观上可以直接依据其判定搭售行为是否违法。

如何识别损害市场竞争秩序的互联网平台搭售行为，我们不得不正本清源、全方位、多视角地反思规制互联网平台搭售行为的违法判断标准。第一，传统搭售行为的违法判断标准是什么？影响搭售行为违法判断标准的因素是什么？第二，平台经济“免费”的商业模式、动态竞争、跨界竞争等异于传统经济的特质，是否能够对传统搭售行为违法判断标准形成挑战？如果是，是否需要变革违法判断标准？第三，如果需要变革搭售行为的违法判断标准，应当考虑哪些因素？鉴于此，本文试图阐明“杠杆”标准为何能够作为传统搭售行为的违法判断标准，检视并反思平台经济时代“杠杆”标准规制互联网平台搭售行为面临的困境，在此基础上证成“竞争对手成本”标准应作为规制互联网平台搭售的违法认定标准，并对“竞争对手成本”标准予以适用。

二、“杠杆”标准的缘起及原因

“杠杆”标准，是指具有市场支配地位的经营者实施了强制搭售行为，即可推定其将结卖品的市场力量传导至搭卖品市场，损害了搭卖品市场的竞争。我国《反垄断法》对非法搭售行为构成要件的规定较为原则，难以直接适用。为此，反垄断执法机构通过行政规章的形式予以细化，包括：(1)违背交易习惯、消费者习惯或者无视商品功能；(2)捆绑不同的商品；(3)强制。② 在该构成要件中，未将搭售行为的损害后果纳入其中。由此可知，“杠杆”标准认定搭售违法只需存在“强制”行为，无须对竞争损害效果予以证明。本节通过追溯反垄断规制搭售行为的历史，探析“杠杆”标准作为搭售违法判断标准的原因。

（一）“杠杆”标准作为搭售行为违法判断标准的缘起

搭售行为的违法判断标准是什么？欲回答此问题，须追溯反垄断法规制搭售行为的历史。美国在20世纪初首先制定了反托拉斯法，由于最初制定的反托拉斯法规则

---

① 参见金善明：《反垄断法实施的逻辑前提：解释及其反思》，载《法学评论》2013年第5期。

② 参见《工商行政管理机关禁止滥用市场支配地位行为的规定》（中华人民共和国国家工商行政管理总局令第54号，已失效）第6条第1项。

过于抽象,难以直接适用。为此,其通过判例逐步确定非法搭售行为的构成要件。在“专利权错误使用案”[1]中,怀特大法官主张专利人通过搭售行为实现“以乘数扩大垄断”,这一观点被1917年的搭售案件延续。在1948年的“格丽菲斯案”[2]中,美国联邦最高法院主张搭售行为违法的依据是:搭售行为产生的杠杆效应实现了垄断力量的跨市场传递,导致搭卖品市场上的产品不是依靠质量优势获得市场力量,限制了搭卖品市场的竞争。对于该案的违法性,其所依据的是杠杆理论,即认为行为在结卖品市场具有市场力量,那么其必然会将垄断力传导至搭卖品市场,因此几乎所有的搭售都可以视为违法行为。[3] 法院依据杠杆理论主张只需构成强制即可推定搭售违法的观点实际上就是“杠杆”标准。1953年的“泰晤士—皮卡尤恩公司案”[4]中,被告要求早报刊登广告的用户必须在晚报上刊登。法院主张,搭售行为产生了垄断两个市场的效果,据此认定该行为违法。在1958年的“北太平洋案”[5]中,被告在出租土地时,需将交易对象的货物也交由被告运输,布莱克大法官主张搭卖品市场获得市场支配地位不是因为产品质量好而是垄断力延伸的结果。

我国《反垄断法》对于搭售行为的违法性认定依据的是杠杆理论,采用的是包含本身违法原则的“杠杆”标准:只要行为构成“强制”,结卖品市场的市场力量传导至搭卖品市场,搭售行为必然具有损害竞争的效果。该标准在构成要件上明确强调了强制,无须对竞争损害后果予以证明。在《反垄断法》颁布后的第一起并购案中,商务部驳回并购的理由是:碳酸饮料与果汁饮料属于相邻的两个市场,在合并后可口可乐公司完全有能力通过搭售行为将可口可乐公司的市场支配地位传导至果汁饮料市场,这会严重削弱其他果汁饮料竞争对手的能力,损害果汁饮料市场的竞争秩序。[6] “奇虎诉腾讯

---

① 参见邓峰:《传导、杠杆与中国反垄断法的定位——以可口可乐并购汇源反垄断法审查案为例》,载《中国法学》2011年第1期。

② See 334 U. S. 109 (1948)。转引自邓峰:《传导、杠杆与中国反垄断法的定位——以可口可乐并购汇源反垄断法审查案为例》,载《中国法学》2011年第1期。

③ 参见蔡婧萌:《论搭售行为的反垄断法分析——对杠杆理论的质疑和对价格歧视的新认识》,载《中国社会科学院研究生院学报》2019年第4期。

④ See 345 US 594 (1953)。转引自邓峰:《传导、杠杆与中国反垄断法的定位——以可口可乐并购汇源反垄断法审查案为例》,载《中国法学》2011年第1期。

⑤ See 356 US 1 (1958)。转引自邓峰:《传导、杠杆与中国反垄断法的定位——以可口可乐并购汇源反垄断法审查案为例》,载《中国法学》2011年第1期。

⑥ 参见商务部办公厅:《商务部新闻发言人姚坚就可口可乐公司收购汇源公司反垄断审查决定答记者问》,2009年3月25日。

案”[①]中,广东省高级人民法院提出认定搭售行为的违法性,需考量搭售能否将一个市场的市场支配地位拓展到另一个市场。由此可见,广东省高级人民法院的分析路径深受杠杆理论和“杠杆”标准的影响。在“吴某秦搭售纠纷案”[②]中,最高人民法院主张,陕西广播电视公司的行为违反《反垄断法》,依据的是经营者实施了强制购买导致垄断力量的跨市场传递。

(二)“杠杆”标准作为搭售行为违法判断标准的原因

第一,“杠杆”标准确立的逻辑起点在于反垄断法维护实质公平价值。正如波兰戴维·米亚什克博士所言,虽然反垄断的立法目的不会发生改变,但是其适用会随着经济发展情况作出适时调整,同样条文和语义结构却被以非常不同的方式予以理解和适用,同样的行为先被认为促进竞争,随后被认为反竞争,这些问题根源于反垄断法的立法目的,他们影响纸面上的法转为行动中的法。[③] 反垄断法与国家发展经济的政策息息相关,同样的法律规则在不同时期适用的法律效果不同。在“杠杆”标准诞生之初,美国反托拉斯政策倾向保护处于弱势地位的竞争者。保护小厂商的生存和竞争机会是维护竞争秩序的重要方法,政府应当约束强者,给弱者公平的竞争机会。经营者搭售行为导致消费者缺乏选择其他竞争对手的权利,竞争对手难以凭借自身的产品质量、价格公平参与竞争。因而,“杠杆”标准认为竞争对手缺乏公平参与竞争机会的根源在于搭售行为延伸市场力量的结果。

第二,“民粹主义”为“杠杆”标准的形成奠定社会基础。“杠杆”标准的确立须依据社会经济生活发展状况,社会的变迁为标准的形成提供动力。“杠杆”标准形成于“民粹主义”盛行时期。“民粹主义”认为,集中大量资源的大企业就像私人政府,既不受外部限制也不考虑公共利益。分散决策是民主社会的根基,但经济力量的集中是分散决策的威胁,随着产业集中度的不断提高和第三次合并浪潮的到来,人民对经济权力日益集中在少数企业手中感到担忧。[④] 反托拉斯当局为了阻止产业集中,对反托拉斯规则采用目的式的扩大解释,不拘泥于技术分析,拒绝接受严格的逻辑和刚性先例的约束,将分散经济权力的社会政策概念在反垄断法中进行解释。[⑤] 在此背景下,对经

---

① 参见“奇虎360诉腾讯案”,广东省高级人民法院(2011)粤高法民三初第2号民事判决书。

② 参见“吴某秦搭售纠纷案”,最高人民法院(2016)最高法民再第98号民事判决书。

③ See Dawid Miasik, *Controlled Chaos with Consunmer Welfare as the Winner—a Study of the Goals of Polish antitrust Law*, 1 Yearbook of Antitrust and Regulatory Studies 81 (2008).

④ 参见辜海笑:《美国反托拉斯理论与政策》,中国经济出版社2005年版,第19页。

⑤ 参见邓峰:《传导、杠杆与中国反垄断法的定位——以可口可乐并购汇源反垄断法审查案为例》,载《中国法学》2011年第1期。

营者搭售行为应当秉持什么样的规制态度成为反垄断法不可回避的问题。社会民众对垄断行为的看法也是反垄断法规制搭售行为的社会基础,民众主张分散决策是民主社会的根基,而具有市场支配地位的企业会导致经济权力的集中,因此需要严格管控。具有市场地位的经营者实施的搭售行为能够将两个市场连接起来,形成“衍生垄断”。“民粹主义”者认为,既然对一个市场的垄断会导致企业经济权力的集中,而搭售行为将两个市场连接起来,将会导致更大范围经济权力的集中。[①] 一个垄断是不好的,两个垄断更糟。反托拉斯当局明确提出衍生垄断的搭售行为应当受到反垄断法的规制。

第三,哈佛学派为“杠杆”标准提供经济学理论支撑。经济学与反垄断存在天然联系。[②] 经济学对竞争与垄断关系的类型、反垄断法的立法目标和调整方法的确定奠定了基础,经济学对竞争模型分析得出市场最优的竞争状态,而反垄断法设置否定的调整方式对限制竞争行为予以规制以实现市场竞争的最优状态。[③] 在“杠杆”标准形成之初,哈佛学派的市场结构理论在反托拉斯政策中占据主导地位。按照哈佛学派的分析框架,市场结构决定市场行为,市场行为决定市场绩效。为了保持有效市场竞争结构,获得令人满意的市场绩效,必须对市场行为或者市场结构进行干预维持有效竞争。在传统经济领域,搭售是将两个产品搭在一起销售的行为,在搭售品与被搭售品的关系上,双方互补或者纵向一体化,具有市场支配地位的经营者可以通过搭售行为升高被搭售品市场的进入壁垒。贝恩的经验研究[④]表明,高的市场壁垒导致高的市场集中度,从而产生糟糕的市场绩效,为此维持有效竞争,必须对搭售行为予以干预。

三、“杠杆”标准之证否

阿列克西根据规范的抽象—具体程度进行区分,认为规范要么规则,要么原则。[⑤] 原则是抽象程度较高的规范,规则是具体化程度相对较高的规范。“杠杆”标准主张,具有市场支配地位的互联网平台搭售行为符合“强制”要件,即可推定该行为违反反垄断法。该标准细化了搭售的构成要件,具体化程度较高,属于规则。作为规则的“杠杆”标准在传统经济领域较为适应,确保处理反垄断案件的可预期性,提高案件的处理

① 参见[美]查里斯·R.吉斯特:《美国垄断史——帝国的缔造者和他们的敌人(从杰伊·古尔德到比尔·盖茨)》,傅浩等译,经济科学出版社2004年版,第22页。

② 参见金善明:《反垄断法解释中经济学分析的限度》,载《环球法律评论》2018年第6期。

③ 参见刘继峰:《反垄断法》,中国政法大学出版社2012年版,第6页。

④ See Joe S. Bain, *Barriers to New Competition: Their Character and Consequences in Manufacturing Industries*, 2 Quarterly Journal of Economics 143 (1956).

⑤ See Robert Alexy, *At Heory of Constitutional Rights*, trans. by JuLian Rivers 48 (2002).

效率。但是,随着平台经济时代的到来,“杠杆”标准能否与平台经济的商业模式相匹配?能否契合平台经济动态竞争的特点?能否规制破坏市场竞争秩序互联网平台搭售行为?上述问题在本部分予以回答。

(一)与消费者行为的多栖性不匹配

消费者行为的多栖性,是指消费者会同时选择并使用多个平台。[①] 平台经济领域消费者的行为具有多栖性,源于消费者在互联网平台之间的转换成本低。例如,在搜索引擎市场中,消费者仅靠点击鼠标就能够实现在不同搜索平台之间切换。低转换成本难以导致消费者对互联网平台形成依赖,产生锁定效应。互联网平台采用免费的商业模式,其转换成本低,消费者可以在互联网平台之间互相切换,行为趋向多栖性,能够制约互联网平台往高集中度发展。但是,并不是所有互联网平台的转换成本都比较低,在电子商务市场中,由于卖方的数据、销售数量均不能被带走,互联网平台的转换成本高,消费者的行为缺乏多栖性。

由于平台经济领域消费者行为的多栖性,具有市场支配地位的互联网平台搭售行为未必能够实现市场支配地位的跨市场传递,限制搭售品市场的竞争。“杠杆”标准主张“强制”搭售行为违反《反垄断法》的法理基础在于:在传统经济领域,作为理性经济人的消费者购买被搭售品之后,难以对被搭售品市场上相关的其他产品进行购买,原因在于消费者被强制购买被搭售品之后,购买被搭售品市场上的其他产品将不得不付出更大的成本,高昂的转换成本限制了消费者选择其他产品。“强制”搭售实现了对消费者的锁定,导致市场力量的跨市场传递,产生封锁被搭售品市场的效应。在平台经济领域,消费者行为多栖性导致产品的转换成本低,互联网平台“强制”消费者使用被搭售品,消费者仍然能够选择被搭售品市场上的其他产品,搭售行为未必能够实现市场力量的跨市场传递,产生排斥其他竞争者的效应。例如,腾讯QQ搭售免费QQ音乐软件时,消费者仍然可以通过下载等方式使用其认为更好的免费音乐软件。而“杠杆”标准推定强制搭售行为会导致竞争损害,难以反映平台经济领域真实的竞争状态。

(二)与平台经济的动态性相违背

“杠杆”标准主张搭售行为能够将搭售品市场的垄断力量拓展至被搭售品市场,损害被搭售品市场的竞争。其从两个维度考量:一方面,经营者在被搭售品市场的集中度。“杠杆”标准主张搭售行为会导致被搭售品市场获得垄断性的市场结构。但是仅凭合同搭售行为获得结构型垄断不能认定竞争损害。如果行业的市场壁垒低,潜在竞

---

① 参见时建中、张艳华主编:《互联网产业的反垄断法与经济学》,法律出版社2018年版,第44页。

争对手随时有可能进入,①那么搭售行为存在合理性。另一方面,市场壁垒成为衡量搭售行为违法性的另一个关键因素。在传统经济领域市场壁垒高,经营者能够长时间地维持垄断性的市场结构。哈佛学派主张绝对成本优势和规模经济优势是市场壁垒的主要来源。以果汁行业为例,果汁单个产品的成本高,因而需要批量生产。一旦经营者获得市场支配地位后,其生产数量多,产品成本低,并且已经建立了稳定销售渠道和物流体系,能够实现规模经营,获取利润。而其他经营者要实现规模经营的成本非常大。

互联网平台竞争呈现显著的动态性,经营者难以在被搭售品市场维持垄断性的市场结构。平台经济竞争的动态性,是指互联网平台获得市场力量是短暂和不确定的,在位平台稍有松懈,其他经营者就会迅速抢占市场。② 考虑新技术的使用、新模式的推广和高水平投资的特点,互联网平台拥有支配市场的力量是短暂脆弱的,市场进入壁垒并没有想象中的那么稳固。一旦新企业实现了技术创新,就能够迅速地获得市场份额。即使互联网平台利用搭售将市场力量传导至另一个市场,由于市场壁垒低,其他潜在竞争对手随时有可能进入,互联网平台不一定能长时间维持稳定的市场结构。互联网平台搭售行为适用“杠杆”标准存在困境。据前文所述,“杠杆”标准推定“强制”搭售行为具有竞争损害,蕴含传统行业的市场壁垒高,被搭售品市场的市场结构稳定的特点。然而,在平台经济领域,即使互联网平台搭售行为能够将市场力量传导至被搭售品市场,由于市场壁垒低,其仍然不能够维持稳定的市场结构。对于互联网平台搭售行为是否限制竞争需要进行个案分析,不宜采用推定的方式。

(三)与互联网平台跨界竞争的特性不契合

与传统经济跨界竞争具有极高的难度不同,在互联网平台经济领域,为了最大限度地获取用户注意力和数据,互联网平台跨界竞争的现象十分普遍。主要原因在于:第一,技术创新能力为互联网平台的跨界竞争提供技术支撑。从载体上讲,互联网平台实质上由一系列编程语言和代码组成。在互联网平台达到一定数量的情况下,互联网平台通过技术创新的形式打通不同平台的通道。第二,获取用户注意力是互联网平台跨界竞争的动力。从表面上看,互联网平台针对各个不同的产品展开竞争,实质上,囿于消费者用户注意力的稀缺性,使不同的平台经营者通过进入相邻领域跨界竞争成为现实。例如,在“奇虎360诉腾讯案”中,360作为一款免费杀毒软件,为何与即时通

---

① 参见罗丽娟、陈甬军:《数字平台反垄断规制的挑战与建议》,载《当代经济管理》2021年第12期。

② 参见朱战威:《互联网平台的动态竞争及其规制新思路》,载《安徽大学学报(哲学社会科学版)》2016年第4期。

信软件QQ产生激烈竞争?表面上并无交集的两个平台真正的交集在于互联网平台对共同用户注意力的要求。

"杠杆"标准与互联网平台跨界竞争的特性相冲突。在技术创新的背景下,平台经济领域的产品和服务的市场进入壁垒比较低。互联网平台可以凭借技术优势、数据优势和流量优势实现跨界竞争,将一个产品市场的竞争优势迅速地传导至另一个产品市场。而"杠杆"标准认为搭售行为是否具有限制竞争的效果关键在于搭售行为是否具有升高市场进入壁垒的可能性。在"罗伊维案"①中,被告要求原告购买受欢迎的影片时,必须同时购买其品质不好的影片,因而搭售会迫使其他竞争者放弃进入该市场的通道。"杠杆"标准认为搭售行为会升高产品市场的进入壁垒,对被搭售品市场的竞争秩序造成损害。然而,"杠杆"标准与技术创新背景下互联网平台的市场进入壁垒较低的发展状况不相符。基于互联网平台的融资途径比较多样,技术创新为跨界竞争提供技术支撑以及用户注意力的存在,互联网平台跨界竞争的现象日益普遍,市场进入壁垒较低。

四、"竞争对手成本"标准之证成

如前文所证,基于平台经济的特性,坚持采用"杠杆"标准将产生"假阳性"问题,并且可能造成威慑过度、产生相关成本。随着错误判定为有罪的频率上升,甚至那些遵从法律标准的互联网平台将会被迫去改变他们的行为,以被减少被认为错误有罪的风险。由此可知,"杠杆"标准在平台经济领域具有不适用性,有必要变革规制思路。而"竞争对手成本"标准,是指互联网平台搭售行为是否违法,需考察该行为是否造成竞争对手成本提高的后果,其在性质上属于抽象程度较高的原则,需要对搭售行为造成的竞争损害后果予以个案仔细分析。"竞争对手成本"标准的引入契合平台经济的特点,能够避免出现"假阳性",也打破了反垄断案件处理结果合理性和案件处理效率两者难以兼得的制度困境。② 之所以从"杠杆"标准嬗变为"竞争对手成本"标准,主要是基于以下因素考量。

(一)与互联网平台动态竞争特性相匹配

互联网平台之间的竞争是一个动态竞争的过程,整个阶段由"突击行动"和"追踪

---

① See 371 U. S. 38(1962)。转引自邓峰:《传导、杠杆与中国反垄断法的定位——以可口可乐并购汇源反垄断法审查案为例》,载《中国法学》2011年第1期。

② 参见叶卫平:《反垄断法分析模式的中国选择》,载《中国社会科学》2017年第3期。

反应”两个相互交替的阶段构成。① 竞争作为动态过程是经济主体独立行动的一种方式,其目标是实现利润增加或者是避免利润下降。但是,在平台经济领域,互联网平台搭售行为的直接目的并非通过市场力量的传导获取垄断利润,而是注重规模扩张。② 互联网平台的规模对于平台经营十分关键,互联网平台跨行业经营,能够在某一市场上将另一个市场的竞争优势转化为利润,规模是发展长期新业务的关键来源。为获取用户数量或者维持用户数量,互联网平台不得不通过技术或商业模式创新来实现用户数量增加。在接下来的追踪反应中,与处于领先位置的互联网平台的竞争对手作出反应,开始以模仿和追随先锋企业的方式,获得相应的用户数量以实现规模经济。在平台竞争中,这两个过程交替进行、连续不断。③ 要维持平台经济领域的动态竞争,竞争对手扮演着非常重要的角色。只有存在竞争对手的约束,竞争的对抗机制才能存在,进而激励具有市场支配地位的互联网平台凭借自身的产品质量获得市场份额,得到消费者的青睐。反之,缺乏竞争对手的约束,具有市场支配地位的互联网平台将会通过搭售实现市场力量的传导,进而获得足够数量的用户。缺乏竞争对手的约束将会导致搭卖品市场的竞争机制受到破坏。基于互联网平台竞争的动态性,可以从竞争对手的角度认定互联网平台搭售行为是否损害竞争秩序。

互联网平台意图通过搭售实现提高竞争对手成本的目的,导致竞争对手难以约束互联网平台的行为,这就意味着互联网平台的竞争机制受到破坏,其行为应当受到反垄断法的规制。萨普洛曾经构建模型加以论证:他们认为,具有市场支配地位的企业可以通过实施搭售等排他性策略提高竞争对手成本,而一旦提高竞争对手成本,将会损害市场竞争秩序。④ 搭售行为导致竞争对手成本的提高与竞争损害之间存在常态化的联系。“竞争对手成本”标准从一个全新的视角来认识互联网平台搭售行为是否损害竞争秩序。传统经济领域,认定搭售行为构成垄断行为主要从消灭竞争对手或者提高市场进入壁垒的角度来认定搭售行为是否存在限制竞争的效果,而“竞争对手成本”标准主张搭售行为将会提高竞争对手成本进而限制竞争。换言之,即使互联网平台不能消灭竞争对手,也能够获得更大的用户规模。

---

① 参见[美]约瑟夫·熊彼特:《资本主义、社会主义与民主》,吴良健译,商务印书馆1999年版,第148页。

② See Lina M. Khan, *Amazon's Antitrust Paradox*, Yale Law Journal 127(2017).

③ 参见陈秀山:《现代竞争理论与竞争政策》,商务印书馆1997年版,第58页。

④ See Thomas G. Krattenmaker, Steven C. Salop, *Anticompetitive Exclusion: Raising Rivals' Costs to Achieve Power over Price*, Yale L. J. 209(1986).

(二)与平台市场竞争的本质相符合

进入数字经济时代,数字平台竞争的本质是数据竞争。一方面,从数字平台之间的关系出发,谁能获得足够多的数据谁就能够在激烈的竞争中脱颖而出。数据作为企业核心的投入品,数字平台可以用来投放个性化广告或者用来改善产品。数字平台拥有海量数据,这为数字平台提供了类似“干中学”的优势。人们的生活经历、社会交往,甚至所思所想都可以转化成算法模型的数据源。因为存在较大的数据进行机器训练时,机器学习可以产生更好的见解,所以拥有大量数据访问权限的公司可以以访问数据受限的公司无法做到的方式提高产品服务的质量。① 另一方面,从经营者与消费者的关系出发,在数字经济领域,数字平台可以通过拥有的海量数据,对消费者的数据进行跟踪分析,绘制出包含消费者偏好、习惯和支付能力的数据画像,并通过模型验证和反馈,推测出消费者的支付意愿,能够更好地锁定消费者。

在数字经济领域,流量取代价格成为数字平台竞争的焦点。一方面,在信息化背景下,数字经济领域存在广告增加、个人信息严重超载等一系列“信息爆炸”现象,用户注意力相对来说是一种极其有限的商业资源。美国南加利福尼亚大学安尼伯格学院数字未来中心的《数字未来报告》显示,总上网时间从 2002 年 9 月的 15 亿小时上升到 2012 年 9 月的 71 亿小时,上网时间增长了 373% ,而 2001 年至 2010 年,互联网企业的数量从低于 3600 万个增加到超过 2.55 亿个,增长率超过 608% 。这预示着需求用户注意力的增速比总上网时间增速要大,这也说明现有企业因新网站的出现而流失用户注意力。需要注意的是,不同行业的互联网公司也因用户的注意力存在竞争。如雅虎公司所说,我们也和社交媒体及社交网络的网站相互竞争,因为他们吸收了大量的用户时间。另一方面,数据在数字企业生产运营中扮演着重要角色,而数字平台累积大量数据的前提是必须积累大量的用户流量,缺乏流量的数字平台难以获得数据,也就难以获得持续性高额收益。

采用“竞争对手成本”标准认定互联网平台搭售行为是否遭受竞争损害与平台市场的竞争本质相契合。互联网平台竞争的本质是对流量和数据的竞争,谁能获得足够多的数据和流量,就有机会在激烈的市场竞争中脱颖而出,数据和流量是经营者在被搭售品市场进行经营的关键投入品。从被搭售品市场的经营者与搭售品市场的互联网平台的关系考量,被搭售品市场的竞争对手与互联网平台两者之间是互补或者纵向一体化关系。被搭售品市场上的竞争对手需要从互联网平台处获取用户数据和流量;

---

① See Parker G. , Petropoulos G. & Van Alstyne W. M. , *Platform Mergers and Antitrust*, SSRN Electronic Journal 1 (2021).

而互联网平台利用搭售的方式将市场力量传递到被搭售品市场,其实质是排除了被搭售品市场的竞争对手获取关键投入品,导致其不得不花更大的代价获取用户数据和流量,提高了竞争对手成本,进而使被搭售品市场的竞争对手难以与互联网平台在被搭售品市场公平竞争,损害了被搭售品市场的竞争秩序。因此,基于互联网平台竞争的本质是围绕数据和流量展开,将"竞争对手成本"标准作为认定互联网平台搭售行为违法性的依据。

(三)与平台经济具有网络效应的特点相匹配

网络效应又称网络外部性,从经济学角度看,外部性,是指一个主体对另一个主体带来收益或者损失,而后者对该收益或者损失的产生并无相应的选择权。当一个产品形成一种网络时,这种对市场参与者的影响称为网络效应。[①] 互联网平台经济具有明显的网络效应的特征。它主要表现为消费者使用该互联网产品的用户规模越大,该产品就越具有价值。网络外部性意味着互联网产品的效用不仅取决于该产品的特点和质量,而且取决于该产品的用户规模和网络成员相互之间的密切联系。[②] 互联网平台经济领域所具有的网络效应的特点可能导致较高的市场进入壁垒,阻碍其他潜在竞争者进入相关产品市场。以"Facebook 案"为例,事实上 Facebook 在广告资助方面具有间接网络效应,增加了其他潜在市场竞争者进入该市场的障碍。

新产业组织理论认为,企业不是被动地对外界条件作出反应,而是试图通过策略行为去改变市场环境,从而影响竞争对手的预期,进而排挤竞争对手或者阻碍竞争对手进入市场。在传统经济领域,具有市场支配地位的经营者实施搭售行为的目的在于消灭竞争对手或者升高市场进入壁垒。然而,互联网平台经济具有明显的网络效应,进而导致互联网经济的相关产品市场进入壁垒是普遍存在并且是较高的。互联网平台试图实施通过搭售行为来提高竞争对手成本来削弱竞争对手对自己的制约作用。在"微软案"中,微软公司就是通过将其占据市场优势地位的视窗操作系统搭售 IE 浏览器,利用了网络效应来获取市场的优势地位,从而实际发挥了杠杆作用——将其在操作系统市场上的垄断力量传递到了浏览器市场,从而占据浏览器市场的垄断地位。在平台经济领域,互联网平台实施搭售行为能够借助一个市场的垄断力量来获得另一个市场的网络效应,即使该平台不能在短期内获得两个市场的垄断利润,其也可以通过其他方式在未来获得更多的利润。如果竞争对手被排除在"网络"之外,那么其必须花费大量的成本来构建自己的网络,或者花费金钱购买网络,而这将导致其获利能力

---

① 参见闻中、陈剑:《网络效应与网络外部性:概念的探讨与分析》,载《当代经济科学》2000 年第 6 期。

② 参见叶明:《互联网行业的市场支配地位的认定困境及其破解路径》,载《法商研究》2014 年第 1 期。

的下降,压缩参与竞争的空间。

五、“竞争对手成本”标准的实施路径

在证成了“竞争对手成本”标准作为互联网平台搭售行为的违法判断标准之后,需要进一步追问的是,如何将“竞争对手成本”标准运用于反垄断执法和司法实践中以有效规制互联网平台搭售行为。因此,采用“竞争对手成本”标准判断搭售行为的违法性可以从以下 3 个角度考量。

(一)考察互联网平台利用搭售行为获得的用户数量

“竞争对手成本”标准认为,从企业行为动机的角度观察,互联网平台搭售行为的目的是能够垄断两个市场,在两个市场获得垄断利润。因此,判断企业搭售行为是否损害竞争秩序,导致消费者利益受损,可从企业是否获得利润的角度展开。但是,互联网平台经济的特点与传统经济不同,其具有双边市场的特点,其在一边用户端获得用户,在另一边向广告商收取相关费用,在用户端获取的用户数量越多,在广告端向广告商收取的费用就能够越高。以获取垄断利润来认定互联网平台搭售行为的违法性显然与平台经济的特性不符。在平台经济领域,互联网平台竞争本质是哪家企业能够获得更高的关注度,流量的价值决定互联网平台的价值,因而平台竞争的实质是获取用户的竞争。① 判断互联网平台实施搭售行为是否造成竞争损害可以从平台能否获得用户数量着手。互联网平台利用搭售行为将一个市场的市场力量利用杠杆作用传导至其他市场,导致产品市场的用户数量急剧增长,用户数量的增长不是源于其自身产品质量的提升或者服务态度的改进,而是源于市场力量的传导,据此可认定其为了获取垄断利润而实施搭售行为。在“欧盟处罚谷歌案”中,谷歌公司利用搭售将其搜索引擎市场上的支配地位传导至对比购物市场,导致对比购物市场的流量在短时间内得到大幅度的增加,欧盟委员会认为其获得流量优势与产品质量不成优点,据此认定其损害对比购物市场竞争秩序。②

用户数量作为认定互联网平台搭售行为的违法性标准需考量两个因素:首先,互联网平台在另一个市场获得用户数量的持续时间。互联网产品的生命周期日益缩短,互联网市场环境瞬息万变,因此采用用户数量作为认定互联网平台搭售造成的竞争损

---

① 参见郜庆:《优化数字经济营商环境背景下支配地位认定条款之重塑》,载《行政法学研究》2020 年第 5 期。

② 参见李思羽:《互联网平台企业滥用市场力量的杠杆作用认定——以“奇虎诉腾讯滥用市场支配地位案”为例》,载《科技与法律》2018 年第 2 期。

害时,应当考虑互联网平台持有用户数量的时间,[①]因为一方面短时间的用户数量并不能转化为支配该市场的能力,另一方面对占据市场份额要求的时间也不能太长。其次,互联网平台在另一个市场获得的用户数量。互联网平台在另一个市场获得的用户数量直接关乎互联网平台能否在第二个市场具有支配性的地位,具体的数字需要根据总体的竞争状况来确定。

(二)消费者的利益是否实质减损

从经济活动的目的来看,生产和经营活动都是为了满足消费的需要。对待经营者的目的不应该走向极端,效益收益不是经济活动的目的而是实现社会目标的手段。经济活动应当以人为本,以消费者为本,使消费者成为竞争活动的受益者,而不是企业"转嫁竞争损失的终端"。[②] 从反垄断法的竞争观的角度看,竞争应被视为一种很好的为消费者利益服务的状态,而不是只要一个极小的竞争对手被消灭就会受到削弱的一个对抗过程。英国公平交易局根据《2002年企业法》对"实际减少竞争"的检验也作出了类似说明,公平交易局认为企业之间的竞争是为了获得消费者而进行比赛。而企业之间通过比赛价格、质量、选择权等方式将利益转让给消费者。从互联网平台与消费者的关系来看,经济社会发展从生产主导型向消费者主导型转变,数字经济的发展使以消费者需求为中心的市场结构和产销格局逐步形成,在交易中,消费者扮演着越来越重要甚至是支配者的角色。[③] 高度重视消费者利益保护的竞争法逻辑的证成与确立,特别是肯定反垄断法对消费者利益的保护价值,是回应互联网经济深度发展的要求。因而通过保护竞争实现对消费者利益的保护一直以来都是我国反垄断法分析的重点。

福利是一个多维概念,除价格维度外,还有非价格维度,如质量、品种、服务、创新等。竞争损害的外延会不断扩大,按照这种理解,损害竞争不仅扭曲市场价格,还会扭曲供应品的其他特征,对消费者来说最重要的竞争方面——价格、品种、质量等都是反垄断法的关切对象。一直以来,价格都是分析反竞争效果的重要标准,然而,在互联网领域,免费模式的存在,价格因素在分析反竞争效果中的重要性开始下降,而互联网平台竞争的实质是产品质量的竞争,消费者享受产品质量是否下降成为反垄断法重要的关切对象。故互联网平台搭售导致搭卖品市场的消费者因搭售而导致产品质量下降,则应当具有指向反竞争效果。从产品质量的角度衡量消费者的利益是否受到实质减损可以从以下几个维度进行。第一,互联网平台搭售行为是否削弱了消费者的隐私保

---

① 参见叶明:《互联网行业市场支配地位的认定困境及其破解路径》,载《法商研究》2014年第1期。

② 孙颖:《论竞争法对消费者的保护》,载《中国政法大学学报》2008年第4期。

③ 参见陈兵:《改革开放40年消费者法嵌入市场经济发展的嬗变与展望》,载《学术论坛》2018年第5期。

护水平。在反垄断法的语境中,作为质量维度的隐私,是指被采纳个人信息的消费者可以控制个人信息能否被采集、采集的手段以及运用场景。[①] 如果互联网平台的搭售行为导致消费者在搭卖品市场和结卖品市场无法选择自身的信息是否被采用以及被采用到何种程度,则应当被认为是隐私保护水平的下降。第二,互联网平台搭售行为是否直接导致搭售品市场上广告数量的增加。一般而言,互联网平台属于非交易型双边市场,一边市场通过免费产品获取消费者注意力,另一边市场通过广告商获取利润。而非交易型双边市场具有负外部性,众多的广告会导致消费者体验到产品的质量下降,因而可以通过广告数量的多少判断互联网产品质量的下降程度。第三,在互联网平台的搭售品市场,消费者对互联网产品的投诉率是否增加。消费者对互联网产品的评价成为互联网平台经营者改进产品质量的关键要素,当用户对互联网产品的体验感不佳时,其会通过投诉率体现出来,投诉率高的产品说明其品质并未得到消费者的信赖。

(三)竞争对手利益是否受到较大损害

美国《谢尔曼法》产生的思想根源在于,其认为垄断行为导致竞争对手在竞争中处于劣势地位。对美国反垄断司法实践具有重大影响的《反托拉斯法释论》也指出,美国反托拉斯的目标是“保护凭本事竞争的过程以及有效竞争所附带的经济效果”。排斥竞争行为必然是指阻止实际竞争或者潜在竞争对手参与竞争的行为。互联网平台搭售行为导致另一个市场的竞争对手难以公平地参与竞争,则应当认为其具有损害竞争对手的效果。从社会伦理的角度看,给予市场上弱者进行选择的机会,也是反垄断法内在的价值要求。竞争机会对于处于弱势地位的中小企业来说,扮演着非常重要的角色;由于互联网平台自身拥有的数据优势、流量优势、平台优势等,中小企业能否获得一个公平竞争的环境就显得尤为重要。互联网平台扮演着企业、市场和公共管理者等多重角色,其搭售行为将会限制处于弱势地位的中小企业的自由竞争和发展。因而,竞争对手利益是否受到较大损害是认定互联网平台搭售行为违法性的重要考量因素,判断竞争对手的利益是否受到较大减损,可以从以下几个方面判断:

第一,是否不公平阻碍竞争对手获取数据。互联网平台利用搭售将一个市场的垄断力量传导至另一个市场,导致其他竞争对手获取数据的成本增加,则应当认定互联网平台搭售行为具有反竞争效果,违反反垄断法。进入平台经济时代,数据成为驱动平台经济发展的关键要素。掌握大数据的互联网平台能够在激烈的互联网平台竞争获得优势,进而在激烈的竞争中脱颖而出。互联网平台利用其结卖品市场收集到的数

---

① 参见韩伟:《数字经济中的隐私保护与支配地位滥用》,载《中国社会科学院研究生院学报》2020 年第 1 期。

据,利用搭售传导至搭售品市场,由于数据成为平台竞争的关键要素,并且扮演类似“基础设施”的角色,一旦互联网平台利用搭售将数据传导至搭售品市场,在搭售品市场上的其他竞争对手难以通过自身的力量获取数据,导致其收集数据的成本大大增加,难以与平台内其他产品进行竞争。2020年11月10日,欧盟委员会调查后认为,亚马逊收集第三方卖家数据帮助决策,以优化自己的产品、价格、库存和供应链管理,其涉嫌违反欧盟竞争法。数据在平台竞争中扮演不可或缺的角色,亚马逊利用杠杆作用将数据传导至零售市场,那么其他竞争者将难以获得数据,不得不花费更高的成本去获取数据。

第二,是否不公平地阻碍竞争对手获取消费者注意力。互联网平台之间的竞争主要表现为获取消费者注意力的竞争。消费者在互联网平台投入的时间具有稀缺性,在平台经济领域,谁能够最终获得足够多的消费者注意力,在平台竞争中获胜的可能性就比较大。在平台的经营模式中,不同互联网产品通过互联网平台这个共同的接口联系在一起,这些产品分别属于不同产品市场,互联网平台利用搭售将一个结卖品市场聚积的用户注意力传导至搭卖品市场,而注意力具有稀缺性的特征,导致搭卖品市场的其他竞争对手难以凭借自身产品的优势在平台端口获取消费者的关注,其不得不通过更多的途径花费大量的成本来自己构建平台,或者转向其他平台,导致竞争对手获取用户注意力的成本增加,难以和互联网平台公平竞争。事实上,如果互联网平台利用搭售将用户注意力从结卖品市场传导至搭卖品市场,那么其真实意图是通过传导消费者注意力来排挤搭售品市场上的竞争对手,提高其获取消费者注意力的成本。

六、结语

囿于平台经济动态性的特征,平台市场竞争的本质是为获取数据和流量,互联网平台具有网络效应的特点,以上因素决定了规制互联网平台搭售行为应坚持“竞争对手成本”标准。采纳“竞争对手成本”标准规制互联网平台搭售行为应同时从3个维度分析:其一,应考量互联网平台通过实施搭售行为获得的用户数量;其二,互联网平台搭售行为是否导致消费者隐私保护水平的下降,被搭售品市场上广告数量以及投诉率;其三,互联网平台搭售行为是否不公平地提高竞争对手获取数据和流量的成本。任何竞争都会导致经营者受损,唯有将“竞争对手成本”标准作为互联网平台搭售行为的违法判断标准才能识别平台经济领域的搭售行为是正当的竞争行为抑或是垄断行为。采用“竞争对手成本”标准作为互联网平台搭售行为的违法判断标准,能够减少反垄断执法和司法机构的不确定性,避免出现“假阳性”错误和“假阴性”错误,甩掉历史的包袱,跟上时代的脚步,维护平台市场的竞争秩序,保护消费者利益,推动平台经济健康有序发展。

食品安全治理法治化：理论重释与路径完善*

张继恒**

摘　要：“保证食品安全”是食品安全法律实施的核心问题，食品安全治理法治化建设要担负起实现食品安全法律权利的重任。从法的实施的基本理论出发，食品安全治理法治化之路径问题可以被理解为是如何使食品安全法律权利能够在食品安全治理法治化建设中得以真正落实的问题。将作为食品安全治理法治化之法理基础的食品安全权通过以政府主导、风险治理和公民参与为基本向度的制度设计转化为食品安全治理主体的特定行为要求，再将这种行为要求明确为其自身参与和推进食品安全治理法治化的具体路径，既化解风险社会对于食品安全治理体系的挑战，又确保食品安全治理领域中公共利益的实现。

关键词：食品安全治理法治化；食品安全法律实施；食品安全权；规制治理

一、引言

在风险社会①背景下，食品安全问题始终是公众普遍关注的热点问题，也是公共治理的重点、难点问题。近年来，我国高度重视食品安全问题，不断构建和完善相关的食品安全法律规范与制度，食品安全领域的治理工作取得了长足进步。从公共治理的角度看，“治理”一词更多体现的是一种合作诉求，这一诉求意味着政府、社会和市场都要

---

* 国家社科基金项目“经济法法理学基本问题研究”（项目编号：18BFX145）和江西省社科基金项目“‘和谐江西’背景下企业劳动用工合规的法律保障研究”（项目编号：22FX05）的研究成果。

** 管理学博士、法学博士后，江西科技师范大学法学院教授、副院长。

① 对于“风险社会”概念及内涵的系统阐述，参见[德]乌尔里希·贝克：《风险社会：新的现代性之路》，张文杰、何博闻译，译林出版社2018年版，第1～48页。

在治理过程中承担不可或缺的角色,①因而食品安全治理实际上就是一种通过多方力量来共同规制和保障食品安全的公共治理活动。当前,随着全面依法治国的深入推进,提升食品安全治理能力和治理水平,强化法治在食品安全治理领域的作用,是我国食品安全治理工作面临的重大问题。相应的,食品安全治理法治化作为一种解决和应对食品安全问题的可行出路,受到社会各界尤其是法学界的高度重视,俨然形成了基本共识。党的十八大以后,我国陆续修订了《食品安全法》《食品安全法实施条例》等有关食品安全的法律法规,强化了食品安全执法和司法力度,食品安全治理法治化建设步入快速发展时期。在食品安全治理领域,全面贯彻依法治国的基本方略,就是以法治思维和法治方式,将食品安全治理的各项工作纳入法治轨道,充分发挥法律对食品安全治理工作的规范、保障和引领作用,在食品安全法律实施的过程中实现食品安全治理领域各项工作的法治化。在这种局面下,如何加强我国食品安全法律的有效实施、切实维护食品安全治理领域中的社会公共利益,成为当下中国推进食品安全治理法治化建设的一个重要课题。

从法的实施的基本理论出发,食品安全治理法治化可以被视为是一种以食品安全权利义务的实现逻辑为导向的法律实施活动。具体来说,这一活动大体需要经过以下3个阶段:一是食品安全法律规范的确定阶段。在食品安全法律法规制定出来后,"保证食品安全"这一国家意志借助高度概括和抽象的规范形式得以表达;此时,致力于促成良好食品安全治理秩序的食品安全法律规范建立的是一种普遍的食品安全行为预期,表达的是国家对食品安全法律权利义务的一般要求。二是食品安全法律关系的形成阶段。在这一阶段,关于食品安全法律权利义务的一般规定需要转化为具体的食品安全治理主体的行为要求,即不同食品安全治理主体的权利和义务应明确化、特定化。三是食品安全法律权利义务的实现阶段。在该阶段,食品安全法律关系主体通过积极行使食品安全法律权利和履行食品安全法律义务的行为,将食品安全法律规范的一般规定进一步转化为其自身参与食品安全治理实践的具体行动,从而使食品安全立法所倡导的食品安全公共利益得以充分实现。由于主张权利之时即是履行义务之际,因而食品安全法律实施及食品安全治理法治化建设的整个过程在本质上也可以说是体现在法律规范、制度设计和社会实践之中的食品安全法律权利的贯彻和落实过程。与我国食品安全治理法治化的实践需求相呼应,上述3个阶段在逻辑上依次展现为法律规范层面的食品安全法律权利(权利的确立)、制度设计层面的食品安全法律权利(权利的运行)和利益保护层面的食品安全法律权利(权利的实现)3个主题环节。这对于我

① 参见俞可平主编:《治理与善治》,社会科学文献出版社2000年版,第328页。

们理解和建设食品安全治理法治化,具有重要意义。

本文的中心主题是探讨食品安全治理法治化的路径问题。结合关于法的实施的基本理论,这一问题又可以被理解为是如何使食品安全法律权利能够在食品安全治理法治化建设中得以真正落实的问题。鉴于此,首先,本文从权利确立的角度对食品安全权之正当化命题进行分析和论证,这可以为食品安全治理法治化提供法理基础;其次,从保障食品安全权有效运行的立场出发,指出食品安全治理法治化的制度设计要从政府主导、风险治理和公民参与3个相互联系的视角展开;最后,以食品安全权之实现为导向,依据我国食品安全法律尤其是《食品安全法》实施的总体要求,结合以往理论研究与实践中的相关经验和做法,提出食品安全治理法治化的具体路径。

二、食品安全治理法治化的法理基础

权利(包括义务)是分析一切法律问题的逻辑线索,也是解构法律关系的基本线索。在食品安全治理领域,这个基础性权利就是“食品安全权”,①它构成了食品安全治理法治化的法理基础。但遗憾的是,包括中国在内的世界各国在现行立法上并未明确规定食品安全权,在实践中对食品安全权往往等同于一般商品消费中的安全权加以保护。在这种基础性权利缺失的情况下,食品安全治理领域内的诸多法律法规由于没有一个共同的理念指引和利益诉求,因而难以形成体系的合力,甚至还可能出现制度脱节、规则相互冲突的现象,从而导致法律适用的混乱。因此,在立法上明确规定食品安全权并使之合法化、正当化,对于促进食品安全法发展及食品安全治理法治化建设具有不容忽视的重要意义。②

食品安全权要得到正当化,首先需要解决的问题是:食品安全权为什么是一项法律权利?其生成的逻辑秩序是什么?一般而言,法律权利是“规定或隐含在法律规范中,实现于法律关系中的,主体以相对自由的作为或不作为的方式获得利益的一种手段”。③ 存在一项法律权利的意思是,存在一种足够重要的利益,它能证成特定的法律

---

① 在既有讨论中,人们对于食品安全到底是权力还是利益一直存在争论。参见涂永前:《食品安全的国际规制与法律保障》,载《中国法学》2013年第4期。

② 对此,也有学者持不同意见,认为可以通过灵活的法律解释以扩大法益,促进食品安全权益保护并逐步建立起操作性较强的程序路径,而无须以创设单独的食品安全权的方式来保障食品安全权益。参见张明华:《机械创制抑或扩张解释:食品安全权实现路径选择》,载《社会科学家》2016年第5期。

③ 张文显:《法哲学范畴研究》,中国政法大学出版社2001年版,第309页。

义务。[①] 食品安全权是否以及为什么是一种获取食品安全利益的正当手段,一定程度上取决于该权利“正当化的过程”以及为了达到这一目的而运用的“解释技术”。在西方法哲学史上,关于各种权利的合法化或正当化的基础,大体存在 3 种解释模式:第一,正当化的基础在于传统。这是最古老、最普遍的学说,以传统的神学法律思想为基础。第二,正当化的基础在于价值——合理的信念。自然法理论就是这一模式的代表。第三,正当化的基础在于实在地制定,即在形式上正确、合理地制定。这是现代最普遍的认识。那么,我们应当如何解释食品安全权正当化的基础?德沃金在回答“先于法律的权利是一种什么权利”的问题时所表达的一个重要观点是,“每一个稳定的法律制度都表达了一种占据主导地位的政治哲学,正是它给法律制度以一种连贯性和统一”,“这一哲学表达在法律的价值和传统中,每天都在发展法律和决定案件的实践中被努力实施……”[②]。这启示我们,在食品安全权成为一项具体的法律权利之前,实际上存在一些与之相关的哲学或法哲学层面的基本权利,如“自然权利”“天赋人权”等。这些基本权利可能更多的是一种政治权利或道德权利,但在证明作为一个法律概念的食品安全权的构成及状态是怎样的问题上,它们应当作为一种背景而得到适当的考虑。

法律权利的内容和形式是一个不断发展的过程,食品安全权是权利的种类和内容不断发展而形成的新兴权利类型。[③] 一项新出现的权利主张能否成为真正的权利乃至于应该得到法律上的保护,在很大程度上依赖对该权利的有效证成。[④] 与所有新兴权利一样,食品安全权的提出、完善乃至最终被认可也是需要通过理论论证和法律实践来加以证明的。正如耶林所言,“具体的权利作为权利,其生命由法规获得,同时其获得物又返还给法规。即客观的抽象的法和主观的具体的权利的关系就像从心脏流出又返回心脏的血液循环一样”。[⑤] 从目前情况看,虽然食品安全权尚未得到明确认可,但食品安全权概念实际上是存在的。

---

① 参见张泽健:《权利无法新兴吗?——论既有权利具体化的有限性》,载《法制与社会发展》2022 年第 3 期。

② [英]韦恩·莫里森:《法理学:从古希腊到后现代》,李桂林等译,武汉大学出版社 2003 年版,第 454 页。

③ 我国学界关于个人信息权这一新兴权利的关注即是典型例证。相关讨论,参见王锡锌:《个人信息国家保护义务及展开》,载《中国法学》2021 年第 1 期;张翔:《个人信息权的宪法(学)证成——基于对区分保护论和支配权论的反思》,载《环球法律评论》2022 年第 1 期;付新华:《个人信息权的权利证成》,载《法制与社会发展》2021 年第 5 期。

④ 参见雷磊:《新兴(新型)权利的证成标准》,载《法学论坛》2019 年第 3 期。

⑤ [德]鲁道夫·冯·耶林:《为权利而斗争》,郑永流译,法律出版社 2012 年版,第 52 页。

在我国,食品安全权概念主要通过《宪法》上规定的人权以及《民法典》《消费者权益保护法》中规定的生命权、健康权、安全权等法律形式表现出来。① 但问题是,由于没有从基础性权利建构的角度来认识和看待食品安全权,因而在实践中对这一权利的法律保护力度明显不够,食品安全问题在我国依旧层出不穷。为此,笔者认为,我国法律应当以《宪法》中作为基本权利的人权为基础,以《民法典》《消费者权益保护法》中规定的生命权、健康权、安全权为参照,在《食品安全法》及相关法律法规修订时全面确立食品安全权,并明确其法律概念和内容。首先,食品安全权是《食品安全法》及相关法律法规所规定的、公众在进行食品消费时所享有的一项权利。食品安全权是随着人权以及生命权、健康权、安全权等权利类型的不断扩张和演化而逐步生成的,这些权利在内容上会存在一定的交叉或重合。其次,食品安全权存在于整个食品消费的过程中,其在内容上主要包含食品消费者的生命权、健康权、财产安全权等。在立法保护层面,作为独立权利类型的食品安全权可以被视为《宪法》上人权的一个子权利,其与《民法典》和《消费者权益保护法》上的生命权、健康权或安全权之间是"特别保护与一般保护"的关系。

食品安全权要得到正当化,还必然涉及食品安全权的法律属性及内涵应当如何界定的问题。按照法理学的一般观点,权利的范畴化、特征化是权利得以实现正当化的基础条件之一。从我国的情况看,食品安全权在公法、私法等法域的具体条文中都有不同形式的表达,学术界对于食品安全权在法律属性上到底属于公权、私权抑或是社会权范畴尚无统一认识。② 在现行法范畴内,与食品安全权联系最紧密的当属消费者权利中的安全权,两者在保障对象上存在重合之处。消费者权利根源于旨在保障个体利益的一般民事权利,但由于其所承载的利益的重要性和多元化又使其在一定程度上超越于一般民事权利。食品安全权作为食品消费领域中的新兴权利类型,它的存在根源于社会发展的需要,其运行的过程又依赖一定的社会资源,这在一定程度上会触及到各个利益相关者并进而引发利益和资源的重新分配。正如马里旦所言,由于人类社会是不断发展的,因而人们对权利的认识就会发生变化,新的权利观念与原有权利会发生矛盾,要对这种矛盾加以调整。③ 食品安全权在本质上体现的是立体化、交互式的社会经济关系,其运行的目的在于形成一种社会公共利益与个体利益、国家利益等各

① 《宪法》第33条第3款规定,"国家尊重和保障人权";《民法典》第1002条和第1004条规定,自然人享有生命权和健康权;《消费者权益保护法》第7条规定,"消费者在购买、使用商品和接受服务时享有人身、财产安全不受损害的权利。消费者有权要求经营者提供的商品和服务,符合保障人身、财产安全的要求"。

② 参见涂永前:《食品安全权及其法律构造》,载《科技与法律》2014年第1期。

③ 参见何勤华主编:《西方法律思想史》(第2版),复旦大学出版社2009年版,第375页。

种利益协调增长的均衡状态。我国《食品安全法》通过强化政府监管、推行食品企业自我规制、扩充公众参与等方式来保证食品安全的做法,就是这一认识在立法实践中的反映。因此,食品安全权在法律属性上已经超越了绝对的私权或公权范畴,而是兼有了公私融合的特征,即它在本质上是一种具有社会权属性的新兴权利类型。

社会权范畴中的食品安全权意味着一种积极权利,它需要政府、公共组织乃至公民个人的给予。具体而言,其包括两方面含义:一是公众有依法从社会中获取基本的食品安全利益的权利;二是当这种基本利益无法得到满足时,公众有权要求国家承担法律上的保护义务。这就表明,食品安全权对应的是国家在法律上所负有的保护义务,应当以"食品安全权—国家保护义务"框架建构食品安全的保护模式。笔者认为,在食品安全治理法治化的背景下,食品安全权国家保护义务的落实需要吸纳多元主体参与,着力从积极保护义务和消极保护义务两个角度展开。

一方面,在积极保护义务的落实上,首先,国家要建立食品安全权保护的基本制度,设定食品消费者与食品生产经营者之间的权利义务规则。我国《食品安全法》在第4章"食品生产经营"中系统规定了食品生产经营者的义务和行为模式,但对于食品消费者在食品安全领域所可能享有的各种具体权利未见明确规定,这需要今后立法进一步完善。其次,要通过组织和程序设计,建立统一、协作的食品安全监管机构,确立食品安全权国家保护义务的程序保障机制。从我国《食品安全法》的相关规定中看,国务院食品安全监督管理部门是食品安全工作的主要监管组织,其他有关部门依法依规承担相应的食品安全工作,这表明我国已初步建立起相对统一且分工协作的食品安全监管机构。至于程序性保障机制,我国《食品安全法》没有系统且专门的规定,理论上和实践中对于是否需要构建独立的食品安全公益诉讼以及特定组织或个人可否针对政府的不作为提起诉讼等问题一直存在争议,这是今后我国食品安全立法完善时必须予以重点关注的问题。最后,要构建食品安全的风险预防机制和多元法律责任机制。我国《食品安全法》(第2章"食品安全风险监测和评估"和第7章"食品安全事故处置")规定,国家应当建立食品安全风险监测制度和食品安全风险评估制度、国务院和县级以上人民政府应当制定食品安全事故应急预案、食品生产经营企业应当制定食品安全事故处置方案,同时还规定了食品安全权保护的多元或协同法律责任机制,即侵害食品安全权的行为不仅涉及民事责任、行政责任和刑事责任的综合适用,而且还包括食品安全领域内一些新型法律责任形式的适用,如食品召回(第63条)。

另一方面,在消极保护义务的落实上,立法机关要针对违反食品安全权国家保护义务的情形,建立相应的司法救济和监督机制。在这一点上,我国《食品安全法》只是简要规定了政府机关的内部监督机制(第7条),而并未明确规定违反食品安全权国家保护义务时的司法救济以及可能导致的国家赔偿责任。这一现行立法上的规定可能对食品安全权的充分实现带来障碍,应在我国食品安全法治体系建设中予以完善。

总之,以上从法律规范的两个方面(作为思想的规范和作为现实的规范)①对食品安全权之正当化问题进行的分析,揭示了食品安全法律规范的本质或者说本体论状态。应当指出,食品安全权的生成是应食品安全法律规范体系发展的必然要求,食品安全权的规范建构及法律保障是食品安全治理法治化的法理基础。如果这一基础不是稳固的、强有力的,那么食品安全治理法治化的构想就会变成“空中楼阁”。因此,食品安全治理法治化建设的中心课题应当设定为:以维护和保障食品安全权为宗旨,通过对食品安全治理领域中相关法律法规的整合来有效威慑侵害食品安全的各类违法行为,从而推动食品安全公共利益的实现。我国食品安全治理及其法治化建设应当立足食品安全法律规范的有效实施,以食品安全权的确立和运行为中心,展开相关的制度设计与路径探索。

三、食品安全治理法治化的制度设计

食品安全治理法治化的要义在于制度谋划与设计。食品安全治理领域的有效规制需要法律制度的设计者以一种立体的视角来全面关照到每一方治理主体。② 食品安全治理法治化之制度设计的目标在于将食品安全立法上关于食品安全法律权利或义务的一般规定转化为具体的或比较具体的食品安全治理主体之间的行为要求,从而使不同食品安全治理主体的法律权利或义务得以明确化、特定化。从实现食品安全权的立场出发,食品安全治理法治化的制度设计和完善需要着重凸显政府主导、风险治理和公民参与这三个方面。

(一)国家建构与政府治理能力的提升

就食品安全治理法治化的制度设计而言,有关食品安全权力与权利运行的制度结构是至关重要的。如果存在一种关于权力与权利运行结构的决定因素和影响因素的理论,那么这种理论对于人们认识和解决食品安全权力与权利的边界、食品安全权力风险的规避等问题将具有重要意义。查尔斯·蒂利和弗朗西斯·福山所倡导的国家建构是理解政府职权与公民权利运行结构的决定因素和影响因素的一种深层次思想,这种思想强调国家的中心地位,以国家与社会之间的辩证关系为基调,主张建立起一

---

① 相关讨论,参见[英]尼尔·麦考密克、[澳]奥塔·魏因贝格尔:《制度法论》,周叶谦译,中国政法大学出版社2004年版,第31~32页。

② 参见吴元元:《食品安全治理中的声誉异化及其法律规制》,载《法律科学(西北政法大学学报)》2016年第2期。

个有能力、负责任、讲法治的政府。①

在食品安全治理领域,作为一种理论范式的国家建构首先强调的是国家在食品安全治理法治化体系中的主导地位,国家不仅要在食品安全治理法治化过程中扮演不可或缺的角色,而且还是食品安全治理失败时唯一能对结局负责并承担后果的行动者。面对一个多元共治的治理体系,国家应当扮演"元治理"的角色,因为国家既是治理体系的一个重要组成部分,也是确保治理机制开启、关闭、调整和另行建制的责任承担者。② 从这个角度来说,国家在整个食品安全治理法治化体系中应发挥关键性的作用,无论是食品市场体系的成熟,还是食品安全治理结构的完善,最终都取决于国家角色的重新建构。由此可见,通过培养国家能力尤其是基础性国家能力③的方式把国家建构融入多中心的食品安全治理法治化体系,具有重要意义。

提升食品安全治理领域中的基础性国家能力,核心是转变政府职能,其中关键是正确处理国家建构与治理的关系,即着力探索国家建构如何促进形成多中心的食品安全治理法治化体系,食品安全治理法治化体系的发展又如何通过国家扮演"元治理"角色而避免和克服食品安全治理的失败。也就是说,在食品安全治理领域中,我们应当将国家建构与治理体系的发展看作同一个过程,在不断强化政府承担和管理食品安全公共服务的职能、合理确定政府食品安全治理的合法性基础的前提下,拓宽社会组织和公民参与食品安全治理的渠道,实现国家与社会的均衡和良性互动。如果采用王绍光对基础性国家能力的分类,④则食品安全治理领域的法治化,主要涉及的是国家认证能力、规管能力、统领能力和再分配能力4项具体的基础性国家能力。比如,就规管能力的落实而言,今后食品安全治理法治化的制度设计可重点考虑强化和完善食品安全国家监控(如基于风险评估的食品安全风险行政调查)、食品生产企业自我监控以及消

---

① 对国家建构理论的阐述,参见[美]查尔斯·蒂利:《强制、资本和欧洲国家(公元990—1992年)》,魏洪钟译,上海人民出版社2021年版,第1~27页;[美]弗朗西斯·福山:《国家构建:21世纪的国家治理与世界秩序》,郭华译,上海三联书店2020年版,第23~45页。

② 参见[英]鲍勃·杰索普:《治理的兴起及其失败的风险:以经济发展为例的论述》,漆蕪译,载《国际社会科学杂志(中文版)》1999年第1期。

③ 政治学家、社会学家迈克尔·曼主张,将国家权力区分为两大类,一类是"专断性国家权力(能力)",另一类是"基础性国家权力(能力)"。参见[英]迈克尔·曼:《社会权力的来源:阶级和民族国家的兴起(1760—1914)》(第二卷·上册),陈海宏等译,上海人民出版社2015年版,第68~69页。

④ 王绍光将基础性国家能力概括为8项,分别是强制能力、汲取能力、濡化能力、国家认证能力、规管能力、统领能力、再分配能力、吸纳和整合能力。参见王绍光:《国家治理与基础性国家能力》,载《华中科技大学学报(社会科学版)》2014年第3期。

费者集团诉讼和公益诉讼等机制。①

党的十八大以来,党和政府所提出的"法治政府"和"依法治国"命题,属于现代国家建构的题中应有之义。在政府主导下的食品安全治理格局中,法治具有基础性意义,它要求政府的治理具有完善的制度安排和规范的公共秩序。② 只有建立在法治基础上的政府食品安全治理,才能够赢得全社会的高度关注和积极认同,才能够从根本上使治理体系与国家建构的均衡和良性互动得以建立和持续下去。并且,法律明确设置的有关食品安全的权利、义务、职权、职责等,能够为食品安全治理领域中政府与其他治理主体的协同共治提供强有力的保障。我国《食品安全法》积极回应了民众对法治政府、法治社会的期待,体现了依法治理的基本理念。通过一种国家建构的食品安全治理制度为以国家为中心的食品安全治理法治化建设奠定了坚实基础。

(二)风险治理的强化

依循政治向度的国家建构理论所提出的制度设计,明确了作为食品安全治理主体的政府的职权或职责,但基于食品安全治理实践中无法回避的问题群以及有效治理的需求,今后的制度改革和创新还需重点凸显作为应对食品安全问题的制度之一的法律所创设的威慑对于食品安全治理法治化的意义。因此,从风险社会背景下的中国现实出发,在"法治政府"建设的延长线上还有必要再追加"风险治理"的理念和原则,即通过细化和完善以事前预防为主、事后惩戒为辅的食品安全风险治理模式来提高食品生产经营者违法行为的成本,③从而使创新型制度产生持续威慑力。这亦属于食品安全治理法治化的题中应有之义。

就中国的情况而言,在如何防范风险社会背景下大规模食品安全危机的问题上,多年来,我们走了一条以侵权责任法为主导的法律应对之路。④ 这种应对思路及其提出的制度设计,虽可解决一些食品安全大规模损害问题,但囿于其所信守的以补偿个体利益损失为目的的事后救济方式的内在局限性,在应对目前多具风险损害特性的食

① 参见尤陈俊:《食品安全治理领域中的基础性国家能力问题》,载《中国法律评论》2015年第1期。

② 参见俞可平:《民主法治:国家治理的现代化之路(上)》,载《中国青年报》2013年12月4日,第2版。

③ 参见韩大元:《发挥法治"稳预期"作用,推进食品安全治理体系和能力现代化》,载《中国市场监管研究》2020年第10期。

④ 需要说明的是,国内学者所主张的基于侵权法范式来应对风险社会中各种大规模损害(包括食品安全大规模损害)的研究思路,其实都在一定程度上受到了德国学者克里斯蒂安·冯·巴尔在其《大规模侵权损害责任法的改革》(贺栩栩译,中国法制出版社2010年版)一书中所提出的"大规模侵权"概念及理论的影响。这一点可以从我国近些年发表的一些学术论文中看出。限于篇幅,此处不再一一列举。

品安全大规模损害时,只能起辅助作用。而遵循事前预防为主、事后惩戒为辅原则的风险治理不仅可以解决因食品安全大规模损害而减少的私人财富由谁承担的问题,而且还能够防止社会整体财富的减少,因而是一种较优的食品安全风险控制方式。我国《食品安全法》强化了预防为主、风险管理的法律制度,但过于原则性的制度设计仍有赖于进一步细化和完善,否则将难以实现其威慑功能。

从当前食品安全治理法治化的实践和理论研究中看,食品安全风险治理是以风险社会中食品安全风险损害的特性为逻辑起点①而构筑的一种包含议程设置、安全标准制定、风险评估、风险沟通和风险管理等要素在内的制度状态。② 并且,这一制度状态主要由基础性制度、配套性制度和技术性制度三方面所构成。其中,基础性制度是明确食品安全风险治理中特定主体之行为要求的规则体系;配套性制度用以保证基础性制度顺利、有效运行,如信息披露制度、舆论监督制度等;技术性制度则为基础性制度的顺利开展提供工具、技巧或方法,其具体形式包括公众代表会议、公民论坛、公民听证会、专家研讨会、专家与公众代表的共识会议等。③ 基于此,今后的制度创新有必要从上述三方面入手,通过考察国际上成功的做法和经验,建立健全食品安全立法、执法和司法层面的风险治理制度,着力从实体和程序的角度来全方位促进我国食品安全治理法治化的实现。

食品安全风险治理的基础在于其规范、健全的法律制度体系,但这种制度体系发挥威慑功能却需要具备一系列严格的条件,主要有3点:第一,当治理主体对食品安全问题的性质及其解决方式存在较大的认知差异时,他们能够通过协商、对话、辩论甚至妥协的方式消除歧义,达成共识。第二,食品安全风险治理的有效运转在一定程度上取决于政府与其他治理主体之间协调一致的行为,缺乏这种必要的合作行为,食品安全风险治理制度的威慑力自然无从谈起。第三,政府应当与食品生产经营者、消费者以及其他利益相关者建立起一种常规性的双向互动关系,不仅其彼此间的治理行为策略选择是确定的,而且其治理行为的效果也是可预知的。由此可见,食品安全风险治理制度之威慑功能的发挥是一个极其复杂的系统性社会问题,应当采取社会系统论的

---

① 风险社会中风险损害的特性以及人们对风险损害的认识,是风险损害制度设计和安排的基础。一般来说,这种风险损害的特性主要包括不确定性、无限性、不可计量性、不可预期性、不可控制性和社会公共性等。参见刘水林:《风险社会大规模损害责任法的范式重构——从侵权赔偿到成本分担》,载《法学研究》2014年第3期。

② See Martion Dreyer, Ortwin Renn, *Food Safety Goveroanee*: *Integarting Science*, *Precaution and Public Involvement*, Springer-Verlag Berlin Heidelberg Press, 2009, p. 31.

③ 参见戚建刚:《我国食品安全风险规制模式之转型》,载《法学研究》2011年第1期。

立场,把建立沟通渠道、协调各种行为和建立各种关系看作是推动食品安全风险治理制度有效运行的3个重要支柱,①促使该制度应有的威慑功能得以正常发挥。

(三)公民参与的有效实施

在法治政府的主导与规范层面的风险治理之间要达成符合实际情况的平衡,从形式上和实质上赋予公民表达自己食品安全法律权利和利益的机会实属关键,其中特别值得重视的问题是如何保证公民参与的有效性,防止公民参与流于形式。

公民参与由食品安全治理领域中多元化利益诉求催生。② 在食品安全治理领域中,公民参与在学理上和实定法上都得到了肯定和认可,其具体可分为3个层面:一是食品安全立法和决策层面的公民参与,主要是指社会公众对食品安全立法和公共决策生成的重要影响;二是食品安全执法层面的公民参与,主要是指社会公众从执法者的角度来实际参与食品安全治理;三是食品安全司法层面的公民参与,主要是指社会公众发起食品安全诉讼以及附带的损害赔偿等。③ 然而,在现实的治理实践中,政府基于其体制要求和可控能力的考虑、公民自身参与时间和能力的限制以及公共政策的"搭便车"效应等事实的存在,却使这种食品安全治理中的公民参与不易实现,并进而导致参与不能或无效。由此可见,公民参与食品安全治理虽然在学理上和实定法上已得到明确的认可,但其"落地"的制度支持条件仍有待具体。比如,谁来代表公民?公民可选取何种方式参与治理?参与的具体程序和操作技术应如何把握?"参与不能"时应当如何保障公民参与者的合法权益?应当说,这些问题都需要我们在今后食品安全治理法治化的制度设计和完善中作出明确回应。

虽然存在一些外在的条件限制,但可以肯定的是,当下中国食品安全治理法治化的实践吁求公民参与制度机能的进一步有效发挥。为了更好地发挥食品安全治理公民参与的制度功能,促使食品安全治理公民参与在实践中得到有效的贯彻和实施,我们或许应更多地强调法律制度的工具理性和反思理性,同时着力推动各种具体规则、方案的出台和实施,切实把法律文本上的观念和制度问题转换成程序和专业技术问题来处理。具体有二:第一,规范和细化食品安全治理公民参与的具体技术。比如,在食品安全立法和决策层面的公民参与中,其制度机能得以有效发挥的首要技术性问题就是如何科学界定"相关公众"的参与资格。界定"相关公众"参与资格的技术方法包括

---

① 参见[美]斯蒂芬·戈德史密斯、[美]威廉·D.埃格斯:《网络化治理:公共部门的新形态》,孙迎春译,北京大学出版社2008年版,第82~103页。

② 参见蔡定剑主编:《公众参与:风险社会的制度建设》,法律出版社2009年版,第10~13页。

③ 参见范柏乃等:《食品安全:从政府监管走向公共治理》,载《光明日报》2015年11月23日,第11版。

管理者引导的“自上而下”和公民发起的“自下而上”两种，①但从目前中国食品安全立法和决策层面的公民参与的实际情况来看，如何“自上而下”完成食品安全治理中公民代表的遴选，是我们首先应予解决的问题。通过“自上而下”方法确定食品安全治理中公民参与者的资格应该主要从“直接利害关系人”视角来切入，通过对公民代表结构的规范以及遴选方式的专业化、公开化来实现一种真正尊重民意的“实质性参与”。此外，关于公民参与食品安全立法和决策的方式、途径和程序等，同样也需要从专业技术角度来对既有的规定和做法作进一步细化。第二，设定食品安全治理公民参与者的权利保障机制。笔者认为，公民参与者在食品安全治理中的权利保障机制，主要应包括公民意见吸纳机制和公民参与权利救济机制这两个方面。在我国当前的食品安全治理脉络中，设定公民意见吸纳机制应当以《食品安全法》的相关规定②为基础，着重从凸显食品安全治理公民参与者有效行使意见表达权的可行方式的角度出发进行制度设计；建立公民参与权利救济机制要以保证公民参与权利行使的效率或效果为目的，实践中应通过建立咨询信息网络平台、投诉举报受理机构等方式来处理和解决食品安全治理中的公众参与权利纠纷。③

最后需要说明的是，尽管以上这些分析在很大程度上都是描述性的，但这一努力同样也具有规范性，以制度的谋划和设计作为食品安全治理法治化建设的核心任务。食品安全治理法治化的制度设计以政府主导、风险治理和公民参与为基本向度，通过对不同主体身份或角色的描述以及对其各自力量和特点的分析并且确定使其对食品安全权的保障负责任的机制，实现各种主体在一种关系网络——食品安全治理法治化体系中共同作出决定。

四、食品安全治理法治化的具体路径

食品安全法律以保障食品安全权为宗旨，食品安全权是食品安全治理法治化的法理基础。只有充分尊重并落实民众的食品安全权，作为服务于民众公共需求的食品安全法律，才能获得其自身的正当化。其中包括两方面内容：一方面，关于食品安全法律规则内容的正当化。食品安全法律所追求和维护的基本价值理念可被定位为一种公

---

① 参见[美]约翰·克莱顿·托马斯：《公共决策中的公民参与》，孙柏瑛等译，中国人民大学出版社2010年版，第40页。

② 我国《食品安全法》第12条对食品安全治理公民参与者的意见表达权作了原则性规定，即“任何组织或者个人有权举报食品安全违法行为，依法向有关部门了解食品安全信息，对食品安全监督管理工作提出意见和建议”。

③ 参见莫于川：《健康中国视野下的公众参与食品安全治理》，载《行政管理改革》2016年第2期。

共性的食品安全利益,这种利益以食品安全权的法律形式贯穿食品安全立法的始终,其所渗透出的社会性、公共性特征型构了食品安全法律各项制度、规则的基本向度与整体轮廓,给出了现代法治国家推进食品安全治理法治化的法理基础与利益诉求。这在上文已经述及。另一方面,关于食品安全法律实施的正当化。作为食品安全治理法治化建设的重要内容,食品安全治理法治化的制度设计以及食品安全法律的实施都明确地指向一个目标,即食品安全治理法治化的实现。在新时代背景下,通过何种路径实现食品安全治理法治化?在推进食品安全治理法治化的进程中,如何体现和落实公民的食品安全权?这是需要我们进一步讨论的问题。

食品安全法律规则和食品安全法律实施的正当化,决定了食品安全治理法治化的目标与方向,即在食品安全治理法治化的体系框架内,以优化整合食品安全治理制度、维护保障公众食品安全权为价值依归。依据我国食品安全法律实施的总体要求,食品安全治理制度的整合应以推行食品安全规制治理模式为最佳切入点,公众食品安全权的落实则要从完善食品安全法律责任机制、拓展食品安全诉讼渠道这两个层面来加以保证。这些都为我们今后推进食品安全治理法治化指明了具体方向和路径。

(一)推行以自我规制为趋向的食品安全规制治理

在不同的法律领域中,作为一种新兴治理模式的规制治理正越来越多地适用于现代法治国家的各种政策议题之中,①其中在食品安全治理领域所广泛适用的以食品企业和食品行业协会为主要载体的自我规制式治理,②即是典型例证。依据我国《食品安全法》的立法目标,今后的食品安全治理将转向食品企业、食品行业协会等私人主体发挥更多作用的规制治理模式,并在此基础上形成由政府作为主导者和促进者的食品安全治理法治化体系。在这种多元的治理格局下,受政府支持的食品安全自我规制显得尤为重要。③ 这一有关规制的新治理模式在我国《食品安全法》的相关规定中已有体现,如第4条明确食品生产经营者是食品安全第一责任人,第9条强调食品行业协会的自律功能,以及第5条至第7条规定国务院作为食品安全治理系统之主导者的战略性职责、地方政府对本行政区域内的食品安全负总责等。在我国《食品安全法》所确立的食品安全规制治理系统中,私人参与者与政府实际上是各负其责且各有所长,它们各

---

① 参见胡税根、翁列恩:《构建政府权力规制的公共治理模式》,载《中国社会科学》2017年第11期。

② See A. Bryce Hoflund, Michelle C. Pautz, *Improving Food Safety through Self-regulation: Exploring the Applicability of the Hazard Analysis and Critical Control Points (HACCP) System to the Spinach and Peanut Industries*, Food Studies: An Interdisciplinary Journal, Vol. 2:17, p. 17 – 30(2013).

③ 参见肖萍、杨彬:《食品安全治理法律责任制度:内涵、功能与法治化建构》,载《南昌大学学报(人文社会科学版)》2022年第1期。

自以不同的角色和方式在推进食品安全治理法治化的进程中发挥作用,而法律在当中成为一个共享的解决问题的平台。据此,推行以自我规制为趋向的食品安全规制治理应当着眼于以下几个关键问题。

第一,建立和完善食品产业界自我约束的行为规则。一个有序的食品安全规制治理系统首先会要求作为私人部门的食品产业界通过各种法定的方式和途径来推行自我规制举措,并在此基础上形成其内部自我约束的行为规则。从类型上看,这些规则包括食品生产经营者对其自身的治理规则、食品生产经营者与第三方机构通过合同而形成的治理规则以及食品行业协会与食品生产经营者的合作治理规则等。[①] 我国《食品安全法》初步确立了一个综合的、环环相扣的食品安全自我规制体系,其中涉及的自我执法、自我监督以及起始标准的制定、规则修订的参与等,构成了食品安全规制治理中私人参与的核心要素。就最典型的食品生产经营者自我规制而言,更严标准的制定、自我追溯、安全自查等规则应当在食品安全规制治理中发挥作用。作为食品安全规制治理中自我规制之特殊类型的食品行业协会与食品生产经营者的合作规制,则应当通过建立共同制定和执行标准、行业自律等制度或规则来实现其治理目标。此外,合同基础上的自我规制所给出的治理方案,要求食品生产经营者与第三方机构应当通过约定保障食品安全权的特殊义务和责任规则来实现食品产业界的自我约束,如网络食品交易第三方平台的规制、食品广告经营者和发布者的规制等。

第二,设定政府对食品安全自我规制予以再规制时的具体职责。在食品安全规制治理中,政府的食品安全治理理念需要由"命令控制型"治理[②]转向"规制规制者"的元治理。在元治理中,政府在相当程度上承担设计顶层制度和提出远景设想的治理职责,有时它甚至还需要规制自身。[③] 政府在行使食品安全规制治理中的元治理职权时,必须平衡各个层次、不同形式的食品安全治理机制或力量,并相应地协调它们在食品安全治理法治化进程中的行动。因此,政府对食品安全自我规制予以再规制的目的是在社会中造就一个食品安全治理法治化的理想图景,使食品安全规制治理中不同的治理安排得以实现,而非为它们设置各种被动接受的规制策略和规则。具体而言,政府主要承担如下一些食品安全治理职责:提供为各种治理力量所共同遵守的食品安全治理规则;建构供各种食品安全治理主体开展规制决策的制度化平台;建立食品安全信

---

① 参见王旭:《中国新〈食品安全法〉中的自我规制》,载《中共浙江省委党校学报》2016 年第 1 期。

② See Jason M. Solomon, *Law and Governance in the 21st Century Regulatory State*, Texas Law Review, Vol. 86, p. 819 – 856(2008).

③ See Rod Rhodes, *Waves of Governance*, *In David Levi-faur, ed.*, *The Oxford Handbook of Governance*, Oxford University Press, 2012, p. 9.

息交换与反馈机制,促进不同的治理主体为实现食品安全治理法治化目标而在相互依存的关系网络中反思性地修正自身的利益追求和治理实践;在食品安全自我规制或其他规制失灵的情况下,政府还应当依据大陆法系的"辅助性原则"而采取"最后一着"补救措施,从而避免各种规制风险的发生;等等。

第三,明确食品安全法治为政府与食品产业界之间实现有序互动的基础。与传统的命令控制型规制不同,作为规制治理的食品安全治理更关注政府与私营部门之间如何能成功协作。在这里,越来越多的研究强调了法治的作用,并解释了制度化的法律环境对于促成食品安全规制治理的意义。食品安全规制治理应更好地将元治理视角下的政府规制和食品产业界的自我规制相协调,并探求以法治的方式来应对我国食品安全领域中的诸多挑战。有学者在回应我国食品安全治理法治化的几个基本理论问题时提出,现阶段强调制度化的食品安全法律环境,除应当明确《食品安全法》在食品安全法律体系中的基本法地位外,还要重点关注食品安全法律实施所具有的跨领域和跨部门的特点,尤其要侧重加强《食品安全法》与其他相关法律法规在食品安全治理法治化建设层面上的协调与合作,最大限度实现食品安全治理的无缝链接。① 可见,食品安全法治旨在通过促进政府与食品产业界之间的有序互动,来赋予食品安全规制治理的其他所有维度以意义。食品安全法治基础上的政府能够对由食品生产经营者、食品行业协会等私人部门发起的食品安全自我规制加以推进,并将其予以标准化。

(二)构建类型化的食品安全法律责任机制

食品安全法律责任机制的构建和完善,离不开经济法的二元结构假设及由此形成的二元分析框架。② 这里的二元结构反映至经济法上的责任,则分为政府主体的责任与市场主体的责任。③ 依据这一责任的二元结构,食品安全治理领域中的政府和食品生产经营者这两类主体在权源、权能、权利、义务、职权、职责等方面必然会有所区别,因而各自所需承担的法律责任也各异,从而形成了不同的"角色责任"。这是食品安全法律责任类型化构建的理论基础。从典型性分析的角度来说,现行食品安全法律文本中关于法律责任的规定及实践中已广泛适用的食品安全法律责任形式,反映了食品安全立法的现实需要和现实规定的可能性。这是食品安全法律责任类型化构建的规范基础。

食品安全法律是经济法之市场规制法领域的重要法律,违反食品安全法律所应承担的法律责任除传统的民事责任、行政责任和刑事责任外,还应包括经济法上的新型

---

① 参见王晨光:《食品安全法制若干基本理论问题思考》,载《法学家》2014年第1期。

② 参见张守文:《经济法理论的重构》,人民出版社2004年版,第30~70页。

③ 参见叶姗:《经济责任:范畴提炼及其构造》,载《北京大学学报(哲学社会科学版)》2022年第1期。

责任机制。[①] 现行法中有关食品安全法律责任的规定基本上体现了这些内容。在食品安全法律责任的具体形式中,民事、行政、刑事等传统责任形式会由于其具有的普适性特征而难以实现类型化,只有在主体之角色性的基础上所发掘出来的新型责任形式,才是我们对食品安全法律责任开展典型性分析或类型化建构的主要对象。因此,要构建类型化的食品安全法律责任机制,就必须凸显责任承担与主体结构的关联性,特别是要关注食品安全治理领域内新型法律责任形式的探寻和发掘。

首先,就政府主体而言,其承担的食品安全法律责任可分为政府本身的食品安全法律责任和政府的现实代表(直接责任人)的食品安全法律责任。前者在具体形式上主要有政府经济失误赔偿、实际履行,后者的具体形式主要是问责制,如引咎辞职、直接责任人的补充赔偿等。目前,我国食品安全立法只是规定了针对直接责任人的引咎辞职等问责机制,而对政府本身所应承担的食品安全法律责任形式却未有明确涉及。[②] 但从食品安全治理法治化建设的角度来说,明确政府主体本身的食品安全法律责任形式并将之付诸司法实践,也是极为必要的。这主要是因为,政府的食品安全治理职能虽然在本质上发源于个人的意志,但就其目的而言,它完全是一种组织和管理食品安全公共事务的集体行动。如果这种集体性活动给他人造成了损害,政府就应该动用公共服务的基金或者采取其他方式来修复这种损害,只要该行为与损害结果之间存在因果关系即可。[③] 例如,当政府所制定的食品安全法律法规与宪法相抵触时,就可能涉及改变或撤销该项违法规定的问题。又如,政府在食品安全治理领域中不作为或怠于作为,如不履行或怠于履行其食品安全治理职责时,可能会导致承担实际履行的责任。再如,政府的食品安全立法行为给他人造成特别损害的,可能产生政府的赔偿责任。在这里,为了排除用纳税人的钱来为政府开脱的嫌疑,理论上有一种称为“替代责任”的可行做法,即通过由政府主导并承担最终补救责任的食品安全强制责任保险的方式来替代政府本身承担的食品安全赔偿责任。[④] 因此,笔者认为,在今后的理论研究和法治实践中,政府主体适用新型食品安全法律责任形式时需要区分概括角色和具体角色,作为概括角色的政府本身承担的新型食品安全法律责任形式有待理论和实践的进一步提炼和挖掘,具体角色下的直接责任人承担的新型食品安全法律责任形式则需要从适用情形、适用范围等方面作进一步细化和完善。

---

① 关于经济法新型责任形式的系统探讨,参见张守文:《经济法新型责任形态的理论拓掘》,载《法商研究》2022 年第 3 期。

② 事实上,我国《反垄断法》《预算法》等许多经济立法中有关法律责任的规定也都说明了这个问题。

③ 参见[法]狄骥:《公法的变迁》,郑戈译,商务印书馆 2013 年版,第 186～187 页。

④ 参见于海纯:《我国食品安全责任强制保险的法律构造研究》,载《中国法学》2015 年第 3 期。

其次,与政府主体相比,食品生产经营者承担的新型食品安全法律责任更多地体现为一种角色责任基础上的法定责任,并且这种责任在现行制度上具有较强的可诉性。在食品安全治理领域,与食品产业界有关的责任形式主要有两类:第一类是以事后救济为主要功能的责任形式,这类责任形式多是在制裁的意义上被加以适用,如惩罚性赔偿;第二类是以事前预防为主要功能的责任形式,这类责任形式的适用在一定程度上体现了现行立法对社会权范畴中的食品安全权所给予的一种积极保护,如食品召回。从这些责任形式所依托的立法载体上看,其绝大部分已规定于《食品安全法》及相关法律、法规之中,如惩罚性赔偿、资格减免、食品召回,至于那些存在于食品治理理论和实践中的少部分责任形式,如涉及信用减等问题的各种声誉罚、以鼓励或奖励为主的食品企业激励机制,也正逐步地走向成文法律规范的视野。[①] 例如,为了有效发挥食品安全"红黑榜"制度的作用,同时促进形成守信者受益、失信者受损的食品安全激励约束机制,社会各界纷纷主张将食品安全"红黑榜"予以适当的统一化、规范化和法律化。又如,理论上有一种称为"危机责任费"的责任形式在金融法领域已有适用。[②] 这类责任形式是否要拓展至包括食品安全治理在内的其他公共治理领域,是否也需要将其法律化,也都可能是未来研究需要讨论的问题。需要强调的是,食品生产经营者所受到的法律上的责罚与褒奖,实际上是同食品安全法律以及在此基础上推行的食品安全规制治理所具有的突出的规制性相对应的,并且这种从规制性视角出发所作的分析,也有助于我们更全面地构建类型化的食品安全法律责任机制。

(三)强化食品安全公益诉讼,实现有效治理

程序和程序法不仅有助于确保主体的实体法权利的有效实现,而且还有助于实现程序的正义,在追求正当程序的同时,也实现一定的效率。[③] 食品安全公益诉讼程序是推进食品安全治理法治化建设的重要途径,通过强化食品安全公益诉讼,可以在更大程度上实现食品安全规制治理,提升食品安全治理效能。我国现行立法规定的民事消

---

① 这方面的讨论在实体法的各个学科已有很多,参见吴元元:《信息基础、声誉机制与执法优化——食品安全治理的新视野》,载《中国社会科学》2012 年第 6 期;吴元元:《食品安全治理中的声誉异化及其法律规制》,载《法律科学(西北政法大学学报)》2016 年第 2 期;章志远、鲍燕娇:《食品安全监管中的公共警告制度研究》,载《法治研究》2012 年第 3 期;解志勇、李培磊:《我国食品安全法律责任体系的重构——政治责任、道德责任的法治化》,载《国家行政学院学报》2011 年第 4 期;等等。

② 参见阳建勋:《政府干预与市场调节之间的重新平衡——金融危机责任费的经济法反思与启示》,载《现代法学》2010 年第 6 期。

③ 参见季卫东:《法律程序的形式性与实质性——以对程序理论的批判和批判理论的程序化为线索》,载《北京大学学报(哲学社会科学版)》2006 年第 1 期。

费公益诉讼和行政公益诉讼,是特定主体发起食品安全公益诉讼的最为直接的法律依据。在抽象的理论特征上,公益诉讼可以视为是一种主观诉讼与客观诉讼相融合的诉讼形式。它可作为以保护特定当事人的实体权益为目的的主观诉讼来理解,但同时也可能具有以保护法律秩序和道德秩序为目的的客观诉讼的特征。[①] 在食品安全治理法治化建设中,作为一种规制治理工具的食品安全公益诉讼具有不可或缺的监督和补充功能。[②] 通过食品安全公益诉讼程序的连续展开来保障食品安全权,不仅是基于实现食品安全规制治理的考虑,更重要的是,这可以从根本上促进形成一个系统的食品安全治理法治化体系。

在食品安全治理法治化的体系框架内,依据经济法和诉讼法上有关公益诉讼的基本原理,结合国内外公益诉讼理论研究和立法实践中的可行经验和做法,可以提出今后进一步强化和完善食品安全公益诉讼的具体思路:

第一,关于起诉主体。我国现行立法虽然并未专门规定食品安全公益诉讼,但有关消费民事公益诉讼和行政公益诉讼的相关规定,如《民事诉讼法》第58条、《行政诉讼法》第25条第4款、《消费者权益保护法》第37条、最高人民法院和最高人民检察院《关于检察公益诉讼案件适用法律若干问题的解释》、最高人民法院《关于审理消费民事公益诉讼案件适用法律若干问题的解释》、《人民检察院公益诉讼办案规则》等,可以作为其制度构建的参考。从这些规定中看,目前能够提起食品安全公益诉讼的主体主要是人民检察院、法律规定的机关和有关组织(如消费者协会)。然而,笔者认为,立足食品安全治理法治化的整体制度框架,基于食品安全规制治理的特殊性,今后需要逐步扩大食品安全公益诉讼的起诉主体范围。首先,对于提起食品安全公益诉讼的特定组织或特定国家机关的范围,应依据国际惯例加以适当拓宽。比如,可考虑赋予司法行政部门、食品行业协会以及其他一些具有较大影响力的民间公益组织以食品安全公益诉讼权。在这一方面,德国的相关法律即确立了"具有权利能力的工商利益促进协会"可以代表受害人提起公益诉讼,美国立法则授权司法部作为公共利益的代表者。其次,明确公民个人的起诉资格。被授权提起食品安全公益诉讼的公民个人虽然与该诉讼可能没有切身的经济或其他利害关系,但他们事实上具有公共利益代表人的资格,扮演着"私方司法部长"的角色。[③] 考虑不同的公民起诉人在起诉意愿、起诉动机和

---

① 参见[日]南博方:《行政法》(第6版·中文修订版),杨建顺译,商务印书馆2020年版,第170~182页。

② 参见段礼乐、高建成:《规制视野下食品安全公益诉讼的主体资格扩张》,载《法治社会》2019年第4期。

③ 参见[美]伯纳德·施瓦茨:《行政法》,徐炳译,群众出版社1986年版,第420~423页。

起诉能力等方面的差异性,我国的司法实践中要特别注重发挥公益律师在食品安全公益诉讼中的作用。

第二,关于起诉的对象和目的。食品安全公益诉讼融嵌于经济法的社会实施机制之中,[①]其诉讼的对象不是以特定当事人之个体私益为中心的纠纷,而是针对食品安全治理领域中某种公共政策的存在方式的不服。[②] 这意味着食品安全公益诉讼主要强调的是法益保护的公共性或者说诉讼目的的公共性,即提起食品安全公益诉讼的目的,是维护国家利益或者社会公共利益。[③] 2021 年《人民检察院公益诉讼办案规则》第 67 条关于行政公益诉讼受案范围和第 85 条关于民事公益诉讼受案范围的规定就是对这一诉讼目的的规范表达。[④] 从这些规定内容可以看出,我国现行立法中有关行政公益诉讼和民事公益诉讼的受案范围的界定仍较笼统,可操作性的具体规则不足,难以应对实践中层出不穷的食品安全问题。笔者的观点是,为了确保食品安全公益诉讼目的的有效实现,有必要在《食品安全法》及相关立法中明确规定食品安全公益诉讼的受案范围,对食品安全治理领域侵害国家利益或者社会公共利益的违法行为或情形予以具体列举,即在食品安全公益诉讼范围的界定上,应坚持从实用主义的立场出发,逐步细化和拓宽食品安全公益诉讼的审查标准。

第三,食品安全公益诉讼的具体种类。一般认为,诉的种类因诉讼标的中的诉讼请求之不同而分类。在食品安全公益诉讼中,其诉讼标的可以有两个:一是食品安全"公益诉讼人"与政府及其食品安全监管部门之间形成的以食品安全职权(权利)和职责(义务)为主要内容的法律关系;二是食品安全公益诉讼的适格原告与食品生产经营者之间发生的以关于风险预防、损害赔偿等方面的食品安全权利和义务为主要内容的

---

① 参见赵红梅:《经济法的私人实施与社会实施》,载《中国法学》2014 年第 1 期。

② 参见[意]莫诺·卡佩莱蒂主编:《福利国家与接近正义》,刘俊祥等译,法律出版社 2000 年版,第 66 页。

③ 在这个问题上,有一些学者认为,检察机关在行政公益诉讼中应当以督促在特定公益保护领域负有监督管理职责的行政机关依法行政为目的,而不是直接追求特定公共利益得到保护的实体结果。参见潘剑锋、郑含博:《行政公益诉讼制度目的检视》,载《国家检察官学院学报》2020 年第 2 期。

④ 《人民检察院公益诉讼办案规则》第 67 条规定:"人民检察院经过对行政公益诉讼案件线索进行评估,认为同时存在以下情形的,应当立案:(一)国家利益或者社会公共利益受到侵害;(二)生态环境和资源保护、食品药品安全、国有财产保护、国有土地使用权出让、未成年人保护等领域对保护国家利益或者社会公共利益负有监督管理职责的行政机关可能违法行使职权或者不作为。"第 85 条规定:"人民检察院经过对民事公益诉讼线索进行评估,认为同时存在以下情形的,应当立案:(一)社会公共利益受到损害;(二)可能存在破坏生态环境和资源保护,食品药品安全领域侵害众多消费者合法权益,侵犯未成年人合法权益,侵害英雄烈士等的姓名、肖像、名誉、荣誉等损害社会公共利益的违法行为。"

法律关系。由于诉讼标的不同,基于以上两个实体法律关系而主张的食品安全公益诉讼请求自然各异,因而其各自的诉的种类也不同。具体来说:

首先,以违法行使职权或不作为的政府及其食品安全监管部门为被告而提起的食品安全行政公益诉讼主要有4种类型,即变更或撤销之诉、履行之诉、确认之诉和政府经济失误赔偿之诉。这里的变更或撤销之诉是指请求改变或撤销政府的某个食品安全违法行为,包括立法性决策和食品安全执行层面的各种违法行为;履行之诉是要求政府及其食品安全监管部门在一定期限内实际履行维护和保障食品安全权的法定职责,即提供有关食品安全的公共物品或公共服务;确认之诉是要求确认政府的食品安全执行行为的合法性,具体包括确认违法、确认无效等情形;经济失误赔偿之诉与政府食品安全立法上的失误有关,即请求政府及其食品安全监管部门通过一定的形式和途径来给予社会公众以某种立法性赔偿。2020年最高人民法院、最高人民检察院《关于检察公益诉讼案件适用法律若干问题的解释》(第24条至第25条)和2021年《人民检察院公益诉讼办案规则》(第83条)明确了这4种诉讼中的前3种,即撤销之诉、履行之诉和确认之诉,但对政府经济失误赔偿之诉未有规定。对此,笔者认为,在有关行政公益诉讼的相关立法进行修订或完善时,可以考虑增加因政府立法上的失误而允许特定公益诉讼主体提起政府经济失误赔偿这一诉讼请求,以回应食品安全规制治理对政府主体本身承担相应食品安全法律责任的特定要求。

其次,针对食品生产经营者实施的损害食品安全公共利益行为而提起的食品安全民事公益诉讼①至少应涉及禁令之诉、穷尽违法所得之诉和损害赔偿之诉。食品安全民事公益诉讼的核心功能主要定位于风险管理,即通过特定诉讼程序实现公法上的风险管控目标。② 简单来讲,此处的禁令之诉在时间点上是面向起诉时和将来的,具有禁止性和预防性的双重特点,以要求制止食品安全违法行为发生和防止损害扩大为主要内容;穷尽违法所得之诉是请求法院将食品生产经营者的违法所得予以罚没,使其震慑于法律的惩罚;损害赔偿之诉以特定损害事实的发生为前提,这种诉讼指向过去,在主张剥夺不安全食品的生产经营者已经取得的不法收益的同时,有时可能还会请求法院对相关起诉主体维护食品安全公共利益的行为给予一定的激励性报酬,即获得惩罚

① 关于此类民事公益诉讼请求的类型化研究,参见姚敏:《消费民事公益诉讼请求的类型化分析》,载《国家检察官学院学报》2019年第3期。

② 参见宋亚辉:《食品消费公益诉讼的功能定位与功效评估》,载《浙江学刊》2017年第3期。

性赔偿。[①] 2021 年《人民检察院公益诉讼办案规则》针对民事公益诉讼请求作了一个较细致的规定,其第 98 条规定,人民检察院可以向人民法院提出要求被告停止侵害、排除妨碍、消除危险、恢复原状、赔偿损失等诉讼请求;针对食品药品安全领域案件,还可以提出要求被告召回并依法处置相关食品药品以及承担相关费用和惩罚性赔偿等诉讼请求。很显然,我国明确规定了禁令之诉和损害赔偿之诉,还规定了要求被告召回并依法处置相关食品药品以及承担相关费用的特殊诉讼类型,但未明确涉及穷尽违法所得之诉。[②] 因此,在未来的食品安全民事公益诉讼立法中,这一法律规定上的缺失需要得到完善。以上这些界定和划分,对于我国今后完善食品安全公益诉讼程序,以及构建系统的食品安全治理法治化体系,至关重要。

五、结语

一个有效的法治秩序的形成在一定程度上取决于一种以基础性规范的形式存在的思维拟制,[③]这种思维拟制在食品安全治理法治化体系中即体现为"要实现食品安全法律权利"。本文以食品安全法律权利之实现为导向的分析,已经使作为法的实施问题的食品安全治理法治化在理论逻辑上完整展示开来。食品安全治理法治化之路径问题的思考正是依循这样的基本线索,将关于法律规范、制度设计和利益保护 3 个层面上的食品安全法律权利连接成为一个严密的逻辑整体。总体来说,这种思考完成了对食品安全治理法治化之法理基础的建构,明确了食品安全治理法治化之制度设计的基本立场与向度,提供了推进食品安全治理法治化的具体路径。我国食品安全治理法治化的建设,应当遵循保障和维护食品安全法律权利的价值理念,围绕法理基础、制度设计和具体路径 3 个环节构成的思维链条进行具体展开与深化。

作为一个理论命题和一种法治愿景,食品安全治理法治化给出了现代中国食品安全治理的理想模式和规范秩序。但现实情况是,我们通过法律的食品安全治理仍处在

---

① 探讨惩罚性赔偿民事公益诉讼,参见黄忠顺:《惩罚性赔偿消费公益诉讼研究》,载《中国法学》2020 年第 1 期;王承堂:《论惩罚性赔偿与罚金的司法适用关系》,载《法学》2021 年第 9 期;杨会新:《公益诉讼惩罚性赔偿问题研究》,载《比较法研究》2021 年第 4 期;等等。近年来,我国有关食品安全的惩罚性赔偿民事公益诉讼层出不穷,典型案例,如 2017 年"广州市中级人民法院系列食盐案"[参见广东省广州市中级人民法院民事判决书,(2017)粤 01 民初 383 号、384 号、385 号、386 号、387 号]、"湖北省利川市检察院诉吴某安、赵某国、黄某宽刑事附带民事公益诉讼案"(参见《检察公益诉讼典型案例》,载《检察日报》2018 年 3 月 3 日,第 2 版)。

② 在我国司法实践中,穷尽违法所得之诉常常被行政处罚中的罚款暂时替代。参见吴景明:《消费公益诉讼的四点思考》,载《人民法院报》2016 年 2 月 1 日,第 2 版。

③ See Kelsen, *The Pure Theory of Law*, University of California Press, 1967, p. 7.

一种粗放式发展、经验主义甚或尚未成熟定型的状态,有关食品安全治理的立法、执法和司法体系的建设也都还与实现食品安全治理法治化的应然设想存有相当的距离。将作为食品安全治理法治化之法理基础的食品安全权通过以政府主导、风险治理和公民参与为基本向度的制度设计转化为食品安全治理主体的特定行为要求,再将这种行为要求明确为其自身参与和推进食品安全治理法治化的具体路径,既化解风险社会对于食品安全治理体系的挑战,又确保食品安全治理领域中公共利益的实现。

论我国消费公益诉讼惩罚性赔偿制度的构建*

丁朋超**

摘　要:受制举证能力及诉讼能力之限制,消费私益诉讼不能达到惩处违法行为和补偿损失之效果;代表人诉讼由于相关司法解释的存在,在司法实践中亦呈现"具文"之表象。虽然《民事诉讼法》授予检察机关等主体提起消费公益诉讼的权力,但未明确是否可提起惩罚性赔偿之请求,由此导致司法实践中的失序。确立消费公益诉讼惩罚性赔偿制度之正当性体现在损害利益聚少成多与规制违法行为的制衡、救济途径拓展与丰富消费者维权羽翼之需求以及补充公共执法能力不足等维度。我国应围绕糅合公共利益维护原则和比例原则、明确起诉主体、划定惩罚性赔偿金的计算标准和管理办法、建立激励和约束机制等要点予以制度构建。

关键词:消费公益诉讼;惩罚性赔偿;诉讼担当;赔付标准;新型消费

为切实推进消费民事公益诉讼制度,保护消费者合法权益,构建和谐公平诚信消费市场秩序,最高人民法院于2016年分别颁布了《关于审理消费民事公益诉讼案件适用法律若干问题的解释》(以下简称《公益诉讼解释》)、《人民法院审理人民检察院提起公益诉讼案件试点工作实施办法》(以下简称《公益诉讼试点实施办法》)。《公益诉讼解释》及《公益诉讼试点实施办法》立足我国经济社会发展现状以及消费群体纠纷经营者与消费者信息不对称、地位不平等、维权成本高等消费市场的个性特征,明确了消

---

* 教育部人文社会科学研究青年基金项目"证券特别代表人诉讼激励机制研究"(项目编号:23YJC820008)、广东省研究生示范课程建设项目"民事诉讼法学"(项目编号:2023SFKC_034)的阶段性研究成果,亦受到广东财经大学民商法学创新团队(项目编号:2021WCXTD016)资助。梁晓颖同学对本文资料搜集、数据整理提供了诸多帮助,特此感谢。

** 法学博士,广东财经大学法学院副教授,法治与经济发展研究所副研究员。

费民事公益诉讼制度的若干制度,这无疑对规制市场行为、保护消费者合法权益、构建和谐公平诚信的消费市场秩序、提升消费信心、拉动经济增长具有积极意义。[①] 值得注意的是,《公益诉讼试点实施办法》第3条规定,人民检察院提起民事公益诉讼,可以提出要求被告停止侵害、排除妨碍、消除危险、恢复原状、赔偿损失、赔礼道歉等诉讼请求。一般认为,《公益诉讼解释》及《公益诉讼试点实施办法》均未涉及消费公益诉讼惩罚性赔偿问题,我国亦未确立消费公益诉讼领域的惩罚性赔偿,检察机关亦不能提起消费公益诉讼惩罚性赔偿。[②] 所谓消费公益诉讼惩罚性赔偿,是指在补偿性赔偿或名义性赔偿之外,要求经营者向受害消费者承担超出实际损失以外的超额责任(excess liability)。[③] 设置消费公益诉讼惩罚性赔偿制度的目的在于实现消费者索赔的规模效应,以此达到对经营者(包括商品的生产者和销售者以及服务的提供者,下同)形成有效的威慑力。从域外实践观察,消费领域的惩罚性制度能够克服受害消费者因诉讼成本、举证难度等因素制约而缺乏起诉动力的问题;[④]从司法实践角度观察,我国采用将惩罚性赔偿的诉讼实施权仅归属消费者的制度设计显然不足以达到群体规模效应,对经营者的威慑目的亦无法达到,应否在我国消费公益诉讼领域设置惩罚性赔偿制度遂成为问题。本文就是在审视现实消费公益诉讼惩罚性制度缺失的基础上,围绕既存问题,对我国消费公益诉讼惩罚性赔偿制度予以反思与重构,以求教于方家。

一、反向差序格局:消费公益诉讼惩罚性赔偿立法与实践探索之悖反

(一)应加快消费公益诉讼惩罚性赔偿之立法

检索相关立法规定和立法轨迹不难发现,我国较早在消费领域确立了惩罚性赔偿制度,且呈现社会需求倒逼惩罚性赔偿制度不断完善的面向,被动发展轨迹明显。在诉讼实施权主体层面,立法者仅将其归入消费者的实施范畴,对其他诉讼主体则保持较为谨慎的态度。

1. 惩罚性赔偿制度之立法脉络

随着各类消费侵权案件的发生,为了保护消费者的合法权益,打击违法生产经营

---

① 参见李敏:《消费者权益保护:编织严密法网 维护诚信秩序》,载最高人民法院官网2018年3月15日,https://www.court.gov.cn/zixun-xiangqing-85272.html。

② 参见黄忠顺、刘宏林:《论检察机关提起惩罚性赔偿消费公益诉讼的谦抑性——基于990份惩罚性赔偿检察消费公益诉讼一审判决的分析》,载《河北法学》2021年第9期。

③ 参见张保红:《论惩罚性赔偿制度与我国侵权法的融合》,载《法律科学(西北政法大学学报)》2015年第2期。

④ 参见李友根:《惩罚性赔偿制度的中国模式研究》,载《法制与社会发展》2015年第6期。

者,我国逐渐意识到惩罚性赔偿制度的重要性,并于1993年在《消费者权益保护法》中首次规定了惩罚性赔偿制度。2013年,《消费者权益保护法》修正,将因“欺诈行为”而需要承担“退一赔一”的责任修改为承担“退一赔三”的责任,同时新增需要承担惩罚性赔偿责任的行为类型:经营者故意提供缺陷产品与服务,严重损害消费者合法权益的,应当承担赔偿责任。

我国于2009年出台《食品安全法》,并规定了在食品安全领域内“退一赔十”的惩罚性赔偿责任,同时规定了被诉主体承担责任的主观要件,即销售者不仅需要具备客观上实施了销售不符合食品安全标准的食品这一行为要件,还需要存在主观上的“故意”;针对生产者,无论是故意还是过失,只要生产了不符合安全标准的食品就要承担赔偿责任。2015年,立法者对《食品安全法》进行修订,增加了“三倍损失赔偿”标准。2018年《食品安全法》对相关规则予以细化,但惩罚性赔偿的构成要件没有发生变化。[①] 从上述法律规定可以看出,惩罚性赔偿专属于消费者,在执法不足的现实下,惩罚性赔偿制度在私法体系中具有正当性。但是,由于诉讼成本、举证难度等因素的制约,消费者提起惩罚性赔偿的动力并不充足,惩罚性赔偿制度更多呈现具文特征。[②]

2. 消费公益诉讼惩罚性赔偿制度之立法拒斥

在消费者保护方面,消费者个人除可以就其所受侵害提出上述惩罚性赔偿请求外,还可依据《民事诉讼法》确立的人数不确定的代表人诉讼和人数确定的代表人诉讼两种方法予以救济。但是,从《民事诉讼法》相关规定来看,在开庭前,通过公告和权利登记程序,人数不确定的代表人诉讼会转化为人数确定的代表人诉讼,当事人的数量以及具体情况将会得到确定,最终效力范围也是确定的、具体的,也就是说即使是人数不确定的代表人诉讼约束的也是明确主张权利的主体。[③] 在实践中,代表人诉讼案件并不多见,法院往往会将代表人诉讼进行拆分处理,拆分为人数确定的共同诉讼或者消费个人诉讼分别审理,使得代表人诉讼解决侵害消费者权益案件的作用有限。为更加全面地保护消费者权益,维护社会公共利益,我国于2012年修改《民事诉讼法》,首次将公益诉讼制度引入民事诉讼领域。2013年修正的《消费者权益保护法》规定了中国消费者协会、省级消费者协会可以作为消费民事公益诉讼的起诉主体。2015年最高人民检察院发布《检察机关提起公益诉讼改革试点方案》,该方案赋予了检察机关对食

---

① 参见辜明安、梁田:《从〈民法典〉看惩罚性赔偿制度体系的完善》,载《西南民族大学学报(人文社会科学版)》2021年第3期。

② 参见廖中洪、颜卉:《消费公益诉讼中的惩罚赔偿问题研究》,载《学术探索》2019年第1期。

③ 参见薛永慧:《代表人诉讼抑或集团诉讼——我国群体诉讼制度的选择》,载《中国政法大学学报》2009年第5期。

药领域内侵害众多消费者合法权益的违法行为,可以以自己的名义提起消费民事公益诉讼的权力。为在上位法解决检察机关公益诉讼主体不明的问题,《民事诉讼法》于 2017 年修正,并明确检察机关具有提起公益诉讼的权力。至此,检察机关提起公益诉讼的主体适格问题得到解决。

特别值得关注的是,最高人民法院、最高人民检察院发布的相关司法解释和实施办法。2016 年最高人民法院出台了《公益诉讼解释》和《公益诉讼试点实施办法》,对消费者民事公益诉讼的范围、诉讼请求等相关问题作出了具体规定,但未明确检察机关是否可以提起消费公益诉讼惩罚性赔偿。根据最高人民检察院和食药部门等于 2020 年 7 月 28 日联合印发的《关于在检察公益诉讼中加强协作配合依法保障食品药品安全的意见》的规定,检察机关在食品药品领域内探索消费公益诉讼惩罚性赔偿请求制度得到了肯定,鼓励检察机关对该制度开展联合调研、共同研究。但显然,上述意见的法律位阶低于司法解释,检察机关提起消费公益诉讼惩罚性赔偿属于未经法律特别授权的执法样态。虽然有学者认为,检察机关提起消费公益诉讼惩罚性赔偿可从《公益诉讼试点实施办法》第 3 条中的"等"获得正当性,①但主流观点仍然认为,我国仍未明确检察机关等可以作为提起消费公益诉讼惩罚性赔偿的法定主体。

(二)应完善消费公益诉讼惩罚性赔偿之司法

虽然我国立法未明确规定检察机关等可作为提起消费公益诉讼惩罚性赔偿的法定主体,但司法实践中已存在检察机关、消费者协会等提起该类诉讼的探索。经过梳理,笔者发现,广东省消费者委员会于 2017 年根据检察建议对违反法律规定销售假盐的行为提起消费民事公益诉讼,开启了消费公益诉讼惩罚性赔偿的先河。2018 年湖北省利川市人民检察院对黄某某等人违反法律规定生产、销售不符合安全标准食品的行为提起刑事附带民事公益诉讼,这是首例由检察机关提起的并获得法院判决支持的消费公益诉讼案件。随着司法实践探索的逐步推进,消费公益诉讼惩罚性赔偿的案件数量亦呈现增长态势。

为更好地认识这一司法探索轨迹,笔者以消费公益诉讼惩罚性赔偿为关键字在"威科先行"进行检索,以案件数量最多的广东和山东为样本,共搜到了 477 份判决书,经过筛选,可用样本共计 269 份。经过进一步梳理,笔者发现,在搜集的案例样本中,117 份判决完全支持检察机关等的诉讼请求,146 份部分支持,仅有 6 份完全不予支持。不予支持的理由主要体现为:原告并非适格主体;涉案食品尚未流入社会造成实际危害;对超出直接经济损失的诉讼请求不予支持。为更好地理解司法裁判内容,笔者节

① 参见黄忠顺:《诉讼实施权配置的模式构建》,载《比较法研究》2016 年第 4 期。

选其中的3则案例,予以简要论述。

[案例1]“A人民检察院诉甲、乙食品侵权纠纷案”。[①] 甲、乙为降低生产成本,在加工的蛇肉中添加工业级食品添加剂,并从中牟利若干。该行为于2017年某次飞行检查中被发现,A检察院遂以甲、乙为被告向法院提起公益诉讼,请求法院判令被告共同承担十倍惩罚性赔偿金及赔礼道歉。经审查,法院认为甲、乙的行为确实存在,但A检察院非消费者身份,提起惩罚性赔偿缺乏法律根据,遂根据《公益诉讼解释》第13条之规定,判决被告在省级以上媒体发表赔礼道歉声明,同时驳回A检察院关于惩罚性赔偿的诉讼请求。

[案例2]“G省消费者委员会诉丙、丁食品侵权纠纷案”。[②] 丙、丁因销售劣药(未达到入刑标准)被行政机关处罚,G省消费者委员会向法院提起公益诉讼,请求判令被告赔礼道歉并承担惩罚性赔偿责任,赔偿款项上缴国库。法院经过审理,基于消费者个人举证能力无法提起惩罚性赔偿请求,且赔偿款项上缴国库具有可操作性等诸因素考量,支持了G省消费者委员会关于惩罚性赔偿的请求,同时判令被告登报道歉。

[案例3]“K市人民检察院诉戊产品责任侵权纠纷案”。[③] 戊因销售假药被判处罚金8万元,后K市人民检察院以戊为被告向法院提起公益诉讼,请求法院判处戊承担惩罚性赔偿责任。法院经审理认为,戊虽已被刑事处罚,但刑事责任的承担不能作为免除民事赔偿责任的理由,且由检察机关管理该资金具有可操作性,遂判令戊向K市人民检察院支付惩罚性赔偿金,该赔偿金由市检察院依法进行处置。

通过对上述3则案例分析即可发现,由于立法之缺失,在关于检察机关等适格主体提起的消费公益诉讼案件上,司法实践中的裁判结果并不统一,也即法官在对此类案件进行裁判时,忽严格依据“法无授权即禁止”之法理予以裁判驳回惩罚性赔偿之请求;忽又大胆探索消费公益诉讼惩罚性赔偿之可能性,并作出支持之判决。一言以蔽之,司法实践在关于消费公益诉讼惩罚性赔偿问题上呈现“诸侯混战”之情形。

还需注意的是,惩罚性赔偿金与罚金之抵扣在实践中亦呈现混乱之态势。大部分消费公益诉讼惩罚性赔偿案件中被告都被追究刑事责任,判处缴纳一定数额的罚金。由于惩罚性赔偿金也是一种经济责任且都具有惩罚性质,在惩罚性赔偿金是否应与罚金相抵的问题上,法院在处理这些案件时出现了不同的做法。一种做法是,法院认为惩罚性赔偿金与罚金功能和目的相似、性质相同,都是对违法行为人的惩处办法,都具

① 参见淮南市中级人民法院(2019)皖04民终1553号民事判决书。

② 参见广州市中级人民法院(2017)粤01民初383号民事判决书。

③ 参见重庆市第五中级人民法院(2018)渝05民初4013号民事判决书。

有威慑和遏制作用,二者应当采取“轻罚在重罚中予以抵扣”的办法。例如,在“广州市荔湾区人民检察院诉吴某某生产假药案”①中,法院认为涉案的民事惩罚性赔偿金与刑事罚金类似,被告人被判处的罚金应与民事惩罚性赔偿金相抵扣。另一种做法是,法院认为惩罚性赔偿金是一种民事赔偿,与罚金性质不一样,不能互相抵扣。例如,在“彭某某生产、销售有毒、有害物案”②中,法院认为该案中被告的行为构成对社会不特定消费者的合法权益的侵犯,应当科以民事责任,但并没有将罚金与惩罚性赔偿金予以抵扣。

二、消费公益诉讼惩罚性赔偿司法与制度张力之诱因

(一)缺乏相应法律依据与支撑

通常而言,赔偿损失和返还财产都需要有具体的财产受偿主体和返还对象,为了便于操作,将公益诉讼的请求类型限定在不作为请求范围内,符合公益诉讼的目的与功能,理论上能找到合理解释,也具有可操作性。③ 而惩罚性损害赔偿案件审理难度较一般的民事案件大,举证比较复杂,在赔偿金的计算、分配等方面需要解决的问题较多,操作上有一定的困难;并且受害消费者数量多、分散在不同地区,受到的损失亦难以确定,即使存在能够代表消费者提起消费公益诉讼惩罚性赔偿的法定主体,且该赔偿请求获得法院支持,但随即会产生新的问题,惩罚性损害赔偿金很难做到公平均衡地覆盖全部消费者。因此,由于惩罚性赔偿程序的复杂性,《公益诉讼解释》及《公益诉讼试点实施办法》并没有明确规定检察机关等能够提起消费民事公益诉讼的惩罚性赔偿。

但是,由于多数消费者在面对大规模纠纷时往往处于弱势地位,诉诸个体救济之方法显然苍白无力。由此,寻求新的救济方法,以达到剥夺不法收益,对受害消费者进行补偿,对不法经营者进行威慑、制止和预防类似行为再次发生,恢复正常的市场秩序的目的就显得较为迫切。消费公益诉讼缺失惩罚性赔偿请求的制度设计就使得消费公益诉讼的价值和功能大打折扣。无法追回经营者的非法获益,也就无法有效震慑经营者的不法行为,无法对受损权益进行有效救济。

目前,法律虽规定消费者可以就其购买的或接受到的不合格的商品或者服务,向经营者提出惩罚性赔偿请求,但没有规定在消费公益诉讼中可以由有关的机关或者组

---

① 参见广州市荔湾区人民法院(2019)粤0103刑初178号刑事判决书。

② 参见惠州市惠东县人民法院(2020)粤1323刑初221号刑事判决书。

③ 参见张卫平:《民事公益诉讼原则的制度化及实施研究》,载《清华法学》2013年第4期。

织提出赔偿请求。因此,在实践中存在法院不认可消费公益诉讼惩罚性赔偿请求的情况。例如,在案例1中,检察机关根据《食品安全法》第148条[①]的规定,请求法院判决支持被告承担销售价款的十倍的惩罚性赔偿责任,然而法院认为,该项请求缺乏明确充分的法律依据而不予采纳。法院的理由无非是,检察机关或者消费者协会与案件没有直接的利害关系,二者既没有购买商品支付任何对价,也没有因此产生任何损失。进而依据《食品安全法》以及《消费者权益保护法》规定的赔偿请求权,检察机关与消费者协会既没有法律或者消费者的授权,也没有程序制度的支持,二者均不具有提起惩罚性赔偿请求权的资格。由于相关规定的缺失,也就引起了消费公益诉讼是否能够提出惩罚性赔偿的争议。

(二)起诉主体之客观局限导致动力不足

从现有司法实践来看,大部分消费公益诉讼惩罚性赔偿案件由检察机关提起,仅有少部分为有关组织提起。从检察机关角度而言,对违法行为进行追诉是检察机关的主要职责;加上检察机关在办理某一刑事案件时,很容易就能发现案件相关线索,能够为证据搜集提供便捷的渠道,亦可以将刑事证据依法转化为证明民事公益诉讼要件事实的证据,这样能够有效减少案件证据的调查核实工作,推动了案件数量的上涨。[②] 但是,检察机关的办案人手毕竟有限,多数时候需要依靠相关线索才能发现追诉对象。问题是,由行政部门或者其他公益性组织或者群众举报提供的线索寥寥无几,案件线索来源较少;而以检察机关依靠内部获取证据为主的提起方式又较狭窄,这些都是检察机关深入推进消费公益诉讼惩罚性赔偿工作所面临的普遍问题。此外,消费市场的活跃容易导致消费公共利益侵害的多发性,而非仅局限在食品药品等特定领域,而根据《公益诉讼试点实施办法》,检察机关仅可对涉及食品药品的案件提出惩罚性赔偿消费公益诉讼,这种覆盖面又过于狭窄,也就使消费公共利益难以得到全面的保护。

同时,检察机关的身份和功能的优势不排斥消费者协会作为公益诉讼原告的主体资格,检察机关与消费者协会并非相互替代,而是相互协作。消费者协会作为非政府组织,天然地具有保护消费者权益的职责,在消费公益诉讼方面能有较大发挥空间。但是,从现有案例观察,消费者协会提起消费公益诉讼惩罚性赔偿更多源于检察机关发出检察建议后再行提起诉讼。事实上,消费公益诉讼通常涉及人数较多、案情复杂、

---

① 《食品安全法》第148条规定,生产不符合食品安全标准的食品或者经营明知是不符合食品安全标准的食品,消费者除要求赔偿损失外,还可以向生产者或者经营者要求支付价款10倍或者损失3倍的赔偿金;增加赔偿的金额不足1000元的,为1000元。但是,食品的标签、说明书存在不影响食品安全且不会对消费者造成误导的瑕疵的除外。

② 参见吴俊:《中国民事公益诉讼年度观察报告(2017)》,载《当代法学》2018年第5期。

代理律师费用投入高,由此导致的张力即是:一方面,我国当前消费者公益诉讼的发起主体除检察机关外,就是32个省级以上消费者协会,面对中国人口众多,消费者群体庞大的现实,起诉主体的数量根本无法满足社会和市场对消费权益保护日益增长的需求;另一方面,对于半官方性质依靠政府财政拨款和企业资助的消费者协会来说,证据收集能力弱,加上自身条件的制约,为保护消费者权益冲锋陷阵的积极性不高。这一点可从笔者搜集的消费者协会或消费者委员会提起消费公益诉讼惩罚性赔偿的案例中得到佐证,在搜集到的以消费者委员会或消费者协会为主体提起的公益诉讼案例中,仅有案例2中消费者委员会主张的惩罚性赔偿获得了全部支持,其他判决结果均较为惨淡。

(三)赔付金钱的标准、折抵和管理不一引发次生纠纷

在案例3中,法院基于检察机关管理该资金具有可操作性的事实,遂判令戊向K市人民检察院支付惩罚性赔偿金。翻阅该案判决,笔者发现,该案法官以刑事判决中确定的销售价款与销售数量作为计算惩罚性赔偿的金额。这种做法虽然简单易行,能够在一定程度上体现出该制度的制裁和威慑的功能,但是消费公益诉讼惩罚性赔偿制度赔偿的是社会公共利益的损失,而公共利益往往难以量化,消费者的损失只是其中一个方面,基于操作的便利性,而采取以销售价款作为计算标准,这种计算方式也往往小于实际的公益损失。同时,此种计算方法也缺乏对个案和危害社会公共利益的实际情况的关怀。道理其实非常简单,在一般的普通受害消费者起诉违法经营者的民事诉讼中,由于消费额度不高,价款小,10倍的惩罚性赔偿对于违法经营者来说并非超出其承受能力。特别是在小额消费中,很少有消费者会就其购买的一包盐提起诉讼要求赔偿。而在惩罚性赔偿消费公益诉讼中,起诉主体代表人数多、分散广的消费者,数额通常较大,累计赔偿金额有可能让违法经营者难以承受。显然,这种对案件事实、责任分担、赔偿能力等因素缺乏综合考虑的计算方法和计算标准难谓合理。

此外,在消费公益诉讼中,惩罚性赔偿金与刑事罚金是否可以折抵存在争议。在实践中,有的案件进行了抵扣,而有的案件并没有抵扣。消费公益诉讼惩罚性赔偿复杂之处便在于,惩罚性赔偿金具有惩罚性质,与刑事罚金功能趋同。实际上,刑法的重心主要是制裁不法行为,基于刑法本身的谦抑性,其适用具有限制性和固化性。① 而惩罚性赔偿侧重于对行为后果的制裁,其运用也更加灵活。按照一般观点,作为民事责任的惩罚性赔偿制度是与行政责任和刑事责任相互独立的,不具备相互折抵的法理基础,但是由于这三者都属于经济制裁的范畴,在确定行为人的赔偿责任时,应将已经作

---

① 参见于冠魁:《惩罚性赔偿适用问题研究》,法律出版社2016年版,第133~135页。

出的罚款和罚金考虑在内。[①] 而法官对该赔偿金的理解和把握均存在不同,由此也导致了对该制度正当性的质疑。[②]

在惩罚性赔偿金的管理上,目前亦缺乏统一的管理办法,而委由各地检察机关等探索。在司法实践中,法院在判决被告缴纳惩罚性赔偿金时,有的交付给地方财政单列的管理账户;有的则暂时将惩罚性赔偿金交由市场监管部门、检察院或法院保管,或者共同保管;有的则是直接上缴国库。[③] 这种管理方式显然不利于这笔赔偿金后续用途的发挥以及监管。同时,检察院、法院、市场监管部门作为国家公权力机关,权力地位也决定了其并不是惩罚性赔偿金的最佳管理使用者;将惩罚性赔偿金上缴国库,也与惩罚性赔偿金的用途和功能不相符合,使惩罚性赔偿金变成了单纯面向不法经营者的罚款,无法体现惩罚性赔偿金的救济性质,亦无法赔偿受损消费者的合理损失,似有违消费公益诉讼惩罚性赔偿金公益性的特质。

三、确立消费公益诉讼惩罚性赔偿制度之正当性证成

(一)损害利益聚少成多与规制违法行为

一如上述,在多数侵害消费者利益的案例中,由于受害消费者损失额较小,消费者往往缺少向不法经营者追究责任的动力,即使法律规定了惩罚性赔偿制度,由于使用动力不足,较难发挥实际作用。并且,在没有惩罚性赔偿请求的消费公益诉讼中,其功能至多体现在排除尚未发生或者正在发生且有排除必要的面向将来的侵害,无法进行事后救济。倘若在消费公益诉讼中引入惩罚性赔偿制度,使消费公益诉讼兼备事后救济与事前预防的功能,实现对消费者权益的全面保护,能够恢复社会秩序,补偿公共利益受到的损害。经营者本能地会趋利避害,在进行某种不法行为时,会率先比较成本与收益,而惩罚性赔偿制度通过增加经营者的违法成本,降低经营者为追求收益而实施违法行为的概率。

美国相关立法规定,各州检察长为了全面保护消费者权益而向非法经营者提起的

---

① 参见张旭东、郑烽:《消费民事公益诉讼中惩罚性赔偿的规范化适用研究——从广东省消费者委员会的惩罚性赔偿系列公益案件出发》,载《学术探索》2019 年第 11 期。

② 参见颜运秋、马永双:《消费者公益诉讼的法理与规则分析》,载《河北大学学报(哲学社会科学版)》2005 年第 5 期。

③ 参见崔晓丽:《食品安全领域检察民事公益诉讼惩罚性赔偿机制研究》,载《中国检察官》2020 年第 10 期。

集团诉讼,属于纯粹的消费公益诉讼。[①] 在立案时一般不需要确定损害赔偿总额,最终的赔偿额可以随着诉讼的进行以及调查取证,调查清楚案件事实后再行确定。检察长可以根据受害消费者个人的申请或者通过抽样、推定、统计或估算等方式计算出应当向消费者支付的损害赔偿额,案件胜诉或者和解后将赔偿金分配给各个消费者。此外,如果是根据《反托拉斯法》提起的诉讼,还可以提出要求违法经营者向受害消费者支付消费者实际损害额的3倍赔偿金。同时,为避免惩罚过度,帮助法院判断赔偿金额是否过高,美国还为此设定了处罚比例,要求惩罚性赔偿金不能超过补偿性赔偿金的10倍,否则应当认定为无效。[②]

为了恢复消费者权益,剥夺经营者违法收益,德国于2002年出台《法律咨询法》,授权消费团体可以依据委托提出损害赔偿请求,该条款是为了解决消费个人由于损失额较小,而不愿意提起诉讼,缺乏起诉积极性的问题。由于分散性侵害的法律救济存在漏洞,德国立法者在2004年颁行的《不正当竞争防止法》中予以回应,创立不法利益收缴之诉,对于故意违反《不正当竞争防止法》第3条至第7条规定,作出不合法的商业行为,导致大多数交易相对人受到损害,适格主体可以作为原告起诉,请求违法经营者交出不法利益,并将该利益上缴至国库。

(二)救济途径拓展与丰富消费者维权羽翼

一如前述,消费者个人除可以就其所受侵害提出惩罚性赔偿请求之外,还可依据《民事诉讼法》确立的人数不确定的代表人诉讼和人数确定的代表人诉讼两种方法请求救济。但问题是,由于"最高法院对处理群体纠纷采取了不恰当的司法政策,这导致了代表人诉讼在解决群体纠纷中地位降低"。[③] 这种不恰当的司法政策可从最高人民法院分别于2002年和2006年颁布的两个司法解释窥见一斑。最高人民法院于2002年1月15日发布的《关于受理证券市场因虚假陈述引发的民事侵权纠纷案件有关问题的通知》(法明质〔2001〕43号,已失效)第4条规定:"对于虚假陈述民事赔偿案件,人民法院应当采取单独或者共同诉讼的形式予以受理,不宜以集团诉讼的形式受理。"这里的集团诉讼,即是《民事诉讼法》第57条规定的人数不确定的代表人诉讼。随后2006年生效的最高人民法院《关于人民法院受理共同诉讼案件问题的通知》(法〔2005〕270号)第1条第1款规定:"当事人一方或双方人数众多的共同诉讼,依法由基

---

① See Maley & Christopher J., *Toxic Torts: Class Actions in United States and England*, Suffolk Transnational Law, Vol. 19:2, p. 523 – 536 (1992).

② See Bassett & Debra Lyn, *U. S. Class Actions Go Global: Transnational Class Actions and Personal Jurisdiction*, Fordham Law Review, Vol. 72:1, p. 41 – 92 (2003).

③ 章武生、杨严炎:《我国群体诉讼的立法与司法实践》,载《法学研究》2007年第2期。

层人民法院受理。受理法院认为不宜作为共同诉讼受理的,可分别受理。"虽然最高人民法院并未使用代表人诉讼的表述,但和第56条第1句的表述完全一致,我们完全可以推断此处的表述指的就是人数确定的代表人诉讼,而该通知的出台,意味着代表人诉讼制度在司法实践中被进一步冷落。2012年《民事诉讼法》首次将公益诉讼制度引入民事诉讼领域被看作对该问题的突破,通过公益诉讼的方式实现消费者权益的保护显然是立法者的期待,准许通过消费公益诉讼惩罚性赔偿的方式给予弱小消费者以实际救济、补偿损失显然也是该条文的题中之义。实际上,通过消费公益诉讼惩罚性赔偿的方式给予消费者相应救济在国际上早已存在。

集团诉讼是美国消费公益诉讼的主要形式,消费者个人、检察机关、联邦交易委员会都可以成为集团诉讼的起诉主体。其中,美国各州检察长为了全面保护消费者权益而向非法经营者提起的集团诉讼,属于纯粹的消费公益诉讼。① 各州检察长最初是依据普通法上的"父权诉讼"理论而提起诉讼,但随着社会矛盾的加深,消费者保护立法明确赋予各州的检察长起诉权,以有效保护消费者的权益。例如,1914年美国通过了《克莱顿法》,该法规定:"检察官可以对滥用市场支配地位、价格歧视和其他破坏竞争秩序的行为提起民事诉讼,并可追究严重违法者的刑事责任。"②检察长可以提起的诉讼分为两类:第一,各州检察长作为本州受害消费者的代表对不法经营者提起集团诉讼;第二,检察长可以基于"州主权执法",以自己的名义提起集团诉讼,如果法院支持检察长的诉讼请求,遭受损失的个体消费者能够获得赔偿,而反之,如果案件败诉,消费者就其遭受的损失仍然可以继续向法院提起诉讼,法院就该案件作出的判决对消费者个人没有约束力。③ 在诉讼请求方面,检察长有权提出停止侵权、返还不当利益、支付民事制裁金和赔偿损失的权利。④ 如果因企业实施违法行为造成消费者受有损失,检察长可以请求法院对该违法经营者进行惩罚,由其赔偿消费者因该不当行为所遭受的损失。

英国的立法实践从反面也证明了提起团体诉讼的优势。1994年英国根据93欧盟指令颁布了《消费者契约不公正条款规则》,授予公正交易厅长官可以提起事前禁令诉

---

① See Hensler, Deborah R., *From Sea to Shining Sea: How and Why Class Actions Are Spreading Globally*, University of Kansas Law Review, Vol. 65:5, p.965 -988(2017).

② 参见杨静:《普通法系国家公益诉讼实践对我国的启示》,载《中国检察官》2017年第15期。

③ See Richard & Marcus, *Bending in the Breeze: American Class Actions in the Twenty-First Century*, DePaul Law Review, Vol. 65:2, p.152 -166(2016).

④ See Oquendo & Angel R., *Justice for All: Certifying Global Class Actions*, Washington University Global Studies Law Review, Vol. 16:1, p.71 -124(2017).

权,但是因为这一立法未将诉权赋予消费团体,遭到了消费者团体的强烈谴责。1999年7月,英国废除了1994年《消费者契约不公正条款规则》,并出台了新《消费者契约不公正条款规则》,该法赋予消费者协会在诉讼中提出禁令诉权的诉讼权利。2002年英国出台了《企业法案》,对禁令命令制度进行修改,引入了消费者索赔代理制度和调查申请制度,符合条件的消费者团体,在取得两个或两个以上的消费者同意后,可以为消费者的利益提起损害赔偿诉讼,但是不得为了团体自身的利益提起该损害赔偿之诉,并且原则上胜诉所获得的损害赔偿金,归消费者个人所有,除非与消费者协商一致,否则该团体不能取得该笔赔偿款。①

德国的消费公益诉讼主要形式为团体诉讼。为了有效地保护消费者的利益免受不正当竞争行为的侵害,德国《不正当竞争防止法》于1965年出台。为了对市场上的不正当竞争行为进行规范,消费团体可以根据法律规定提出禁令诉讼。德国《反不正当竞争法》增加了撇去不法收益之诉,使消费者团体获得独立的请求权,不需要消费者让渡自身权利,但是该诉讼的胜诉所得是直接上缴国库的,并不返还给受害消费者,因而起到了威慑违法行为的作用,凸显了撇去不法收益之诉的公益性质。

巴西的消费公益诉讼主要形式是集团诉讼。在建立集团诉讼方面,巴西成功地改良了美国的集团诉讼,并没有对美国的制度进行直接移植,在该制度上可以说是成就斐然。② 1985年,巴西颁布了《公共民事诉讼法》,规定在分散性权利以及集合性权利受到损害时可以提起民事公益诉讼,该诉讼不需要受害者的个别委托,即可请求法院下发禁止令或判决赔偿损失。1990年巴西通过了《消费者保护法》,对集团诉讼的保护类型予以扩张,至此,巴西集团诉讼已经形成对"集合性权利""同种个别性权利""扩散性权利"3种权利的保护模式。从起诉主体来看,巴西的消费者集团诉讼不允许消费者个人提起,属于纯粹的公益诉讼;同时,作为公共利益维护者的检察机关,在消费者集团诉讼中发挥着越来越重要的作用。

(三)消弭公共执法能力不足与市场弊端之间的张力

虽然行政执法具有效率高、执行力强、处理效果较好的特点,但由于行政机关在人力、财力等方面具有一定的有限性,这就决定了单纯依靠行政执法保护消费者利益是无法常态化的。当前,我国在涉及消费者保护领域的行政执法状况存在的问题主要有二:其一,基于税收等经济利益考量放松对相关市场主体的监管力度。众所周知,在

---

① See Taylor & Aaron, *Class Actions in England and Wales*, Cambridge Law Journal, Vol. 78:1, p. 247 – 250(2019).

② See Verbic & Francisco, *Consumer Class Actions in Argentina and Brazil: Comparative Analysis and Enforcement of Foreign Judgments*, Herald of Civil Procedure, Vol. 2013:4, p. 179 – 229(2013).

“分税制”改革之后，我国央地在税收收入划分上采用固属中央、央地共享和固属地方3个税种，其中，将营业税、契税等适合地方征管的税种划为地方税，增加地方税收入。显然，与经营者和消费者相关的主要税种为营业税、消费税。从理性经济人角度观察，消费者、厂商和政府基于不同的考量因素，分别追求效用、利润及目标决策的最大化。从政府决策最优化来看，行政执法力度的强弱将直接影响消费税、营业税的收入。为增加地方税收入，一种可行的办法即是激发市场交易活力，减少对市场活动的干预，而该办法的对价即是放松对相关市场主体的监管力度，其带来的直接后果即是行政执法的疲软和地方保护主义的盛行。其二，基于执法利益的不相关性，相关政策或要求落实不到位，规定的标准和规范没有被遵照执行，执法不严问题突出。从经济分析法学角度观察，行政执法部门的设置及职责履行均需要财政供养，而严格执法并不能带来自身利益的提升，侵害消费者权益的行为往往呈现散发性特质，公共执法部门基于人手的紧缺及执行受益“零和”的考量，对执法效率的提升就显得漠不关心，这一点可从“媒体曝光才能执法跟进”的生活经验中得到佐证。基于这些问题，我们很难对行政机关通过公共执法全面而有效地保护不特定多数消费者的合法利益产生合理期待，在此情况下，通过消费公益诉讼惩罚性赔偿改善对损害公共利益行为行政打击不力的状况，弥补公共执法供给不足的问题，显然具有积极意义。①

从域外实践观察，消费公益诉讼惩罚性赔偿通过对不法行为人进行经济制裁，形成有效威慑，从而部分分担行政执法机关维护市场公共职能的工作。② 美国行政执法机关在获知相关侵害消费者权益之线索时，有义务将该线索提交检察长，亦可采用悬赏公告式的方法告知潜在集团诉讼的发起主体（一般为律师）。③ 巴西针对“扩散性权利”提起集团诉讼时，应提供行政执法机关作出的行政认定书证明提起该类诉讼的必要性。④ 在德国，行政机关可将公民关于消费领域的投诉记存，当达到75人以上规模时，团体可向行政机关索取相关事证资料用以诉讼。⑤

---

① 参见黄忠顺：《食品安全私人执法研究——以惩罚性赔偿型消费公益诉讼为中心》，载《武汉大学学报（哲学社会科学版）》2015年第4期。

② See Ramello, *The Law and Economics of Class Actions in Europe: Lessons from American*, Edward Elagar Publishing, 2012, p. 131 – 134.

③ See Bermann & George A., *U. S. Class Actions and the Global Class*, Kansas Journal of Law and Public Policy, Vol. 19:1, p. 91 – 101 (2009).

④ See Verbic & Francisco, *Consumer Class Actions in Argentina and Brazil: Comparative Analysis and Enforcement of Foreign Judgments*, Herald of Civil Procedure, Vol. 2013:4, p. 179 – 229 (2013).

⑤ See Hilgard & Mark C., *Class Actions and Mass Actions in Germany: Recent Developments*, International Law News, Vol. 45:2, p. 23 – 24 (2016).

四、消费公益诉讼惩罚性赔偿制度之构建

通过上文之分析发现,因消费公益诉讼惩罚性赔偿制度之缺失,一方面,现有代表人诉讼及私益诉讼制度的自身缺陷导致小额、分散消费者被侵害之权益得不到较好保护;另一方面,司法实践的积极探索又引发案件处理结果的失序与失范。通过正当性分析亦可发现,设立消费公益诉讼惩罚性赔偿制度显然具有正当性、可行性和必要性,构建消费公益诉讼惩罚性赔偿制度具有立法论和解释论上的双重急迫性。下文将围绕消费公益诉讼惩罚性赔偿制度应坚持的基本原则、制度要素等内容予以构建。

(一)糅合公共利益维护原则和比例原则

一如上述,消费公益诉讼惩罚性赔偿制度是公益诉讼的组成部分,该制度的目的、功能、运行都应当遵循维护社会公共利益的原则。公共利益属于利益的一种,利益所具有的不特定性同样及于公共利益,因此,公共利益迄今为止也尚未形成一个公认的权威概念,属于典型的不确定法律概念,[①]对于公共利益的主要焦点集中在对公共的判断上。德国公法学者提出的3种学说最具有代表性。[②] 第一种是“不确定多数标准说”,在此标准下,公共利益是不特定的多数人的利益;[③]第二种是“地域说”,即公共利益是在某一范围内的多数人的利益;第三种是从反面进行推论,以“套中人”作为公共的相对概念。该学说综合了上述两种学说,并划定了间接定义公共的概念,其认为在公共的判断上至少应当从两个标准出发:(1)非隔离性,即人们能够在某一个既不封闭也不为特定人保留的空间内自由进出;(2)需要达到一定数量的多数。[④] 综观上述3种学说,笔者认为,第一种学说强调数量特点,符合现代少数服从多数的民主理念,但问题是,该种学说仅解释了公共利益的外观形态,对其实质内涵少有涉及,因而不具有确定性;第二种学说单纯以地域作为划分标准,又使公共利益的范围过于狭窄,亦不符合扩散利益的基本形态;相较而言,第三种学说反映了公共利益的相对概念,相对意味着并非静态且一成不变,在应对公共利益因时、因地、因人而异这一“普罗米修斯的脸”时,相对更具有合理性。在明确界定公共利益所借助的学说之后,下一步即是明确具备公共利益保护要素之消费公益诉讼惩罚性赔偿制度所应遵循的原则到底为何的问题。前文已述及,惩罚性赔偿制度的主要作用在于控制社会公共危害行为发生,其能够促使潜在侵害人重新思考其实施违法行为的成本,遏制从事违法经营行为的动机。

---

① 参见王福华:《公益诉讼的法理基础》,载《法制与社会发展》2022年第2期。

② 参见高志宏:《公共利益观的当代法治意蕴及其实现路径》,载《政法论坛》2020年第2期。

③ 参见陈新民:《德国公法学基础理论》(增订新版·上卷),法律出版社2010年版,第106页。

④ 参见胡锦光、王锴:《论公共利益概念的界定》,载《法学论坛》2005年第1期。

显然,确立公共利益维护原则,一方面,能够体现该制度对公共利益的维护功能,另一方面,也与该制度所追求的社会效果具有一致性。

但问题是,在坚持公共利益维护原则时,有可能存在惩罚不适当的问题。当消费公益诉讼惩罚性赔偿的金额低于侵害行为可能造成的损失,就不能有效地激励潜在侵害人采取有力的预防措施,预防不足将会导致损害事件频发;如果赔偿金的数额过高,企业采取过度的预防措施,就会浪费预防成本,或者赔偿金的数额远远高于违法者的能力承担范围,即使诉讼请求得到法院的支持,诉讼目的也往往难以实现,有违法律的公平和公正,损害法律的权威和尊严。即使在英美法系国家,在实践中对该制度也是采取审慎态度,并通过多种方式设定适用范围和条件,避免惩罚性赔偿制度泛滥而造成负面影响。

如何实现惩罚错误与维持市场活力的衡平,满足这一要求的原则显然就是比例原则。在理想情况下,消费公益诉讼惩罚性赔偿制度能够将消费纠纷发生的概率控制在合理的范围内。如果该制度不能有效规范市场主体的行为,不能保证每个市场参与者都能够获得最大化收益,不能促进经济的发展,那么该制度将会成为效率的阻碍。保证每个经营者都能够追求最佳效率、追求社会效益和社会成本的最优配置是消费公益诉讼惩罚性赔偿无法放弃的理念。因此,消费公益诉讼惩罚性赔偿制度应当尽可能地减少或者避免适用该制度产生的负面影响,应当考虑适用结果的公平性。这就要求在消费公益诉讼赔偿金额的设定上既不能过高也不能过低,在比例中寻找衡平。

(二)明确惩罚性赔偿消费公益诉讼与私益诉讼的关系

如前文所述,我国当前在相关司法解释中并未规定在消费公益诉讼中可主张惩罚性赔偿,只是在司法实践中,存在法院支持消费公益诉讼惩罚性赔偿请求的案例。在缺乏对于消费公益诉讼中可以提出惩罚性赔偿请求的明确规定的情况下,公益诉讼起诉主体只能依照《消费者权益保护法》《食品安全法》等相关法律规定确定其诉讼请求。但问题是,《消费者权益保护法》《食品安全法》以保护私权为其目的,而公益诉讼制度以保护公益为目的,直接引用私益诉讼来实现公益保护的目的,在法理上和适用上均会存在困境。此外,在检察机关提起公益诉讼主张惩罚性赔偿请求的同时,也可能存在受损害消费者另案提起赔偿的情形,二者在诉讼请求上显然存在重复。由此可见,"公益主张与私益主张在内容上不能明确区分的情况下,私益诉讼的提起将可能导致公益诉讼丧失诉的利益,反之,公益诉讼的提起也可能导致私益诉讼丧失诉的利益"。[①]

对于经营者的同一违法行为,可能会存在先于公益诉讼提起的私益诉讼,也可能

---

① 段厚省:《检察民事公益诉讼的内在张力》,载《郑州大学学报(哲学社会科学版)》2020年第4期。

会有后于公益诉讼提起的私益诉讼,两种惩罚性赔偿关系如何协调解决值得认真考虑。在笔者看来,在个人提起的私益诉讼中,惩罚性赔偿金的主要功能更多是对受害者的补偿与对其提起诉讼的激励,受害消费者所获的赔偿金远比不上违法者所获利益,受制于诉讼成本,消费者普遍起诉动力不足的情况下,违法经营者并没有多大的损害。因此,从惩罚违法经营者的角度出发,即使个人先于公益诉讼提起了私益诉讼,公益诉讼主体仍然能够提起消费公益诉讼惩罚性赔偿,要求违法者承担超过其违法收益的赔偿数额,只是在计算公益诉讼惩罚性赔偿金时,可以减去个人提起的私益诉讼主张的惩罚性赔偿金;倘若私益诉讼是在公益诉讼惩罚性赔偿提起后再提起的,由于违法行为已经被发现,激励起诉以维护公共利益的功能已不复存在,与先于公益诉讼提起的私益诉讼相比,诉讼成本已经大大降低,私益诉讼中再提起惩罚性赔偿请求并没有太大必要,也与罚责相当的法理不符。① 由此,笔者认为,如果遭受损失的消费者提起私益诉讼,请求经营者承担损害赔偿责任时,可以从公益诉讼获得的赔偿中进行给付,法院则不另行支持该类赔偿请求。

当然,还有另一种协调的思路,即允许检察机关或者消费者协会受让消费者的惩罚性赔偿请求权,以便两个案件能够一并审理。如果案件胜诉,受害消费者能够获得相应的惩罚性赔偿金;如果案件败诉,则受害消费者就同一案件不再享有诉讼权利。该制度既能够保证诉讼的经济与效率,又尊重了当事人的处分权,在协调惩罚性赔偿消费公益诉讼与私益诉讼的关系上面也具有启发意义。限于本文论述重点限制,关于该问题的研究笔者将另文讨论,此处不赘。

（三）明确提起惩罚性赔偿消费公益诉讼的形式诉讼担当主体

依据传统当事人适格理论,原则上诉讼当事人与实体当事人一致,通常以原告在实体法上所享有的权利为基准判断其是否属于适格主体。② 但随着案件类型化的复杂性的增加和纠纷功能的扩大,实体适格已不能适应大规模侵权案件的实际需求,将诉讼当事人与实体当事人剥离的形式当事人理论应运而生,诉讼担当与诉讼信托制度为实体权利归属主体与诉讼实施权的主体相分离的问题提供了合理解释。但理论界对两者的属性存在争议,有观点认为,二者都是指第三人以自己的名义就法律关系或者利益归属主体的权利,享有诉讼实施权,属于同一事物;③相反观点认为,二者并非同一事物,诉讼信托与诉讼担当存在区别,诉讼信托是同时转移实体权利和诉讼权利,以诉

---

① 参见刘水林:《消费者公益诉讼中的惩罚性赔偿问题》,载《法学》2019年第8期。

② 参见张晋红、余明永:《民事诉讼改革与当事人诉讼权利的检讨和完善》,载《法学评论》2000年第6期。

③ 参见相庆梅:《诉讼担当和诉讼信托关系之分析》,载《现代商业》2009年第9期。

讼为目的所设立的信托,而诉讼担当仅转移诉讼实施权。[①] 笔者认为,从最终实施效果观察,二者并没有太大差别。无论是诉讼担当还是诉讼信托,受益主体都不是诉讼当事人,而是实际的受害主体。在消费公益诉讼惩罚性赔偿制度的构建上,无论是采取诉讼担当还是诉讼信托,都能够为惩罚性赔偿消费公益诉讼的起诉主体具有正当性提供解释。由检察机关或者社会团体取得形式上的诉讼主体资格,受害消费者作为实际上的受益主体,在制度设计和成本考量上具有合理性。

就检察机关作为消费公益诉讼惩罚性赔偿的形式适格主体而言,依据宪法规定,检察机关职责包括在发现侵权行为时提起诉讼,赋予检察机关作为惩罚性赔偿消费公益诉讼的起诉主体,与其作为专门法律监督机关的身份相符。另外,检察机关具有证据调查上的优势,以及专业知识方面的优势,与法院拥有共同的政策理解能力和法律把握力,在诉讼实施过程中不会在其中掺杂任何其他私人利益。此外,检察机关在司法管辖、诉讼能力和实际主体地位上所具备的优势,是其他发起主体所无法比拟的。[②] 因此,有必要通过法律明确检察机关提出消费公益诉讼惩罚性赔偿的主体地位。

就社会团体作为消费公益诉讼惩罚性赔偿的形式适格主体而言,由于社会团体本身具有高度的公益性、宗旨明确、社会影响力大,由社会团体提起消费公益诉讼惩罚性赔偿具有潜在的优势。虽然当前省级消费者协会的数量偏少(全国仅有32个),不足以满足消费者和社会对于日益增加的消费纠纷亟待解决的需求,但随着公民社会的成熟以及权利意识的不断提升,预计在不远的未来,我国将会出现更多的以消费者保护为宗旨的社会组织。因此,我国立法有必要增加符合条件的社会组织作为原告参与消费公益诉讼惩罚性赔偿。例如,可以明确规定社会团体能够成为消费公益诉讼惩罚性赔偿原告所需要具备的具体条件,这可以包括该团体的成立目的与宗旨、特定的资质标准、从业年限、经费和成员等方面的条件,而不应当只局限于省级消费者协会。[③] 此外,立法还可规定一般性的消费者保护组织可以对消费的各个领域提起诉讼,专业性的消费者保护组织只能对某些领域提起诉讼,实现分工协作之目的。例如,在某些领域具有一定资质的专业消费者保护组织可以作为提起该诉讼的发起人等。

当然,明确检察机关、社会团体为提起消费公益诉讼惩罚性赔偿的形式诉讼担当主体并非完全忽略消费者个人的主体地位。消费者作为最具有维权意愿、最容易受到侵害、分布范围最广的主体,他们往往对案件事实比较了解,迫切希望恢复受损利益。

---

① 参见纪格非:《功能论视角下任意诉讼担当的类型研究》,载《东方法学》2020年第2期。

② 参见肖建国、宋春龙:《检察机关提起消费公益诉讼范围分析》,载《人民检察》2016年第14期。

③ 参见颜运秋:《公益诉讼理念与实践研究》,法律出版社2018年版,第164~174页。

因此,为了弥补特定社会组织或者国家机关起诉不力或怠于起诉的情况,立法亦可以明确消费者个人享有对检察机关、社会团体作为形式主体提起惩罚性赔偿消费公益诉讼的监督权和告发权等。①

(四)明确惩罚性赔偿金的计算标准以及管理办法

我国《消费者权益保护法》第 55 条第 1 款以及《食品安全法》第 148 条第 2 款规定,消费者因购买的商品或者接受的服务有瑕疵而遭受到损失的,可以要求不法经营者赔偿受害消费者支付价款 10 倍或者损失 3 倍的赔偿金。当前,获得胜诉的消费民事公益诉讼惩罚性赔偿请求的案件一般都是按照销售价款的 10 倍进行判处。在案例 3 中,法院即根据上述法律条文迳行判决。但问题是,倘若判决的赔偿数额超出被告的承担能力,该制度的实施效果必将大打折扣,制度目的也将落空。因此,在惩罚性赔偿金的计算标准上,笔者认为,应以案件造成的社会恶劣影响程度为依据,分情况进行讨论:对于虽然消费者人数众多但能大致确定的且能够算出"实际损害数额"的,就以"实际损害数额"为基准并结合最低赔偿金额来确定。如果不能算出"实际损害数额"的,可以从不法经营者的预期收益,或者通过销售凭证、生产记录、税务发票等证据入手,采用抽样、平均或者其他统计学方法计算不法经营者的违法收益;将该收益作为基数,按照最低数额的方式或者一定的比例计算违法经营者需要支付给整个集体的损害赔偿总额。当然,这一赔偿比例也不宜设置过高,以能够实现对经营者行为的惩罚目的为限。笔者认为,综合考虑被告的实际支付能力,例如,被告的侵权能力、经营规模,以及行为人已经承担过的行政罚款、刑事罚金以及其行为公共利益的损害程度等因素,设定 3 倍以上 10 倍以下的比例比较合理。

关于惩罚性赔偿金的管理问题,笔者认为,惩罚性赔偿不仅是对违法经营者的惩罚,对受害消费者也有补偿和救济意义。因此,因消费公益诉讼惩罚性赔偿案件的胜诉而获得的赔偿款不应当直接上缴国库,而应当纳入消费公益诉讼基金并优先赔偿给受害消费者。在赔付方面,立法应明确受害消费者领取赔偿款的渠道,例如,设定合理的公告、催告程序,受害消费者获知公告内容后,可搜集手头发票等资料前往兑付。倘若经过正当且充分的公告、催告程序,在 1 年内赔偿款仍未被认领,则该部分款项可纳入消费者权益保护基金。基金会可隶属相关社团机构,由社团机构负责基金管理,以减少其他机关和组织的压力。消费者权益保护基金可用于构建食品生产、销售安全体系,加强安全监管,改善公共服务等方面,实行专款专用。

诚然,将该基金隶属社会团体会面临使用失范的风险,建立有效监督机制尤显必

---

① 参见周晓明:《公益告发制度研究》,载《中南大学学报(社会科学版)》2015 年第 2 期。

要。笔者认为,在构建监督机制时,可区分阶段和实施对象予以构建:其一,在分配阶段,可以由法院进行监督保障分配事项的公正与合理。惩罚性赔偿金除要接受社会大众和司法机关的监督外,还需要接受来自审计部门以及中国人民银行的监督。其二,保证赔偿金用途的信息公开,通过严格监督消费者保护基金的使用方式,有利于督促公益诉讼起诉主体谨慎选择起诉领域,倘若消费公益诉讼案件不问胜诉与否,起诉主体都能从基金中获得费用补偿,则会导致胜诉率偏低,实现保护消费公共利益的目标成本过高,削弱公益诉讼基金的价值。其三,可以通过互联网等方式方法定期公开基金的使用情况,并将取得结果进行公示以接受监督;同时,完善公众参与制度,可以在网上设立咨询、投诉、举报专栏,公众发现存在滥用赔偿金的情况或者其他情况时可进行适时举报。①

(五)建立消费公益诉讼惩罚性赔偿的激励和约束机制

前文已述及,消费公益诉讼的起诉主体与案件不存在直接的利害关系,如果败诉,起诉主体所承担的风险和损失远高于一般诉讼;若胜诉后得不到任何奖励,则将会导致适格主体提起诉讼维护社会公共利益的热情与积极性逐渐下降,无法发挥制度的预期效果。同时,在消费公益诉讼案件中,因信息、证据掌握的不对等性,案件调查可能需要耗费大量时间、精力和成本,仅凭履职要求这一简单的说辞以调动相关主体的起诉积极性即显得苍白无力。德国法规定,消费者团体除可以向主管机关请求必要费用外,并不能领取任何经济上的利益或者报酬,但是却要承担败诉的风险,导致了消费者团体提起诉讼积极性不高,②这从反面也论证了激励机制的必要性。因此,通过制度安排建立必要的激励机制以确保消费公益诉讼惩罚性赔偿制度的适用显得必要。一般而言,常见的诉讼激励手段包括诉讼保险制度、诉讼基金制度、胜诉奖励制度、法律援助制度、诉讼费用的减免、对起诉主体的安全保护等措施,都能够起到激励起诉、减轻诉讼负担的作用。③ 此外,为了促进诉讼公平,除应建立诉讼激励机制外,诉讼约束机制同样不可或缺。在消费公益诉讼惩罚性赔偿制度中,应当坚持以诉讼激励机制为主,诉讼制约机制为辅的配套制度。需要说明的是,考虑消费公益诉讼惩罚性赔偿索赔主体的差异性及其对激励约束机制的影响,笔者将在区分通行机制和特殊主体机制

---

① 参见芦云:《网络交易中消费民事公益诉讼制度的完善与发展》,载《中国市场监管研究》2022 年第 3 期。

② See Hilgard & Mark C, *Class Actions and Mass Actions in Germany: Recent Developments*, International Law News, Vol. 45:2, p. 23 – 24 (2016).

③ 参见余彦:《驱动视角下消费民事公益诉讼的主体安排及其激励机制》,载《江西师范大学学报(哲学社会科学版)》2018 年第 5 期。

的框架下予以分别说明。

1. 通行之激励和约束机制

首先,关于消费公益诉讼基金支付起诉费用。建立专门的消费者保护基金在消费公益诉讼惩罚性赔偿的激励方面具有可持续性,且已被域外实践效果所证实,例如,在美国检察长提起的消费公益诉讼案件中,所获赔偿金额的5% ~8%沉淀为公益诉讼基金,用以支付相关诉讼费用。我国可规定在提起消费公益诉讼惩罚性赔偿时,适格主体可就诉讼涉及的相关费用,例如,诉讼费、律师费、鉴定费等费用都可以按照规定从公益诉讼基金中获得补偿。

需要指出的是,如果起诉主体无论是否胜诉都可以获得公益基金的支持,那么可能会发生起诉主体在没有对案件进行全面和充分的审视就贸然提起诉讼的情况,由此可能导致案件胜诉率偏低,进而可能会导致实现保护公共利益的目标成本过高、削弱制度功能的弊病。笔者建议,我国立法可细化对公益诉讼基金的诉讼补偿规则,以及建立诉前审查机制,以实现对案件进入司法程序的必要性审查;规定只有违法行为造成了消费公益损害或者有造成损害的危险时,才能列入受案范围。

其次,关于诉讼费用减免。我国实行诉讼费用预交制度,而公益诉讼涉及的费用较高,如果依照该计算方法,高额的诉讼费用将会打击起诉主体的积极性,因此可通过诉讼费用的减免或者缓交来激励适格主体起诉的积极性。诚然,依据《检察机关提起公益诉讼改革试点方案》之规定,检察机关提起公益诉讼的案件免交诉讼费用,但该方案并未涉及社会团体提起公益诉讼时是否也可适用的问题。笔者认为,该试点方案位阶较低,且适用对象有限,一种可能的方案即是在《民事诉讼法》第十一章“诉讼费用”中明确规定提起公益诉讼的案件可减免诉讼费用,以此来达到激励的效果。

2. 特殊主体之激励和约束机制

其一,关于检察机关。依据《宪法》第134条之规定,人民检察院是国家的法律监督机关,依法行使法律监督的职权。而《民事诉讼法》第58条第2款赋予人民检察院提起民事公益诉讼的权力,实质上是人民检察院行使宪法权力的诉讼法阐释。① 一般认为,奖励机制是激励措施的最主要形态,奖励机制包括物质奖励和精神奖励。然而,考虑人民检察院作为国家机关,其人财物统归国家调配,如果对其给予物质奖励显然违背其自身职能定位。② 换言之,采用前述之将获赔偿金额的5% ~8%沉淀为

① 参见曹俊金、阮赞林:《食品安全民事公益诉讼中惩罚性赔偿:适用困境与制度优化》,载王红霞执行主编:《经济法论丛》2022年第1卷(总第39卷),法律出版社2022年版。

② 参见颜运秋、罗婷:《论确立环境公益诉讼奖励制度的正当性》,载《山东警察学院学报》2015年第5期。

公益诉讼基金显然与检察机关的定位不相匹配。由此，笔者认为，在设定检察机关的激励机制时，应考虑其作为国家机关的特殊性，在奖励机制上进行必要的妥适性安排。

从逻辑上推演，既然检察机关作为国家机关，其工作任务更多地应体现出以人民为中心的发展思想，①将工作成果与物质奖励挂钩显然与该思想违背；从制度上观察，既然检察机关工作人员作为公务人员，其应践行宪法和法律为其设定的工作内容。换言之，发起公益诉讼是其工作职责所在，采用物质奖励的方式显然又具有“拿钱才办事”的嫌疑，与公务员的角色定位相悖。综上所述，笔者认为，对检察机关的激励机制应刨除物质奖励因子，将精神奖励作为主要的激励措施。笔者赞同实践中已经在使用的授予锦旗、奖牌，在报纸、广播、三微一端等大众媒介上给予表彰和宣传的精神奖励措施。除此之外，我们还可在精神奖励措施上予以制度化的设定。例如，考虑检察机关和公务人员每年均有考评指标，公务人员还有职务晋升的期待等因素，我们不妨再设定针对检察机关的精神奖励措施和公务人员的精神奖励措施。

就检察机关的精神奖励措施而言，检察机关可在每年“两会”提交人大审议的工作报告中将过去一年提起消费公益诉讼的具体案件数量、案件胜诉比例列明，对于提起消费公益诉讼胜诉比例高、数量多的检察机关给予通报表彰甚至授予集体荣誉；在全省、市年底工作绩效确认时，将消费公益诉讼予以单列赋分，将分值体现在绩效系数上；同时，省、市检察机关亦可开展消费公益诉讼院际排名活动，并对排名靠前的院际给予全省、市范围之类的通报表彰，甚至给予必要的消费公益诉讼经典案例的展览机会。

就公务人员的精神奖励措施而言，省、市检察机关可在本辖区范围之内开展省、市检察机关消费公益诉讼业务竞赛鼓励本辖区检察人员参与，参与人员可在竞赛过程中围绕自身办理的案件情况、社会效果等进行展示，竞赛评委应就检察人员的公益诉讼理论功底、法律文书制作、语言表达等内容予以打分赋值，对于竞赛得分排名靠前的授予“消费公益诉讼业务竞赛标兵”称号，该称号可用于参赛人员评优评先、职务晋升的重要指标；对于在本辖区消费公益诉讼中表现特别优异的，亦可推荐授予“五一劳动奖章”称号。

对于检察机关的约束机制，可参照上述激励机制，给予负值处理即可。例如，对于排名垫底的检察机关，在人大报告审议、工作绩效确认上应有所体现；对于实际履行消

① 参见颜运秋：《习近平法治思想中有关公益诉讼的重要论述及其展开》，载《中国政法大学学报》2022年第1期。

费公益诉讼职责、业务成果不佳的检察人员(特指应承担公益诉讼的处室人员),在评优评先、职务晋升层面予以消极评价。

其二,关于社会团体。通常而言,社会团体与案件不具备直接的利害关系,由社会团体作为消费公益诉讼惩罚性赔偿的适格主体具有一定的合理性。但是,消费公益诉讼的运转尚需大量人力、物力和财力支持,倘若胜诉仍得不到应有的利益,则可能打击社会团体在调查、取证、鉴定甚至出庭方面的积极性,可见,采取适合社会团体的激励措施尤为必要。笔者认为,考虑社会团体的特殊属性,我国宜采取胜诉奖励机制作为对其提起消费公益诉讼惩罚性赔偿的主要激励措施,同时给予必要的精神奖励。通过胜诉奖励机制,可以促使社会团体在经济方面得到更有效的激励,促使其更积极地调查、搜集证据,出庭应诉,履行其自身的责任,从而更好地保护社会公共利益。胜诉奖励金可从消费公益诉讼基金中按比例获取,以帮助消费者协会的日常工作更好地开展。同时,给予社会团体及工作人员必要的精神奖励,即对积极提起消费公益诉讼的社会团体授予锦旗,政府主管部门亦可发布社会团体提起消费公益诉讼惩罚性赔偿"龙虎榜",扩大社会影响力;对社会团体提起消费公益诉讼惩罚性赔偿中表现突出的工作人员给予通报表彰、授予先进工作者称号等奖励。

考虑社会团体可能因监督失范导致的逐利可能性,对社会团体设置相关约束机制较必要。笔者认为,针对社会团体最有效的约束机制即是建立社会团体滥诉责任承担机制,以防止社会团体虚假诉讼、滥诉。对于社会团体的虚假诉讼行为,被诉方享有要求其承担其所造成的被诉方的损失的权利,并且被诉方可以享有对起诉方提起侵权之诉的权利,并请求相应的民事赔偿等。①

五、结语

随着市场经济的发展,消费侵权案件逐渐增多,消费者所受损害呈现分散性、小额性特征,小额多数权利被侵害者所占比例越来越高。但受制于损害分散、金额较小、诉讼成本较高等因素,受害人提起诉讼维护自己的权益缺乏积极性,私人惩罚性赔偿并没有发挥真正的惩罚不法行为人和激励消费者维护自己权益的功能。虽然,我国通过相关立法确立了检察机关等提起消费公益诉讼的制度,但令人遗憾的是,最具杀伤力的惩罚性赔偿制度并未获得立法者明确认可,由此导致司法实践的失序,故建立消费公益诉讼惩罚性赔偿制度具有时代的正当性和可行性。本文即是从此出发,围绕消费

---

① 参见颜运秋、罗婷:《生态环境保护公益诉讼的激励约束机制研究》,载《中南大学学报(社会科学版)》2013 年第 3 期。

公益诉讼惩罚性赔偿制度的构建展开讨论。实际上,随着跨境电商、直播带货等新型消费方式的涌现,检察机关等提起消费公益诉讼以及惩罚性赔偿的制度已开始面临新的挑战,如何构建新型消费方式下消费公益诉讼惩罚性赔偿制度将是笔者今后关注的重点。

利益衡量视角下平台数据的法律规范路径*

王　俊**　刘沛昀***

摘　要：数据权属问题虽然尚未明确定论，但并不会构成对数据开放应用这一必然趋势的阻碍，数据的创造并不由所有权来激励，而是通过多方参与、在共享中赋予和提升价值。从法经济学的视角，破窗谬论、外部性和反公地悲剧原理可以对平台数据的公共属性背后的成本和收益进行衡量，对适用反不正当竞争法进行效率分析也能够进一步论证在现有立法资源中选取这一路径来规范平台数据权益问题的合理性。因此，将平台数据纳入反不正当竞争法的规制框架，在此基础上参考"转换性使用"并添加价值增量的判断依据，是现下阶段相对可取、符合社会整体效益的规制路径。

关键词：平台数据；反不正当竞争法；价值分析；成本收益；破窗谬论

一、引言

随着线上经济时代的来临，通过平台搭建、信息利用进而争取用户已成为互联网运营的主旋律，在平台与用户间扮演信息流动角色的数据便体现出前所未有的价值，与此同时也诞生了一系列关于数据权属及规制方式的问题。数据问题抽象出来便是信息、知识在各平台上的数据化，对信息、知识施加的传播行为和使用行为，才是应该被关注的客体。现有对于平台数据客体本质和规制方式的研究相对分散：有学者提议，赋予企业数据一种所有权，企业作为数据收集者享有排他性权利，①也有提议参考

---

* 国家自然科学基金青年项目"中国地方工业产权保护、财政激励与企业创新结构：交互机制、影响识别与有效性分析"（项目编号：72003161）的阶段性成果。

** 厦门大学知识产权研究院、一带一路研究院副教授、博士研究生导师。

*** 同济大学上海国际知识产权学院博士研究生。

① 参见李谦：《法律如何处理数据财产——从数据库到大数据》，载《法律和社会科学》2016年第1期。

早期欧盟的方式，建立数据库权不失为一条保护途径，[①]抑或采取对存储载体所有权概念进行扩张解释的方法将对数据权利的保护转化为对于有形的数据载体的保护。[②] 还有学者借鉴知识产权的分析思路，通过比较采用知识产权路径规制的调整效果，再结合其调整对象、制度目标和历史发展轨迹与《反不正当竞争法》保护"利益"的惯性和激励目标的相似性，得出应当在《反不正当竞争法》中为数据财产创设新法益的结论。[③] 还有学者认为由于数据特性使然，需要兼顾私益保护和公益限制，建立一套复杂且全面的新型财产秩序实属必然。[④] 然而，前期研究侧重点在于讨论数据本体，为数据定性寻求法律制度上的安放空间，但随着数字产业演进和商业模式迭代，数据逐渐成为市场运行及其参与主体行为活动的基础要素，由此衍生出的数据研究议题便会动态发散，从定性延展至数据流通、传播和使用等诸多环节。

数据公开和分享是大势所趋，[⑤]专属财产权的排他属性不能很好地跟进信息共享交互问题，知识产权客体与平台数据也存在本质的不同，而新型复杂的秩序安排所耗的时间和成本也并非现有立法资源中效益最优之选。设置制度的目标是实现符合效率的安排，在现有资源之外重新配置的模式耗费高昂却不一定能体现效率，将内涵与适用边界纷繁复杂的数据纳入属性不符的其他法律中也极易产生试错成本。

因此，笔者更关注规范路径背后的利益衡量，主张从现有资源中作出以较低社会成本获得最大化社会整体利益的选择。剖析平台数据价值的本质更便于理解平台数据控制的真正利益所在，再从利益衡量视角寻求企业利益与公共利益的联结点，进而说明《反不正当竞争法》的介入是处理当下平台数据问题的相对契合的模式，并借鉴著作权法中"转换性使用"理论，为竞争法的适用提出区分市场和参考贡献程度的建议，使平台数据竞争行为的正当性判定更加客观、准确。

二、数据定性和规制方式的现有研究评述

国内外理论界和实务界都从不同视角尝试了对平台数据进行定性以及构建保护

---

① 参见曹建峰：《民法总则数据保护路径：概括式保护及与知识产权协调》，载《大数据》2017 年第 1 期。

② 参见王镭：《电子数据财产利益的侵权法保护——以侵害数据完整性为视角》，载《法律科学（西北政法大学学报）》2019 年第 1 期。

③ 参见郝思洋：《知识产权视角下数据财产的制度选项》，载《知识产权》2019 年第 9 期。

④ 参见龙卫球：《再论企业数据保护的财产权化路径》，载《东方法学》2018 年第 3 期。

⑤ 《数据安全法》第 7 条规定："国家保护个人、组织与数据有关的权益，鼓励数据依法合理有效利用，保障数据依法有序自由流动，促进以数据为关键要素的数字经济发展。"

路径,尽管形式上略有不同,但本质上多为在现有立法资源基础上推演出的一种偏向传统的权利认定范式,与平台数据的本质和利用现状并不契合。

(一)现有法律资源难以适配

第一,我国现有立法资源与数据现状难以耦合,尚没有能够契合数据这一新兴事物特质的法律法规可以直接援引。现有法律中只能寻见与数据形似的"网络虚拟财产",《民法典》虽然认可要保护网络虚拟财产,①但对如何保护、是否可以为其设置权利没有明确表态,且主要的规定也是沿用《网络安全法》,②尚没有反映出大数据时代的特点。知识产权客体的非物质性、易复制的特点,乍看之下与数据的特性相似,因此立法层面也做过将数据归类至知识产权类别下的尝试,③而后续反馈意见认为数据信息本身没有创新性,充当的是赋予知识产权客体以形式的载体。④ 也有观点认为,应就数据承载的对象讨论保护的必要性,即剖析数据信息形成的每一过程,再找出这些过程各自对应的权利类别,如个人信息决定权、个人信息财产权或数据库权利,分别构建保护机制。⑤ 在经历了将数据从知识产权客体中移除、单独设置《民法总则(草案)》(二审稿)第124条对数据进行保护后,⑥该条规定最终在原《民法总则》第127条中体现,但该引致条款对于客体、权利的态度并不明确,是一种概括式的原则性规定。随后,第127条在最终呈现的《民法典》中被删除。民事客体脱胎于民事权利,需要依权利确立而产生,而追溯我国关于数据的立法探索过程,对照数据内容数次从《民法总则

---

① 《民法典》第127条规定,法律对数据、网络虚拟财产的保护有规定的,依照其规定。

② 《网络安全法》第40条规定,网络运营者应当对其收集的用户信息严格保密,并建立健全用户信息保护制度。第41条规定,网络运营者收集、使用个人信息,应当遵循合法、正当、必要的原则,公开收集、使用规则,明示收集、使用信息的目的、方式和范围,并经被收集者同意。网络运营者不得收集与其提供的服务无关的个人信息,不得违反法律、行政法规的规定和双方的约定收集、使用个人信息,并应当依照法律、行政法规的规定与用户的约定,处理其保存的个人信息。第42条规定,网络运营者不得泄露、篡改、毁损其收集的个人信息;未经被收集者同意,不得向他人提供个人信息。但是,经过处理无法识别特定个人且不能复原的除外。网络运营者应当采取技术措施和其他必要措施,确保其收集的个人信息安全,防止信息泄露、毁损、丢失。在发生或者可能发生个人信息泄露、毁损、丢失的情况时,应当立即采取补救措施,按照规定及时告知用户并向有关主管部门报告。

③ 2016年6月27日颁布的《民法总则(草案)》第108条将数据信息列为知识产权保护的客体。

④ 参见何敏:《知识产权客体新论》,载《中国法学》2014年第6期。

⑤ 参见齐爱民、李维波:《数据挖掘中的权利冲突与法律规制》,载《广西政法管理干部学院学报》2018年第4期。

⑥ 《民法总则(草案)》(二审稿)第124条规定,法律对数据、网络虚拟财产的保护有规定的,依照其规定。

(草案)》和《民法典(草案)》修订、意见征集中被移除的经历,从历史解释的角度来看,数据缺乏从利益上升为权利的依据,将数据设置成财产权或数据权,会与《民法典》修订过程中对数据的定位不符。

第二,在权利认定过程中,应考虑权利应该属于人格权还是财产权。个人信息可能会涉及个人的人格利益,也可能涉及个人财产利益。在法律客体的优先性中,人格利益会优位于财产利益,根据原《民法总则》的规定,如果在处理个人隐私、身份信息等涉及人格利益的问题上只是采用了行为规制模式,①那么在处理个人信息中的财产利益部分就更没有理由采用确权模式了。结合互联网数据来看,其价值在于数据投入使用后形成的用户感知、由各环节的主体运用数据,以及把数据产品投入企业间的流通,而这些流通领域的数据源于个人信息,是企业借助自身技术、资源收集整合的海量个人信息的组合,那么在现行法律规定下,这些信息组合的保护也应是适合采用行为规制模式的,自然也就脱离了权利保护的路径。

(二)所有权的价值理念与数据利用不契合

"权利客体说"主要是向物权法靠拢,提议赋予企业一种数据所有权,企业作为数据收集者享有排他性权利;②或者参考欧盟的方式建立数据库权;③或者在确权语境中尝试扩张解释所有权,将数据的财产价值体现于其附属的有形载体,将对数据的侵害等同于对该载体的破坏。④ 数据问题抽象出来便是信息、知识在各平台上的数据化,传播和使用这些产生价值的行为才是处理问题关注的客体,将数据置入稳定长久的财产权利框架,会使两种不同形式客体的类比显得文不对题。对于不具有稳定性和长久的普适性的数据,就算不考虑抽象物之上的重叠利益和多元价值,仅从功利主义的经济效益角度来观察也会发现信息流通与信息生产之间具有十分复杂的流变关系,在突破信息壁垒后原先数据的价值可能早已随着时间的流逝直线下降。因此,在财产权利框架下进行保护可能会严重阻隔信息流通、阻滞信息生产。⑤

---

① 原《民法总则》第111条和第127条确立了"个人信息"和"数据、虚拟财产"两类应受保护的新型民事利益。在保护模式上,第111条针对个人信息保护即直接采取了行为规制模式。

② 参见李谦:《法律如何处理数据财产——从数据库到大数据》,载《法律和社会科学》2016年第1期。

③ 参见曹建峰:《民法总则数据保护路径:概括式保护及与知识产权协调》,载《大数据》2017年第1期。

④ 参见王镭:《电子数据财产利益的侵权法保护——以侵害数据完整性为视角》,载《法律科学(西北政法大学学报)》2019年第1期。

⑤ 参见[澳]彼得·达沃豪斯、[澳]约翰·布雷斯韦特:《信息封建主义》,刘雪涛译,知识产权出版社2005年版,第247页。

(三)平台数据不符合著作权法的要求

亦有部分研究探索将平台数据纳入知识产权法的客体,可参照著作权法保护数据库的方式。然而,发源于工业经济的知识产权制度,虽然客体无形,但也能大致确定边界,传统产权的静态权利边界难以准确把握处于动态变化中的数据形态与边界。除却制度本源,平台企业数据和著作权上的作品特征也不相符。一方面,著作权是一种具有人身性质的独特认证,而数据在消除了侵犯个人信息的嫌疑后则可以脱离原先的信息个体继而传播、共享和转让。质言之,著作权中的人身权不可转让,除创作人外的其他主体享有的涉及转让和共享的权利为财产权和邻接权,他人获得的是使用作品、传播作品的权利,即著作权中的人身属性决定了他人无法拥有另一个完整的、与之一模一样的著作权。而在数据的共享过程中,第三方甚至多方主体获得的都是同一份内容、是来自同一批被采集的主体的信息源,这样的区别决定了著作权作品和数据在本质上的不同。另一方面,数据是具体的事实内容的罗列汇总,无论以何种形式、载体储存和传播,它的所谓表达都是对同样内容的物理再现,没有发生根本性的变化,和作品的独创性要求与对编排表达的关注相去甚远。① 另外,《著作权法》的立法目的之一是鼓励传播,但数据作为基础性市场资源,如若享有数据权益的网络经营者更希望独占数据资源,且部分平台数据因未公开(如用户发布后即删除,或设置为特定人所见的信息)或涉及用户隐私(如私信内容)而不适宜公开传播,则数据使用主体的独占性使用也是适当的。因此,鉴于数据类别纷繁复杂,只有特定的公开类型数据能符合《著作权法》的立法目的,对于其他半公开或是涉密的平台数据而言,通过《著作权法》寻求保护亦难免挂一漏万。

笔者并不否认可以逐步探索出用财产权等私权对数据进行保护的适当路径,但这与当下采用竞争法的规制路径并不矛盾,竞争法在知识产权等私权尚未确立时可以起到权利"孵化器"的作用,能够对尚不能寻求知识产权框架保护的新出现的利益提供保护,其包容性、灵活性的特点使其能够更快对市场中的新事物、新问题作出反应,这也是竞争法的制度功能和优势。下面笔者将结合平台数据的价值取向和特征,从利益衡量视角具体论述在现阶段采用竞争法对平台数据进行规范的必要性、合理性以及可行路径。

三、平台数据的价值取向:开放与共享

(一)作为公共品的工具本质

2021年9月1日施行的《数据安全法》第3条第1款规定:"本法所称数据,是指任

---

① 参见程建华、王珂珂:《再论数据的法律属性——兼评〈民法典〉第127条规定》,载《重庆邮电大学学报(社会科学版)》2020年第5期。

何以电子或者其他方式对信息的记录。”本文将数据范围限缩为已经过用户授权和匿名化处理后成为海量信息集合的平台数据，是平台企业通过技术和运营提炼出的不涉及泄露、侵犯个人隐私的脱敏数据。数据本身并不具备独立的经济价值，需要与特定载体、算法等要素结合才能发挥工具作用，也即从属性上看单纯数据无法归类为民法上通说的权利客体。① 工具论的常见思路为某项制度的正当性不应以私权为基础，而应关注社会效果，强调某项劳动是服务性质的、价值中性的工具手段；而权利确认的意义在于人们从某项权利中可以了解该项权利背后的法律关系。若是将数据视作权利而非工具，那么需要对其背后的价值先行予以确认，但是数据从产生到流通涉及的多个环节各异的价值难以达成统一，即工具导向和权利私有化的路径是背道而驰的，在价值层面数据现状和确认数据权并不会代表同一取向，难以将数据归入数据权的范畴。事实上，承认数据是一种通过帮助平台实现收益而获得价值的技术工具并不会贬低它的价值和功用，许多利益相关者可能以某种方式对同一基于数据的业务模式分别都作出了贡献，他们对此具有完全不同的利益，会面临不同的利益分配。② 换言之，平台数据不存在一种共识性的通用价值，数据本身是对事实的收集再现，它的价值由整合者、传播者、使用者这些主体赋予。

（二）数据赋权的破窗谬论

经济学中存在一个破窗谬论，大意是破窗发生导致主人要去购买窗户，购买窗户将刺激窗户的生产，而接到订单的窗户生产工人能够因此获得收入去购买面包，面包工人也因此可以获得支撑衣物购买的收入，如此一来，一个破窗事件会引起社会上一连串的生产活动，从而推导出破坏的存在推动生产和进步。③ 乍看之下上述推论是合理的，但是破窗谬论之所以被称为谬论，在于其放大了破坏或是干预带来的积极作用，只关注于破坏之后为特定的群体带来的一小部分改善。

事实上，对平台数据赋权的模式在某种程度上也可以视为一种破窗谬论的思维。我们可以认为，原先置于公有领域的数据是一种自由流通的公共品，而确立数据权或是认证数据的稀缺性则相当于一种破窗行为，乍看之下，在权利确认后会引发一系列积极意义，如企业投入的劳动、既得的利益受到了保护，使生产和联通数据产品上下游的企业普遍提高了生产者福利，因此这部分群体可以获得被保护的激励继而专注生产出更多的数据产品，企业通过数据产品获得的收益也能够弥补投入的劳动和资金，从

① 参见梅夏英：《数据的法律属性及其民法定位》，载《中国社会科学》2016年第9期。

② 参见金耀：《数据治理法律路径的反思与转进》，载《法律科学（西北政法大学学报）》2020年第2期。

③ 参见[美]乔治·凯林、[美]凯瑟琳·科尔斯：《破窗效应：失序世界的关键影响力》，陈智文译，生活·读书·新知三联书店2014年版，第40页。

而继续优化数据交易。上述观点也是支持对数据赋权的学者的主要论据之一。然而，上述观点的主要谬误在于,在考虑成本时,应当站在更高的维度去考虑其他可能性带来的成本,而不仅仅局限于修复破坏事件的因果链,因为干预事件不是必然引起改进和提高效率的前提,原先的流通领域也有其既有的利益分配格局。因此,除考虑开发经营成本和维护成本外,还应关注在数据分散于拥有数据权利的不同主体手中的情况下,数据市场上产生的搜寻成本、协商成本和授权成本,可能会导致难以在同一时间段内高效整合成为数据产品,甚至还有确认数据权的立法成本,这一部分最终会由消费者参与分担,引起消费者福利的损失,从而减损社会整体福利。

(三)数据流通与共享更符合效率

企业进行数据挖掘有价值创造和变现需求,通过对数据的分析和利用,可以帮助企业定位目标客户群体及制定相应的营销策略、针对不同群体的差异化现状来提供差异化服务,更全面、更贴切地迎合各种类型的客户的需求,从而促进更多交易的达成。因此,在利用数据信息后衍生出差别定价、定点投放和匹配需求等营销方式,以拓宽销路和促进交易量,并不全然属于损害消费者利益和侵害消费者知情权的技术滥用手段,在一定程度上这些衍生手段也是符合效率的。例如,淘宝平台可以将一段时间内搜索频次最高的商品、下单用户数量以及用户的地理位置等信息,整合成相应数据产品,该报告可以提供特定时间段内最受欢迎的商品以及不同地域的购买倾向,进而分析原因。商家可以在报告的指导下迅速了解市场导向,生产更多的热销商品适应消费需求并对购买率高的特定地区用户投放广告以挖掘更多潜在客户。可以设想,如果数据流通与共享受阻,前述信息便成为仅限于用户和平台自身获知的专属信息,那么卖方便难以借助数据分析的指引改进产品和服务,电商平台较之传统线下交易的效率优势被淡化,供需市场并没有在联网后得到更快速更高效的匹配,买卖双方依然各自在海量信息中进行海选式的搜寻,难以对价值创造有所增益。

相反,按照前文“破窗有益”的思路,数据所有权被分散于各方,企业从数据交易平台、第三方数据加工者等数据所有者处获得数据产品授权时产生一系列谈判和交易成本,同时企业可能希望通过消费者分摊这一部分成本便难免涨价;而消费者在没有被细分定位的情况下在海量产品中的无效搜索又构成一部分成本。由此可见破窗思路下的此消彼长、片面保护并不能发挥出数据公共品的共益功能。在经济学理论中,通常认为获得价值只有两种途径:价值的创造和价值的重新分配。信息是公共物品的典型示例,其利用具有非排他性的特征,[①]这种特征能够在公有领域发挥价值创造的作用,而价值创造体现为直接价值和间接价值的创造。直接价值是在给定投入后取得的产出以及实现的价值增值,并能带动分布在产、供、销或其他经济组织之间的价值增加。[②] 在本文的主题中,可以将数据集大成者因这批数据本身所享有的资源及其产生的市场价值视作直接价值;间接价值是原产品或服务在原目标领域之外产生的效用,其作用会在重新分配的过程中得到发挥。例如,企业数据被传递、共享时,以不违反协议的合约、合规形式呈现在不同平台的消费者面前,由此带来的原产品或服务的宣传价值和消费者福利的增加、技术的革新,扩大产品的消费群体,增加产品的供给,是价值的再次分配,使价值从原先的信息所有者手中流出一部分,流向更多的利益相关者以兼顾由他们各自的处境组合构成的社会总体收益。

简言之,从公共利益和数据共益的角度出发,为更好地实现效率,采用尊重数据的公共属性和把控制当作例外的企业数据共享原则,更贴近数据非竞争和非排他的本质,其负外部性也能够在市场自我调整中得到弥补。[③] 反之,过早设立权利和未雨绸缪的规制,可能使企业间的数据分散于各个环节而共享不足,潜在的竞争主体会为了获得预期中的直接或间接价值而抢先一步画地为牢、争取和划分利益,阻挠数据的流通;可能使还未来得及形成过度使用数据的"公地悲剧",就陷入了数据未被充分利用的"反公地悲剧"的局面中。

四、实务中数据保护模式存在不平衡的问题

(一)司法案例演化过程

数据挪用的平衡和竞争分析,究其根本是对公共利益的解读,这是相关司法推演的底色。在平台经济中数据属性的争议产生之初,曾在《著作权法》条款中寻求帮助,将对数据的收集整合的行为视作对智力成果的汇编,与作品客体相似。传统数据类型诸如股票图表总览、投资软件和医药健康报告等确实体现了作者的创作,将这些数据视为《著作权法》意义上的作品并未产生过多争议。但随着平台经济的发展,数据的内涵和属性也在发生着变化,其大体量、高速变化的特质已然溢出《著作权法》上对于作品的限定。于是实践中的争议又转向了通过《反不正当竞争法》进行处理的阶段,且在

① 参见[美]罗伯特·考特、[美]托马斯·尤伦:《法和经济学》(第6版),史晋川、董雪兵等译,上海格致出版社2012年版,第93页。

② 参见葛世龙、代逸生:《信息技术价值研究》,载《华东船舶工业学院学报(自然科学版)》2004年第5期。

③ 参见黄细江:《涉企业数据竞争行为的法律规制》,载《知识产权》2021年第2期。

前期适用《反不正当竞争法》相关条款径行判决的案例,原告的主张不仅容易获得支持,且赔偿数额也明显高于适用《著作权法》的案例。从“大众点评诉爱帮网案”的多次维权过程中可以发现这一转变。

2007年,爱帮网的网页中出现了大量原大众点评用户的点评内容,爱帮网被起诉侵犯著作权,原因是部分独创性较高的点评内容可以成为作品,可适用2001年《著作权法》第47条的非法复制他人享有著作权的内容构成侵权来规制;2009年爱帮网上诉提出大众点评主张的被复制内容系用户创作的,著作权应由用户所有并主张,于是一审判决被撤销;随后大众点评又修改了用户协议,获得了用户点评内容的授权后再次起诉,分别同时主张著作权侵权和不正当竞争,最终拥有了点评内容著作权的大众点评胜诉。这一案件对后续数据纠纷具有重要影响,甚至可以视作开了以反不正当竞争法保护数据的先例。

随后10年间涌现出的平台数据运营者与抓取方的数据纠纷大多落入了《反不正当竞争法》第2条的判定框架。2014年百度诉360违反爬虫协议,主张360以网页快照方式向用户呈现百度搜索的结果侵权。[①] 2015年百度地图界面显示来自大众点评网的完整点评被认定为限制了消费者的选择权的“搭便车”行为。[②] 2016~2017年新浪微博与脉脉软件的纠纷中,被告的行为在审理中被视作有违商业道德,因为掌握大量用户的数据信息是新浪微博日常开展运营活动的关键部分,他人未经原新浪平台的用户授权同意便直接抓取该关键内容,一定程度上影响了新浪微博的竞争优势,也会对竞争秩序带来负面导向。[③] 2018年审结的“谷米诉元光案”与2017年“淘宝诉美景案”的行为类似,都是破解技术手段对原告掌握的数据进行抓取继而为己所用,区别在于抓取的平台数据对于平台产生的是直接还是间接价值。“淘宝诉美景案”中的生意参谋产品带来的便是直接价值,美景公司爬取生意参谋数据产品的内容后再低价出售该内容,对原告淘宝的经营收入造成直接打击,损害了其正常运营;[④]而“谷米诉元光案”的争议对象却不是前述案例中明码标价的数据产品,[⑤]元光公司破解的公交车实时数据为原告平台的免费公开动态,可以视为对原告具有间接价值。最终被告被认定触犯非法获取计算机信息系统数据罪,同时也依据《反不正当竞争法》一般条款判定了其属于不正当竞争。2019年“阿里巴巴诉码注公司爬取1688平台数据案”,被告将原告

---

① 参见北京市高级人民法院(2013)京高民终2352号民事判决书。

② 参见上海市浦东新区人民法院(2015)浦民三(知)初528号民事判决书。

③ 参见北京市海淀区人民法院(2015)海民(知)初12602号民事判决书。

④ 参见浙江省杭州市中级人民法院(2018)浙01民终7312号民事判决书。

⑤ 参见广东省深圳市中级人民法院(2017)粤03民初822号民事判决书。

多年经营积累的数据成果据为己有,并据此获取商业利益与竞争优势的行为被定性为不劳而获的“搭便车”行为。[①] 2020 年浙江搜道、杭州聚客通科技有限公司将微信用户数据进行存储和使用,被认定为构成对微信用户信息权益和腾讯计算机系统有限公司、腾讯科技基于微信数据资源享有的竞争性权益的侵犯。[②] 2021 年审而未决的“腾讯诉斯氏爬取微信数据案”,腾讯公司认为被告通过简单的统计和分析从微信公众号源网页抓取的信息内容和数据,属于对外提供微信公众号数据服务的寄生经营行为。“刷宝 App 抓取抖音视频案”判定“抖音 App 所展示的短视频内容、用户评论等资源均是微播公司通过正当合法的商业经营所获得,并由此带来经营收益、市场利益及竞争优势,抖音的合法权益应受反不正当竞争法的保护”,也都在重复着认可数据专有权属的保护倾向。

(二)脱胎于传统权利范式的倾斜保护

整理涉数据纠纷案件可以发现,该类型案件从起初寻求著作权作品保护,再转由寻求反不正当竞争法的救济,适用《反不正当竞争法》的一般条款进行规制成为了惯常操作。而在一般条款的适用中,数据逐渐被视作一项归属于竞争利益的财产权益。在处理涉数据纠纷案件时,法官通常将数据视作一种财产权益,陷入了原告投入劳动便理所当然享有权益的思维定式,以此来论证其具有《反不正当竞争法》可以保护的基础,并逐渐形成一个三步认定的范式:第一,原告为了获取数据或是建立数据平台投入了相应成本;第二,投入之后形成了法益(值得法律保护的利益),带来了自己的竞争优势;第三,被告未经允许,对原告数据的利用行为损害了该法益,影响了原告的既得利益或预期收益,并且行为手段不正当。这一认定路径通常将数据财产化、权利化,先用确权路径确认原告对此利益的合法占有或所有,随后分析被告行为是否造成损害,如果对原告的权益造成减少、分流的负面影响,即可以认定为不正当竞争。

在“美国 HiQ Labs 诉领英案”中,美国上诉法院认为,HiQ 的行为不构成未经授权使用数据,其获取的是领英默认公开的信息。如果领英能够选择性禁止其他经营者获得相关数据,如 HiQ 开展的这类加工信息、生成评估结果的业务,这种封闭数据的行为反而可能受到美国反不正当竞争法或宪法第一修正案的约束。[③] 而在该案最新进展中,法官玛莎·伯松(Berzon)在判决中使用了“信息垄断”概念,认为诸如领英的大平台聚集数据有可能最终消解公共利益。[④] 该案正是跳出了权利认定路径的审理思路,

---

① 参见浙江省杭州市滨江区人民法院(2019)浙0108民初5049号民事判决书。

② 参见浙江省杭州市中级人民法院(2020)浙01民终5889号民事判决书。

③ See HiQ Labs, Inc. v. LinkedIn Corp. ,273F. Supp. 3d 1099(N. D. Cal. 2017).

④ See HiQ Labs, Inc. v. LinkedIn Corp. ,Case No. 17 - cv - 03301 - EMC(9th Cir. 2022).

没有直接肯定领英网站上公开的数据与财产权益的因果关系,而更关注单方数据所有者采取限制行为对于市场秩序的影响,以公共利益为案件衡量的出发点。可以理解为,对于涉数据不正当竞争纠纷,应从是否有利于建立平等公平的竞争秩序、是否符合消费者的一般利益和社会公共利益为标准来进行判断,肯定基于数据利用的商业模式的创新对于丰富消费者选择、提升消费者福利的积极效果。

我国的司法判决对数据争议的处理有两个显著特征,一是对未经许可引用、利用他人劳动成果的行为持明显的否定态度,对他人通过投入而产生的带来利益的产品的保护再现了"劳动赋权论";二是虽然使用"权益"措辞,但是审理思路中的"权利套路"仍然隐约可见,也即先行确认某项权益的存在,再将涉案行为视作损害了该权益然后予以规制,实质上只是把"权利"替换为"权益",数据权益的认定未能从反不正当竞争法一般条款中既有的"诚信原则""商业道德"语境中剥离,论证方法并没有实质改变。①

然则,界权并非只有划分所有权这一项手段,法院在具体情境下的事后判决也可能成为"界权"的一种方式。② 企业对数据信息的收集投入了一定的成本,固然应享有一定的财产权益。然而,将各种潜在的利用机会在不同主体间进行分配,使这些主体均能够得益于数据产品的共益性质,才应是行为规制路径的弱保护方式的侧重点所在。科斯第二定理指出"当交易成本不为零,那么初始的产权配置将会影响资源的最终效率配置"。③ 数据产品的素材来源极广,加工也涉及多方共同叠加的生产活动,所有权路径使每一个环节都可以视作一项独立的权利,难以形成一个法律理想状态下面面俱到的权利束。相比抽丝剥茧给每一环寻找对应的法条确认权利,再比较法律位阶高低,在具体情境下比较各方具体权益损害才更合理高效。结合我国立法资源的实际状况,目前也只有反不正当竞争法能在事后综合考虑案件相关方的利益,从公共利益的权益均衡视角去寻求一个更优而不是最优的局面。因此,应重视裁判规则的后果引发的社会意义,从传统的权利先行路径出发难免拘泥于个体权利的减损和赔偿,④从而难以发挥判决在立法暂时缺位的情况下对行业发展的指引参考作用。

五、反不正当竞争法在平台数据保护中的作用

判断某一事物的法律属性,应从其本身特性是否符合某类法律的一般意义入手,考虑相关主体和客体能否纳入某部法律的基本要求,或是行为能否在法律规范中找到

---

① 参见仲春:《数据不正当竞争案件的裁判规则》,载《人民司法》2019年第10期。

② 参见许可:《数据爬取的正当性及其边界》,载《中国法学》2021年第2期。

③ 黄少安:《制度经济学研究》(第20辑),经济科学出版社2008年版,第2～30页。

④ 参见许可:《网络虚拟财产物权定位的证立——一个后果论的进路》,载《政法论坛》2016年第5期。

相似的援引。本部分内容试采用成本收益分析方式探讨竞争法与数据在价值上的契合之处。竞争政策注定充满弹性,但其引导下的裁量责任却也不能任由自下而上的市场互动来塑造,本质上依然脱离不了公法有意识的参与和建构。①

(一)不宜过早将数据纳入传统权利认定范式

现有学说和规定对于数据保护范式的讨论呈现出深受传统的劳动价值理论和赋权激励理论影响的特点,将是否予以保护的判断重点置于劳动或资本的投入与否。数据纠纷通常表现为对平台合法享有、占有的数据进行引用和搬运等行为,在数据特性尚不明了、没有对应的法律客体的情况下,对挪用行为本身的侵害性进行评判是比较通行的做法,这一认定思路或多或少与侵权行为规制相近,因而可以从侵权法中找寻给数据定性的素材,借助该行为规制法说明数据的权益属性。然而,在数据属性和格式合同有效性尚未确定的情况下,侵权法本身对于界定何种行为属于正常获取数据或是属于侵权能提供的参照也不是那么明确。②

溯其法理本源,侵权法中的权利和权益区分涵盖归属效能、排除效能和社会典型公开性 3 项标准,③同时,符合这 3 项标准的称为侵权法上的权利,反之则为利益。归属效能正向定义了作为一项权利须客体确定且边界清晰,排除效能强势地要求排除其他任何主体的不法干涉,社会典型公开性是一种识别性特征,也即通过明示的方式宣示着权利的不可侵害,让加害人能对于其行为产生预见性。将侵权法的保护路径套用在平台数据规制上,恐难做到法理上的契合。数据领域的侵权活动与一般有形财产或知识产权侵权无法类比,因为其损害后果并非直观明了,平台企业的商业模式下,基于公开数据而获得的点击、流量和广告收入往往才是它们主要的盈利来源,平台上的用户信息、共享数据本身并不直接产生经济收益,它们更多的还是体现为间接价值。这种间接价值受到损害的认定也具有更大的争议性,也就难以界定一种明确的归属,更谈不上利益主体对潜在侵权人进行排除效能的宣示。鉴于不符合法理上的 3 点要求,将平台数据视作法益而不是权利可能更为妥当。因此,更明智客观的做法还是应充分观望平台经济产业的实际特点,结合本行业的特性再将合适的规范置入其中。

(二)反不正当竞争法能够顺应效率的提升

赋予平台企业以数据财产所有权,则意味着不特定多数人将对该绝对权利承担义务,义务便是与权利相对的成本。权利的确认必然产生成本,成本的存在也会影响其

---

① 参见蒋舸:《竞争行为正当性评价中的商业惯例因素》,载《法学评论》2019 年第 2 期。

② 参见丁晓东:《论企业数据权益的法律保护——基于数据法律性质的分析》,载《法律科学(西北政法大学学报)》2020 年第 2 期。

③ 参见于飞:《侵权法中权利与利益的区分方法》,载《法学研究》2011 年第 4 期。

预期的效益。① 科斯定理指出,当交易成本大于数据收益时,数据会不得不"委屈"在低配置效率的一方手中。这里的交易成本可以体现为在"损失决定违法"的传统侵权思维影响下产生的大量确权、维权和诉讼成本。但在损失之外,仍然有公共福利和激励的产生,损失的缺位尚有可能通过技术提高、签订协议来弥补。法经济学成本收益分析视角下的数据信息是一种流动性资源,流动资源诸如石油、天然气、水流、信息的原始形态是不可见的或流动着的,由于它们本就具有从一个地方移动到另一个地方的能力,因而让一个人对其所能俘获的事物享有获利的权利便是成本最低的规则。在某种意义上,数据产品的形成可以想象为企业运用电子技术将信息固定化的过程,最终会成为数据业者用于分析评估行业信息的工具,平台对数据的集成、整合更像是发现者在对现有事物进行二次运用,而不是发明者的原创。从商业角度来看,商业的本质是效率,业务的价值在于可以提升产业效率,那么在任何一个产业中,若经过业务、技术加持后可以提高该产业的效率,便可以认为这个操作是符合效率且有价值的,数据的价值就体现在对各需求方效率的提升,如果不投入使用和交流,那么价值也无从谈起。

进一步看,《反不正当竞争法》在处理数据纠纷问题时暂时搁置数据权属不明的争议,其权益视角将关注点转至涉数据行为本身带来的社会效果。② 因此,反不正当竞争法在规制数据时具有三方面优势。首先,反不正当竞争法对于行为的规制体现出一种谦抑性,符合市场经济前提下的竞争自由原则,加之所保护的权益通常是具有开放性的,例如,在市场竞争中正常情况下能够合理预期获得的商业机会、竞争优势和商业产品,这些法益的界定较为灵活。其次,从相反角度看,即使将数据私权化后,数据的权利边界依然很难明晰,因此会产生更高的利用权利进行交易的讨价还价成本,并且数据控制者也难以发挥该项所有权的最大效益。因其交易成本提高,分摊至消费者导致每一次交易都会减少消费者剩余,加上其自身也因为无法对所有权设定如抵押担保等相对灵活的、具有债权特性的利用方式,而于无形间限缩了本平台数据的交易途径,于是生产者损失也增加了,继而无谓损失便会从这两方面累加。最后,价值出发点的不同也会引发不同的效益,将数据私有化或是适用侵权法的私法救济路径后,数据纠纷的解决方式会演变为私法救济,那么主导数据纠纷的便是私权个体,由于逐利心态不可控,市场功利个体的自私逐利行为的叠加使得社会评价往往被忽略,从而可能出现私人诉讼冗杂、司法成本提高的趋向,不利于形成一个良好有序的竞争机制。因此,适用竞争法规范数据竞争纠纷,长期看来可能成本更低,也更为符合效率原则。

---

① 参见王启富、马志刚:《权利的成本——效益分析》,载《政法论坛》1999 年第 4 期。

② 参见许可:《数据爬取的正当性及其边界》,载《中国法学》2021 年第 2 期。

(三)反不正当竞争法能够容忍数据的外部性

数据是典型的存在外部性的例子。外部性,是指经济主体的活动对他人和社会造成的非市场化影响,被影响的主体不一定直接参与该项经济活动但却会因此受益或受损。① 平台数据的外部性体现在开发利用后波及的用户范围,远超原平台方的控制领域,如海量公开数据被其他运营方整合后挪作他用,抑或是未经授权而被引用、窃取。② 为了消除因外部性而引起的市场失灵,需要将外部费用引进到价格中从而激励市场中的买卖双方改变理性选择,生产或购买更接近社会最优的量,纠正外部性的效率偏差,这种纠正过程称为外部性的内部化,主要通过产权界定或国家管制来解决。对于数据而言,其外部性的内部化会引出一个更复杂的公共所有权和私人所有权的选择问题。如果尝试设置私人产权来处理数据问题,一方面,受到影响的平台必须与引用、抓取其数据的各相关方谈判,同时考虑到数据本身多元的归属性质,交易成本会在多方谈判主体的博弈磋商中不断累加,即个人最优成本的累加反而导致集体战略的失败;另一方面,界定产权的科斯定理在面对数据问题时也只能是理想状态,因为数据的信息源——海量网络用户数量早已超过科斯定理的人数限定,数据本身的流动性也使其行为边界难以确定。加之援引著作权法等其他知识产权部门法寻求保护时需依法享有权利基础,权属尚没有被明确定义的平台企业数据若参考前述路径,则会在司法中再额外添加寻求权利归位的论证过程,需要付出更多司法成本。因此,鉴于数据特殊的外部性问题,对其进行权利界定可能并不经济。

既然目前立法情况尚不能恰到好处地将数据产品纳入其中,鉴于现下条件的约束,《反不正当竞争法》补充调整机制的作用便显现出来。日本学者中山信弘在《多媒体与著作权》一书中提及“让法律领先于事实,特别是技术,而以应有的姿态进行引导是困难的。由于难以正确判断社会发展方向,法律如果先行往往产生朝错误方向引导的危险;但应注意至少要努力在最低限度上,不使法律成为多媒体发展的阻碍”。③ 这一说法也可以为平台数据问题的讨论提供借鉴,目前数据立法主要还是集中在个人信息安全和隐私保护上,且由于数据本身经由多主体的反复使用,这就导致法律权属较难确定,这也是影响数据立法进程的一大因素。而《反不正当竞争法》在具体场景中适用概括性的规定给保护和自由的边界提供了一个相对宽松的判断环境,不主动进行干预而允许新生事物的“自由生长”。其实,只要数据能够成为平台企业的一种竞争资

① 参见[美]格里高利·曼昆:《经济学原理》,梁小民、梁砾译,北京大学出版社2014年版,第201页。

② 参见刘青:《信息法新论——平衡信息控制与获取的法律制度》,科学出版社2008年版,第79页。

③ [日]中山信弘:《多媒体与著作权》,张玉瑞译,专利文献出版社1997年版,第116~117页。

源,那么无论它有没有被赋予法律上的权利,都可能对竞争环境造成影响,继而就能够在竞争法中寻求调整的途径。数据作为交易的对象时,企业对其的定位更像是一种具有价值、能带来利益的产品,交易所或交易平台主要还是着眼各方主体的行为本身来发挥管理作用。但是,现在的管理面临规则庞杂、地域分歧等问题,因此,在行业规则发挥的作用有限时,仍然需要寻找一个更有力的保护手段,也就是法律条文。而数据交易规则和法律法规都还处于探索阶段,说明市场活动还没进入拐点、市场自主性还未筛选出一个足够有说服力的解决方案,还需要观望、等待市场成熟,从目前相对更有约束力的反不正当竞争法层面对平台数据引发的问题进行救济也是相对可取的路径。

六、反不正当竞争法的功能改进

虽然《反不正当竞争法》的公法功能定位与涉数据竞争问题存在契合,能够避免私法逻辑之下非此即彼的利益平衡,也能够为平台经济的发展预留空间,但是实务问题诉诸的一般条款和互联网专条内容相对抽象,也存在适用边界不够明晰和价值判断基础不够周延的问题。就此,亦有必要尝试解决抽象条文依据的不确定性问题。本节内容着眼在适用反不正当竞争法判定案件时,在原先保护原告投入和商业道德判断的基础上,加入经济分析、替代程度和贡献指标三方面的考虑因素,以期更准确、合理地判定数据使用行为的是与非。

(一)适当引入经济分析方法

法律经济学规范研究中以效率为核心,以“成本—收益”为基本分析工具,传统法学研究关注的“公平”“正义”,以及涉数据实务案件中涉及的“商业道德”和“行为正当性”,这些积极概念本身的含义却往往是模糊不清的。而引入经济分析的思路与工具,可能有助于法律实务争议问题的解决。

在社会整体福利判断标准上,相对“帕累托最优”标准,“卡尔多·希克斯标准”可能是更具有现实适用性的福利改进判断标准,即某项变革会影响社会福利状况,一些人会因此受损,也有一些人会因此获益。“卡尔多·希克斯标准”认为,只要能总体上做到相互抵消、益大于损,就表明总体的社会福利增加了。① 这一标准体现的效率是非自愿的财富转移形成的补偿性效率,②也即从结果导向来衡量数据带来的直接、间接收益,考量这些收益对先前可能与数据控制者期待不符的数据分享外流等情形的弥补作

---

① 参见胡尔钟:《希克斯的经济学说》,经济科学出版社1988年版,第115页。

② 参见周林彬、马恩斯:《数据财产归属的反思——基于卡尔多-希克斯模型》,载《制度经济学研究》2018年第4期。

用，而不局限于有限主体的短期得失。

社会整体效率观认为，数据信息的公共品特性会促使数据持有者、控制者和使用者将其投入市场进行利用，其本质价值暂时不会因使用的多少而消减。这与民法财产权范式下认为数据外流是负面的观点恰好相反。在整体效率视角的驱动下，为了最大化整体利益，成员有必要作出贡献，大多数受益人为了继续获益，都会作出如共享和开发新获益模式等相应贡献。① 这不意味着不对个体进行成本收益分析，而是社会整体的效用函数里包含了个体的效用函数。

市场运作原理考察市场信号的产生与传递以及资源配置效率，②相较对平台数据竞争行为正当性的道德评判，其相对客观和理性，有助于间接提高认定不正当竞争的门槛。③ 平台数据竞争，本质上是利用互联网技术对原先数据持有平台的投入和存储进行的干扰、转移或破坏，除去对这些行为的不正当性的商业道德评判，还应添加相对客观理性的考量标准。如果数据存储技术这种网站的基础设施的属性都能被提升至法律认可的实质性投资，那么这一宽泛的认定很有可能把实质性投资的门槛降低。④ 平台方能够自我控制其收集整合的数据这一事实得到司法实践认可，保护平台方的投入在很长一段时间也曾是裁判风向，但在数据的特性逐渐明朗之后，开放共享和合理使用的现实可行性也开始被列入考虑范围。前期投入其实可能已经通过该企业的其他营收方式收回成本，但是企业依然会防范其他人使用，哪怕是处于两个不同行业、盈利途径完全不一样的两家企业，也不会愿意任由对方使用其数据。数据产品被引用、加工，促使其他市场主体在此基础上有所创造，于是多边市场上便衍生出由数据发展而来的各异的新数据产品和服务，消费者亦有了更多选择。消费者购买更多的产品，相当于在市场流通环节提高了一个"社会购买量"，这些增量其实是能够弥补在基础数据市场上更新换代带来的竞争损失的。增量收益难免对原数据提供方的初始竞争优势、盈利模式造成影响，但利益减损不是判定竞争行为不正当的理性而充分的理由，法院如果只依据网络开放平台收集和维护数据的先期投入而阻止其他可能成为潜在竞争者的第三方平台获取数据，实质上保护了商业模式和先发优势，⑤而这些竞争要素却

---

① 参见[美]埃莉诺·奥斯特罗姆等：《制度激励与可持续发展》，上海三联书店 2000 年版，第 91 页。

② 参见丁文联：《数据竞争的法律制度基础》，载《上海法学研究》2020 年第 13 卷。

③ 参见梅夏英：《在分享和控制之间数据保护的私法局限和公共秩序构建》，载《中外法学》2020 年第 2 期。

④ 参见刘晓春：《社交软件场景下的数据利益分配规则探析》，载中国报道网，http://www.chinareports.org.cn/djbd/2019/0311/8279.html，最后访问日期：2021 年 6 月 11 日。

⑤ 参见王燃：《论网络开放平台数据利益分配规则》，载《电子知识产权》2020 年第 8 期。

并非反不正当竞争法应关注的重点。

(二)"转换性使用"要素

转换性使用源于美国著作权法中合理使用制度四要素的第一要素,起先在考虑"使用作品的性质、目的"时增设一个"创益性使用"的判断理由,即作品是否在原作品利益的基础上为社会提供了新的利益,而不是以相同的目的加以使用。在我国学界中相对完善的表述是,"著作权法所谓的转换性使用指的是对原作品的使用并非为了单纯地再现原作品本身的文学、艺术价值或者实现其内在功能或目的,而是通过增加新的美学内容、新的视角、新的理念或通过其他方式,使原作品在被使用过程中具有了新的价值、功能或性质,从而改变了其原先的功能或目的"。① 转换性使用本质上对原有市场和新生市场进行了区分,笔者认为,涉数据竞争行为的正当性判定可以借鉴转换性使用的思路,考量数据引用行为是否构成对原平台涉及该数据的业务的实质性替代、损害是否有其他途径弥补以及这些数据带来的营收是否是原告平台商业模式的必备部分。在著作权中作品引用的问题上,原有市场,是指原告已享有的相对稳定的市场,拥有相对稳定的客户群并提供相对不变的产品,一般被认为归原著作权人所有,但使用催生的新许可市场就不一定归原著作权人所拥有。因为一方面,原著作权人对新使用市场的贡献度较低,而转换性使用催生了独立的客户群体,这部分群体很可能属于著作权人预期以外的市场,失去该许可市场不会实质性地损害著作权人的创作动力;另一方面,新旧两个市场不重合,转换前后的作品具备各自特有的功能或价值,不处于同一业务、同一行业。

在平台数据问题上,只要用户将信息上传于公共领域,介于公开与半公开之间的境地就难以排除被获取、引用的可能,对此主张和追究对于原公开数据的损害便没有过多意义,同一批数据若是能被消费者获取继而流转,企业只不过借助技术加快了获取和流转的速度。从新产业发展的公共利益角度出发,由于赋予数据控制权存在运用权利限制竞争的可能性,判决构成"合理加工"更能促进产业的自由竞争和发展。新的数据产品催生新生产业,而原数据持有人显然不总是发展新产业的最佳执行者,过分给予原数据持有人预期以外的利益,只能带来潜在的权利劫持威胁并提高交易成本,甚至扼杀新使用模式的产生。换言之,转换使用的目的是实现另一种功能,这种使用方式的存在能够帮助避免过高的数据交易成本。② 当交易所需的成本高于因交易取得的收益时,交易难以发生。如果每种使用方式都需要征得数据持有方同意,将会极大

① 王迁:《著作权法》,中国人民大学出版社2015年版,第334页。

② 参见谢琳:《论著作权转换性使用之非转换性》,载《学术研究》2017年第9期。

增加交易成本从而造成市场失灵,转换性使用可以帮助解决因信息海量化而无法逐一申请许可这一数据市场失灵问题。

(三)添加价值增量的考量标准

若被诉行为侵害的是平台实行直接或间接收费的半公开数据产品,不支付对价的爬取行为可以视作对原经营者业务的破坏,应适用"互联网专条"对数据竞争行为进行调整,进而较好地回应网络经营者对数据保护的期望,并实现对当前数据竞争秩序的规范。当然,具体界定前述情况需要考察涉案数据的公共性质和公开程度等因素。需要重申的是,数据究其本质不是财产而只是数据,对数据的利用、控制、支配所带来的可视化利益才是财产。对于利用技术手段抓取的公开信息,在判断是否适用于《反不正当竞争法》一般条款进行规制时,可以考虑添加一个类似注意事项的衡量指标,这个指标就是对于数据再次利用的"贡献度",通过经济分析判断是否增加了消费者剩余或生产者剩余,是否符合"卡尔多·希克斯标准",从而对数据利用"贡献度"进行衡量。如二次利用加工数据的下游企业是否在此基础上创造了更便利的产品或服务,是否诞生了新的商业模式或开发出更方便、快捷的新的数据利用方式等。如果符合这个价值增量指标,那么在裁定时可以起到一个"减缓"抓取或引用数据行为的损害性质的作用,贡献度可以成为评判该竞争行为是否正当的一个参考。

综上所述,被告行为可能确实对原告原先的市场经营造成了损害,但被告的行为没有违反竞争法的价值取向和制度激励目标,不能因使用的商业性就否认其合理性。市场是否重合也是一个界定因素,如果第三方平台对于网络开放平台数据的抓取行为给网络开放平台带来了不合理的市场替代效果,以至于影响了投资积极性,那么第三方平台应支付相应对价。[①] 消费者作为市场竞争的最终承受者,其利益应被着重考量,如消费者知情利益、选择利益是否会在平台间的数据竞争中受到影响,[②]这就需要就行为的正面效果及其对被干扰者的损害进行全面衡量。

七、结语

在共享趋向下,数据的本质和价值与"自然权利"和"劳动赋权"理论不相契合。数据纠纷亦不会导致权利人本身权利全部丧失,甚至不会丧失,对此更贴切的形容应是一种利益波动,利益受到影响是竞争中的常态,法律能做的更多还是在尊重市场演变

① 参见包晓丽、熊丙万:《通讯录数据中的社会关系资本——数据要素产权配置的研究范式》,载《中国法律评论》2020年第2期。

② 参见陈耿华:《我国竞争法竞争观的理论反思与制度调适——以屏蔽视频广告案为例》,载《现代法学》2020年第6期。

方向的前提下净化竞争环境和纠正不良行为。因为数据并非目的,而是平台实现价值的其中一种工具手段,在市场经济背景下法律于商业环境中并不当然发挥首当其冲的作用,司法裁判的经验也并不总能承担起数据平台行业利益划分的重任。在将技术特点和商业实践投射到法律层面时,应在不足与过度间寻求一种符合效率的平衡,既要防止以竞争法之名行确权保护之实,也要适度为激励平台经济的再次创造预留空间,避免不知不觉被抬高的交易成本阻碍数据的创造。

只要数据能够成为企业的一种竞争资源,那么无论它有没有被赋予法律上的权利,都有可能对竞争环境造成影响,继而就能够在反不正当竞争法中寻求调整的途径。根据竞争政策的要求,竞争者自主决定进入或退出市场而不受外在意志干预,即某项竞争事务在尚没有权利限制和明显带来损害的情况下,是不应受到禁止性约束的。如果在不符合此类条件时也享受类似的保护,无异于在重构传统私权保护的路径,在其本身特质上既不能做到顺应确权法律的逻辑,也难符合反不正当竞争法固有的行为规制模式。

标准组织自治的法律规制：标准必要专利许可的全球一致路径

张浩然[*]　刘孔中[**]

摘　要：标准化活动存在竞争者间利用标准排除、限制竞争的风险，故反垄断法下标准化组织有义务采取合理措施实现竞争限制最小化。就标准涉及知识产权许可，标准化组织逐步回应全球反垄断执法实践并确立了FRAND许可政策，该政策在各国不同法律框架下依不同路径实施。现行标准必要专利实施体制主要基于前全球化时代发达国家内部市场竞争需求确立，伴随全球生产网络和全球创新网络形成，标准必要专利许可环境显著变化，传统体制难以矫正全球化分工中权利人与实施人谈判实力不对等的失衡格局，无法反映中国等发展中国家利益诉求，碎片化实施体制和冲突裁判规则导致贸易保护主义风险。借鉴标准技术问题监管路径，建议强化标准化组织FRAND许可的自我规制义务，包括开展专利必要性审查、许可费率备案、行业累积费率集体谈判、许可费仲裁，以整合市场资源打通"信息孤岛"，提升全球标准必要专利许可的透明度和可预测性。国内法层面，应明确反垄断合规标准并加强域外适用，强化标准化组织的自我规制义务；国际法层面，借由WTO多边贸易体制，在《技术性贸易壁垒协议》下解决标准制定中的知识产权问题，以标准化组织自我规制，推动标准必要专利实施范式的全球转型和协同。

关键词：标准必要专利；公平、合理、无歧视原则；标准化组织；反垄断；自我规制

信息化时代技术标准已成为全球创新合作的共通语言，将知识产权保护的创新技术纳入标准在所避免；同时，知识产权的排他性带来了权利人以此排除、限制竞争的可

---

[*] 法学博士，中国社会科学院法学研究所助理研究员。

[**] 法学博士，中国人民大学法学院教授，新加坡管理大学教授，山东大学法学院兼职讲席教授。

能。故针对纳入标准方案的专利技术(标准必要专利),标准化组织一般要求权利人作出公平、合理、无歧视(FRAND)的许可承诺,欧盟、美国在其法律框架下确立不同路径实施该承诺,以在标准实施与创新激励之间实现平衡。我国确立了标准必要专利许可的善意谈判义务和许可定价规则。然而,该治理框架却难以完善,不同国家就标准必要专利许可存在不同标准,进入全球化阶段后,专利权人与实施者之间以及发展中国家与发达国家之间利益分化更加明显,专利挟持与反向挟持争论不断。近年来,伴随英美国家在标准必要专利纠纷中广泛实施长臂管辖和禁诉令,全球标准必要专利治理陷入了不同规则角力和司法主权争夺的"全球僵局"。然而,以强制措施争夺司法主权和彼此制裁并非问题根治之道,有待进一步完善标准必要专利许可治理的路径和框架。

2020年11月30日,习近平总书记在中央政治局第二十五次集体学习时提出,中国将致力于"推动完善知识产权及相关国际贸易、国际投资等国际规则和标准,推动全球知识产权治理体制向着更加公正合理方向发展"。当前,中国正在加快推动中国法域外适用的法律体系建设。在标准必要专利治理陷入"全球僵局"的背景下,中国能否从发展中国家利益出发,构建标准必要专利许可的全球公平一致的治理框架,并通过国内标准必要专利执法体制推动该框架实施,将是本文探讨的核心问题。

在标准化活动中,标准化组织是发起者,也是反垄断执法消除标准化活动对竞争限制的规制起点。然而,除制定许可政策外,标准化组织在知识产权许可中的治理功能较少被系统讨论。直到近年来标准化组织才重新引起业内关注:2015年全球重要标准化组织——电气和电子工程师协会(Institute of Electrical and Electronics Engineers, IEEE)在其知识产权政策中进一步具体化定义了FRAND原则;2017年欧盟《关于标准必要专利欧盟路径的通知》强化了标准化组织在内的利益相关方义务。标准化组织在FRAND许可过程中应当发挥何种作用,以及现有的FRAND许可政策是否应当重新被界定,或应由其承担更多保障FRAND承诺实施的义务,这些问题的答案目前尚不明确。但这一转向却具有范式转换意义,有可能实现国家权力对市场强制干预的让位以及市场、行业自治的归位。以此为视角,本文将重新检视标准化组织在反垄断法下的义务,探讨现行FRAND实施体制下标准化组织是否已满足该义务或存在不足,进一步明确通过标准化组织自我规制应对挑战的路径可能,以期建立标准必要专利实施的全球公平一致框架。

一、标准化活动垄断风险及其反垄断规制

制定技术标准可从多方面增进市场福利,同时存在垄断风险,因为标准制定实质

上是竞争者间就生产或不生产某种产品达成协议,以事前协商替代市场竞争在技术选择中的作用,一旦技术方案被选定,实施替代标准将存在较高的转换成本,不同技术之间的竞争实质上将被消除。标准制定者可能出于共同实施选定标准或通过标准获得市场力量的利益驱动,协同排除替代方案。因此,在反垄断法下标准制定者应负有较高的注意义务并采取合理措施,以避免标准制定超出目的之必要而阻碍竞争。在既有标准化治理体系演进中,标准化协议在美国和欧盟反垄断法规制下被视为潜在限制竞争的协议而受到审查,标准化组织负有将竞争限制最小化的义务。中国早期的标准制定主要由政府主导和推动,并未对标准化活动进行严格的竞争监管,伴随标准制定由早期安全性、兼容性目标向"创新标准"转变,中国对于标准化组织竞争监管的规则亟待建构和完善。

（一）美国法上标准制定活动的反垄断规制

20 世纪 60 年代,在标准化活动早期,美国联邦贸易委员会(Federal Trade Commission, FTC)已认识到标准制定过程中潜在的垄断风险,并对多个标准化组织进行反垄断执法处罚,其认为"标准是由行业内存在竞争关系的公司、其他利益相关公司代表组成的委员会制定的,缺乏程序保障,特别是缺乏针对不合理标准制定后的复查程序。市场参与者倾向于通过颁布标准以提高其竞争地位或将其他竞争者排除在市场之外"。[①] 美国法院也对标准制定过程中出现的垄断风险高度警惕,在操纵标准制定程序或者不当利用标准以获得竞争优势的情况下,判定标准化组织及其成员承担反垄断责任。[②] 在 1988 年"Allied Tube 案"[③]中,美国联邦最高法院明确了标准化组织在反垄断法上的性质及其义务:首先,标准化协议隐含着不制造、销售、购买某类产品的约定而应受《谢尔曼法》第 1 条规制,私人标准化组织属于反垄断法监管的对象;其次,合作制定标准同时具有显著的促进竞争价值,当行业协会的规则未能阻止其成员通过限制竞争的行为而获得经济利益时,该行业协会及其规则不能为其成员的反竞争行为提供正当性支撑,即明确标准化组织有义务将竞争阻碍最小化以避免对于竞争不必要的限制。此后,美国 2004 年《标准制定组织促进法案》明确,标准制定活动是否构成垄断应当根据合理原则进行判定。在合理原则下,当竞争者之间合作行为对于竞争造成阻碍时,该阻碍应当为实现促进竞争效果之合理必要,且该效果应超出对竞争的损害。

---

① Anne Layne-Farrar, *Proactive or Reactive? An Empirical Assessment of IPR Policy Revisions in the Wake of Antitrust Actions*, 59 The Antitrust Bulletin 173 (2014).

② See Douglas Melamed, Carl Shapiro, *How Antitrust Law Can Make FRAND Commitments More Effective*, 127 Yale Law Journal 2110 (2018).

③ See Allied Tube v. Indian Head, Inc. 486 U. S. 492 (1988).

如果尚存在限制最小化的替代手段,则难以满足合理必要要求。因此,在美国反垄断法之下,标准化组织及其成员有义务采取有效措施将其合作行为带来的竞争限制最小化,否则即视为对竞争施加了不必要限制。

在标准化与知识产权的互动中,因为担忧将私有化的专利技术纳入公共标准,因此在标准化活动早期一直拒绝将专利技术纳入标准。直到1956年,在"AT&T以及Western Electric反垄断案"中,美国司法部以协议裁决的形式同意AT&T及Western Electric以合理费率向所有人许可其专利,①此后专利技术逐渐为标准化活动所接受。1959年美国标准化组织(USA Standard Institute, ASA)在其许可政策中明确,只要专利权人同意以"合理条件"向他人许可其专利,专利技术即可被纳入标准化方案。此后,ASA的继受组织即美国国家标准协会(American National Standards Institute, ANSI)进一步具体地构建了FRAND义务,即如果任何专利技术纳入美国国家标准,则标准化组织必须得到专利权人承诺,免费或在"明显没有任何歧视的合理条款和条件下"向所有人许可其专利。② 作为全美标准化组织的管理者,ANSI的FRAND许可政策正式适用于美国所有标准化组织和国家标准制定过程。

然而,标准化组织现行FRAND政策是否满足竞争限制最小化要求,在实践中较少受到检验和挑战。梅拉梅德(Melamed)和夏皮罗(Shaprio)认为,现行FRAND政策实施多年来已效力不足,难以有效防止标准必要专利权人的专利挟持行为,故有必要通过反垄断执法迫使标准化组织确立限制性更小、更合理的替代措施。③ 针对近年来标准必要专利纠纷增加以及申请禁令案件的不断出现,美国司法部也意图通过反垄断执法加以调整。2013年,美国司法部和专利商标局发布的《关于FRAND承诺下标准必要专利救济联合声明》指出,"在特定情况下,禁令救济或排他性命令可能与公共利益不一致,尤其对已作出FRAND承诺的专利,这与专利权人在标准化组织已经作出的FRAND承诺不一致",拟通过限制专利排他权的行使而促进标准的充分实施。IEEE随即在其2015年知识产权政策中明确限制了标准必要专利禁令的行使,并对其FRAND政策进行了具体化和调整。然而,该声明随后即被撤销。2019年12月19日,

---

① See United States v. Western Elec. Co., 1956 U.S. Dist. LEXIS 4076 (D.N.J. 1956); United States v. AT&T Co., 552 F. Supp. 131 (D.D.C. 1982).

② See Jorge L. Contreras, *Origins of FRAND Licensing Commitments in the United States and Europe*, in Jorge L. Contreras ed., The Cambridge Handbook of Technical Standardization Law, Cambridge University Press, 2018, p.167.

③ See Douglas Melamed & Carl Shapiro, *How Antitrust Law Can Make FRAND Commitments More Effective*, 127 Yale Law Journal 2110 (2018).

美国司法部、专利商标局、国家技术标准协会重新作出联合声明,明确专利权人作出FRAND承诺并不妨碍禁令在内的救济措施的获得,再次回归到亲专利权人立场,未来是否应当敦促标准化组织构建更合理的FRAND机制尚不明确。

(二)欧盟法上标准制定活动的竞争法规制

在欧盟,《欧洲标准化条例》明确欧洲标准化组织可被视为《欧洲联盟运作条约》(Treaty on the Functioning of the European Union, TFEU)第101条、第102条下的企业或企业组织并受竞争法的约束。关于标准制定的协议行为,《关于欧洲联盟运作条约第101条对横向合作协议适用的指南》(以下简称横向合作协议指南)作出了具体的行为规制,其确认标准化协议通常将产生积极而显著的经济效应,同时可能在三个方面限制竞争而违反第101条,即减少价格竞争、排除创新技术以及歧视性地阻碍特定企业对于标准技术的有效获取。此外,如果标准化协议构成第101条第1款对于竞争的限制,但该限制实现效率提升、具有不可或缺性、与消费者利益分享且未消除竞争,则可基于第101条第3款获得豁免。

在欧盟标准化实践之中,为了破解电信行业早期各国国有垄断割据的格局,推动欧盟技术标准自由订立,欧盟1988年批准建立了专门的标准化组织——欧洲电信标准化协会(European Telecommunications Standard Institute,ETSI)。就标准必要专利问题,欧盟委员会受到美国司法和产业实践的影响,明确要求ETSI制定公平、合理、无歧视的知识产权政策。在ETSI的1994年知识产权政策中,其明确标准必要专利权人必须对其专利向他人以公平、合理、无歧视条件作出不可撤销的许可。此后,ETSI的知识产权政策并未受到欧盟委员会的反垄断执法挑战,一直未作出实质性修改。FRAND政策作为欧美两大法域反垄断执法机构认可的实践,也为其他标准化组织纷纷所采纳而事实上成为标准制定的“标准”。

进入数字时代之后,为了降低标准制定活动中的法律风险和鼓励标准制定,2011年横向合作协议指南进一步通过事前规制的方式将FRAND原则确立为标准制定活动的“安全港”,横向合作协议指南第280段指出:“在参与标准制定不受限制、标准采纳程序公开、标准化协议未包含遵守标准的强制义务,并且基于公平、合理、无歧视条件提供标准技术获取的情况下,通常不认为构成第101条第1款规定的限制竞争的情形。”为避免对竞争的不必要限制,标准化组织及其参与者有义务保障竞争者对技术标准的充分获得。横向合作协议指南在规定中的预设为,标准化组织确立FRAND政策即可实现对于标准必要专利的充分许可而消除对竞争的限制,故不适用TFEU第101条第1款。然而,该预设是否合理取决于专利权人在标准化组织作出FRAND承诺后该承诺实施的现实效果,如果该承诺事实上难以消除对于竞争的限制,则应当考量是否存在替代性标准,或采用限制最小化的措施以满足第101条第3款规定的豁免情形。理论上也存在该“安全港”标准过低而与现实脱节的担忧。① 在FRAND承诺实施的实践中,欧盟法院在“华为诉中兴案”中确立了标准必要专利许可的善意谈判框架,②但在此框架之下标准必要专利纠纷并未有效消解反而不断涌现。对此,欧盟委员会2016年发布了《数字单一市场中信息通信产业标准化优先事项的通知》,认为标准必要专利许可环境存在三方面主要问题:标准必要专利信息披露的不透明,对于标准必要专利技术评估和FRAND规则内涵的不清晰,标准必要专利实施中风险的不确定。2017年,欧盟发布了《关于标准必要专利欧盟路径的通知》,提出建立更加平衡、顺畅和可预测的标准必要专利实施框架,包括提升标准必要专利数据库质量和可获得性、更加及时准确的专利声明、必要性审查、替代性争端解决机制等。在此路径下,标准化组织作为利益相关方被要求承担更强的FRAND承诺实施义务,将有可能实现标准化组织竞争规制和标准必要专利许可规制范式的转变。③

(三)中国法上标准制定活动的竞争监管问题

我国《反垄断法》第21条规定,“行业协会不得组织本行业的经营者从事本章禁止的垄断行为”,标准化组织作为行业协会的一类,也应当属于反垄断机构监管的对象。在反垄断法视角下,标准制定活动属于竞争者之间就如何制造、销售、购买某类产品达成的协议,虽通常会产生显著而积极的经济效应,但同时也有可能对竞争造成限制,构成《反垄断法》第17条所禁止的横向垄断协议的情形。④ 在涉及知识产权方面,在既有反垄断执法实践中,标准化组织将知识产权保护的技术方案纳入标准的同时要求权利人作出FRAND许可承诺的实践是否存在第17条规定的排除、限制竞争的情形,或是否适用,以及在何种条件下适用第20条规定的豁免规定,目前尚不明确,自2008年《反垄断法》实施至今也尚无就标准化组织执法的案例。

事实上,我国对于标准化组织的监管空白与特定历史环境和管理体制有关,现行标准化制度建立于20世纪80年代末期,标准制定主要服务于产品质量安全、环保等目标,采用的技术是企业普遍掌握的技术,标准化过程由政府所主导,企业技术创新在标

---

① See Björn Lundqvist, *Standardization under EU Competition Rules and US Antitrust Laws: The Rise and Limits of Self-Regulation*, Edward Elgar Press, 2013, p. 123.

② See Case C – 170/13 Huawei Technology Co. Ltd. v. ZTE Corp ECLI:EU:C:2015:477.

③ See Rupprecht Podszum, *Standard Essential Patents and Antitrust Law in the Age of Standardisation and the Internet of Things: Shifting Paradigms*, 50 International Review of Intellectual Property and Competition Law (IIC) 720 (2019).

④ 参见王先林:《竞争法学》(第2版),中国人民大学出版社2015年版,第205页。

准制定过程中作用有限,较少涉及专利及相关竞争问题,反垄断执法的必要性和空间较小,在全球标准化治理中话语权有限。伴随技术发展,现代信息通信技术对于产品兼容和互操作性发展具有较高的要求,为了避免不同网络之间的恶性竞争,标准化组织将技术开发者和实施者联合在一起,结合竞争技术和互补技术,制定“创新标准”。伴随标准制定功能由早期的安全性要求向“创新标准”转变,政府将逐渐从标准制定中让位,企业间通过标准制定联合创新,成为信息通信产业创新和竞争的重要形式。为了规范市场竞争秩序,反垄断执法也应当实现适时转变而在规制创新标准制定过程中有所作为。

伴随全球创新网络和全球生产网络一体化,中国企业例如华为、OPPO、小米等在2000年甚至2010年以后才融入全球市场参与竞争,发展阶段、产业利益诉求以及立法政策取向均有自己的特点,目前的标准必要专利实施框架是否仍然充分有效、有利于发展中国家和发达国家企业间的公平竞争,尚值得怀疑。中国反垄断执法有必要基于国内产业发展需求评估既有标准必要专利实施框架,考虑提出“标准必要专利的中国路径”。

2019年国务院反垄断委员会发布的《关于知识产权领域的反垄断指南》(以下简称《反垄断指南》)试图弥补目前立法和执法实践中对于标准化活动规制的缺位,其第11条提出具有竞争关系的经营者共同参与标准制定可能排除、限制竞争,具体分析时可考虑以下因素:(1)是否没有正当理由,排除其他特定经营者;(2)是否没有正当理由,排斥特定经营者的相关方案;(3)是否约定不实施其他竞争性标准;(4)对行使标准中所包含的知识产权是否有必要、合理的约束机制。在知识产权层面,何为“必要、合理的约束机制”,该指南并未明确,但根据《反垄断法》第17条的规定,标准化组织所采纳的“约束机制”应当足以消除对竞争的限制,以保障标准技术以合理条件为竞争者充分可获得。在现实语境下,需要回答既有标准化组织的FRAND政策是否足以保障竞争者对于标准技术的充分获取而消除对竞争的限制,这也将决定我国是否应因循现有FRAND政策和实施体制,或者寻求新的标准化组织竞争监管框架。下文将结合当前全球标准化组织知识产权政策以及标准必要专利实施的现实环境评估既有路径的有效性,抑或是存在限制最小化的替代措施,从而确定标准包含知识产权行使的“必要、合理的约束机制”应当何为。

二、现行标准必要专利实施框架的时代局限

总体而言,当前标准化组织专利政策体系建立于1990年前,在美国反垄断执法和欧盟委员会推动下,两大标准化组织ANSI和ETSI先后确立了FRAND许可的知识产

权政策,FRAND政策作为被全球两大竞争执法机构认可的政策模式而为其他标准化组织所效仿,成为标准制定的全球标准并形成了全球"FRAND一体化"。全球现行标准必要专利实施体制也在此基础上发展而来,专利权人在标准化组织作出FRAND承诺后,标准化组织并不承担任何保障实施义务,而是要求当事人之间通过善意谈判进行许可,依据所在国专利法和竞争法法律框架由第三方进行监督和事后救济以确保FRAND承诺实施,①这也导致了全球范围内彼此冲突的实施体制。在美国,FRAND承诺被视为标准必要专利权人与标准化组织之间的利第三人合同,法院可以直接在专利权人与第三人之间确定FRAND条款达成许可合同,自下而上、自上而下等许可费计算方式逐步确立;在欧盟,以"华为诉中兴案"为转折,欧盟法院在该案中假定许可双方当事人最了解其商业利益和相关市场,FRAND承诺被细化为当事人之间善意许可的谈判程序,在禁令威慑之下推动当事人之间基于善意自主达成许可合同。

在我国,针对近年来不断涌现的标准必要专利纠纷,最高人民法院的司法解释及地方人民法院司法实践实现了两种路径的吸收与融合,认为FRAND兼具"过程义务"和"内容义务"的属性:双方是否善意谈判作为禁令授予之前提,双方善意谈判无法达成一致时则由司法机关裁判FRAND许可费率。② 伴随全球化进程深入,过去30余年间标准必要专利许可环境已经发生了很大的变化,现行FRAND实施框架逐步体现出较强的时代局限性。专利权人与实施人以及发展中国家与发达国家利益分化明显,专利权人与实施人信息不对称程度扩大导致谈判实力不对等,碎片化实施体制下不同法域间司法裁判标准冲突加剧。

(一)全球价值链演进与许可结构变迁

技术创新的标准化活动主要出现在信息通信技术(information and communications technology, ICT)领域。在早期,传统设备制造业由资源与技术驱动,企业通过制造质量优良的产品进行竞争,产业先驱者往往既是标准必要专利所有人也是终端产品制造商,如诺基亚、摩托罗拉、爱立信等,是时企业之间往往需要交叉许可才能实现运营自由。进入全球化阶段这一许可结构发生了实质变化,产品加工外包允许将劳动密集型生产过程与资本密集型和知识密集型生产过程分离,跨越公司和国家的边界向低成本区域转移,ICT产业全球价值链向全球生产网络(Global Production Networks, GPN)及

① 参见马海生:《专利许可的原则:公平、合理、无歧视许可研究》,法律出版社2010年版,第25页。

② 参见最高人民法院《关于审理侵犯专利权纠纷案件应用法律若干问题的解释(二)》第24条第2款、第3款;北京市高级人民法院《专利侵权判定指南(2017)》第143条至第159条;广东省高级人民法院《关于审理标准必要专利纠纷案件的工作指引(试行)》第9条至第24条。

全球创新网络(Global Innovation Networks, GIN)转变:①第一阶段,20世纪70年代起,由跨国公司主导的全球价值链演变为全球生产网络,跨国公司在全球范围内将其业务和子公司分散到全球各地,使其在全产业链中保持自己创新和制造的优势;21世纪后进入第二阶段,全球创新网络逐渐形成,跨国公司仍掌握全球价值链的部分阶段但已非全部。随着全球生产的技术外溢效应和国家创新支持,发展中国家/地区也逐步加入创新网络,通信设备制造由发达国家跨国企业逐步向亚洲发展中国家/地区企业完成"权力交接",跨国企业在与亚洲生产厂商的竞争中逐步退出终端产品市场,作为终端产品的制造商占据全球价值链的最底端。②

全球生产分工变化带来的是标准必要专利许可结构的变化,从标准必要专利总体分布来看,欧美申请人仍然在全球标准必要专利格局中占据主导。在许可过程中,专利权人往往有选择被许可人的主动权,基于许可成本和许可费收入的考量,权利人通常倾向对终端产品制造商进行许可。伴随专利权人与标准实施者之间明确的角色分工和利益分化,将对标准必要专利传统实施框架的平衡性提出进一步挑战。

(二)许可双方信息不对称与交易成本增加

除许可结构改变外,由于标准必要专利数量的爆炸性增长、专利过度声明以及可比协议的不公开,显著增加了许可双方的信息不对称程度和交易成本,导致许可双方在谈判中实力的明显不对等。

1. 专利数量增长与过度声明

过去30余年,专利权人声明的标准必要专利累积数量显著增加,制造商需要从多方专利权人就大量价值难以确定的标准必要专利获得许可。如在第三代合作伙伴计划(3rd Generation Partnership Project, 3GPP)中,3G和4G的标准必要专利权人从1994年的2个增长到2013年的130个,声明的标准必要专利数量从1994年的不到150个增加到2013年的150,000个以上。全球主要标准化组织目前有超过200,000个声明的标准必要专利,其中专利池许可占很小比重,只有约9%的标准必要专利通过专利池

① See Philip Cooke, *Complex Spaces: Global Innovation Networks & Territorial Innovation Systems in Information & Communication Technologies*, 9 Journal of Open Innovation: Technology, Market, and Complexity 1 (2017).

② See Philip Cooke, *Complex Spaces: Global Innovation Networks & Territorial Innovation Systems in Information & Communication Technologies*, 9 Journal of Open Innovation: Technology, Market, and Complexity 1 (2017).

的形式进行许可,[①]标准必要专利数量爆炸性增长相应带来的是许可交易成本的急剧增长。权利人和专利数量的增长基于多方面原因,如标准化需求增长、对专利埋伏行为的反垄断执法、标准必要专利的过度主张等。其中,尤其值得注意的是专利权人的过度主张行为,在实践中,标准化组织对声明专利对于标准实际必要与否并不进行审查,部分企业策略性地虚假主张标准必要专利以在许可过程中获得优势。如根据汤森路透的评估数据,全球现有约7077个声明的4G标准必要专利族,但仅有2535件为真正的标准必要专利。[②] 由于专利数量的爆炸性增长且其中大量过度声明专利的存在,实施人将难以获得专利价值贡献的有效信息,进而导致标准必要专利许可过程的不透明和缺乏可预测性。

2.保密协议保护下的历史许可信息

在标准必要专利许可过程中,权利人专利组合的历史许可信息被作为当事人许可谈判和法院裁判许可费率的重要参照。但在实践中,谈判双方往往会在技术和商业谈判之前首先签订保密协议(Non Disclosure Agreement, NDA),防止许可谈判过程和最终许可协议的对外公开。如ETSI的知识产权指南指出,“一般认为在知识产权许可谈判期间,NDA可以保护潜在许可人与被许可人的商业利益,这种实践也一般不会受到质疑”,在英国、德国等国的标准必要专利司法实践中,签订NDA被视为标准必要专利权人的正当保密利益。[③] 在我国,如“西电捷通诉索尼案”中,被许可人拒绝签署NDA被视为拒绝获得许可的表现,由此作为法院颁布禁令的依据。[④] 然而,可比协议作为计算FRAND费率最主要和最被广泛接受的依据,在先许可协议不公开的情况下,被许可人很难判断何为“合理”及“无歧视”,公开、透明的许可竞争市场难以建立,反而可能滋生权利人专利挟持的机会主义行为。

(三)许可环境变迁下现行FRAND实施框架的局限

尽管在ANSI和ETSI等标准化组织的影响下,FRAND政策已经成为标准制定的全球标准,但既有规则存在高度的模糊性,标准化组织并不确保实施FRAND,而是将许可涉及争议交由所在国依据其法律框架加以解决。碎片化实施框架下衍生出了多

---

① See Philip Cooke, *Complex Spaces: Global Innovation Networks & Territorial Innovation Systems in Information & Communication Technologies*, 9 Journal of Open Innovation: Technology, Market, and Complexity 1 (2017).

② 参见深圳市中级人民法院(2016)粤03民初第816、840号民事判决书。

③ See Unwired Planet International Ltd. v. Huawei Technologies Co. Ltd. (UK) Co. Ltd. & Anor [2017] EWHC 3083 (Pat); Sisvel v. ZTE, Dusseldorf Appeal Court decision, I-2 U23/17, July 18, 2017.

④ 参见北京市高级人民法院(2017)京民终字第454号民事判决书。

元化的实施路径：以欧盟和美国为主导，FRAND 分别被确立为“过程义务”和“内容义务”加以实施，我国在司法实践中则兼采两方面义务。然而，30 余年前确立的实施框架存在较强的路径依赖面临着治理失灵，也难以适应全球化贸易格局而招致贸易保护主义风险。具体而言，其局限性包括以下两个方面：

1. 传统 FRAND 实施框架的治理失灵

面对模糊而富有灵活性的 FRAND 原则，以善意谈判推动许可协议达成或由第三方裁定 FRAND 费率。基于对于市场功能和司法理性的不同程度的侧重与信赖，我国虽从两方面进行建构，但均受制于信息短缺和信息不对称困境而难以建立与我国产业利益相一致的平衡框架。

首先，在善意谈判框架下，FRAND 被作为许可费率发现的过程，理论预设在于当事人双方最了解各自商业利益和相关市场，故法院往往不直接确定 FRAND 费率，而选择在动态协商中确保当事人双方善意谈判以促进许可的自我达成。这一假设很大程度上受交易成本的影响，在过去，主要 ICT 设备制造商也往往是专利持有者，其可以通过交叉许可来应对不确定性和交易成本；当前，专利权人与实施人已面临明显的利益分化，因专利数量激增和大量过度声明专利，实施人往往难以在成千上万专利中确定权利人对标准的贡献份额，保密协议覆盖下其也难以充分了解市场上的合理费率水平，双方只能基于各自有限信息进行许可。由于信息短缺和信息不对称，即使双方善意谈判可能也难以达成一致。加之在人为确定的善意谈判框架下，“具体报价”“勤勉回应”等条件具有模糊性和不确定性，由此可能导致双方在谈判过程中的机会主义行为。禁令判断过程中如果忽视双方谈判实力的不对等而对该框架进行严格解释，可能严重削弱实施人在许可过程中的议价地位而导致“专利劫持”，与我国企业主要作为实施者的利益立场不符。

其次，在双方经善意协商无法达成一致的情况下，当事人可请求司法确定许可条件，法院同样面临信息短缺问题。第一，法院可根据案件证据信息不同采取“自上而下”法或“自下而上”法裁定许可费率，两种计算方法前提性因素均在于权利人专利组合的强度，由于存在过度主张问题，对于数目较大的专利组合法院很难一一确定实际标准必要专利数量及其价值；第二，“自下而上”法的初衷是通过可比的历史交易来确定专利的市场价值，在许可协议不公开、缺乏足够样本的前提下，可能存在以在先达成非合理费率证立 FRAND 费率的循环论证；①第三，在缺乏足够可比协议时可采用“自上而下”法，通过计算行业累计费率负担以及专利权人对标准的贡献率分摊得出许可

① See Ericsson v. InterDigital 418 F3d 1217, at 1219 (Fed. Cir. 2005).

费率,以降低许可费成本和避免“许可费堆积”问题。在近期全球许可费诉讼案件中,一般认为3G标准累积费率在5%左右而4G标准累积费率在10%左右,[①]但该行业累积费率的确定却富有争议性,因为该费率事实上是专利权人为了促进未来专利许可进行在标准确定之初单方面声明的结果,而非作为利益相关方协商一致的公正结果,这作为当前最容易获得且相对广泛接受的许可费信息,成为当前并非完美却具有实用性的解决方案。

总体而言,现有FRAND承诺的实施机制仍然由权利人话语所主导,难以体现发展中国家的利益诉求,也无法对许可双方谈判实力不对等的现实形成有效消解,有必要进一步整合市场资源消除“信息孤岛”以发挥市场在标准定价中的作用。

2. 碎片化实施体制导致贸易保护主义

在全球研发和生产分工的背景下,标准必要专利许可往往在全球范围内进行,但在FRAND承诺实施体制下,由各国法院依不同规则对标准必要专利许可纠纷进行调整,专利权人和实施人往往会选择其偏好的司法辖区内提起诉讼,碎片化的实施体制下不同国家产业利益的不同也逐渐体现为法律和裁判标准的龃龉。如前所述,美国和英国法院通过颁布禁诉令、裁定全球费率等方式,以国内专利权纠纷为基础塑造跨国公司间的全球商业布局,以占据规则主导权并维护其国内产业利益。禁诉令制度的初衷是为了防止当事人挑选法院,但同时可能导致其他法域内的诉讼被国外禁诉令所架空。鉴于不同司法辖区根据其在全球价值链中所处的地位采取不同的法律标准,频繁适用的禁诉令并裁定全球许可费率有贸易保护主义的风险。虽然英美法院采取偏专利权人的立场,试图在全球产业布局中吸引专利权人的青睐,基于同样原因,以技术实施者为利益导向的发展中国家同样可能以设定较低费率吸引实施人对专利权人的费率要约进行挑战。事实上,我国已经开始对国外法院的标准必要专利司法主权争夺行为进行反制。[②] 类似举措虽然可以在个案中实现对国内企业利益的有限保障,却可能导致标准必要专利全球纠纷的解决陷入恶性循环,即不同法院基于相同事实作出冲突判决,进而通过禁诉令争夺司法主权,无效率的诉讼竞赛将扭曲司法和行政规则制定背后的立法意图,在谈判或者妥协更加有效时反而激励当事人提起诉讼。目前,亟须一个跨辖区且协调多方利益平衡的方案来解决此问题。

---

① 参见深圳市中级人民法院(2016)粤03民初第816、840号民事判决书。

② 参见最高人民法院(2019)最高法知民终732、733、734号之一民事裁定书;武汉市中级人民法院(2020)鄂01民初字第169号之一民事裁定书。

三、由国家强制干预向行业自治的治理模式转型

在许可双方利益明显分化、谈判实力不平等、全球法律标准不统一的背景下,标准必要专利许可单纯依靠当事人之间自我协商或国家权力强制确定许可条件均存在能力不足。因此,现行标准化组织的 FRAND 实践难以满足反垄断法下消除竞争限制的要求,而应当寻求替代性机制以实现竞争限制最小化。为跳出现行标准必要专利治理模式的路径依赖和视野局限,可诉诸相邻领域寻求经验借鉴和治理范式启示。

从历史视角来看,标准制定过程主要涉及两类反垄断风险:一是竞争者直接通过操纵标准技术方案确定而排除竞争;二是利用标准涉及知识产权的法定排他权能排除和限制竞争。事实上,在第一种情形即企业操纵标准技术限制竞争时,司法裁判或反垄断执法同样存在专业能力和信息获取的不足,现有实践中对标准化组织采取了轻度管制(Light-handed Regulation)的模式,即以明确标准化组织自我规制消除竞争限制的义务为前提,事前为标准化组织确立开放、透明、无歧视的治理义务,竞争执法集中于监督和促进标准化组织的自我规制。如在美国"American Welding Society 案"①中,对于判断标准化组织是否滥用标准排除其他技术方案,美国司法部认为在执法中其并不就标准实质内容进行审查,即判断某一标准在技术上是否优于另一标准,而是审查标准制定的过程中是否存在滥用,因为标准审查的实质性问题已超出其能力范围,标准化组织具备中立地位和专业知识,可得出更优解决方案。在欧盟"EMC 诉欧盟委员会案"中,欧盟法院也持相似观点。②

对标准技术问题轻度管制的理性基础在于区分政府与行业组织的相对优势而实现国家干预与行业自治的恰当衔接,标准化组织更加接近于市场主体、具有专业知识而更适宜于复杂技术问题的直接判定;政府则专注于监督标准化组织的"善良治理"而间接保障市场公平竞争。面对标准必要专利许可中市场信息短缺、国家干预能力不足且彼此冲突的困境,标准化组织相较国家直接干预的相对优势也同样成立,标准技术竞争监管所确立的治理框架也为标准化组织有效统合市场资源进行自我治理提供了有效前提,存在从根本上解决问题的可能。在美国和欧盟反垄断执法实践推动下,全球主要标准化组织普遍确立了开放、透明和民主的标准制定程序,在《世界贸易组织贸易技术壁垒协议》(Agreement on Technical Barriers to Trade of The World Trade

---

① See US DOJ, *Response to American Welding Society's Request for Business Review Letter*, 7 October 2002.

② See Case T－432/05 EMC Development AB v. European Commission ECLI:EU:T:2010:189.

Organization, WTO/TBT 协议)下,WTO 技术贸易壁垒委员会 2000 年通过的《关于制定国际标准、建议和指南的委员会决议》,进一步规定了国际标准制定须遵循的透明度、开放、公正且协商一致、有效且相关、连贯一致、发展中国家利益 6 项原则等要求,开放、透明、公正的程序保障已经类似 FRAND 承诺成为全球标准制定过程的基本规则。尽管不同标准化组织运作方式有所不同,但其都有共同的基本运行架构:第一,标准制定过程一般保持完全的开放性,以不同产业的创新者和实施者充分参与为前提;① 第二, 由于标准制定具有高度专业和成本昂贵的特点,标准化组织通过知识共享的方式由不同专业领域专家提出和讨论标准提案,发挥专业优势分担降低成本;第三, 基于多数参与和表决的民主方式作出决定,保障产生公正合理且富有效率的标准技术方案。② 现有标准化组织的治理机制为产业内部利益相关方对话和争议解决提供了成熟的框架,标准化组织居中地位、专业知识和公正程序优势同样可进一步辐射至标准必要专利许可领域,可考虑通过竞争执法相应强化标准化组织的自我规制义务,构建由市场主体自主决定、全球统一协调的 FRAND 实施机制。具体而言,基于当前许可实践中存在问题和现有标准制定框架,标准化组织的自我规制可从以下方面进行建构。

(一)必要性审查

标准必要专利声明和公开对善意被许可人来说能起到减少交易成本、提升许可透明度的作用,但大量过度声明的非标准必要专利的存在,将导致这种事先声明对许可参考意义有限,甚至导致当事人之间许可谈判信息不对称和实力不平等。在全球范围内,欧盟委员会正考虑对声明的标准必要专利进行必要性审查,以专利局为载体“在选定的技术中对于标准必要专利启动试点项目,以促进引入适当的审查机制”;③日本专利局根据《专利法》第 71(1)条对标准必要性进行审查而为许可实践提供建议。相对专利局,标准化组织一般下设由成员代表组成的具体工作组,对标准技术方案具有更为专业而熟悉的掌握,考虑到标准必要专利许可的跨境特征,由标准化组织实施的必要性审查是更为有效的方式。专利必要性审查可在标准化组织协调下由专利权人和组织成员通过成本分担的方式实现:首先,专利权人不仅需要声明其专利,同时应承担

---

① 如根据赛尔中心技术标准和标准制定组织数据库数据,其调查的 36 个标准制定组织均向所有行业成员开放,利益相关者可自由参与标准化制定活动。See Justus Baron, Daniel F. Spulber, *Technology Standards and Standard Setting Organizations*, 27 Journal of Economics & Management Strategy 462 (2018).

② 为了避免标准制定中的商业偏见,标准制定组织大多数决定是在开放参与的前提下投票决定,根据前述赛尔中心数据库统计,一般标准组织决定要求至少 30% ~51% 合格成员出席,51% ~100% 表决赞成。

③ European Commission, *Setting Out the EU Approach to Standard-Essential Patents*, COM (2017) 712 final.

举证责任,向标准化组织提交权利要求对照表以证明其必要性;其次,根据声明专利所属技术领域由对应标准工作组审查其必要性;最后,作为标准化组织数据库的一部分,权利人的权利要求对照表及审查结果可向公众公开,为标准必要专利许可提供参考。

(二)许可费率备案

为了确定标准必要专利权人收取许可费率是否公平且无歧视,可比协议具有较高的参考价值。由于 NDA 的签署在先许可信息较少被公开,许可双方必须基于其自身有限经验和不对称信息进行谈判,透明且竞争性的许可市场难以存在,这也滋生了权利人的机会主义行为。关于如何确保标准必要专利通过 FRAND 的方式进行许可,ETSI 等大多数标准化组织仅仅是口惠实不至,仅"期望其成员(也包括非 ETSI 成员)就 FRAND 条款和条件进行公正和诚信的许可协商"。针对此,著名标准化组织 VMEbus 国际贸易协会(VME International Trade Association, VITA)作为少数派曾采纳了事前公开许可费率的政策,强制其成员作为许可声明的一部分事先公布其专利组合的最高许可费率。在实践中,专利权人通常会提前公开一个明显偏高的费率,导致提前声明许可费率对于界定 FRAND 费率作用有限。故建立对实际发生的历史许可费率的恰当公布机制对界定何为合理、无歧视费率具有不可或缺的意义,其作为 FRAND 承诺的一部分不可避免地应当接受审查。即使许可双方对于许可信息具有正当保密利益,可发挥标准化组织的行业中介功能对历史许可费率进行备案,施加必要保护措施以避免侵害其保密性的同时保证其可获得性。因此,应考虑对标准化组织施加强制义务,在专利政策中要求标准必要专利权人就相同甚至不同标准必要专利收取许可费率向标准化组织进行备案,由标准化组织在法院、竞争管理机构确定 FRAND 费率中提供辅助,甚至可由标准化组织自身调解确定 FRAND 费率和条件。

(三)行业累积费率的集体谈判

标准制定实质上是借助民主程序以事前协商替代竞争以选择最有效技术方案的过程。就标准技术定价的困境,经济学上认为,最有效的定价方式是将标准必要专利的定价纳入标准技术选择的过程,不仅考量最优技术,同时考量最低廉的实施成本,以重构 FRAND 费率的竞争市场,该方案由于存在延迟标准制定过程的风险而未被采用。但标准方案最终确定之后,标准化组织的程序优势仍存在适用的空间。如前所述,自上而下的计算方式已广泛适用于许可费计算实践,但目前累积费率标准主要由少数专利权人单方面主张,大多数利益相关者并未对此进行充分谈判协商。在标准制定治理框架之下,可确保开放、充分参与、公正、透明、民主的决策机制,与专利权人一方甚至法院、竞争执法机构相比,标准化组织可以更好地协调行业利益相关者就标准累积费率达成共识,以避免专利权人对实施者的过度盘剥或反向劫持问题。因此,建议由标准化组织建立就标准许可费上限的集体谈判机制,发挥标准化组织完全开放和充分参与的优势,组织标准必要专利权人以及设备制造商在内的利益相关者进行集体谈判并以民主表决的形式确定行业累积费率范围,作为确定FRAND许可的基础,从而提升许可的透明度和可预测性,并避免许可使用费堆积问题。

(四)FRAND许可条款仲裁

由于FRAND承诺本身的不完备性,在实施过程中将产生一定社会成本和机会主义行为,加之交易成本增加和信息不对称等问题,完全依靠协商达成许可将导致许可的低效率和双方利益失衡。通过事前监管机制,引入客观、中立且可以获得完整FRAND许可费信息的第三方,谈判失败时确定FRAND交易条件,将是降低交易成本和不确定性的更有效的机制。然而,目前法院和反垄断执法机构在确定FRAND费率时均存在能力不足的问题,欧盟委员会因而提出,虽然多年来已经从许可和裁判实践中获得了有价值的见解、资源和方法,但缺乏这种专业知识的储存库为争议解决提供支持和基准。① 标准化组织是最合适的信息存储库和仲裁者,其由不同产业专利权人和实施者共同组成,对于专利权人对标准贡献的充分掌握,如果未来进一步进行必要性审查、FRAND许可费率备案,相对法院、竞争执法机构甚至当事人双方,其具有充足的信息工具和中立地位作为优势来裁定FRAND费率。因此,基于不同产业利益相关方对标准制定活动的充分参与,可以从中选举出一个专门委员会来调解FRAND争议、裁定费率,以实现专利权人和实施者的利益平衡。各国司法机关和竞争执法机关转而可从费率确定中解放出来,专注规制标准化组织争议解决过程的公正性问题,在全球范围内由专门机构不断对FRAND条款作出一致性决定也将大大提高标准必要专业许可的透明度和可预测性。

四、竞争法和WTO法下强化标准化组织自治的实施路径

标准化组织的自我规制为解决全球标准必要专利许可困境提供了新的可能,但在全球绝大多数标准化组织都仅要求专利权人作出FRAND承诺的"FRAND一致性"背景下,标准化组织之间的竞争会促使专利权人选择对其权利行使限制最小的平台,标准化组织很难主动打破僵局强化自我规制义务。因此,强化标准化组织的自我规制要求以政府施加实际规制义务为前提,以推动形成新的全球"FRAND一体化",其可以从两个方面进行实施。

---

① See European Commission, *Setting Out the EU Approach to Standard-Essential Patents*, COM (2017) 712 final.

(一)以反垄断执法强化标准化组织的自我监管义务

反垄断审查是标准化组织知识产权政策不断完善的主要推动因素,国务院反垄断委员会《反垄断指南》第11条第4项明确规定,标准制定应当考虑"对行使标准中所包含的知识产权是否有必要、合理的约束机制",但是当前FRAND承诺及实施框架已经难以面对当前许可环境带来的挑战和消除竞争限制,存在专利权人与实施人谈判地位的失衡,尤其是不利于发展中国家一方,难以有效防止权利人的专利劫持行为而阻碍标准技术的获得。为了打破当前标准必要专利实施的失衡框架,并避免碎片化的实施体制下不同国家不断争夺司法主权,我国应当加强反垄断执法积极推动标准化组织寻求竞争限制性最小的替代方案。鉴于当前几乎所有重要标准化组织总部都在美国和欧洲,我国应当加强反垄断法的域外适用,对于重要的全球性标准化组织,基于其对国内产生的影响而对其知识产权政策提起反垄断审查,迫使其建立FRAND许可的自我规制体系;应考虑进一步完善知识产权反垄断指南,明确标准化组织的自我规制义务,赋予其标准化组织的必要性审查、FRAND许可费率备案、行业累积费率集体谈判、FRAND许可条款仲裁等义务。

(二)WTO/TBT协议下对于标准化组织的监管

竞争执法虽可以解决部分问题但并非全部,尤其针对法律标准冲突和贸易保护主义,根本上需要在多边贸易体制下协调和统一标准必要专利许可实施的模式。WTO贸易法与国内竞争政策都以实现自由贸易和公平竞争作为共同出发点,二者之间具有互补关系,故应探索在国际贸易法层面明确标准必要专利许可的一致规则。WTO/TBT协议是唯一调整国际贸易与技术标准问题并具有法律拘束力的协议,其规定了国际标准制定的基本原则,但囿于时代背景其并未直接处理知识产权问题,当知识产权被纳入国际标准且专利劫持发生时,标准将成为阻碍国际技术转移和货物贸易的双重壁垒。未来,有必要考量是否将对标准制定活动中的知识产权问题的规制反映在TBT协议的6项原则中,或者增加一项单独的原则。2005年,中国曾向WTO成员提出了《标准化中的知识产权问题》,并于2007年向TBT正式委员会提出《〈TBT委员会关于标准起草、采纳、实施中涉及知识产权问题指南的决定〉的建议草案》,以建立恰当的标准政策来确保标准必要专利信息充分公开,以及一致地解释FRAND原则的内涵促进国际标准的广泛实施。该建议在当时并未获得充分讨论和重视,目前,发展中国家与发达国家关于标准必要专利问题法律标准冲突和利益冲突愈加明显,标准必要专利的实施实际制约着标准可获得性,该问题有必要在WTO重新引起充分注意。WTO/TBT协议第2条第2款规定了在采纳限制贸易技术规范时应当遵循的必要性原则和比例原则;该协议第3条规定标准化组织在内的非政府机构也有义务遵循该原则。该原则为标准化组织在合理可能范围内消除贸易限制效应提供了空间,WTO也是解决贸易保护主义最理想的平台。在目前美国、英国、德国、印度与中国因标准必要专利问题不断出现裁判冲突的背景下,我国应加强在全球知识产权治理中的规则引领,推动将标准制定中产生的知识产权问题纳入WTO/TBT协议调整范围之内,除对现有标准化组织的FRAND政策模式加以确认外,还应当建立标准化组织FRAND许可自我规制的实施体系,以推动全球标准必要专利实施范式的转变和协同,构建和维护不同国家、不同企业在贸易中平等获利的全球多边贸易体制。

【国家投资经营法】

共同富裕视域下国有资本多层次股权控制的法治化路径[*]

杨　狄[**]

摘　要：国有股权的"公"属性意味着其与私人股权存在根本差异，国有股权制度无法完全复刻私人股权制度。强化国有资本的股权控制可以在持续深入国企改革的基础上守住国资管理的底线，从而保障国有资本推动共同富裕的战略功能。但就现行制度而言，国有企业相关法律规则之间衔接不畅，股权权能分离的系统性制度供给不足，这对强化国有资本股权控制提出了挑战。回应这一挑战，应在国有股权控制权权能明晰化的基础上通过类别股的设置形成多层次股权控制机制，实现国有资本现金流与控制权之间非比例性背离，分解控制权，优化控制权，从而提升经营性国资管理的水平。同时，强化国有资本控制后，还应重视民营资本的利益保护，平衡"控制权"让渡的代价，实现"国有资本增值"与"民营资本盈利"的双赢局面。

关键词：共同富裕；国有企业改革；控制权；公司法修订

2021 年全国国有企业资产（不含金融企业）总额 308.3 万亿元、负债总额 197.9 万亿元、国有资本权益 86.9 万亿元、全国国有金融企业资产总额 352.4 万亿元，①国有资本经营管理直接影响到我国整个宏观经济运行。国有资本经营中"代理问题"的高成本性和高道德风险性决定了国有企业存在的最大动机是满足公共利益。而公共利益

---

* 湖南省社科基金项目"国有企业控制权安排及其制衡的法律规制研究"（项目编号：21YBQ041）、教育部人文社会科学研究青年课题"共同富裕下国有股权多元控制的法治路径研究"（批准号：23YJC820042）的阶段性研究成果。

** 法学博士，湘潭大学法学院副教授。

① 参见国务院《关于 2021 年度国有资产管理情况的综合报告》，载中国人大网 2022 年 11 月 2 日，http://www.sasac.gov.cn/n2588025/n2588119/c26496596/content.html，最后访问日期：2022 年 12 月 20 日。

是由一定社会发展阶段一国国民共同追求的目标所决定的。① 习近平总书记在中共中央政治局第二十七次集体学习时强调,“共同富裕本身就是社会主义现代化的一个重要目标”。实现共同富裕,让改革成果惠及人民,是新发展阶段国有企业应当满足的公共利益。国有资本多层次股权控制能够实现国家股东对企业控制权的多样化安排,从而可以灵活配置国有资本在某一行业或领域的话语权,进而根据共同富裕的目标及时调整国有资本投资方向、投资比例及其与民营资本之间的关系。结合当前中国实践,强化国有资本的股权控制可以在持续深入国企改革的基础上守住国资管理的底线,从而保障国有资本推动共同富裕的战略功能。将当前国有企业改革的思路和方向从“国退民进”转向“共同富裕”理念是本文的缘起和目标。

一、共同富裕视域下国有资本股权控制的价值重述

(一)国有股权的“公”属性

长期以来,学界围绕法律对国有企业“法人财产权”的规定论证国家(政府)与国有企业的产权的应然割裂关系,并衍生为国家所有权到国有股权的理论争鸣。② 有关国有股权的研究没有脱离私人股权制度的禀赋视角,将国有股权制度设计复刻私人股权制度设计的模式导致实践中国有企业现代化公司治理路径举步维艰。国有企业到底需要什么样的治理模式?以私人股权为核心设计出来的公司治理制度是否能同样耦合国有企业的治理需求?

国有企业与民营企业的最大不同在于国家直接投资。那么,国家投资的目的到底是什么?是国家宏观调控?或财富二次分配?还是政府直接参与市场博弈?无论答案有多么不统一,都指向“公共利益”的实现。第二次世界大战后如春笋般涌现的大量国有企业及与其并行不悖的私有化浪潮之间的抵牾,似乎在提醒我们国有企业与民营企业至少在制度设计层面存在天然的障碍。这种障碍的根源在于国家股东和私人股东想要实现的目标存在根本分歧——“公共利益”与“企业盈利”。因为这种根本分歧,两者无法完全相互替代,也无法在现有公司规则制度下完美融合。职是之故,即使2015年以来国家出台了一系列政策鼓励推进国有企业混合所有制改革,在实践中民营

---

① 参见徐晓松:《国家股权及其制度价值——兼论国有资产管理体制改革的走向》,载《政法论坛》2018年第1期。

② 参见王利明:《国家所有权的法律特征研究》,载《法律科学(西北政法大学学报)》1990年第6期;石少侠:《股权问题研析》,载《吉林大学社会科学学报》1994年第4期;孙宪忠:《“政府投资”企业的物权分析》,载《中国法学》2011年第3期。

资本积极参与投资的现象并未如期而至,[1]且民营资本与国有企业固有模式融合过程中不断呈现新的公司治理问题。理论研究认为,可以通过将国家股东类比私人股东的制度设计确立国家股东的主体权利、义务和责任(《公司法》关于国有独资公司的规定),但实际上因为"公属性"的存在,国家股东——国资委或其他政府平台,不可能为国有企业承担与私人股东同样的义务和责任。[2]

自20世纪80年代以来中国国有企业产权改革与公司治理的转型一直呈现改革路径阶段性与改革目标功利性并存的局面。可能是由于深陷思想的束缚中,长时期里中国国有企业改革是以解决迫在眉睫的实际问题为出发点的,更看重企业能否做强、做大的实际效果,而缺乏整体、系统的思路设计。然而,与其坚持让国企改革走向与私人公司治理一致的转型道路,不如打破改革的瓶颈,深入研究国有股权特殊权能,丰富国有资本股权控制模式,继而为深化国有企业改革提供新的可行路径和制度支持。

(二)"共同富裕"对"政企"关系提出了新要求

如上文所述,作为国家向市场投资的一种财产控制方式,国有股权的运作机制使其较之其他财产控制方式具有更大的灵活性和"公"属性。国家股东在行使国有股权时不仅需要考虑到国有企业本身的发展,更要考虑公共利益的需求。同理,只有将国有资产置于国家股东的控制才能最大程度保障国家投资目的的实现。

需要说明的是"盈利性"企业不等于"盈利"企业。公共利益目标主导并不意味着国有企业就不能盈利,而是盈利不应当成为国有企业的首要目标。当"盈利"与"公共利益"价值背离时,国有资本的控制可以保障其优先选择"公共利益"。2015年中共中央、国务院《关于深化国有企业改革的指导意见》将国有企业划分为"公益"和"商业"两大类,并提出分类推进改革的思路,国务院国有资产监督管理委员会、财政部、国家发展和改革委员会联合发布《关于国有企业功能界定与分类的指导意见》。其中包括"商业类国有企业要优化资源配置……培育一批具有创新能力和国际竞争力的国有骨干企业""公益类国有企业要根据承担的任务和社会发展要求,加大国有资本投入,提高公共服务的质量和效率"。可见,无论是"商业类"还是"公益类"国有企业,强调的都不是"盈利性"而是"社会价值"。行业或者类别的划分并不能改变国有企业实现公共利益的目的,只不过公共利益的具体内涵在不同行业或领域有了不同的界定。

明确了"公共利益"是国有企业发展的目标和国有资本经营的宗旨,就应当根据在

---

① 参见徐晓松:《双层股权结构在中国:市场需求与立法认可》,载《天津师范大学学报(社会科学版)》2018年第1期。

② 参见胡改蓉:《〈公司法〉修订中国有公司制度的剥离与重塑》,载《法学评论》2021年第3期。

一定社会发展阶段一国国民共同的阶段性目标来及时调整国有资本在不同行业和领域的“进退”。实现共同富裕,让改革成果惠及人民是新发展阶段国有企业应当满足的公共利益。进言之,为保障国有企业目标的实现,国有股权的权利主体政府(平台)与国有企业的关系也不应该再困于应然割裂的单一关系,而应从功能上将“政企”关系复合化。首先,政府(平台)可以在评估共同富裕与国有资产关系的基础上对企业进行分类,从而确定政府与企业关系的紧密程度;其次,政府(平台)对国有资产的控制不一定是绝对控制,也不一定需要体现在经营上的绝对话语权;再次,国有资本股权控制的方式可以通过持股内容①和持股数量灵活调整国有资本在不同行业和领域的“进退”程度;最后,在国有企业的混合所有制改革中,可以通过强化国有资本的股权控制分离股权利益,进而满足股东异质化的多元需求,从而实现“国有资本增值”与“民营资本盈利”的双赢局面,保障共同富裕的实现。

二、现行制度对强化国有资本股权控制的挑战

在本文语境下,需要区分“国有资本”与“国有资产”的概念,国家对国有企业的控制直接表现为国有资本股权控制。经营性国资的管理经历过“管资产”到“管资本”的观念转变。在国有企业的性质问题上实践和理论曾出现过一段时间的背离,②其根源在于大陆法系“一物一权”规则的强烈影响。直到2005年《公司法》修订,通过第3条第1款界定“公司”,第4条明确“公司股东权利”,同时删除1993年《公司法》关于“公司中的国有资产所有权属于国家”的规定,第一次将“投资者”与“被投资法人”之间的人身财产关系作了清晰的法律隔离。随后,2008年《企业国有资产法》第2条再次确认了企业国有资产并不是“物”或“财产”,而是投资者“权益”。2013年《中共中央关于全面深化改革若干重大问题的决定》正式以中央文件的形式在第6条第2款提出,“完善国有资产管理体制,以管资本为主加强国有资产监管……组建若干国有资本运营公

---

① “持股内容”的表述出现在日本《会社法》(2016年)第109条第1项,“株式会社は、株主を、その有する株式の内容及び数に応じて、平等に取り扱わなければならない”。由此可见,日本公司与股东之间权利内容的多层次。转引自周游:《公司法上的两权分离之反思》,载《中国法学》2017年第4期。

② 如《全民所有制工业企业法》(1988年,已失效)第2条第2款规定:“企业的财产属于全民所有,国家依照所有权和经营权分离的原则授予企业经营管理。”《公司法》(1993年,已失效)第4条第3款规定:“公司中的国有资产所有权属于国家。”《企业国有资产监督管理暂行条例》(2003年,已失效)第3条规定:“本条例所称企业国有资产,是指国家对企业各种形式的投资和投资所形成的权益,以及依法认定为国家所有的其他权益。”以上法律规定混淆了国家所有权和企业所有权,与20世纪80年代以来国有企业改革的整体方向背离。

司,支持有条件的国有企业改组为国有资本投资公司”。2020 年《民法典》总则编第五章确认了股权是区别于物权的投资性权利,①将股权权能与传统物权权能区别开来。至此,国家对国有企业管理完成了国家投资者权益真正意义上的理性回归。改制后国有企业是国有资本投资公司,国家对企业国有资产的管理演变为对国有资本的管理,即国有资本股权权益。当然,目前仍有不少现行有效的规范性文件在混用“国有资产”和“国有资本”的概念,②这更多是因为作为其属概念的“资产”和“资本”有广义和狭义之分,在广义概念上两者的内涵存在交叉和重叠。根据马克思资本理论,国有资本是转化为资本的国有生产资料,③在经营性国有资产的语境下,可以认为《企业国有资产法》中的企业国有资产指的是“国有资本”。④ 国家对改组后国有企业的管理应当是对国有资本的管理,直接表现为国家投资性权利——国有股权的行使。控制权是股权的基本权能之一,可以认为国家对国有企业的控制直接表现为国有资本股权控制。

(一)《企业国有资产法》与《民法典》《公司法》的衔接不畅

2008 年《企业国有资产法》从立法上明确了国有资本经营预算管理的模式,但同时又规定国有资产属于国家所有即全民所有,似乎在立法的逻辑上没有彻底贯穿从国家所有权到国有股权的理念。另外,因为“股权”性质之争,有不少学者认为,《企业国有资产法》是原《物权法》的特别法,⑤其立法技术和立法语言延续了原《物权法》对国有资产的“物权式”保护。⑥ 虽然 2020 年《民法典》在总则编第五章“民事权利”中确认了股权是区别于传统物权的“投资性权利”,但依旧在物权编第五章“国家所有权和集体所有权、私人所有权”中规定“国家出资人权益”(《民法典》第 256 条)和“国有财产管

---

① 《民法典》第 125 条规定:“民事主体依法享有股权和其他投资性权利。”有学者认为这是《民法典》对“社员权”的规定。参见程啸:《侵权责任法》,法律出版社 2021 年版,第 96 页。

② 如《国有资产评估管理办法》(2020 年修订)、国务院办公厅《关于加强和改进企业国有资产监督防止国有资产流失的意见》(2015 年)等。

③ 参见桑朝阳:《如何理解国有资产监管从“管企业”到“管资本”的新转变?——基于马克思的资本理论》,载《理论月刊》2021 年第 5 期。

④ 实际上,根据马克思的资本理论,资本是已经转化为资本的生产资料,资产的范围应大于资本。根据我国《宪法》的规定,国有资产包括经营性国有资产,行政性国有资产和资源性国有资产,所以如果直接将《企业国有资产法》改为“国有资本法”也会产生歧义。

⑤ 参见孙宪忠:《“政府投资”企业的物权分析》,载《中国法学》2011 年第 3 期;乌峥杰、金峰:《从〈企业国有资产法〉看国有资产管理立法的完善》,载《法治论丛(上海政法大学学报)》2009 年第 4 期;刘俊海:《制定〈国有资产法〉的思考》,载《河南省政法管理干部学院学报》2008 年第 5 期;等等。

⑥ 《企业国有资产法》第 3 条实际上是直接套用了原《物权法》第 45 条的规定。参见王新红:《〈企业国有资产法〉若干问题法律初探》,载《福建师范大学学报(哲学社会科学版)》2016 年第 1 期。

理的法律责任”(《民法典》第 259 条)。按照法体系解释原则,我们很难不得出以下结论:国家所有权和国有股权在立法中出现了语言失范,很容易造成“国家所有权”与“国有股权”的理解歧义,一个本来已经被解决的问题又在立法中被重现。正是由于这种暧昧不明的立法语言,在实践中以国有资本管理机构为代表的履行出资人职责的机构并没有仅仅行使“股权”,而是坚持以行政权的方式“管人、管事、管资产”。当然,即使抛开特殊的“国有股权”,仅仅讨论“股权”性质的问题,也会发现莫衷一是。股权是所有权还是社员权?并不是本文的核心问题。股权包含人身权利内容和财产权利内容已经是被普遍承认的事实,权利和权利的外部差异之争也不再显得那么重要。真正的问题是股东的差异化需求如何通过行使股权而实现。换言之,国家股东不同于私人股东的公共利益需求可否仅仅通过国有资本股权控制的方式得到实现?这必然要重新安排同一股权中不同权利的归属,进而涉及股权的内部结构问题。如果要在所有权的范式下研究股权的内部结构,那必然会出现层层障碍,更遑论从国家所有权到国有股权,国有企业改革之路筚路蓝缕。虽不能毕其功,但至少不能倒退。

《公司法》与《企业国有资产法》也存在规则的不协调。《公司法》对“国有独资公司”进行了专节规定,并试图将“国有独资公司”纳入一般公司治理的模式。《公司法》第 64 条第 2 款规定“国有独资公司,是指国家单独出资、由国务院或者地方人民政府授权本级人民政府国有资产监督管理机构履行出资人职责的有限责任公司”。而《企业国有资产法》第 11 条第 2 款规定,“国务院和地方人民政府根据需要,可以授权其他部门、机构代表本级人民政府对国家出资企业履行出资人职责”。可见,后者拓宽了出资人的范围,明显更符合国有资本管理的需求。此外,《企业国有资产法》是以国有资本的存在为条件对国有出资企业作界定的,包括国有独资企业、国有独资公司,以及国有资本控股公司、国有资本参股公司。《公司法》不是以国有资本而是以投资主体身份界定是否是国有独资公司的,国有独资公司仅指国家直接出资设立的一级公司,而排除了国有资本通过平台公司再投资的全资公司。事实上,一级国有独资公司和二级国有全资公司在本质上并没有什么不同,但在法律的适用上却产生区分(分为国有独资公司和一人公司),且在提及国有企业的规范性文件中容易出现层叠歧义的问题。2022 年 12 月公布的《公司法(修订草案二次审议稿)》(以下简称《公司法二审稿》)第七章专章规定国家出资公司组织机构,将“国有资本控股”作为对国家出资公司判断的依据,应该说是立法对实践的回应,也是最符合目前改革实际情况的界定。

长久以来,无论是《企业国有资产法》还是《公司法》,甚至在《民法典》中很多关于国有企业的制度规则都是“空置”的。除法律规则自身的不周延外,大量存在于法律之外的涉及国有企业改革的政策性文件往往扩张或者替代法律的调整效力。涉及国有公司的大量冲突并不进入到法律调整的领域，而是转而寻求行政权力的介入。究其根源，除一直以来的公司理论冲突[①]外，更重要的是，国有股权无法复刻私人股权制度。“维齐非齐”，与其坚持让国企改革走向与私人公司治理一致的转型道路，不如坦承其区别，充分制度供给，继而以事实性判断和实证性手段来回应应然性命题。

（二）股权权能分离的系统性制度供给不足

早有研究指出，股权中的目的权利（财产性权利）与手段权利（公司实务参与权）只是对股权具体内容的形象说法，实质上这些权利均非指独立的权利，而属于股权的具体权能。[②] 根据法哲学原理，权利是法律对所要保护的法益进行确认的形式，权能是工具（手段），利益是结果（目的）。[③] 故，《公司法》中所涉表决权、分红权、知情权、诉权、优先认购权等都不是独立的权利，而是股权的具体权能。关注股权内部结构——股权权能问题，才是透析出资人权益的关键。进言之，共同富裕视域下的国有资本股权控制要实现控制权与现金流之间的非比例性背离效果同样需要通过股权的权能分离来实现。

以我国现行《公司法》规定为例，第 43 条第 1 款将有限责任公司的表决权分配予以章程自治；而第 103 条第 1 款规定，股份公司股东表决权与股权不得分离；第 34 条规定，公司在分配利润或者发行新股时，允许全体股东约定不按出资比例分配或认购。可见，除股份公司的表决权绑定股权外，其他权能配置是可以由章程自由决定的。[④] 但是，强行将股份公司表决权权能与股权绑定（一股一表决权规则）的依据是什么？按照社会契约论的观点，与身份相关的表决权起源于公民民主，民主程序的设计在一定程度上是为了获取被统治人的意见和限制国家强权。[⑤] 但就股权越来越分散的股份公司而言，以表决权为基石的股东民主存在的真正意义又是什么呢？如果答案是通过表决权来控制公司，为什么仅仅针对股份公司有此强制性规定却让有限公司在表决权配置上完全自治？事实上，基于股东的异质性和分散性程度，有限责任公司股东才更有可

---

① 关于公司是什么，公司法学界一直存在财产理论、实体理论、合同理论之争，而这 3 种理论在中国公司制度中共生、层叠与撕扯，反映到具体国有企业或公司的制度中就会出现制度与制度的割裂与分离。参见邓峰：《中国公司理论的演变和制度变革方向》，载《清华法学》2022 年第 2 期。

② 参见江平、孔祥俊：《论股权》，载《中国法学》1994 年第 1 期。

③ 参见周游：《股权性质之争：误区释疑与价值重述》，载《经贸法律评论》2019 年第 2 期。

④ 参见杨狄：《上市公司股权结构创新问题研究——以阿里巴巴集团上市为视角》，载《现代经济探讨》2014 年第 2 期。

⑤ 以西普莱（Ciepley）教授为代表的学者认为，公司与民主政体有广泛的相似性和联系。See David Ciepley, *Member Corporations*, *Property Corporations*, *and Constitutional Rights*, Law & Ethics of Human Rights, Vol. 11:1, p. 31 – 59 (2017).

能从控制权中获利。[①] 立法反向为之的动因可能不仅仅是为了使《公司法》内部逻辑自洽,而是更多地考虑了外部资本市场的系统性安全。但时至今日,即使在资本市场,对一股一表决权的坚持也已经不再有其应然层面的价值了。一是国内外学界无法从理论和实证层面证实公司内部自我决定表决权配置是否会增加其代理成本;二是外部激烈的制度竞争使各法域资本市场不得不更倾向迎合市场的真实需求。[②]

当然,现行《公司法》并不是完全没有为股权分离预留空间。前文所提《公司法》第34条、第43条都在立法层面打破了分红权、优先认购权和有限公司股东表决权与股东出资之间的比例关系。且《公司法》第131条规定,"国务院可以对公司发行本法规定以外的其他种类的股份,另行作出规定"。2022年《公司法二审稿》第116条第1款解除了股份公司表决权与股权的身份绑定,第144条第1款规定股份公司可以按照章程约定发行与普通股权利不同的类别股。可以认为,虽然《公司法二审稿》对"同股不同权"仍有限制(如第144条第3款新增了类别股保持相同表决权的特别规定),但可以预见,《公司法》修改后,无论是股份公司还是有限公司,至少在组织法层面股权具体权能的分离已经不再有制度障碍了。但实际上,类别股的设置除组织法内部协调外,如上文所言,更重要的是,会冲击外部资本市场的制度、政策和规则。毕竟类别股制度不是从来就有,而是与金字塔结构[③]、契约控制、对赌协议等类似,是市场对立法自下而上的推动。它的构建、运行、保障和制约如果不能在原有规则体系下得以融合,必然会引发制度适配的整体震荡。这恰恰就出离了组织法的固有调整空间,需要围绕类别股制度体系化地进行制度供给。例如,国务院针对类别股进行更进一步的授权性立法;政策性文件以及证监会、交易所规则针对类别股的运行制定适用、退出、监督机制;国有资本管理针对类别股构建新的股权控制机制等。

---

① 通过大数据的样本变量分析发现,股东控制权对公司的影响将因为制度环境的不同而出现两个极端。市场化程度较低的地区,股东越能利用投票权获益;市场化程度较高的地区,控制权的争夺对企业发展并无显著影响。这一结论很好地呼应了法学研究的成果,在伯利、米恩斯研究的大型公众公司越来越强势的情况下,股东的利益不是通过控制权,而是通过市场机制(买卖股票的便利程度)来保护的。既如此,在封闭程度更高的有限公司中控制权的价值将比在股份公司更高。参见杨狄:《双重股权结构之辩:制度需求与环境耦合》,载《制度经济学研究》2019年第4期。

② 包括丹麦、法国、爱尔兰、匈牙利、荷兰、芬兰、瑞典、美国、英国、日本、新加坡等国家的资本市场都许可双重股权制度。港交所在2018年4月正式公布《新兴及创新产业公司上市制度》,允许拥有不同投票权架构的公司上市。2019年4月修订的《上海证券交易所科创板股票上市规则》允许设置差异化表决权股权结构的企业上市。

③ 金字塔结构,是指一个实体控制了一家公司,而这家公司反过来又持有另一家公司的控股权,且这个过程可以重复多次。

三、经营性国有资本管理的新路径:控制权行使的多样化安排

以共同富裕为导向的经营性国有资本管理不仅要求提升现存国有企业公司治理的水平,将国有资产的蛋糕做大,还要求提高国家根据社会经济发展和共同富裕目标需求在整体上对直接投资进行控制的质量。通过"双重股权结构""优先股""金股"等特殊类型股的合理设置形成多层次股权控制机制,实现国有资本现金流与控制权之间非比例性背离,从而灵活配置国有资本在不同行业或领域的话语权,进而根据新发展阶段共同富裕的价值目标及时调整国有资本投资方向、投资比例及其与民营资本之间的关系。

(一)中国式两权分离下国有股权控制权权能的明晰化

首先,控制权和经营权是不同的股权权能。伯利(Jr. A. A. Berle)和米恩斯(Gardiner C. Means)在《现代公司与私有财产》中的经典论断是现代公司所有权与控制权(而非经营权)分离,并明确区分了控制权与经营权。"这种功能上的分离迫使我们重新识别'控制权',一方面它与所有权不同,另一方面它又与经营权有别。"①但令人困惑的是,后来很多学者忽视了公司控制权的其他不同形态,②直接在经营者控制的形态下研究两权分离,并得出所有权与经营权分离的结论。经过漫长岁月的流传与解读,学界已将控制权与经营权不分情形地视为同义语。③ 也许这种极端的经营者控制形态确实符合欧美现代公司发展的主流历程,也能完美契合所有权与控制权分离理论,但却与我国国有企业改革的背景明显不同。在我国与其说两权分离是一种公司发展的现象,不如说是一直以来制度建设的目的。我国早期国有企业改革的情况不是经营者控制,而是恰恰相反。鉴于主流公司法研究都是围绕"法人财产权"论证国家(政府)与国有企业的产权割裂关系,长久以来制度建设的重要任务不是分离控制权而是分离经营权,中国式的两权分离就更加凸显了区分控制权与经营权的必要。即使抛开学理争议,仅从商事习惯来看,经营权与控制权也应属不同权能。例如,清朝晋商模式中东家和掌柜的关系,掌柜或者管事负责日常经营,东家或老板负责重大决策。在我国传统商业模式中,控制权与经营权是不可混同的。

---

① [美]阿道夫·A.伯利、[美]加德纳·C.米恩斯:《现代公司与私有财产》,甘华鸣等译,商务印书馆2007年版,第56页。

② 《现代公司与私有财产》详细分析了控制权的演变过程,并认为公司控制权至少包括5种形态:全部所有权控制、多数所有权控制、通过其他手段实施控制、少数所有权控制、经营者控制。只有在经营者控制的极端形态下,经营权与控制权混同。

③ 周游:《公司法上的两权分离之反思》,载《中国法学》2017年第4期。

其次,国家股东控制权权能强化具有合法性和正当性。从1992年《关于国家试点企业集团国有资产授权经营的实施办法(试行)》(已失效)到后来的《企业国有资产法》,从“管资产”到“管资本”,无论文件内容有什么具体变化,国有资产(资本)授权经营的体制从来没有改变。2021年国务院国有资产监督管理委员会《关于落实全国人大常委会对2019年度国资系统监管企业国有资产管理情况专项报告审议意见的报告》中关于健全国有资产监管体制机制提到,“深化以管资本为主加强国有资产监管……加强对地方国资监管工作的指导监督……强化境外国有资产监管……加快中央行政事业单位经营性国有资产集中统一监管”。所谓加强监管,实际上就是由国家保持对国有资产的控制权。由此可见,国有企业现代化转型的顶层制度设计吸取了改革开放初期国资流失的经验教训。① 经营权可以下放到企业自身,也可以通过混合所有制改革将控制权部分让渡,但所要实现的不是国有资产所有权与控制权的分离,而是通过控制权分级(政府分级监管或下沉监管)分解控制权,从而优化控制权,最终强化控制权。目前,《民法典》中国家所有权的法律定性和国有资产授权经营体制确立了国有企业相关法律主体的地位,股权属于国家,监管机构(或平台)被授权行使股权中的控制权权能,企业行使经营权权能。国有企业改革中国有股东的控制权从来不应该被分离,而应被优化。

最后,可以在评估国有资产与公共利益需求关系的基础上赋予控制权权能不同的内涵。按照国有资本投资与公共利益目标之间的紧密程度,将政府与企业的关系分为绝对控制(不可让渡控制权),部分控制(可部分让渡控制权,大部分的混合所有制企业属于此种情形),应急控制(暂时性控制)和底层控制(针对特定事项的控制)。绝对控制,泛指监管机构对企业事项拥有包括“人事权”和“财权”在内的最终决定权,以公共利益为主要目标的国有企业应保持政府对企业的绝对控制权。部分控制则根据公共利益需求适当限缩监管机构的重大事项决定权,在产权管理、经营范围、薪酬激励等方面向企业和民营资本释放控制权空间。对中央国有企业实行“一企一策”,②由国资委根据公共利益的具体目的对标解释控制权权能内容,以点带面推动中央企业在子企业层面将控制权权能进一步具体化。例如,为完成党的十八届三中全会关于“提高国有

---

① 有学者指出,中国国有资产所有权的法律制度运作效果十分不佳,一个基本问题就是国家所有权项目下的资产长期大规模流失,全国尚待确认的国资损失估计将达数万亿规模。参见孙宪忠:《“统一唯一国家所有权”理论的悖谬及改革切入点分析》,载《法律科学(西北政法大学学报)》2013年第3期。

② 截至2022年12月31日,国务院国资委履行出资人职责的中央企业共98家。载国务院国有资产监督管理委员会官网,http://www.sasac.gov.cn/n2588045/n27271785/n27271792/,最后访问日期:2023年2月15日。

资本收益上缴公共财政比例,2020 年提到 30%,更多用于保障和改善民生”的公共利益目标,就需要协调控制国有企业在分配利润事项上的决定权,但对于国有企业人事任免等其他事项的决定权则可以让渡。应急控制,是指针对国家应急事件可以暂时性回收国有企业已经让渡的控制权。例如,针对新冠疫情的防控,中国航空集团有限公司等 7 家中央企业和其他混合所有制航空公司针对疫情防控任务的决定权可暂时性回归监管机构,协同推进应急体系建设,打通应急资源通道。① 底层控制,是国有资本管理的底线。其一,保留国有资本参股方向不能与社会主义核心价值观相背离的控制权;其二,保留国有资产重大损失调查及违规责任追究的控制权。国有资本底层控制权,在国有企业改革的任何阶段都不能让渡和放弃。

(二)通过类别股实现国有资本多层次股权控制

适用不同的类别股以实现国有资本股权控制的多样化安排。2022 年《公司法二审稿》第 144 条第 1 款规定,股份公司可以按照章程约定发行与普通股权利不同的 3 种类别股,包括“分红权权能分离股”“表决权权能分离股”“转让受限股”3 种类型,而兜底条款“国务院规定的其他类别股”可以认为是为类别股的创新预留了立法空间。实际上“双重股权”“优先股”“管理股”“黄金股”“忠诚股”等类别股虽然各有差异,但均是与协议控股、金字塔结构类似的控制权争夺机制,在国外文献中称控制增强机制(Control Enhancing Mechanisms)②。这些看起来与普通股不同的特殊股类型并没有超越前文所述的类型股范畴,而是通过“分红权能”与“表决权能”不同程度的权能侧重或比例分配进行公司的控制权安排。既然如此,在国有企业改革的不同阶段适用“优先股”“黄金股”“双重股权制度”等特殊类型股则可以满足前文所述在评估国有资产与公共利益需求关系的基础上的不同控制权权能。进言之,在国有企业改革中健全国有资产监管体制和实现国有资本出资人权益可以通过多层次的股权控制机制得以耦合。

2013 年党的十八届三中全会《中共中央关于全面深化改革若干重大问题的决定》提出,积极发展混合所有制经济;2015 年国务院《关于国有企业发展混合所有制经济的意见》将国有企业划分为“公益”和“商业”两大类,并提出分类推进改革的思路;2020 年习近平总书记主持召开中央全面深化改革委员会第十四次会议通过了《国企改革三

---

① 《关于落实全国人大常委会对 2019 年度国资系统监管企业国有资产管理情况专项报告审议意见的报告》,载中国人大网 2021 年 6 月 2 日,http://www.npc.gov.cn/npc/c30834/202106/752676eee4124c3f9114e541f2168685.shtml。

② Augusto Santoro, Ciro Di Palma, Paolo Palma & Paolo Guarneri, Alessandro, *Deviations from the one Share-One Vote Principle in Italy: Recent Developments-Multiple Voting Rights Shares and Loyalty Shares*, Bocconi Legal Papers, 5, p. 141 (2015).

年行动方案(2020—2022 年)》,并指出“要坚持和加强党对国有企业的全面领导”。国有企业混合所有制改革始终是以坚持党的领导为根本原则,以避免国有资产流失为改革底线。混合所有制改革中加大民营资本控制权是否会削弱国有股权,一味强调国有资本的控制权是否会降低民营资本的治理热情?如何在吸引民营资本进入的同时守住国有资本管理的底线?解决问题的关键,即在多层次的股权控制机制下分阶段调制国有企业的控制权,从而解除国有资本现金流与控制权之间的绑定,促使国有资本向关系国家安全、国民经济命脉、国计民生、应急能力建设等公益性的行业领域“进”,同时在那些不具备竞争力的非主营业务和不良资产中“退”。

其一,在国有企业混合所有制改革的早期阶段通过双重股权制度放弃国有股权绝对控制权。杜绝“一刀切”的表决权设计模式,由授权监管机构在“一企一策”地详细评估国有企业所要实现的公益性目标的前提下,通过表决权设计仅保留对特定公益目标的控制权,然后相应增加民营资本在公益目标以外的其他控制权能,保留特定控制力的同时又使监管机构无法“超控”整个企业。精准的双重股权结构设计可以排除国有企业混合所有制改革初期国有资本的绝对控制,并调动民营资本投资治理企业的热情和积极性,同时不改变国有企业固有的公共利益目标。从某种程度上而言,“特殊管理股”实质上就是双重股权制度的一种具体形式,只是过于强调其政治意义而未能以股权设计的协商思路对其适用、退出、限制作出合理阐释,在实践中容易产生误解。混合所有制改革的早期阶段,应以吸引民营资本进入和鼓励民营资本参与治理为导向,双重股权制度较其他类型股更能发挥民主协商的作用。

其二,混合所有制改革的中后期阶段,国有企业改革后所形成的治理模式趋于稳定,则可根据届时国有资本的投资目的回归控制或选择性让渡控制权。有学者认为,“优先股”和“金股”基本上取消了国家股东的表决权,将股权目的定位为获得稳定红利与针对特定公共事项的一票否决权,而缺乏企业控制的情况下,不适合大规模应用在混合所有制改革的初期阶段,①但这两种类别股却可以契合已经相对稳定的改革中后期的国有企业。在混合所有制改革中后期,国有资本与民营资本的配比已大致确定,公司治理的模式已趋于稳定,内部控制权争夺也不复胶着状态。这时候即使放弃表决权的一方也能通过特殊类别股实现其特定投资目的,适用“金股”“忠诚股”“优先股”

---

① “尽管优先股和金股有诸多不同,但两者也存在一些共同点:最大共同点在于基本取消了国家股东的表决权:优先股将国家股权的设置目标定位于获得稳定的红利分配,金股则将国家股权的设置目的定位于对某些特定公共事项的决定并通常采用否决权的决定方式……在股份占比较大的情况下,缺乏控制会使这一目标的实现受到威胁。”参见徐晓松:《挑战与变革:国企混改与多层次国家股权控制体系》,载《中州学刊》2019 年第 10 期。

等类别股才不会被表决权股削弱。

其三，在改革的任何阶段，无论是“公益类”国有企业还是“商业类”国有企业，也无论国有资本的进退程度，国有资产管理的底层控制权不能让渡。监管机构应控制国有资本参股方向不能与社会主义核心价值观相背离；监管机构应控制国有资产重大损失调查及违规责任追究。

（三）控制权权能多样化后国有资本股权控制主体履职到位

自1979年国有企业产权改革和现代化公司治理转型以来，主体制度上的最大突破是将国有资产所有人转变成了国有资本出资人，在现行法律框架下成为国家股东，享有投资人权益。然而，基于前文所述国有股权的“公属性”，权利主体的问责制度一直无法在现行法律制度的框架下得以突破。《企业国有资产法》和《公司法》都规定了董事、监事及高级管理人员的义务和责任，但如果涉及国有企业高管，这些责任往往很难落实，更遑论监管国家股东的履职情况。推行国有资本多层次股权控制，控制权的分解和优化将彻底打破原“一股一权”时期异质化股东之间的利益平衡，加上类型股契约的不完备性，这种失衡只会愈演愈烈。无论是国有企业内部发生的股权利益分离，还是在企业外部发生的公益性目标与盈利性目标之间的冲突，最终都可能使已经分散的多样化控制权能在某种程度上再度集中。类型股制度为混合所有制改革带来裨益，同时也将给国有股权生态带来更严峻的挑战。在这种情况下，一个权责一致的国家股权控制主体就显得尤为必要。

必须坦诚国有资产授权经营体制下的政府机构（国务院或者地方人民政府授权本级人民政府国有资产监督管理机构）在实然层面不可能为国有资产的经营情况承担商事责任。所以，很多学者提出，应彻底放弃将国资委定位为“航空母舰”型企业法人的思路，而应该将国有股权的履职下沉到国有资本运营公司，由国有资本运营公司来承担国有资产经营的商业责任，形成国有资产监督管理机构—国有资本运营公司—国有企业三层体系有效运转。[①] 2019年国资委《中央企业混合所有制改革操作指引》提出，要充分发挥国有资本运营公司市场化运作专业平台作用；2019年国务院国资委《关于以管资本为主加快国有资产监管职能转变的实施意见》明确了国资委授权放权国有资本运营公司；2020年中共中央、国务院《关于新时代加快完善社会主义市场经济体制的意见》提出“一企一策”，有效发挥国有资本运营公司作用；2021年《国民经济和社会发

---

① 参见徐晓松：《国家股权及其制度价值——兼论国有资产管理体制改革的走向》，载《政法论坛》2018年第1期；徐文进：《“管资本”功能视角下国有资本投资运营公司研究》，载《东吴学术》2020年第5期；肖红军：《国有资本运营公司改革进展与深化方向》，载《改革》2021年第11期；等等。

展第十四个五年规划和二〇三五年远景目标纲要》提出深化国有资本运营公司改革,科学合理界定政府及国资监督管理机构、国有资本投资公司和所持股企业的权利边界。

国有资本运营公司作为国有资本股权的直接控制主体,能完成国家股东的身份转换,发挥国有资产管理体制中"隔离层和屏障"的作用。国有资本运营公司权责一致、履职到位,应当系统筹划、综合施策,至少从内因外因两方面推进。其一,《公司法二审稿》第七章对国家出资公司作出特别规定,包括国有独资公司和国有资本控股公司,但却未对控制股东的主体责任作出规定。笔者以为,在国有企业适用多层次股权控制机制后,持股量不再成为国家股东和民营股东之间民主的基础,是否属于国有资本控股公司其实更多取决于股东契约和公司章程的规定,且由于控制权能的多样化,仅仅强调国有资本控制股东或者民营资本控制股东义务都可能失去制度设置的意义。从而,无论是控制股东还是非控制股东都应该对公司及其他股东负有潜在的信义义务。① 现行《公司法》第20条第1款的规定,"公司股东应当遵守法律、行政法规和公司章程,依法行使股东权利,不得滥用股东权利损害公司或者其他股东的利益",可以认为国有企业的所有股东,包括国有资本运营公司和其他民营资本股东对疑似损害国有资产安全的滥权行为都应承担合理说明的义务和举证责任。其二,完善国有资本运营公司自身的公司治理。打铁必须自身硬,在经营性国有资产授权管理体制下真正能"接得住""管得好",从而实现既定的国有资本股权控制目标,一定要切实优化国有资本运营公司自身的公司治理水平。由于国有资本运营公司的主要职能是实现国有资本多层次的股权控制目标,国有资本运营公司应进一步优化其股权管理能力,充分发挥公司治理的股权管理主渠道功能,科学设计股权管理制度体系和权力层级。国有资本监督管理机构—国有资本运营公司—国有企业三层体系有效运转还需要将国有股权控制主体看作一个包括人大、政府及相关平台在内的整体,建立起人大与政府、平台间的监督制约关系,平衡在国有股分红、股权转让等问题上国有资本与民营资本的利益冲突。

四、共同富裕视域下控制权让渡的利益平衡

(一)决策层面应引入公平性审查规则

为实现国有企业共同富裕的公益性目标,我们需要同时重视国有资本和民营资本的利益保护,平衡"控制权"让渡的代价,实现"国有资本增值"与"民营资本盈利"的双

---

① 有学者认为,所有股东都应被视为对公司及其他股东负有潜在的信义义务。See Iman Anabtawi, Lynn Stout, *Fiduciary Duties for Activist Shareholders*, Stanford Law Review, Vol. 60:5, p. 1255 - 1308(2008).

赢局面。国有资本股权控制机制下允许国有资本控制权行使的多样化安排,国有企业的控制权配置更多依赖股东之间的自由协商。为避免由股东地位和信息不对称等因素导致的股东欺压、经营性困境、国有资产流失等问题,在决策层面应引入股东协议和公司章程的公平性审查规则。通过事前审查控制权与现金流之间非比例性背离的政策、依据及效益评估,保障控制股东与非控制股东的利益平衡,控制权让渡合法合规。传统公司法理论在投资者保护和公司自由的争鸣中发展出信义义务和股东诉讼规则,主要是通过事后救济的方式保护中小股东的权益,但股东诉讼中的成本、效率、"搭便车"及"理性冷漠"因素,使其救济效果备受质疑。再加上类型股的设置打破了旧有的"一股一权"制衡格局,需要更加审慎地考量和平衡所有股东的利益。既如此,在国有企业混合所有制改革的过程中,要求提前披露公司章程,并由监管机构对国有资本运营公司与民营资本股东之间的股东协议进行"公平性"审查。审查包括控制权配置情况、控制权让渡"代价"、股利分配规则、控制权与公益目的关联程度、外部董事意见等,尽可能通过相关信息的提前披露来预防或阻止混合所有制改革中可能出现的利益侵占。同时,监管机构介入公平性审查还能明确股东责任,避免出现不利情形时的相互推诿。

(二)执行层面协同"员工激励计划"

股权权能分离后国有资本的控制权可以通过多样化安排实现,"员工股权激励"则不用再考虑代理问题所引发的道德风险,[①]能最大限度地保障员工分享"国有资本增值"所带来的红利。2015 年中共中央、国务院《关于深化国有企业改革的指导意见》明确提出,"探索实行混合所有制企业员工持股"。2020 年《中央企业控股上市公司实施股权激励工作指引》进一步规范中央企业及各级出资企业控股或实际控制的上市公司的员工股权激励制度。为实现新发展阶段共同富裕目标,进一步推动地方国有企业混合所有制改革,部分地方政府也在积极探索员工股权激励的法治路径。[②] 笔者以为,在国有资本股权控制优化的基础上,可以尝试在国有企业实行以分红权为主的多权益导向型员工激励计划。在细则的制定上要明确 3 点:其一,员工激励不是短期套利工具,而是长效地与公司治理并存的运行机制,是员工分享国企改革红利,凝聚核心竞争力的手段和目标;其二,在公司章程中设置严格的程序来保障激励制度发挥效用,包括如

---

① 传统理论认为,员工股权激励制度也并不是完美无瑕,分散股权会使控制权过于集中于管理层从而加大公司债权人的风险;另外,过多的股权激励可能诱发证券市场的欺诈行为。参见杨狄:《职业经理人制度的引入——中国国有公司经理制度的完善》,中国政法大学出版社 2018 年版,第 119 ~ 123 页。

② 潍坊市人民政府《关于推进股权激励工作的实施意见》,载潍坊市人民政府官网 2020 年 9 月 8 日,http://www.weifang.gov.cn/162/55329/5892564.html。

何确定激励对象和范围、激励水平、岗位评估、业绩指标与方案设计等;其三,在精准评估国有企业与公共利益关系的基础上建立以分红权为主的多权益导向型员工激励计划。

(三)协调层面贯彻党组织引领作用

目前,学界有不少研究成果论证了党组织参与公司治理的积极作用,而在公司内部利益协调层面,党组织更有天然优势。① 2019年发布的《中国共产党国有企业基层组织工作条例(试行)》,要求"坚持和加强党对国有企业的全面领导,提高国有企业党的建设质量,推动国有企业高质量发展"。2020年发布的《关于加强新时代民营经济统战工作的意见》认为,民营经济统战工作是全党的重要工作,要求坚持党对民营经济统战工作的领导,进一步增强党对民营经济人士的领导力和凝聚力,推动民营经济更好发展。可以认为,党组织与国有资本和民营资本的权益所有者应联系紧密。新发展阶段混合所有制改革是以实现共同富裕为导向的,既要重视公共利益目标,又要保障国有资产保值增值,同时还应该尽可能让民营资本盈利。在多元的利益交织下,党组织与国有资本和民营资本的权益所有者不再是单向的简单联结。党组织可以通过"双向进入"和"交叉任职"深入企业内部发挥其凝聚力、协调力,居中促使不同的利益相关者的诉求能通过利益交换和博弈达到平衡。同时,有必要通过国企公司章程对党组织在国有企业中的职能进行保障与约束,在保障党组织协调效果的基础上用章程自治的形式确定党组织参与公司治理的"度"与"界"。②

五、结论

当前全球化态势正经历着前所未有的大变局。"人类命运共同体"是应对全球化

---

① 目前,学界大部分研究成果均显示出党组织参加公司治理对国有企业和民营企业均有积极作用。参见陈林、龙菲:《基层党组织参与公司治理的高质量发展效应研究》,载《东岳论丛》2022年第6期。有学者指出,无论是在国有企业还是非国有企业中,党组织参与治理对风险承担、企业避税行为均有抑制作用。参见李明辉、程海艳:《党组织参与治理对上市公司风险承担的影响》,载《经济评论》2020年第5期;李明辉等:《党组织参与治理对上市公司避税行为的影响》,载《财经研究》2020年第3期。也有学者指出,党组织参与公司治理的外部效应,能有效减少监管问询。参见谢获宝、夏丽雅:《党组织参与公司治理能有效减少监管问询吗?——来自我国上市公司的经验证据》,载《财政监督》2022年第3期。还有学者指出,党委副书记兼任董事长、监事会主席或总经理有利于公司治理水平的提高。参见马连福等:《中国国有企业党组织治理效应研究——基于"内部人控制"的视角》,载《中国工业经济》2012年第8期。

② 参见蒋建湘、李依伦:《论公司章程在党组织参与国企治理中的作用》,载《中南大学学报(社会科学版)》2017年第3期;杨狄:《股东会与董事会职权分野的管制与自治——以公司章程在公司分权中的地位和作用为视角》,载《财经理论与实践》2013年第6期。

大变局的中国方案,致力建设符合全人类共同利益的美好未来。“人类命运共同体”思想在两个方面影响了公司治理改革的方向:一是更加关注竞争中性原则下特定的公司治理体制能否产生经济优势;二是以“共同富裕”目标联结公司所有利益相关者,在新业态下的制度竞争中提出公司治理的中国方案。西方传统公司治理的争论存在两种不同的利益:一是国家政治精英关注的政治责任性,以及本国的经济业绩;二是公司精英关注的公司成功,以及他们在公司中的利益。① 在“人类命运共同体”思想和“共同富裕”目标下,传统公司治理的理论基础被撼动,那么公司治理模式的“选择”是否会有不同解答?“维齐非齐”,与其坚持让国企改革走向与传统公司治理一致的转型道路,不如以事实性判断和实证性手段来回应应然性命题,给立法提供一种新的选择。

① 参见[美]杰弗里·N.戈登、[美]马克·J.罗:《公司治理:趋同与存续》,赵玲、刘凯译,北京大学出版社2006年版,第11~14页。

国有财产行政公益诉讼诉前程序之探究*

漆思剑** 漆 丹***

摘 要:国有财产行政公益诉讼制度的确立拓展了国有财产保护的新路径,在先前单一的国有财产行政保护基础上,引入了国有财产的司法保护。与其他三大行政公益诉讼一样,国有财产行政公益诉讼设置了诉前程序。国有财产行政公益诉讼诉前程序是一个前置程序,它遵循国有财产行政保护优先原则,其目的是运用检察监督权来督促对国有财产负有保护职责的行政机关依法履行法定职责。与其他 3 类行政公益诉讼诉前程序相较,国有财产行政公益诉讼诉前程序具有自己个性化特质。在国有财产行政公益诉讼诉前程序中,检察监督权要有一个合理的限度。在保证检察监督权之权威性的同时,也要求检察监督权遵循谦抑性原则,防止检察机关借助检察监督职能重构之际进行权力扩张而对行政权造成侵犯。

关键词:国有财产;行政公益诉讼;诉前程序;个性化特质;检察监督权之限度

我国是社会主义公有制国家,国有财产是我国经济制度、政治制度和法律制度的基础。① 长期以来,我国国有财产采取单一行政保护方式,难以有效防止国有财产流失。《行政诉讼法》和《关于检察公益诉讼案件适用法律若干问题的解释》拓展了行政公益诉讼领域,把国有财产与生态环境和资源、食品药品安全、国有土地使用权一道纳入了行政公益诉讼范畴。尽管国有财产行政公益诉讼制度已在法律层面得以确立,但

---

* 2019 年江西省社科规划一般委托项目“混合所有制下国有公司治理制度研究”(项目编号:19WT93)的阶段性成果。

** 管理学博士,江西师范大学政法学院教授。

*** 管理学博士,江西师范大学政法学院副教授。

① 参见秦前红、谷道敏:《论国有财产的宪法地位及其功能——以中国政治和经济发展为语境的探讨》,载《哈尔滨工业大学学报(社会科学版)》2012 年第 11 期。

在四大行政公益诉讼中，国有财产行政公益诉讼的理论研究最薄弱，全国范围内的检察机关提起国有财产行政公益诉讼的案例也屈指可数。这种状况与国有资产在社会主义制度中的重要地位是极不相称的，国有财产司法保护的价值和功效也没有完全发挥出来。因此，理论界必须大力推动对国有财产行政公益诉讼的研究。同为行政公益诉讼，国有财产行政公益诉讼与生态环境和资源、食品药品安全、国有土地使用权三大行政公益诉讼之间具有共性，但它也具有特殊性。与其他三大行政公益诉讼一样，国有财产行政公益诉讼也设置了诉前程序。但它具有自己的个性化特质，涉及国有财产行政保护和司法保护之间的协调和衡平，直接关系国有财产保护体系的完善和发展。为此，有必要对国有财产行政公益诉讼诉前程序进行专门研究，以衡平国有财产行政保护和司法保护之间的关系，推动国有财产行政公益诉讼实践，为国有财产的司法保护奠定坚实的理论基础。

一、国有财产行政公益诉讼诉前程序设置的正当性

诉前程序是检察机关办理行政公益诉讼案件的一种办案方式。国有财产行政公益诉讼诉前程序是一个独立的程序，也是一个前置程序，它是检察机关办理国有财产行政公益诉讼案件的必经阶段。在各种纠纷解决机制之中，前置程序设置也较普遍。比如，股东派生诉讼、劳动争议纠纷解决、与土地使用权相关的行政诉讼等都设置了前置程序。当事人在寻求司法救济之前，必须先采取行政救济或内部救济。一个科学合理的制度，其设计必须要具有正当性基础。① 四大行政公益诉讼诉前程序既具有共性也具有个性，在设置理论基础上亦如此。在四大行政公益诉讼中，对环境行政公益诉讼的研究相对成熟，但对国有财产行政公益诉讼的研究却依然非常薄弱。有观点认为，公众参与理论、有限监督理论、环境权理论、环保主体互动保障理论、成本效益分析理论等理论是环境行政公益诉讼诉前程序建构的理论基础。② 那么，国有财产行政公益诉讼诉前程序的正当性又何在？笔者认为，主要在于国有财产行政保护优先性和国

---

① “公益性”是公益诉讼理论的建构基础，是把公益诉讼与民事诉讼、刑事诉讼和行政诉讼相区分的关键点。《行政诉讼法》修正案把公共利益区分为作为国家利益的公共利益和作为社会利益的公共利益，国有财产也因此被纳入了公益诉讼范畴。行政公益诉讼的理论基础是什么？有观点认为，分权制衡原理、公益有限原理和诉讼类型化原理是行政公益诉讼的理论基础；也有观点认为，法律监督理论、行政自制理论和司法谦抑理论是行政公益诉讼理论基础。相关观点，参见关保英：《行政公益诉讼中的公益拓展研究》，载《政治与法律》2019 年第 8 期；高家伟：《检察行政公益诉讼的理论基础》，载《国家检察官学院学报》2017 年第 2 期；吕益军、朱全宝：《诉前程序：秉承谦抑理念彰显监督的功能》，载《检察日报》2018 年 11 月 22 日，第 5 版。

② 参见高桂林、刘燚：《我国环境行政公益诉讼前置程序研究》，载《广西社会科学》2018 年第 1 期。

有财产保护的效益性两个方面。

(一)国有财产行政保护优先性

行政保护和司法保护是国有财产保护的两种基本方式,国有财产行政公益诉讼属于司法保护。尽管司法保护更具有权威性,但与其他公共利益保护一样,国有财产行政保护优先于司法保护。一个行政行为在寻求司法救济之前,必须穷尽行政救济手段。美国行政法之中的"成熟原则""穷尽行政救济原则"等原则,正是行政保护优先之体现。

国有财产行政公益诉讼诉前程序如何体现"行政保护优先"？它是借助于检察机关的法律监督职能来体现的。对行政权力进行法律监督和法律制约是法治国家一个重要的标志。在行政公益诉讼制度之前,我国已经建立了包括人大机关的监督、审判机关的司法审查监督、监察机关的监察监督、行政机关的内部监督以及社会舆论监督等在内监督体系。然而,国有财产受到侵害的现象依然时有发生,且鲜有行政机关承担责任。这说明上述监管形式存在缺陷,或者监督体系存在漏洞,故此难以对负有国有财产保护责任的行政机关进行有效监管。

检察监督对于填补上述监管体系漏洞具有重要作用。根据《宪法》之规定,检察机关是履行法律监督职能的国家机关。国有财产行政公益诉讼诉前程序是检察机关的法律监督职能在国有财产保护领域的反映和体现。国有财产行政公益诉讼属于客观诉讼机制,国有财产受到侵害的客观事实是引发国有财产行政公益诉讼的动因。① 在诉前程序之中,检察机关利用法律监督权督促负有国有财产保护职能的行政机关依法履行职责,以维护或恢复被侵害的客观秩序。

由此,在国有财产行政公益诉讼诉前程序之中,检察机关在履行其法律监督职能的同时,也确定了行政机关执法的优先性地位。在诉前程序的法律监督中,通过检察权对行政权的制衡,督促行政机关进行自我约束和自我纠错。② 如果行政机关依然不依法履行职责,检察机关才会启动诉讼程序。可见,诉前程序之目的在于"督促负有国有财产保护职责的行政机关依法行使职责"。

较之行政机关的内部监督,以及审判机关和监察机关的事后监督,检察机关的诉前法律监督更具有威慑力,它对国有财产保护的意义更大。《中共中央关于全面推进依法治国若干重大问题的决定》(以下简称《中共中央依法治国决定》)提出要构建严密的法治监督体系,并强调"检察机关在履行职责中发现行政机关违法行使职权或者

---

① 参见刘艺:《构建行政公益诉讼的客观诉讼机制》,载《法学研究》2018年第3期。

② 参见潘如新、孟祥沛:《行政公益诉讼诉前程序探索》,载《检察日报》2019年7月11日,第3版。

不当行使职权的行为,应当督促其纠正”。国有财产行政公益诉讼诉前程序正是对《中共中央依法治国决定》精神的落实。诉前程序既体现了检察监督权运行的内在规律,也是国有财产行政保护优先原则的体现。

(二)国有财产行政公益诉讼诉前程序的效益性

除国有财产行政保护优先性外,效益性也是国有财产行政公益诉讼诉前程序设置的正当性基础。尽管较之行政保护,司法保护更具有权威性,但诉讼程序较烦琐,耗时较长,浪费司法资源,而诉前程序快捷高效,在节约司法资源的同时,还可以提高纠纷解决效率。[①] 针对国有财产受到侵害的客观情况,检察机关在查清对国有财产负有保护职责的行政机关是否具有违法行使职权或者不作为的基础上,通过诉前程序督促有关行政机关采取纠错措施,依法履行职能,及时地挽回流失的国有财产,维护国家和社会利益。

诉前程序的效益性得到了各国普遍认可。例如,美国的“赫尔斯特罗姆诉蒂拉穆克县案”“布鲁尔诉拉文案”是社会影响较大的案件。在案件处理过程之中,美国法院认为,诉前程序不仅可以通过避免诉讼程序来减少司法资源的浪费,而且有利于行政机关在进入司法程序之前有效解决问题。[②] 案件结果证明美国法院的观点是正确的,诉前程序在节约司法资源的同时也实现了良好的社会效果。诉前程序的效益性原则在我国行政公益诉讼实践之中也得到了充分的体现。从 2015 年 7 月全国人大常委会授权最高人民检察院在部分地区开展行政公益诉讼试点以来的情况来看,诉前程序效益非常明显,体现了强大的案件分流功效。[③] 有数据表明,近 7 年来全国各地的行政公益诉讼案件中,有 70% 以上的案件仅经过诉前程序就解决了问题,有些地方的比例高达 92% 。可见,诉前程序极大地促进了行政机关纠正违法行为和不作为行为的主动性,促使其及时纠正了行政违法行为或依法履行了职责,对解决纠纷发挥了重要的作用。[④]

---

① 参见张锋:《检察环境公益诉讼之诉前程序研究》,载《政治与法律》2018 年第 12 期。

② 参见张辉:《美国环境法研究》,中国民主法制出版社 2015 年版,第 437 页。

③ 有数据显示,2015 年 7 月至 2017 年 6 月试点结束,全国法院共受理检察机关提起的公益诉讼案件 1126 件,审结 938 件。2017 年 7 月至 2018 年 1 月,全国检察机关立案公益诉讼案件 10,565 件。各地检察机关共办理诉前程序案件 9497 件,提起诉讼 272 件。2017 年 7 月至 2018 年 7 月,行政公益诉讼案件立案 74 件,其中 69 件已经结案,且均以诉前程序方式结案。在行政公益诉讼诉前程序案件中,行政机关主动整改比例比试点期间明显提高。例如,山东省主动整改比例达 91.7% ,安徽省主动整改比例达 89.4% 。相关数据,参见惠州市人民检察院惠州学院行政公益诉讼研究课题组:《公益诉讼制度框架下的行政违法行为检察监督探索》,载《惠州学院学报》2019 年第 1 期。

④ 参见薛志远、王敬波:《行政公益诉讼制度的新发展》,载《法律适用》2016 年第 9 期。

较之其他三大行政公益诉讼,国有财产行政公益诉讼诉前程序对案件的分流功效尤为值得关注。比如,对于未依法征收或追缴相关税费或债权、被套用或骗取相关补贴或保费等资金、安置补偿、拆迁补偿、财政补贴等行政事业类国有财产保护案件,检察机关通过诉前程序督促相关行政机关依法履行职责,基本都可以较高效、快捷地解决问题,有效地保护国有财产。[①] 企业类国有财产行政公益诉讼案件,诉前程序的意义更大。因为企业类国有财产侵害案件,国有财产的管理机关可能不止一个,诉前程序较诉讼程序更容易协调关系。更重要的一点是,一旦进入诉讼程序,极有可能会影响国有企业的正常经营活动,从而造成更大的经济损失。而诉前程序则可以在不影响国有企业经营的前提下解决国有财产的侵害问题,在分流案件、节约司法资源的同时,保障了我国国有企业正常经营。对于企业类国有财产保护来说,国有财产行政公益诉讼诉前程序是一种非常高效、科学的法律制度设计。

二、国有财产行政公益诉讼诉前程序之构建

按照当前的行政公益诉讼司法实践的规定,行政公益诉讼诉前程序包括案件线索来源、诉前调查程序、提出检察建议以及对检察监督意见落实情况的处理等环节。这是行政公益诉讼诉前程序构成之共性,国有财产行政公益诉讼诉前程序也不例外。但较之其他 3 类行政公益诉讼,国有财产行政公益诉讼具有自身个性化特质,诉前程序必须对此作出回应。为此,除关注共性环节外,国有财产行政公益诉讼诉前程序的构建还必须重点关注以下问题。

(一)建立全社会广泛参与的诉前调查制度

诉前调查涉及案件线索来源和证据取得两个方面。诉前调查的任务是查清国有财产受损害状况,负有国有财产保护职责的行政机关的权限及法律依据、不依法履行法定职责的事实,以及不履行法定职责与国有财产受到侵害的事实之间存在因果关系。[②] 与其他三大行政公益诉讼相比,无论是案件线索还是证据取得,国有财产行政公益诉讼都要困难得多。比如,在线索来源方面,根据最高人民检察院《关于检察公益诉讼案件适用法律若干问题的解释》(2018 年)第 21 条第 1 款的规定,人民检察院的“在履行职务中发现”是线索来源的主要形式。而目前检察机关涉及的国有财产案件很少,发现国有财产受到侵害的案件线索也非常有限。如果仅依靠“在履行职务中发现

---

① 参见单新源、张迪:《环境行政公益诉讼诉前程序实务思辨与制度探究》,载《法制与社会》2018 年第 35 期。

② 参见詹金峰、陶永强:《夯实要素保障做好环境行政公益诉讼诉前调查》,载《检察日报》2019 年 5 月 19 日,第 3 版。

线索”作为案件线索来源,其结果可能放纵部分行政机关不依法履行职责的行为。此外,国有财产受到侵害的证据一般比较隐蔽,给调查取证带来了较大的困难。而在其他三大行政公益诉讼中,案件线索和证据具有明显性特点。它们不仅暴露于外,而且民众能够切身感受到国家财产受到侵害而给自身利益造成的损失,故此民众的参与度也高。而在国有财产行政公益诉讼领域,案件线索较隐蔽,民众对自身利益受损的感受不甚强烈,故此民众的参与度也低。

上述特点决定了在国有财产行政公益诉讼诉前程序中,必须建立全社会广泛参与的诉前调查制度。我国是社会主义公有制国家,广大公众享有国有财产管理的知情权、参与权和监督权,此乃建立全社会广泛参与的诉前调查制度的法律基础。而检察机关调查取证手段的限制,决定了建立全社会广泛参与的诉前调查制度的必要性。《关于检察公益诉讼案件适用法律若干问题的解释》第6条规定,检察机关办理行政公益诉讼案件时候,可以通过“向有关行政机关以及其他组织、公民调查”的非强制性的调查措施来收集证据,主要依赖行政机关的主动配合。① 检察机关在调查取证中只有调查权而无侦查权,这就加大了调查取证的难度。去除了侦办反贪和渎职案件的职权之后,检察机关的权威性受到很大影响。加上国有财产受到侵害的案件往往非常隐蔽和复杂,如此,在利用《关于检察公益诉讼案件适用法律若干问题的解释》所规定的调查取证方式时,检察机关收集国有财产受到侵害证据的难度非常大。这就更决定了建立全社会广泛参与的诉前调查制度的重要性和必要性。

然而,目前民众参与诉前调查的积极性不高。民众普遍认为,国有财产侵害案件与自己无关,且担心参与后会受到打击报复。为此,在建立全社会广泛参与的诉前调查制度时,必须做到以下3点:其一,通过教育提高民众参与国有财产行政公益诉讼诉前调查的积极性。其二,建立奖励制度鼓励民众参与。《人民检察院提起公益诉讼试点工作实施办法》(高检发释字〔2015〕6号,已失效)规定,检察机关调查核实有关情况,行政机关及其他有关单位和个人应当配合。奖励性制度不仅有助于民众的配合,而且其建立具有法理基础,因为奖励性规范是一种基本的法律规范。② 同时,奖励性制度在激发民众参与积极性,以及拓展案件和提供线索来源方面有着积极作用。其三,加强对参与民众的人身安全保护。通过完善保护措施来避免打击报复行为的发生,为民众参与消除后顾之忧。

---

① 参见漆多俊:《中国法治之路:漆多俊法学论文集》,法律出版社2017年版,第747页。

② 参见惠州市人民检察院惠州学院行政公益诉讼研究课题组:《公益诉讼制度框架下的行政违法行为检察监督探索》,载《惠州学院学报》2019年第1期。

(二)准确界定负有国有财产保护职能的行政机关

根据国有财产管理体制,我们通常把国有财产区分为资源性、行政事业性和经营性3种类型。由于体制原因,国有财产往往是多重管理或交叉管理。比如,根据《行政单位国有资产管理暂行办法》之规定,行政单位国有资产由各级财政部门管理(产权管理),而行政单位则负责使用管理。财政部门管理又可以分为财政部门内部职能机构管理、委托主管部门管理、委托专门运营机构管理。可见,行政类国有财产管理机关不仅有产权管理机关和使用管理机关之分,且产权管理机关还区分为多种形式。事业类国有财产管理也大抵如此。在实际管理之中,又采取"国务院代表国家行使所有权"方式。[①] 国务院通过层层授权或者委托行政机关来履行管理职责,由此导致多头管理或交叉管理现象,[②]管理职责自然难以落实到位。比如,在2016年福建省南平市光泽县人民检察院诉光泽县农业机械管理总站不依法履职的行政诉讼案件中,光泽县农业机械管理总站被列为被告,光泽县财政局被列为第三人。[③] 这从侧面说明国有财产管理的复杂性。

较之行政事业性国有财产的管理,经营性国有财产的管理更为复杂。经营性国有财产包括企业类国有财产、金融系统的经营性国有财产、科教文卫等部门投资形成的经营性国有财产,以及农垦、铁道、邮政等系统尚未实现政企分离的企业国有财产。[④] 科教文卫等部门投资形成的经营性国有财产由教育局、科技局、文化局、卫生局等相应的职能行政部门管理。农垦、铁道、邮政等系统尚未实现政企分离的企业的资产由农垦、铁道、邮政行政部门或改制后的总公司管理。根据《国务院国有资产监督管理委员会主要职责内设机构和人员编制规定》(国办发〔2003〕28号)之规定,中央所属企业(不含金融类企业)的国有资产由国务院国资委管理;金融性国有财产则由原

---

① "国务院代为行使国家所有权"规定始于原《物权法》。但这一制度却缺乏法理基础和宪法基础。比如,《宪法》第89条所确定的国务院18项职权之中,也没有"国务院代为行使国家所有权"这一职权。

② 参见漆思剑:《否定之否定——国资委监管职能之未来回归》,载《江西社会科学》2019年第1期。

③ 参见最高人民检察院第八检察厅:《行政公益诉讼典型案例实务指引》(第2卷),中国检察出版社2019年版,第94页。

④ 第十届全国人大常委会于2007年12月23日所作的《关于〈中华人民共和国国有资产法(草案)〉的说明》指出,"国有资产一般可划分为由国家对企业的出资形成的经营性资产,由国家机关、国有事业单位等组织使用管理的行政事业性资产,以及属于国家所有的土地、矿藏、森林、水流等资源性资产……国家对金融类企业的出资和由此形成的权益,也属于经营性国有资产,应当纳入本法的统一规范和保护范围"。考虑金融类资产监管的特殊性,该说明规定"经营性国有资产中的金融类资产的管理与监督,法律、行政法规另有规定的,依照其规定"。尽管2008年《国有资产法》更名为《企业国有资产法》,但关于国有资产的分类没有变化。

银监会、原保监会和证监会管理。通过上述分类,似乎经营性国有财产的管理部门都落实了,但事实并非如此。比如,国务院国资委只负责管理中央企业的国有财产,那地方性国有企业的财产如何管理?在“统一所有、分级管理”模式转变为“统一所有、分级代表”模式之后,地方政府成为事实上的国有财产所有权人。如此,在纵向层面上,地方性国有企业的财产就有中央政府和地方政府两个产权主体。

此外,企业类国有财产缺乏事实上的管理人。按照《国务院国有资产监督管理委员会主要职责内设机构和人员编制规定》的要求,国资委成为企业国有资产管理人。但该规定出台于2003年。而在2008年的《企业国有资产法》之下,国资委已由先前的监管人转变为出资人。出于制度上的考虑,《企业国有资产法》构建了一个由各级人大及其常委会、政府部门、财政部门、审计部门、社会组成的企业国有资产监管体系。这个监管体系看似庞大完整,实则华而不实,因为它缺乏一个常态化的管理机构。① 如此,当企业类国有财产受到侵害时,到底由哪个或者哪几个部门来承担管理责任?如果这个问题没有解决,检察机关就无法制作和送达检察建议书,也无法确立企业类国有财产行政公益诉讼之被告。

可见,由于国有财产管理体制原因,在诉前程序中难以确定负有国有财产保护职责的行政机关。但是,诉前程序却为促进我国企业国有财产管理体制改革提供了一个很好的契机。企业国有财产也必须有具体的所有权主体。从目前世界各国(地区)的经验来看,将国有财产区分为公产和私产是一个普遍的做法。② 法国、德国在这方面的制度构建已经较完善。针对我国的实际情况,有学者提出,我国应该建立公法法人制度,因为它有助于实现国有财产管理中的权责利之统一。③ 从长远来看,公法法人制度或是我国国有财产管理制度改革的一个方向。

(三)提高检察机关工作人员办理诉前程序的业务水平

查清国有财产受到侵害的事实是诉前调查的重要任务之一。对检察机关来说,这是一项非常具有挑战性的工作。

---

① 按照公司法一般原理,投资到国有企业法人之中的国有财产转变为企业法人资产。但国有企业法人不同于一般的企业法人。国家对于投资到国有企业法人之中的国有财产至少应该享有监管权,否则就无法有效防止国有财产的流失,也有违于国家所有权的基本原理。究其原因,其根本点在于,国有企业法人不同于民营企业法人、国家所有权不同于民法意义上的所有权。投资到国有企业法人之中的国有财产到底应该如何进行管理,是我国国有企业改革之中的一个难题。

② 参见李昌庚:《国有财产法原理研究——迈向法治的公共财产》,中国社会科学出版社2011年版,第61页。

③ 参见孙宪忠:《国家所有权的行使与保护研究》,中国社会科学出版社2015年版,第113页。

自新中国成立以来,经过70多年的社会主义建设,我国积累了数量庞大的国有财产,①但国有财产保护现状却不容乐观。自行政公益诉讼试点至今,国有财产行政公益诉讼案件数量非常之少,这与我国庞大的国有财产数量极不相称。在笔者收集的366个行政公益诉讼案例中,国有财产行政公益诉讼案例占比27%。② 且上述案例绝大多数是行政事业类和自然资源类,企业类国有财产案例只有一例。③ 笔者收集的案例或许缺乏说服力,但我们可以用更权威的资料来佐证。在最高人民检察院编写的《行政公益诉讼典型案例实务指引》之中,"国有财产保护"专栏仅收集了7个典型案例,而企业类国有资产行政诉讼的案例一个也没有。④ 在目前行政公益诉讼研究成果之中,笔者只发现一篇文章提到了企业类国有资产行政公益诉讼问题。但文章也仅仅

---

① 截至2018年年末,全国行政事业性国有资产总额33.5万亿元,企业(不含金融企业)国有资产总额210.4万亿元,金融企业资产总额264.3万亿元。相关数据,参见孟亚旭:《行政事业性国有资产首亮家底 总额33.5万亿元》,载中国新闻网2019年10月24日,https://www.chinanews.com.cn/。

② 笔者于2021年5月收集了366个有关行政公益诉讼的法院判例。其中,非国有财产类共有226例,占比73%,涉及林业局、基层乡镇政府、国土资源局、住房和城乡规划局、环保局、水利局等多个行政机关。国有财产类占比27%。在国有财产类之中,经营类国有财产的案例只有1个。

③ 该讼案例基本情况大致如下:2016年11月16日,广东省广州市黄埔区、南沙区、增城区人民检察院依法分别对广州市开发区建设和环境保护局、南沙区黄阁镇人民政府、增城区林业和园林局不履行法定职责,向广州铁路运输第一法院提起行政公益诉讼。其中,"南沙区人民检察院诉南沙区黄阁镇人民政府案"大致如下:南沙区人民检察院在履行职责中发现,2010年5月,黄阁镇原党委书记陈某某(因涉嫌职务犯罪被提起刑事诉讼)滥用职权,通过黄阁镇人民政府的下属集体企业黄阁镇房地产开发公司投资入股华星酒店,变相低价出让土地,造成国有资产损失9000余万元。黄阁镇人民政府作为黄阁镇房地产开发公司的主管部门,应该对该公司造成国有资产流失承担监督管理职责,但在国有资产流失长达6年的时间里,没有依照相关法律规定履行监管职责。2016年6月13日,南沙区人民检察院向黄阁镇人民政府发出检察建议书,督促黄阁镇人民政府积极履行职责,维护国家利益。黄阁镇人民政府收到建议书后至今仍未采取任何行动,国家利益仍处于受侵害的状态。故此,南沙区人民检察院依法提起行政公益诉讼。相关观点,参见王地:《广州一天提起三件行政公益诉讼案》,载《检察日报》2016年11月25日,第4版。

④ 最高人民检察院出版了一套"检察公益诉讼工作指导丛书"。其中的《行政公益诉讼典型案例实务指引》收录了食品药品安全、国有财产保护、国有土地使用权出让和其他领域四类行政诉讼案例。该书"国有财产保护"部分共收集了7个案例(诉前2个、诉讼5个)。诉前2个案例分别是安置补偿金和拆迁补偿款案例,5个诉讼案例分别是财政补贴、防空易地建设费、财政补贴、中央淘汰落后产能奖励资金、易地建设费案例。有关企业类国有财产行政公益诉讼的案例一个都没有收录。由此说明,企业国有财产类行政公益诉讼案件基本还是空白状态。这并非意味着相关行政机关在企业国有财产保护之中不存在违法行为或者不作为。当然,这种现象的产生具有多方面原因,其中一个重要原因在于,检察机关及其工作人员业务水平还无法适应企业类国有财产行政公益诉讼之要求。相关资料,参见最高人民检察院第八检察厅:《行政公益诉讼典型案例实务指引》(第2卷),中国检察出版社2019年版,第69~265页。

是追问企业国有资产行政公益诉讼案例稀少的原因,却并没有对企业类国有资产行政公益诉讼展开研究。① 总之,自行政公益诉讼试点以来,检察机关在企业类国有财产行政公益诉讼方面进展非常缓慢,这与我国庞大的国有财产数量以及国有财产于社会主义制度的重要性极不相称。

为什么会出现这种情况?除前文所说的线索来源少和调查取证困难外,还有一个重要原因,那就是检察机关工作人员的业务水平还无法满足国有财产行政公益诉讼这一全新领域之要求。检察机关在司法实践中至少会遇到了以下障碍:首先,对于行政机关在企业类国有财产保护中违法行使职权的行为的性质,检察机关难以作出准确判断。因为有些是具体行政行为,有些是抽象行政行为,有些还涉及国家的宏观调控行为。其次,检察机关业务水平不足。企业类国有资产受到侵害方式多样,查处难度大。而检察机关办案水平依然停留在侦办反贪和渎职案件层面,缺乏办理企业类国有财产行政公益诉讼案件的人才和技术。最后,企业类国有财产受到侵害的程度难以确定。其他3类行政公益诉讼中的利益受损程度可以通过评估等方式来量化,而国有财产受到侵害程度则难以确定,企业类国有财产更是如此。由于国有企业处于运营状态,先前静态的财产已经转化为动态的资产,甚至还以股权、债券衍生品和其他收益等多种形态出现,它们的价值会随市场出现波动。因此,有学者认为,必须纠正之前对国有财产流失的认识偏差,变先前的"结果规制"为"行为规制",建立一个科学的企业国有资产侵害测评机制。② 否则,不仅有损于企业类国有财产行政公益诉讼制度的建立,也不利于国有企业混合所有制改革的进展。③

上述三方面对检察机关办理企业类国有财产行政公益诉讼案件提出了挑战,检察机关工作人员必须尽快提升自身业务水平,及时对企业类国有财产行政公益诉讼案件作出回应。

(四)提高检察建议的权威性

检察建议必须具有权威性,否则就无法督促行政机关依法履行职责。国有财产行政公益诉讼之中的检察建议尤其如此。因为负有国有财产管理职能的行政机关都较

---

① 参见覃慧:《检察机关提起行政公益诉讼的实证考察》,载《行政法学研究》2019年第2期。

② 参见胡改蓉:《经营性国有资产流失认定的偏差与制度修正》,载《政治与法律》2017年第12期。

③ 对企业类国有财产侵害的认定还涉及对民营企业家的保护问题。在混合所有制改革之中,民营股(包括外资股)与国有股共处于同一个国有企业的现象越来越普遍。我国国有企业改革过程中曾经出现过的管理层收购引发了不少冤假错案,不少民营企业家因为被指控侵吞国有资产而身陷囹圄。民营企业家对这些过往历史记忆犹新。这不仅影响国有企业混合所有制改革的顺利进展,也严重地影响了外资和先进技术的引进。

强势,如果检察建议缺乏权威性,对行政机关就难以起到监督督促作用。比如,在2016年"福建省南平市光泽县人民检察院诉光泽县农业机械管理总站不依法履职的行政诉讼案"中,原本光泽县农业机械管理总站和光泽县财政局是共同被告,检察机关也向光泽县财政局发出了检察建议书。但在诉讼中只把光泽县农业机械管理总站列为被告,光泽县财政局仅作为第三人。

可见,提高检察建议权威性势在必行。具体该如何操作?首先,必须提高检察建议之刚性,①这种思路是有法理依据的。在司法实践中检察建议有多种形式,应该赋予它们不同的法律效力。检察建议只是一种程序性行为,不要求行政机关按照检察建议的要求去做,这种观点值得商榷。假设不要求行政机关按照检察建议的要求去做,那检察建议就失去了存在价值。如果检察建议只是没有"牙齿"的协商,它就无法真正实现督促之效果。国有财产行政公益诉讼诉前程序之中的检察建议是检察监督权运用的结果,它应当具有公权力的属性和效力。② 最高人民检察院在提高检察建议权威性方面已经有所行动。比如,2015年《人民检察院提起公益诉讼试点工作实施办法》(已失效)中规定的诉前程序要根据起诉适格主体性质的不同而采取不同的督促方式,《人民检察院检察建议工作规定》(2019年)第25条把检察建议与被建议单位的上级机关、上级主管部门、同级党委和人大、同级政府和纪检监督机关对接,其目的都在于提高检察建议之刚性。

其次,追究相关人员的法律责任也有助于提高检察建议的权威性。我国的国有财产管理是一种典型的多重委托代理关系,所有权人与实际控制人之间存在利益博弈。随着行政公益诉讼实践的发展,司法部门也在不断完善追责机制。最高人民法院《关于行政机关负责人出庭应诉若干问题的规定》(法释〔2020〕3号,以下简称《行政机关出庭应诉规定》)第4条第1款规定,"涉及食品药品安全、生态环境和资源保护、公共卫生安全等重大公共利益"方面的行政公益诉讼案件,行政机关负责人应当出庭。这在强化司法权威、追究相关人员责任方面迈出了重大一步。遗憾的是《行政机关出庭应诉规定》选择性地把国有财产行政公益诉讼"等"掉了。今后,检察建议应该加强检察机关与监察机关的对接,把对国有财产侵害负有直接责任的行政人员的违法线索及时移送给监察机关,③这对于强化检察建议的权威性大有裨益。

---

① 参见李伟、林仙芝:《对行政公益诉讼的若干思考——以公益诉讼司法解释第26条的理解为视角》,载《人民司法(应用)》2018年第22期。

② 参见万毅、李小东:《权力的边界:检察建议的实证分析》,载《东方法学》2018年第1期。

③ 参见孙佑海:《如何用行政公益诉讼检察建议督促纠正政府违法行为?——海南省检察院一分院行政公益诉讼检察建议案评析》,载《中国法律评论》2020年第5期。

三、国有财产行政公益诉讼诉前程序中的检察监督权之限度

当前,检察机关在建构四大监督职能(民事、刑事、行政和公益诉讼监督)的同时,还把刑事诉讼中的监督拓展到现在的审判前监督和执法监督。在此过程中,检察机关难免有扩大检察监督权的冲动。① 尽管诉前程序体现了检察监督职能运行的内在要求,但在提高检察建议权威性的同时,还必须把握检察监督权之限度,防止对行政权和审判权造成侵犯。②

(一)限制检察机关在国有财产行政公益诉前程序中的权力扩张

诉前程序之目的不在于提起诉讼,而在于督促行政机关依法履行职责。从本质上来说,对行政违法行为的检察监督并非实体性权力处分,而是以启动行政机关处分权为目的的程序性监督。③ 从监督方式来说,行政机关内部监督、审判监督和检察监督都是比较有效的监督方式。相较而言,行政机关内部监督成本低、速度快;而审判监督成本高、速度慢。因此,诉前监督应该围绕启动行政机关内部监督而非审判监督展开。④ 在国有财产行政公益诉讼诉前程序中,检察机关还获得了额外的权力。因为检察机关是提起行政公益诉讼的法定机关,它提起的行政公益诉讼不会被驳回。⑤ 如果对诉前程序中的检察监督权不加以限制,检察监督权、行政权和审判权之间的平衡状态容易被打破。⑥ 故此,在国有财产行政公益诉讼诉前程序之中,检察机关必须在自己的权力范围内进行活动,以限制检察监督权之扩张。

那么,又该如何来限制检察监督权之扩张? 首先,诉前程序中的检察监督权必须自我谦抑和克制。尽管检察监督权是一项独立的权力,且具有一定的主动性,但作为社会监督体系的一种形式,其功能和范围也是有限的。因此,必须遵循谦抑性原则,如在线索来源和调查取证之中不能擅自动用侦查手段。其次,遵守行政公益诉讼制

---

① 参见陈瑞华:《检察机关法律职能的重新定位》,载《中国法律评论》2017 年第 5 期。

② 前文提出的"提高检察建议权威性"观点,与此处的"限制检察监督权扩张"观点并不矛盾。提高检察建议的权威性体现一种纵向性关系,是诉前程序中检察监督权性质的内在反映。而限制检察监督权扩张体现的是检察监督权与行政权两者之间的一种横向关系,其目的是防止检察监督权对行政权力的造成侵犯。

③ 参见谢玉美、刘为勇:《行政违法行为检察监督程序论》,载《行政法学研究》2017 年第 1 期。

④ 参见张彬、张一博:《行政公益诉讼诉前程序基本理论探析》,载《人民检察》2017 年第 4 期。

⑤ 参见石少侠:《论我国检察权的性质——定位于法律监督权的检察权》,载《法制与社会发展》2005 年第 3 期。

⑥ 比如,当前的认罪认罚从宽制度就受到诟病。按照该制度要求,法院在对刑事案件作出判决时,必须充分考虑检察机关的量刑建议。如此,相当于检察机关在行使检察监督权的同时还行使了审判权。因此,量刑建议也被认为是检察机关扩权的一个手段。

度设计。行政公益诉讼在制度设计上对检察监督权加以了诸多限制,如"先提出检察意见""可以提起"等表述,就是限制检察监督权的表现。最后,严格限制检察机关的处分权。根据《关于检察公益诉讼案件适用法律若干问题的解释》(法释〔2020〕20号)第4条之规定,人民检察院在国有资产行政公益诉讼之中享有原告的权利。① 但诉讼提起人毕竟不同于原告。故此,只有原告才享有一些特定权利,如放弃或者变更诉讼请求、和解等,检察机关应限定使用。如《关于检察公益诉讼案件适用法律若干问题的解释》(法释〔2020〕20号)第24条规定,对检察机关的撤诉权作出了限制,只有在被告纠正违法行为或者依法履行职责,且诉讼请求全部得以实现时,检察机关的撤诉才可能获得法院的准许。检察机关对上述规定必须切实遵守。

在国有财产行政公益诉讼诉前程序之中,必须协调好检察监督权与行政权之间的关系。检察机关充分发挥法律监督作用,行政机关切实按照检察建议依法履行职责。检察监督权与行政权的相互制衡,形成保护国有财产的强大合力。②

(二)完善对检察机关检察监督权之监督

检察机关是法律监督机关,但它自身不能游离于监督体制之外。在国有资产行政公益诉讼诉前程序中,至少在以下几个方面需要强化对检察机关的监督:第一,检察机关违背检察监督规律进行权力扩张时,必须对它进行监督。第二,检察机关不正常履行国有资产行政公益诉讼职能时,必须对检察机关进行监督。由于行政公益诉讼是一项自上而下的司法改革,基层检察机关可能存在参与的内在动力不足问题,特别是参与企业类国有财产行政公益诉讼的内在动力不足。此时,必须督促检察机关依法履行职能。第三,对检察机关"越位""缺位""错位"进行监督。比如,企业类国有财产行政公益诉讼案件不仅技术要求高,而且面对的压力大。检察机关对此类案件往往采取回避态度,这也是导致企业类国有财产行政公益诉讼进展缓慢的原因。这种"趋易避难""挑肥拣瘦"的选择办案倾向必须杜绝,尽快形成对国有财产保护的全覆盖。③ 第四,处理好检察机关双重身份之间的关系。在国有资产行政公益诉讼中,检察机关兼具检察

---

① 参见最高人民法院、最高人民检察院《关于检察公益诉讼案件适用法律若干问题的解释》第4条规定,人民检察院以公益诉讼起诉人身份提起公益诉讼,依照民事诉讼法、行政诉讼法享有相应的诉讼权利,履行相应的诉讼义务,但法律、司法解释另有规定的除外。

② 参见孙宪忠等:《国家所有权的行使与保护研究》,中国社会科学出版社2015年版,第559页。

③ 参见覃慧:《检察机关提起行政公益诉讼的实证考察》,载《行政法学研究》2019年第2期。

监督权和起诉权。从法理上来说,检察机关作为国有财产行政公益诉讼提起人受到质疑。[①] 而当前,检察机关成为了国有财产行政公益诉讼唯一的提起人。叠加了起诉权的检察监督权必然会有扩权的内在冲动。

故此,如何完善对检察机关检察监督权之监督就成为一个重要课题。从理论上来说,上级和同级检察机关、人大、政协、政法委、监察委、社会等都可以对检察机关检察监督权进行监督。但是,检察机关内部的监督容易流于形式,政协的监督约束力不强。而政法委是检察机关的领导机关,一般只对其重大事项和重大人事任免进行监督,其监督不会细化到具体的国有财产行政公益诉讼。相较而言,人大监督、监察委监督和社会监督是比较有效的监督形式。因此,可以从以下方面入手:第一,加强人大及其常委会对检察机关的监督。完善人大的监督和司法委员会或类似机构的监督职能,强化其监督力量。检察机关与人大常务会之间应该建立常态化的汇报渠道,就在国有财产行政公益诉讼诉前程序中的履职情况接受监督。第二,加强监察委对检察机关的监察。根据《监察法》第 15 条第 1 项之规定,检察机关工作人员本身就在监察对象之列。检察机关在国有财产行政公益诉讼诉前程序之中的"错位""缺位""越位",都是职务违法行为,属于监察范围。监察机关在追究检察机关责任的同时,也应该追究其相关人员的责任。第三,健全社会监督机制。检察机关应该按照《政府信息公开条例》的规定,建立健全信息发布协调机制,及时对社会公开本检察机关参与的国有财产行政公益诉讼诉前程序的全部信息,接受社会各界的监督,回应社会关切。

四、结语

国有财产行政公益诉讼是行政公益诉讼制度建设的一个亮点。由于国有财产行政公益诉讼具有鲜明的个性化特质,其诉前程序较之其他三大行政公益诉讼诉前程序也具有明显的差异性。国有财产行政诉讼诉前程序也是检察机关的法律监督职能之新发展,是检察机关监督职能重构的重要内容。从目前来看,在四大行政公益诉讼之中,国有财产行政公益诉讼的进展最缓慢,由此也制约了行政公益诉讼制度的健康发展。诉前程序是国有财产行政公益诉讼之灵魂。在国有财产行政公益诉讼诉前程序

---

① 2014 年的"贵州省金沙县人民检察院诉金沙县环保局行政不作为案"是我国首例行政公益诉讼案件。尽管党的十八届四中全会提出了探索建立检察机关提起公益诉讼制度,但由于当时的《行政诉讼法》对此没有作出规定,故检察机关的诉讼提起人资格受到质疑。而《关于检察公益诉讼案件适用法律若干问题的解释》(2018 年)第 4 条却规定,只有检察机关才能提起行政公益诉讼。相关观点,参见沈岿:《检察机关在行政公益诉讼中的请求权和政治责任》,载《中国法律评论》2017 年第 5 期。

之中,既要增强诉前检察建议之权威性,也要防止检察监督权对行政权的侵犯。完善国有财产行政公益诉讼诉前程序不仅有利于检察机关检察职能之重构,而且对于国有财产的保护以及完善我国国有财产监管体制具有重大作用。

《经济法论丛》稿约

《经济法论丛》(Economic Law Review, ELR)(CSSCI来源集刊)是由著名经济法学家漆多俊教授创办的专业性法学出版物,自1998年创办迄今已连续出版41卷,现任执行主编王红霞。《经济法论丛》主要收录经济法学理论与实践前沿原创研究成果,设有经济法基础理论、市场规制法、宏观调控法、国家投资经营法等常规专题,以及热点、域外法动态等专题。

一、本论丛热忱欢迎海内外研究者和实践工作者惠寄有关经济法的专论、评论、立法研究、成案研究、域外法与比较法研究及资料动态(包括译文)等。

二、来稿字数以1万字至2万字为宜,请使用word文档编辑,详细格式体例参见微信公众号。编辑部对来稿统一登记分发,请以电子邮件附件形式发送至编辑部专用投稿邮箱,不要寄给编辑或主编个人,以免贻误。投稿邮件正文应附有文章题目、摘要、作者基本资料(姓名、单位及职务、职称、学位、通信地址、邮编、联系电话)。

三、本论丛坚持文以质取,实行双向匿名审稿,三审定稿。请勿一稿多投。对于采用的稿件,本论丛在尊重作者原意的前提下,可对稿件进行技术处理。

四、为适应我国信息化建设的需要,扩大作者学术交流渠道,本论丛已加入《中国学术期刊(光盘版)》、《中国期刊网》全文数据库、中国数字化期刊群万方数据库、《中国核心期刊(遴选)数据库》,以及北大法宝数据库等。投稿视为同意上述授权。

五、本论丛不收取任何审稿费、版面费等费用。因经费所限,亦不另付各类稿酬。稿件出版后将寄赠作者当期样书。

投稿专用邮箱:elr1998@163.com

联系电话:0731-88660273

通信地址:湖南省长沙市麓山南路605号中南大学南校区法学院302室

邮政编码:410012

微信公众号:经济法论丛(Economic Law Review)

《经济法论丛》编辑部

2023年4月